苦土之囚

A ROPE FROM THE SKY

THE MAKING AND UNMAKING OF THE WORLD'S NEWEST STATE

世上最年輕國家南蘇丹的希望與絕望

查克·威爾汀 ZACH VERTIN——著
楊芩雯——譯

獻給普林斯頓·萊曼★

★ 萊曼是美國外交官，曾任駐奈及利亞與南非大使，將於本書的第四章現身。他在二〇一八年過世。本書隨頁注皆為中文版譯注、編注，原書注皆放於注釋章節中。

天空之繩★

在南蘇丹尼羅人的民間傳說中，大地與天空曾由一條繩索相連，使人類得以直接通往神、天堂與永生。但是悲劇發生，人類行為導致繩索斷裂。此後人類的命運永遠困於大地，承受束縛人生處境的艱難、苦痛與死亡。這本書與天空之繩相仿，同樣在訴說一個失樂園的故事。

★編按：本書原書名為 A rope from sky，故有天空之繩的意思。

CONTENTS

Part 3 拼湊碎片

南蘇丹大事紀

1983-2005

第二次蘇丹內戰

1991

蘇丹人民解放軍「分裂」事件分化南部抗軍，挑起蘇丹南部派系間長達十年的鬥爭，也擴及丁卡人與努爾人間的族裔鬥爭。

2003

蘇丹西部達佛地區的衝突爆發

2005

蘇丹北部與南部簽署全面和平協議，終止內戰。

2005-2011

「過渡時期」——蘇丹北部與南部企圖在六年的試驗期間繼續統一；過渡期結束時，南蘇丹可以投票選擇繼續是蘇丹的一部分，或者成為一個獨立國家。

2011

一月，南蘇丹自決公投

2011

七月，南蘇丹共和國實現獨立

2013

新的南蘇丹共和國爆發內戰

2014

南蘇丹在世界上最脆弱國家的排行榜居首

2014-2016

一項由國際社會支持的和平進程試圖終止內戰，挽回世界上最新國家的承諾。

作者序

蘇丹（Sudan）是一個遙遠的地方，但是它的離奇故事廣為大眾所知。對於某些人而言，蘇丹是在達佛（Darfur）發生的一場毀滅性戰爭，在西方激起許多遏止這場戰事的活動。對其他人來說，首先浮現在腦海裡的字眼是「喬治．克隆尼（George Clooney）」，這位名流倡議人士將正義的事業引介給數百萬美國人。許多人從熱門的書籍和影片得知「迷途男孩」（Lost Boys），那些難民兒童跋涉數千英里逃離戰爭、饑饉與野外的動物，才得以融入歐洲與北美各地的城鎮。其他人只曉得許多蘇丹人個子高，少數幾位佼佼者在美國職籃的最高殿堂打出好成績。

然而人們大多不知道，使非洲最大國家蘇丹一分為二的非比尋常故事。二〇一一年七月九日南蘇丹共和國（Republic of South Sudan）宣布從蘇丹獨立，為數代以來的鎮壓與輕忽畫下句點。舉世歡騰世上最新的國家喜獲誕生，意味著全球正義的勝利與世上最暴力的戰爭終露結束跡象。「一道驕傲的旗幟在朱巴（Juba）上空飄揚，」美國總統巴拉克．歐巴馬（Barack

Obama）宣讀聲明，「世界地圖已告重繪。」

但是蜜月並未長久。僅僅兩年後南蘇丹陷入絕望，國內解放英雄將槍口指向對方，使新的國家又重陷入戰爭。此後的震撼事件，粉碎了在全球贏得眾多支持聲浪的自由承諾。

是什麼徹底出錯？

本書訴說世界上最新國家的創建與崩壞。這是人們圍繞共同想法相互扶持，並達成難以置信目標的故事。這也是一樁史無前例的國會結盟、歷經三任美國總統及眾多平凡美國人為其動員的故事，由良知、公義或宗教策動。最後，這是拾起碎片並重新開始的故事，從破碎夢想殘垣之中挽回一個共和國的不確定追尋。

本書的開端是希望、失落、權力、貪婪與惻隱之心的故事，卻也是美國企圖在深深分化的社會中協助形塑一個國家的故事。華府在南蘇丹的介入展現美國最好與最壞的一面，有其寬大理想，也體認變遷全球秩序下美國勢力的侷限。

本書不是另一部描寫非洲野蠻軍閥的Ｂ級電影劇本，亦非又一則面目模糊的神祕大陸墮落傳說。來自非洲更為細緻的敘事，不符合黑白膚色刻板解釋、易理解道德判準與好人壞人浪漫觀點的永恆傾向。只要是非洲的新聞報導與文章，我們一直接受較低的門檻。事實更加複雜，所有來自「黑暗大陸」的簡化傳說使我們失去對這一點的認識，因而蒙受其害。

在美國家鄉的晚宴中，有時我會自問：「他們顯得注定要互相殘殺；真有一絲希望存在嗎？」誠然，任何人都可能輕易遺忘我們建國時的艱辛，期望其他國家在現代性手段的助力下，行事應該要有條理且效率十足。然而不那麼久以前美國人自己才打過內戰，高達七十五萬人為了國家的認同、經濟與本質赴死。

南蘇丹初成形時期體現的挑戰同樣複雜難解。國內領導階層直面超越自身能力的任務，失敗後果嚴重至極。但是南蘇丹的動盪新生不能只解釋成「天性殘暴的壞人」導致，而是信念與利益、個人特質與體制、傳統與現代性的交會。箇中主角既精采又平凡，他們的抱負與不安全感匹配，罪孽堪比勇氣和仁慈。故事豐富、複雜、懷抱希望、悲傷、美麗、混亂且充滿人性，協助本書訴說的那些聲音亦然。

南蘇丹的獨立並非錯誤，外國支持者也不應就後續發生的事端受到責怪，因為這個國家的命運終究不屬於外來者。不過在採納弱者的目標，仰賴規模，接著進展太快後，有必要批判反思西方的角色。本書思量美國何以投入如此之深，這對於置身失序世界的美國人又具有何等重要性。

南蘇丹的艱難誕生是全球歷史的獨特章節，體現前所未見的建國實驗與警世故事。既是一則政治故事，也是人性的故事，關於堅忍、解放、生存，以及劃分良善與邪惡的那條線，如亞歷山大・索忍尼辛（Alexsandr Solzhenitsyn）所述，那條線貫穿我們每個人的心。

本書是從二〇〇九年至二〇一七年在蘇丹與南蘇丹生活、旅行、工作八年的產物。我最初擔任國際危機組織（International Crisis Group）分析師而來到蘇丹，那是一個非營利組織。我在南蘇丹獨立的兩年前抵達，有幸四處旅遊，跟南方的人民、政治領袖、軍官、酋長、年輕領袖、難民、畜牧業者、清潔女工、漁夫和計程機車騎士交談。他們教我關於將誕生國家的許多事，如同我的祖國一般層次豐富、迷人且費解。

我關注此新興區域在迫近獨立之際的政治、社會與經濟趨勢，那是超過五十年來追求的目標。那是段令人陶醉的日子：從界定獨立前時期的邊緣政策（brinkmanship）★，到國內分立後的廣泛政治棋局，以至試圖尋得立足點的新國家。

數百次談話滙集成我的記述——在政府辦公室、叛軍據點，也在尼羅河（River Nile）畔的芒果樹下。於各座非洲首都、華府、倫敦、奧斯陸、布魯塞爾、北京、非洲聯盟（African Union, AU）與聯合國的廳堂發生的對話也幫助本書成形，上述各地皆涉及南蘇丹的誕生。

數十萬人在二〇一一年七月的一個燠熱日子群聚宣告，歷經漫長艱辛，獨立的南蘇丹共和國成立。那是令人難忘的一刻，在「舊」蘇丹內承受數十年邊緣化與暴力後實踐的政治自決。獨立後的第一年，我持續書寫這個年輕國家的好事、壞事、暴力、惡兆與激動人心，直到二〇一二年夏天重返美國。

我在二〇一三年秋天加入美國政府，在蘇丹與南蘇丹特使（Special Envoy for Sudan and South Sudan）辦公室擔任政策主任三年，代表白宮與國務院權充美國外交的先鋒。

身為美國外交官的多數時光，我用於南蘇丹和平進程的核心事項，與交戰陣營、國際調停者、有意終止無意義戰爭的非洲政府密切合作。這包括與南蘇丹領導人物進行數日、隨後數週、隨後是數個月的對話，他們大多是男性，於待在他們國家期間結識了其中許多位。所幸我的背景與人際網絡帶來一定的可信程度，使得坦率公開的對話成為可能。

我在二〇一六年離開歐巴馬政府開始撰寫這本書，儘管那歷經慎重長考。我明白，在這個國家最初發展的期間我在現場，且常擁有內部權限，就某種層面來說，我橫跨於南蘇丹與美國之間的獨特關係。儘管如此，我懷疑自己究竟是不是一位合適的敘述者。向兩國的密友求取建言後，我決心付諸行動。

本書是南蘇丹誕生與崩毀的連篇故事，呈現一種敘事觀點及一連串省思，出自一位對這地方、人民及其更迭著迷的觀察者。

以下書頁來自數百次訪談，許多專為本書進行，其餘則發生在為期數年的事前研究。除了自己的殘破筆記本、資料、照片與回憶，我仰賴一群南蘇丹人脈與我分享他們的生活，包括想法、見解、情感、希望與預測。他們之中有些人是新面孔，其餘已認識多年；有些是政治界大人物，其餘屬平凡人民。每位都帶來獨特觀點，幫助拼湊故事難以置信的謎題。

因此我永遠感激諸多蘇丹南方人民，他們教導我認識這個國家，並為這本書分享他們的故事。

★指在外交上將雙方局勢推向交戰邊緣以取得談判優勢。

給讀者的提醒

- 「蘇丹南部（Southern Sudan）」和「南蘇丹（South Sudan）」會在本書的不同階段出現。前者指獨立前的蘇丹地理區域（半自治）；後者指二〇一一年七月之後的獨立共和國。
- 蘇丹人民解放軍（Sudan People's Liberation Army, SPLA）游擊隊，與其政黨蘇丹人民解放運動黨（Sudan People's Liberation Movement, SPLM）同時成立，不過兩者之間的界線時常難以釐清。南蘇丹獨立之際，蘇丹人民解放運動黨成為執政黨，蘇丹人民解放軍則成為國軍。
- 南蘇丹在二〇一一年獨立時，國內劃分為十個州。這些行政單位將出於政治與地理目的在此提及。（儘管產生一些爭議，二〇一五年採用劃分各州的新制度。）
- 本書出現的一些人名經變動以保護他們的身分，公眾人物不包括在內。多數訪談以英語進行，不過有些是在口譯的協助下進行（採原住民語言或阿拉伯語）。

前言

朱巴，二〇一三年十二月十五日

午夜前夕，一把AK-47自動步槍的噠噠聲打破寧靜。對於東歐集團（eastern bloc）★步槍長期氾濫的城市，熟悉的短促節奏並不反常，卻為朱巴勢已緊繃的夜晚引來更高關注。

噠──噠。

這不是哪個灌太多啤酒的步兵胡亂開槍。子彈是在總統衛隊總部內射擊，即俗稱的老虎部隊（Tiger Division），位於城市正南方。幾秒後，交錯槍火爆發。

在衛隊內部，由南蘇丹兩大主要族裔丁卡人（Dinka）與努爾人（Nuer）構成的敵對派系

★相較西方國家，對於位居東方共產集團國家的稱呼。

槍口相向。曳光彈疾速劃破黑暗。小型武器的噠噠射擊聲加劇。戰鬥如野火般擴散到朱巴各處軍事設施，因為每一方都企圖控制彈藥庫並號召更多部隊採取行動。

槍戰蔓延至住宅區，使得眾多市民慌忙走避。茅草頂的房屋著火，在逐漸變暗的地平線上點綴亮橘色火焰與高聳濃煙。小型武器射擊迅速被重型機關槍的轟鳴與迫擊炮的巨響取代。數百位驚恐民眾湧向位於通平區（Tomping）的聯合國基地，哀求開啟大門。

軍隊指揮鏈在幾個小時內崩壞，由敵對族裔的當權者取代。正在交火的人們各自效忠身為丁卡人的國家總統薩爾瓦・基爾・馬亞爾迪（Salva Kiir Mayardit），以及身為努爾人的副總統里艾克・馬查爾（Riek Machar）。

數小時前，執政黨蘇丹人民解放運動內部長期醞釀的爭端來到緊要關頭。跟北方主導政權打了一場非洲最長的內戰後，二〇一一年蘇丹人民解放運動黨在新近獨立的南蘇丹共和國掌權。但是黨內領導人物間的鬥爭升溫引發當晚的暴力相向，如今更對這個年輕國家構成崩塌威脅。里艾克（讀音 Ree-ack）及其他潛在挑戰者想拉總統下臺，但是薩爾瓦不打算被冷落。

他們的爭端與權力相關，而非族裔。可是當各州在南蘇丹誕生，國家仍在形塑之中。在新的共和國裡部族忠誠依舊至上，而這兩人是動盪歷史下敵對族裔群體的年輕一代。他們共同體現戰爭時期的未化解罪責，有時促使雙方部族彼此爭鬥。於是在往後的日子裡，兩人雙雙召喚歷史的幽靈動員其族群基礎。

歷經為期數十年的解放拚鬥後，重返戰爭顯得不可置信。如今距離獨立實現僅僅兩年，南蘇丹從游擊隊員化身的治理者似乎決心將成果全都拋棄。南蘇丹不該踏上這條路。

兩年前的二〇一一年七月九日，「南蘇丹萬歲！」的呼聲從慶典用的陽台上傳出。「南蘇丹萬歲！」司儀再度高喊，「南蘇丹（Jenub Sudan）★萬歲！」樓下聚集朱巴史上最多的群眾，興高采烈回應「南蘇丹萬歲！」在這饒富歷史意義的場合，呼喊與回應還會一再上演，感覺飄飄然的廣大國民準備好初次品嘗自由滋味。今天是獨立日。

數萬人抵達剛啟用的自由廣場慶祝國家誕生。許多人自黎明起一直站在烈日下，在目光所及的範圍內皆見人們肘碰著肘緊挨。他們唱歌，揮舞小旗幟，隨著祖國的脈動起舞。有些人穿上週日才亮相的最好服飾，另一些戴上綬帶、羽毛頭飾與多彩珠鍊。有些人帶來彩繪盾牌，還有人彩繪了臉龐。許多人拿著他們心目中解放偶像的裱框肖像，即已故的約翰．加朗博士（John Garang）及其繼任者基爾。

顯赫人物與受邀賓客擠滿一座水泥大看臺，沿著一條寬闊大道的單側綿延數百英尺長。大看臺上方是陽台，這處覆蓋國家代表色的頂棚區保留給「VVIP」——非常、非常重要的賓客。

彷彿急忙策劃新居派對的熱切屋主，此前幾週南蘇丹人為他們的城市做好準備，迎接萬眾矚目的一刻。鋪設街道，粉刷圍籬，大道旁林立剛剛栽植的樹木和玫瑰叢。年輕男孩拿砍刀割

★ Jenub 是阿拉伯語的「南」。

草，年長女士收拾垃圾並用掃帚清理塵土飛揚的路面。青年團體搶先亮相活力充沛的新服裝，並為國民遊行預演傳統歌謠，將一路舞動至派對。

天氣炎熱至極，大看臺的賓客隨音樂擺動時汗水滑落臉頰，接著浸溼衣領。身穿軍禮服的士兵在典禮期間肅立，其中數十人中暑倒下被擔架抬走，即使如此也難以使興奮情緒分心。

各軍事部隊穿戴綠色、藍色與紅色軍禮服與相襯貝雷帽，沿著寬廣大道列隊行軍。這群青年男女高瘦且格外黝黑，不僅代表他們的群體與國家，也代表在數十年解放戰爭中拚搏死去的數百萬英雄盡享分明榮耀。在一個特殊小隊拄拐杖跛行踏上大道時歡呼聲升高，作戰受傷退伍軍人的深綠色迷彩服包裹住殘缺斷肢。

此刻樂隊與煙火彰顯在國內各州首府與縣城同時舉辦的慶典，而歡欣之情並未止步。因為許許多多戰爭時期的難民移居國外，遠至內布拉斯加州奧馬哈（Omaha）和緬因州波特蘭（Portland）的南方人在學校體育館聚集歡慶。歷經苦難一代的兒女在倫敦、多倫多和南達科塔州蘇瀑（Sioux Falls）的慶典上激動難言。

回到自由廣場，氣氛激動不已。顫抖傳遍這國家初始公民的全身，群眾間灌注著一股感覺得到的能量。來自全球各地的數百位電視攝影師、平面攝影師和新聞記者，危顫處於從人群中立起的高臺，人人都在播報現場最新資訊，等待重大時刻來臨。在這一天，全世界都看著朱巴。而且在這一天，似乎沒有努爾人，沒有丁卡人，沒有安努阿克人（Anyuak）也沒有什魯克人（Shilluk）。在場的僅有南蘇丹人。

恰於六個月前的二〇一一年一月，數百萬南方人排成長列等待投下獨立票。黃色標誌懸掛在政府辦公室和泥屋外，也懸掛於鋪設錫浪板的學校和指定的樹林間，遍及全國開設的數千處投票所。在一個不識字率超過百分之七十的國家，選票做得很簡單。一格畫著兩隻手緊握——代表蘇丹「統一」；另一格僅有單隻手不受拘束舉起——代表從蘇丹「獨立」。沾紫墨水的指印標出位置。

蕾貝卡．凱迪嬤嬤（Rebecca Kadi）身穿白裙、頭戴冠冕與本地花環，坐在輪椅裡推上朱巴一處投票所的臺階。據稱已有一百一十五歲、身為傳聞中南蘇丹最老的女人，蕾貝卡嬤嬤見多識廣。沾墨水蓋下獨立票時，她高聲說：「這是我人生中最棒的一天！」現在她可以快樂的死去，蕾貝卡嬤嬤說：解放的爭鬥終於結束。

蘇丹南部是地表上最被忽視、未經開發的地方之一，與喀土穆（Khartoum）的高壓政府陷入戰爭達半世紀。人民不僅要對抗種族與文化征服，還必須克服數十年的饑饉、疾病與流離。他們在戰爭中失去兩百多萬個兒女，倖存者的公共服務和機會一再被剝奪，也無法在本國政府裡真正發聲。他們被看待為局外人，困在被武斷劃定的殖民疆界裡，改善生活處境的希望渺茫。

因此眾人皆知加朗曾對人民提問：「當公投的時刻來臨，即決定你們命運的絕佳抉擇。你們想在自己國內當次等公民嗎？」最終那問題獲得一面倒的答案。四百萬蘇丹南部人投下公投票——百分之九十九選擇獨立。

獨立慶典即將開始前，汽笛大放、紅色與藍色的燈光閃爍，一支支車隊將外國使節和重要貴賓送抵嶄新的宏偉看臺。來自全球三十國的元首和政要蒞臨朱巴參加慶典。由前國務卿科林．鮑威爾（Colin Powell）率領的美國代表團就座，他簽署了歷史性的二〇〇五年和平協議，給予南部人自決權利。坐在他身旁的是蘇珊．萊斯（Susan Rice），接著是歐巴馬總統的聯合國大使與紐澤西州眾議員唐納．佩恩（Donald Payne）——兩位最熱誠的南蘇丹支持者。

下午的典禮到達高峰之際，眾人的目光鎖定兩根旗竿。在那寶貴的十秒裡歡呼與嚎叫聲（ululation）震耳欲聾，看著蘇丹國旗降下，新的南蘇丹國旗同時升起。終於獨立了。眼淚滑落年長婦女的臉龐，陌生人彼此相擁，勝利的拳頭伸往天空。

頭戴註冊商標般的黑色牛仔帽，總統起身走向講臺。「我，薩爾瓦．基爾將軍，謹向全能的上帝宣誓……」宣誓完成時，薩爾瓦用雙手緊抓住新的憲法，朝向熱烈無比的人群揮舞。

面臨重大時刻，不常予人深刻印象的總統隨即展現能耐，發表氣度恢宏的就職演說。他提及職責、犧牲與眼前的艱鉅任務。「世界的目光在我們身上。」他說，而且應對國家地位的挑戰，需要南蘇丹人克服過往的分歧。「願這一天為寬容、團結與互愛畫下新的開始。」總統做出結論。「讓我們的文化與種族多元性成為驕傲與力量的來源，而非本位主義與衝突。」

副總統里艾克．馬查爾一樣宣誓。薩爾瓦和里艾克一直是貌合神離的盟友，但是在里艾克頌揚薩爾瓦的果敢領導風範時，今日他們拋下複雜過往。新共和國人民傾聽領導人的話語，期望水漲船高。

非洲國家元首、聯合國祕書長、挪威王儲與一位中國總理的使節發言，每一位都藉此機會正式承認南蘇丹共和國。接著是萊斯，她站上牛奶箱才搆到講臺，高呼這是南蘇丹人民的「勝利日」。他們的故事提醒世人，「地球上少有力量比歷經拚搏淬鍊且於犧牲中團結的公民更強大」，她說。強調美國與南蘇丹之間的特殊關係，她宣告：「我的國家也在爭鬥衝突之中於七月的一個日子裡誕生。在這天，世界上最年長的民主體制歡迎世界上最新的國家。」[1]

所有人都敦促南蘇丹人沉著應對未來的巨大挑戰。但是很難把心思放在明日的任務，今天要用來慶祝。歷經兩度內戰並失去兩百萬條性命，如今他們將與蘇丹之間的騷亂歷史拋在腦後。七月九日意味著排斥、種族主義與征服的遺續皆獲克服，南蘇丹人民終於能在自己的土地上自由自在。過往一筆勾銷，未來掌握在他們手裡。

賽門（Simon）獨自蜷縮在他的棚屋裡，緊張地聽著打鬥聲越逼越近。他的胸口因恐懼而緊繃。稍早的十二月十五日下午，在一處本地市集，他無意間聽見幾個丁卡裔男孩神祕兮兮說著暴力將臨。如今他心想，他們談論的會不會就是這件事。

深夜戰鬥稍歇，賽門躺到床墊上不安地睡了幾小時。但是當十二月十六日星期一的太陽升起，他曉得自己還不算安全。「暴行又開始了。」他憶述，而且情況還會惡化許多。「PK機槍、AK自動步槍、反坦克炮」——他連珠炮吐出升溫衝突的配樂，光聽就能辨識大批武器的能力，透露他祖國的許多資訊。

距離那些恐懼時光已過兩年，但是賽門仍清楚記得。他和我單獨坐在朱巴一間餐廳後方安靜天井桌旁。我稍早在曼加坦區（Manga Ten）步行時遇見賽門，那地方位於朱巴北部，居民以努爾人居多。他的年紀二十出頭，高瘦且肩膀下沉，左眉有道明顯疤痕。賽門出身首都東北方約兩百英里處的阿科博（Akobo），戰事爆發時，距離他在朱巴一間中學讀完書僅十八個月。在許多向我描述那惡夜經歷的人之中，他排在頭一個。

他回想自己小心翼翼外出，去找曼加坦區的鄰居商量，可是當時流傳的紊亂耳語使他困惑不已。有一點無庸置疑，他說，開展中的衝突與種族相關。

待在鄰國肯亞的卡庫馬（Kakuma）難民營近十年後，賽門於二〇〇九年回到南蘇丹。塵土飛揚的超級營區收留長達四分之一個世紀蘇丹戰爭的逃離者，也扮演轉運站讓眾多「迷途男孩」日後赴歐洲和北美洲重新安置。儘管劇變迫使賽門及其他數百萬人越過國界，他在卡庫馬接受的教育帶來一線希望——那是他在家鄉不可能獲得的教育。

除了母語努爾語，他另外學會史瓦希利語（Swahili）和英語，這一點讓他有別於村內許多同輩人。他的觀點也是。若在家鄉他會在孤立的族群中成長，與蘇丹的另外六十個族裔相隔無法穿越的地形遠遠分開。但是在卡庫馬，賽門跟來自許多族群的男孩一同學習、吃飯，在營區的灰撲撲巷弄間追逐。他跟幾個丁卡裔男孩特別親近，甚至學會說一點他們的語言——這項技能日後將救他一命。

十二月十六日早晨，一群群丁卡裔士兵在已知的努爾人社區分散開來，包括米亞沙巴區（Mia Saba）、古德爾區（Gudele）和新站村（New Site）。身著老虎部隊的迷彩服與深紅色貝雷帽，渾身是勁的士兵跳下擠滿人的貨卡車，手持上膛武器。他們一屋巡過一屋，踢開門強行進入威嚇、毆打、扣押與殘殺。有些努爾裔男子被拖上街，在家人面前遭轟頭槍殺。其餘被逼迫逃跑，再往背後射擊。

士兵闖進家屋命令居民說話，藉著語言判斷他們的族裔——以及命運。襲擊者可能說出常用的努爾問候語「Mah-lay」，一聲肯定答覆立即引來槍火掃射。無法用丁卡語對話的人落得同樣悲慘下場。年輕男子也基於臉部疤痕遭到辨識與處決——在額頭留下永久標記的傳統習俗，疤痕的圖案代表出身族裔。

有些受害者被綑綁並重毆至死，其餘關在屋內，隨後放火焚燒。一名男子的手腳皆被綁到背後，接著被朝胸口槍擊，擺在一個努爾社區的入口示眾。受害者及其家人舉報失蹤、凌虐與凶殘輪暴。某個社區的男女描述被迫喝下遭屠殺家人的血，另外一些人吃下燒烤後的腐爛屍肉[2]。

隨著更多種族殺戮的消息在賽門的鄰居間流傳，他拿出手機打給租居於附近棚屋的哥哥山繆（Samuel）。山繆來朱巴接受治療，正準備啟程回阿科博與妻子和三位幼子團聚。「哪都別去，」賽門堅持，「你留在屋裡。」

那天下午，人在總統府的總統薩爾瓦現身電視。他換下平時的西裝和領帶改穿迷彩軍裝，不祥的象徵無可忽視。總司令站在講臺上，強硬的內閣成員隨侍兩側，他以一段震驚的宣告開始向全國演說。里艾克．馬查爾企圖政變，他說。效忠遭廢黜副總統的部隊做出一連串「犯罪攻擊」，主導一夜之間包圍朱巴的戰鬥。「那些罪魁禍首，」他補充，「將為他們的罪行負責。」

企圖展現一種權威感，總統隨即宣告政府「完全掌控」國安情勢，並將全力「確保朱巴市民安全無虞」。但是薩爾瓦的保證掩蓋了新聞室外上演的真實情況，他自己的部隊正在搜捕賽門的族人。

事件的走向、迷彩軍服與隱含的威脅清楚表明事態即將惡化。總統稱里艾克為「厄運宣揚者」，揚言不允許「一九九一年重演」；當年里艾克企圖趕走一位丁卡領袖，引起族人間長達十年的暴力相向。儘管外國人不懂，重提一九九一年對所有南蘇丹人來說確切無疑。這是在宣戰。

路障紛紛湧現，坦克呼嘯開上首都街道，忠誠的軍隊把剩下的努爾裔部隊趕出城外。國安特工追捕執政黨蘇丹人民解放運動的重要成員，遭指控為所謂的里艾克政變共謀者。唯有厄運本人依舊逍遙法外。

十二月十六日漸趨黃昏時分，針對努爾裔國民的攻擊仍在繼續。在朱巴西側的一處警方設施，兩百多位努爾男子被押入小小的拘留所。大門上鎖，不久後擁擠、高溫與黑暗促使驚慌的人們大口喘氣。穿制服的員警隨即將步槍伸入拘留所窗戶，開始無差別射擊。當子彈在內牆反彈並射穿關在裡頭的大批人身，在建物圍牆外都聽得見尖叫聲。少數倖存者動也不動躺在成堆屍體下方，假裝死了。[3]

與此同時，賽門站在他的錫皮小屋外，察覺到戰鬥更靠近了。「子彈到處飛。」他說，在空中連番反覆戳刺手指，模仿在交錯劃破夜空的曳光彈。他驚惶跑回屋裡撥另一通電話，這次打給卡庫馬的丁卡裔老同學，想搞清楚發生什麼事。朋友直截了當地說：政府部隊正在對付努爾人，他催促賽門去避難。「你立刻跑去可以保你一命的地方。」

賽門決定嘗試僅位於南方幾公里外的聯合國基地。他再打給不熟悉朱巴龐雜街區的哥哥山繆，通知他必須立刻逃跑。沒人接聽。他又打了兩次，但還是沒人接。隨著敢死隊逼近他的社區，逃跑的空隙迅速消失，賽門奮力衝刺。他奪出家門，猛然右轉，沿著赭紅色塵土小徑急奔，兩旁是成堆焚燒中的垃圾與四處嗅巡的流浪狗。接著他左轉，穿越一百碼高及腰部的草地，喘著氣抵達他哥哥租居小屋的門口。

山繆不見了。賽門注意到腳下有道血跡浸染泥土地面，還有一枚子彈殼。「山繆！山繆！」他高喊，轉身沿著血跡往外走。他哥哥躺在門口對面的高草叢裡，背部朝上平攤著，白色的內衣浸滿鮮血。賽門蹲下扶起哥哥的頭和肩膀。「血流得好多。」他憶述，在回憶那一刻時放緩語速並定住目光。賽門在哥哥的右肩胛骨發現一處貫穿的傷口。山繆的屍體依然溫暖，生命卻已流失。

「然後我就哭了，」賽門說，「哭得好慘。」

山繆上次是在南蘇丹的獨立日來朱巴，在二〇一一年，當時他買給賽門一套黑西裝和領帶，為那歷史性一天的慶典而穿。如今他死了。

賽門強忍淚水，抹抹臉和手，踢掉會降低速度的涼鞋並開始跑向聯合國基地。他迂行穿越後巷和溝渠，試圖避開有士兵巡邏的主要道路。靠近有人跡往來的區域時，他控制住疾奔的雙腿，放慢至謹慎的步行，嘗試發揮警覺心。

街頭陳屍使賽門驚愕不已。「我試著別盯著他們看太久。」他解釋，認為那會引來注意。他把頭放低且不說母語。他陳述，所幸他沒有努爾人的臉部標記，即橫過額頭的六道平行線，那使得其他許多人成為當晚容易辨識的目標。

彎過下一個街角時，他看見三名士兵在正前方，相距不到二十碼。他的心臟瞬間緊張猛跳。「跪下！」其中一人大吼。這群年輕男子身穿綠、褐、黑色相間的迷彩服，貝雷帽緊貼右側太陽穴，持步槍瞄準他走近。一個人操丁卡語問他：「你要去哪裡（Yin lo noh）？」

賽門曉得他的性命現在全看這次語言測驗。「我收束心神，」他說，繃緊渾身肌肉。「好讓我擁有自信。」他立即也用丁卡語回答。「我告訴他們，『我要去跟鎮上的兄弟會合。』」他們叫他起身並揮手讓他離開。

抵達聯合國基地時，賽門發現另外數千位努爾人已經在裡頭。「人們在尖叫。」他回想。「有一位女士，她描述自己的小孩被殺。」身在擁擠避難處的其他人緊張踱步，打給在外面的熟人，設想自己生死未卜的親戚已遇害。

接下來二十四小時，到聯合國基地尋求庇護的平民暴增至三萬人。六倍於此的人數最終逃往鄉間聯合國基地。臨時的避難處固然拯救許多性命，如今簇擁在基地內的龐大同一族裔群體成為容易攻擊的目標。直接襲擊各處基地的想法令聯合國官員擔憂，屆時維和部隊將無力抵禦。

部落殺人名單與祕密臥底的傳聞，助長基地裡的焦慮與對立。隨著人數激增，綁架、強暴與打鬥頻傳。基地變得極度擁擠不堪，充斥疾病與營養不良。水、泥巴和排泄物悶雜散發惡臭，雨水與排水不良使得原本的惡劣環境加劇。

但是對於賽門和其他數千人而言，相對安全的基地比圍籬外的恐怖來得好。賽門想到家鄉小鎮阿科博的母親和山繆的妻子，她們不知道在朱巴發生的動亂。終於打電話聯絡上時，他吐露山繆的消息。女人失控痛哭。「立刻回村子家裡來。」母親啜泣著懇求，但是他別無選擇，只能留守原地。

里艾克是政府的頭號通緝犯，但是截至危機的第三天他仍然不見蹤影。他的公務車和超過一百位私人衛隊還留在官邸，不過謠傳逃亡者躲避在城內多處地點——其中包括某些人口中的美國大使館。於政府特務追捕之際，里艾克已被祕密送往一間不起眼的泥屋，位於努爾人居住的米亞沙巴區。僅有幾位可靠隨員曉得里艾克的確切位置，為了轉移注意力，他們散布謠言說他在美國大使館尋求庇護。在打鬥與混亂之中，遭罷黜的副總統一直藏身泥屋兩天之久。

到了十二月十七日的隔晨十一點，總統的人馬命令精銳安全部隊包圍里艾克家。他們帶著兩輛俄國製的 T-72 軍用坦克，隆隆作響緩慢開向建築物的前門和後門。坦克停下片刻後，一道雷鳴低吼震懾首都。

美國大使館職員驚訝不已，不曉得圍攻在僅僅數英里外展開。「你能感覺到處都在震動。」一位職員匯報。「那是我聽過最大的爆炸聲。」一輛坦克衝破圍牆，並且朝里艾克的兩層樓石造房屋發射炮彈。政府軍攻進屋內，與里艾克的衛隊展開流血交火，雙方皆有多人死亡。然而當倖存者翻找瓦礫，里艾克不在其中。

朱巴發生針對族裔恐怖攻擊的陳述在北方和東方的努爾人族群傳開，沿尼羅河上溯至利爾（Leer）和范加克（Fangak），再到班提烏（Bentiu）和馬拉卡爾（Malakal），並跨越沼澤地傳至阿約德（Ayod）、瓦阿特（Waat）和阿科博。無法幫助在首都遭受圍攻的親人，他們的震驚和恐懼迅速轉變成復仇渴望。人數龐大的武裝年輕男子開始集結。

隔天下午里艾克逃離在朱巴的祕密藏身處，置身往北朝尼羅河的一處渡口疾駛的車隊。廣闊水道另一邊是通往努爾人重地的門戶，他可以到那裡安身評估情勢。一抵達渡口，里艾克和隨員就拋下汽車，強奪一艘駁船前往東岸。

他們在波爾（Bor）南邊不遠處的象草叢上岸，該城為瓊萊州（Jonglei）首府，一位令人畏懼的努爾裔軍隊指揮官在此等候。彼得．加德特（Peter Gadet）已經率領他的努爾部隊叛離，很快就會掌控州首府。成群衣著破舊的努爾武裝年輕人加入，有些人腳踩塑膠人字拖、手拿火箭推進榴彈，急切向波爾城裡的丁卡市民尋仇，犯下與謀求報復者同樣可怕的罪行。

縱火燒房舍並洗劫市場，掠奪的部隊朝政府公務員和平民開火。包括婦女、孩童和老人在內的多具屍體迅速橫陳街頭，任其腐化。十幾歲的民兵男孩頭綁紅色巾帶，隨後屠殺了躲在當地教堂庭院裡的一群婦女。其他人闖進一間醫院，射殺躺在病床上的病人。由於波爾是惡名昭彰的一九九一年丁卡人大屠殺發生地，復仇攻擊進一步深化族裔構成暴力動機的陳述。

與此同時，已啟動的連鎖反應將被歸為叛變。下落揭曉的里艾克在叢林裡的新總部向記者發言。「我沒有策劃政變。」他強烈宣稱。回擊總統薩爾瓦的指控後，他隨即宣告：「我呼籲蘇丹人民解放運動和軍隊廢除薩爾瓦．基爾的國家領導地位。」無論導火線為何，這項聲明抹消一切疑慮，迎向南蘇丹生靈的新戰爭已揭開序幕。

Part 1

南蘇丹的創建

The Making of South Sudan

Chapter 1

新興城市

「城市像夢一樣，是用欲望和恐懼造就……他們的規則荒謬，他們的觀點狡詐，一切事物皆隱瞞著什麼。」

——伊塔羅・卡爾維諾（Italo Calvino），《看不見的城市》（*Invisible Cities*）

朱巴，二〇一六年

「非常感謝（asante sana），」機長用史瓦希利語透過對講機宣布，「感謝您搭乘肯亞航空，我們希望您在朱巴的旅途愉快。」從奈洛比（Nairobi）飛往鄰國南蘇丹首都的三五二號班機開始下降，當這隻銀鳥朝朱巴穿破雲的底層，一片熟悉地景在下方鋪展開來。

廣闊的灌木叢平原一路延伸至地平線——綠色、黃褐色和金色之間點綴著帶刺樹木與低矮渾圓灌木。城市的東西方皆為孤立的山，或稱「jebel」，即阿拉伯語的山。它們並非山脈，確切來說是獨立的岩石露頭，咖啡色龐然巨物從此外皆平坦的地帶神祕、倏忽拔起。尼羅河蜿蜒穿越城市東部，兩岸的高聳芒果樹和象草染上宜人的金黃色。男人駕馭著獨木舟捕魚，一簇簇萊姆綠的布袋蓮隨河中渦流上下搖曳滑轉，向門外漢隱瞞水流的巨大沉默力量。

前緣初現的城鎮跡象是有著橢圓窗、茅草頂的圓錐形泥屋，小簇泥屋外圍繞著簡陋籬笆、養分用盡的土地，當然還有牛。一開始是五、六座相隔遙遠的農莊，接著是十多座，互相間隔的空間迅速縮減。房子愈來愈多，最終邁入現今蔓生首都的密集住宅區。

那是二〇一六年六月的一個悶熱下午，結束美國外交官的任期後，我以個人身分回歸，去見熟悉的臉龐與新面孔，深思在這共和國短暫卻動盪歷史上發生的一切。儘管已在此地下降數十趟，我清楚記得七年前初次降落於朱巴機場停機坪的情景，那裡仍屬於統一的蘇丹。那天的下降——或稱驟降——旅程由捷連航空（JetLink）營運，是當時唯一飛往朱巴的商業航空公司。捷連飛行員偏愛足以引發武器級焦慮的自由落體式下降。在飛機左方，我瞥見一架米格戰鬥機就墜落在跑道外的不安景象。眼前椅背上的「No Fumar★」繡字遭到刮除，暗示這間區域航空公司大多採購二手飛機組成老機隊，來源地可能是委內瑞拉。

那時機場多半清閒度日。聯合國維和行動派用定翼機和大型運輸直升機，人道援助機構相隔一至二週出動一組吵鬧的小型螺旋槳飛機赴鄉間據點補給。每天僅有一班或兩班商業飛機降落，以至於一聽見遠方的噴射引擎低吼聲，本地人可能就會說：「現在是下午的捷連班機。」

但是僅於兩年後，在獨立前夕，朱巴的炎熱停機坪變得擁擠不堪。再到獨立五年後的今日，擴大的停機坪上顯得甚至更加壅塞。我數了數有五、六架商業客機，以及許多安托諾夫國營公司（Antonovs）出品的龐大飛機，高度超越現場所有的各色機型，是在此區域常見的蘇維埃時代飛行巨獸。走下移動式登機梯時，下午三點的陽光立刻使我眼花，萬物的顏色皆褪去。額頭冒出汗珠，滑行中的飛機排放的一陣熱氣越過水泥地，揚起塵土吹進我的眼睛。

氣溫達華氏一百度☆左右，我多希望自己沒穿西裝外套。二〇一一年朱巴正準備成為一座真正的首都，商業突然變得正式；西裝、領帶與翼紋皮鞋蔚為標準配備。但是在有限度自治的前六年裡，朱巴仍似某種非正式的小城鎮。鋪設的道路稀少，外國訪客常安置於帳篷營地。跟其他許多人一樣，我以前穿襯衫（有時是短袖）和一雙牢靠靴子會見政府高官——即使在城裡仍為雨時必備。我從未打領帶，只在正式場合或與總統、副總統開會時才把外套穿上。

低頭並瞇起眼睛，我看見副部長在我前面走下飛機，一列身穿西裝和花裙的擁戴者前來迎接，他們露齒微笑並伸長手臂歡欣揮舞，意味著十分開心見到他。在人們身後，一群看似無精打采、來自印度的聯合國維和部隊正從卡車貨架卸下補給品和裝備，他們準備調離這個國家。前方是嶄新的玻璃帷幕航站，構成二〇一一年相當令人興奮的話題，儘管沒及時依照規劃在獨

★ 西班牙語的「禁止抽菸」。
☆ 約攝氏三十七點八度。

立日完工，而且至今尚未完工，仍然閃閃發光預示著未來可能實現的一切。附近供政府高官和外國使節使用的貴賓航站擴建成兩倍大，不過我們其他人一路走進熟悉的單層無隔間舊入境「航站」，等待在護照蓋下入境章並取回行李。

室內昏暗，而且是個名副其實的悶熱箱。視力重新適應後，我注意到兩臺壁掛式小型風扇的葉片靜止不動，意味著航站今天下午停電。阿拉伯語的褪色告示為早已不復存在的企業廣告包機服務，天花板的電線上掛著銀色和綠色的花俏耶誕裝飾品。身穿短袖便衣的男子監看著入境人群，顯眼的關注視線和自負態度透露他們的國安人員身分。高度重視安全是政府軍事化血統的產物，不過即便如此，這仍是在效仿從前喀土穆的霸主——貨真價實警察國家蘇丹的首都，多疑的情報與國安機構勢力強大。

生鏽的紅色拖拉機將木製行李推車移往混亂航站裡的一處空地，再由渾身上下只見骨頭和肌肉的精瘦少年扛起背包和塞太滿的滾輪行李箱入內。經過無人監看、螢幕破損的X光機器，行李被隨意拋扔檢查，藍色制服浸滿汗水的疲憊海關人員迅速翻查內衣和盥洗用品，接著在袋子上草草做個粉筆記號准許入境。等待行李的人群裡有三分之一是南蘇丹人，其餘則為外國人：歐洲援助工作者、黎巴嫩商人、東非的神職人員、來自世界銀行的發展專家。他們的肢體語言透露各自的閱歷；有些人放鬆而熟稔，初訪者則緊張地試著弄懂違背直覺的禮儀。有些人開始懷疑當初決定來這裡時究竟在想什麼。

我費力穿越擋路的汗涔涔通勤人群，再度往外踏入過曝光線並跳上計程車。交通彷彿一座動物園。房車、越野休旅車、聯合國車輛、嘟嘟車和電動貨運車在路上爭先恐後，沿路制定交通規則。搖晃的卡車吐出一陣黑煙，嗆得你嘴裡都嘗到辛辣味。喇叭恣意鳴響。戴著反光墨鏡的十幾歲男孩懶懶坐在「boda boda」上，那是東非稱呼計程機車的用語，飆出令人生畏的高速疾駛穿越車流的狹窄間隔。他們之中許多人最後進了朱巴醫院。兩輛車在繁忙的大道正中央迴轉，導致卡車駕駛沮喪地把手一攤伸出窗外。陳舊且頭重腳輕的巴士急轉彎閃躲遊盪羊群。創意凌駕秩序。創下歷史紀錄的燃油短缺使整座城市陷入停滯，一位駕駛在他的深紅色越野休旅車屈服不動後下車離去，任車門大開停在擾攘路口正中央。

回來真好。

下個街角有一間加油站，不過長列車龍顯示地下儲油槽已空。隊伍延伸數個街口，繞過一個街角，又再繞過另一個，兩列車輛停泊等待下一次的燃油配送。我們路過時，我數到高達兩百輛乾渴的汽車。燃油短缺的情況驚人，反映著經濟崩潰、缺乏基礎建設，且持續依賴從鄰國烏干達一車車運來的石油製品。

「我今晚會來這裡停車，大約十一點。」我的肯亞籍司機詹姆斯（James）說。「把車留在街上停著？」我問。「對。我會鎖門，然後再回來——也許清晨五點吧。」他說，希望到時隊伍已有動靜。只要加油槍有動靜，他就會拿橡膠管吸取一部分存放於汽水空瓶——留待日後使用或到黑市兜售。

二〇〇九年朱巴只有兩、三條鋪好的馬路，如今仍在擴張的市中心幾乎處處皆鋪了路。當時我雇用一位駕駛和四輪傳動車，載我在城裡四處繞，參與白天與夜晚的會議，我常常必須跟烏干達司機彼得（Peter）討價還價，說服他從每天一百五十美元降價。當他銀藍色相間的日產Patrol越野休旅車空調故障，我的講價就更強硬。那是當時朱巴夠耐用車輛的標準價格，部分原因是普通房車並不常見——在朱巴惡名昭彰的顛簸泥土路網會底盤觸地或爆胎。有些道路顛簸到有如掀起泥土波浪的汪洋，我有時希望自己戴了安全帽，常緊抓住窗戶上方的皮把手不放。

當彼得放慢速度，讓四輪傳動車震動開過泥土路上的巨大高低落差，我有時會撞到頭，右側太陽穴猛力撞上副駕駛座窗戶。「老闆抱歉，」彼得會真誠地說，接著咧嘴微笑，笑我的愚蠢也笑朱巴的荒謬路網，以及那所代表的一切。隨著城裡出現愈來愈多計程機車，我偶爾搭乘，因為價格便宜、而且它們的年輕駕駛有時是本地流言的好來源，換檔是否順暢就另當別論。但是摩托車並非總是適合處理專業事務，而且你跟容易出意外的競速上癮者同行越多趟，你越有可能在玩命。

有天深夜我開完會回家，搭乘彼得的日產車途經一條主要幹道，就有這麼一臺高速騎下坡的計程機車衝撞我們的右側。在直直撞上我們車輛的側邊前，我從眼角瞥見摩托車的一枚大燈。彼得煞停後，我跳下車找到二十多歲的駕駛，血淋淋躺在地上，身旁撒落著玻璃碎片和摩托車零件。我們車上有個不小的凹陷，而那年輕人失去意識，也許死了。

我攔停一輛路過的卡車，合力將那癱軟身軀抬上車斗，請司機連忙開往朱巴醫院。我們抵達時，晚班醫生顯得完全不緊張。不僅停電，而且已經有五、六位受傷的計程機車駕駛在場。

醫師們早就看過這幅場面。最後，隔天早上年輕人帶著輕傷出院。他醉得很重，撞向車底盤時想必全身放鬆，這也許諷刺地救了他一命。

儘管難以獲得確切數據，估算指出朱巴二〇〇九年的人口是數十萬。僅僅七年後，可信估計已是當年數據的二至三倍[1]，但是很難有個確鑿說法。我擔任美國外交官時曾於二〇一三年至二〇一五年間多次造訪，不過全都是事先排好緊湊行程的短暫停留。今天我們以多年來不可得的閒散步調開車四處繞，我注意到以前位於城外好幾英里的地標，如今卻在都市化過程中被包圍。城市一天天外推，模樣漫無章法。考量到經濟處於完全的自由落體般下墜，持續建設使我感到驚訝。成長原本或許是健全與發展中國家的跡象，只是我曉得這僅限於相對平靜的首都。

國家首都與內陸間的貧富落差常見於新興非洲經濟體，但是在這裡，世界最低度開發的土地上，分歧尤為顯著。幾乎開上任何一條碎石路駛離朱巴，都像回到過去旅行；每隔一英里似乎倒流十年。當喧囂繁榮在後照鏡裡愈變愈小，人們開始理解朱巴並非常態，而是多數南蘇丹人感到陌異的泡沫。廣播和手機改變了遊戲規則，使現代性蟄伏前行。但是從某些基本面向、由外而內來看，大多數人的日常生活與四、五代前的先祖無異。

朱巴在獨立前受石油驅動的歲月中迅速成長，國內其他地方基本上仍舊處於停滯。今日乘車在熙攘的城市裡疾駛，你無從得知國內其他地方有多麼落後，抑或獨立後的兩年內戰造成多少摧殘。超過兩百萬人流離失所，足以坐滿二十五座足球場，而且仍持續有人群出走。坐滿另外五十座球場的人民、也就是國內總人口的三分之一，此刻正面臨潛在饑荒[2]。

我計畫下週離開朱巴一趟，需要一頂蚊帳。我請詹姆斯載我到康約康約市場（Konyo Konyo market），城裡最大的露天市場之一。康約康約位於城鎮的東南部，就在跨越尼羅河的單橋前方，是個充滿驚喜的地方。我以前偶爾在這裡買東西，便宜的墨鏡、一些鞋帶等等，不過我好幾年沒去了，而市場就像朱巴一樣，從獨立以來擴張得愈來愈快。我驚訝不已。數千人以有秩序的混亂方式移動，交易各種商品，閒聊當天的話題，把成疊骯髒且貶值的南蘇丹鎊紙鈔塞進叫賣小販的汗溼手裡——每張鈔票上都有約翰·加朗的熠熠生輝肖像。這地方自有喧囂步調，使你呆立其中。

拼湊而成的火爐置於一位年長婦人的老邁赤足間，飄散出明顯的木炭煙味。四面八方的電線迷宮在頭頂匯聚成打結亂象，恨不得觸發火花，只不過並未輸送電力。下午的熱浪彷彿熔爐，空氣中充滿砂礫、柴油味與修理計程機車男子的味道，他們光著上身，從手指到手肘都沾滿油汙。

巨大紅袋子裝的馬鈴薯和紫袋子裝的洋蔥倚放在木材或金屬搭建的棚屋，一間挨著一間構成蜿蜒長排街市。棚子裡有一袋袋奶粉和調味飲料，杜蘭小麥與烹飪油桶疊成危顫高塔直抵天花板。錫浪板雨篷的陰影讓一位老練店主不受太陽光襲擊，他用金屬咖啡杯量取乾貨，面前是一大片圓臉盆裝滿橙紅扁豆、紫豆子、深淺褐色椰棗、閃閃發光的糖和香料，以及堆成圓錐形、宛如寺廟的潔白麵粉。

下一攤是色彩鮮豔的裙子和二手衣——印製美國扶輪社和高中曲棍球隊標誌的棉衫。隔壁有一位能言善道、頻頻點頭的小販，張開手比向大批草蓆、蚊帳、手機電池、手電筒、足球、泡綿床墊、鋁製水桶和肥皂塊。跟這裡的其他所有東西一樣，他的用品都是進口貨。「給你個好價格，我的朋友。」他說，從阿拉伯語轉換成英語。儘管國內擁有豐富的種族與文化多元性，歷任喀土穆政府試圖將阿拉伯與伊斯蘭認同推行至整個蘇丹。雖然他們的計畫最終失敗，有些環節歷久不衰。因此阿拉伯語依然是南蘇丹最常見的通用語，縱然新共和國急於擺脫騷亂過往，在二〇一一年採用英語為官方語言。

長排黃色建築物構成康約康約市場的外圍，生鏽屋頂、剝落的黃色油漆和藍色金屬門皆與喀土穆露天市集的攤位相仿，展現蘇丹統治時期的遺跡。這裡的商販更多，他們大多來自蘇丹西部的達佛，販賣二手鞋、背包、香菸、摩托車零件、備胎和手機ＳＩＭ卡。魚乾、牛肉和羊肉肋條掛在最外頭展示。假如夠謹慎、而且曉得找誰詢問，你可以在這裡用黑市匯率拿美元換南蘇丹鎊。我記憶中當年三鎊換一美元，穿著破損牛仔短褲的非法銀行家今天告訴我，「四十比一」。到年底匯率將升至超過一百比一。

前方是一片雨傘海，橘色、金色、藍色和彩虹配色，大多印著顯眼的手機廣告。傘下是毯子與搖晃木桌，放著穀物、稻米、地瓜、酪梨、香蕉、鳳梨、芒果、番茄、小黃瓜、野菜、花生，還有高爾夫球大小、裝在塑膠袋裡的花生醬。有個嬰孩臉朝下躺在兩堆尖尖的小青椒之間午睡。

經營這些農產品小攤的女子在供應鏈裡排行第三或第四位，因為食品同樣經運輸進口，大多來自鄰國烏干達。儘管在這廣闊國度內，沃土、水與陽光充足，種植供商業販賣的食糧少得驚人。此外，在這裡種植的食品難以運抵市場。南蘇丹的西赤道州（Western Equatoria）最靠近熱帶，以優質農產品聞名。然而一位出身當地的老朋友哀嘆，由於缺乏可靠道路與基礎設施，導致從該州首府「延比奧（Yambio）進鳳梨，比從烏干達運來貴得多。」

在成列棚屋間，一排黑色和黃色的嘟嘟車閒散停在弧形泥土路旁，這種載客三輪車最早是在亞洲開始普及。一位駕駛趴在把手上打盹，等著乘客現身擠進喇叭聲宛如鷹鳴的車輛後座。穿長裙、戴頭巾的兩位女子穿越馬路，各自提著鼓脹的袋子，裡頭是用紅綠色細繩捆起的木炭。另一位女子頭頂著裝紫茶的塑膠桶，快步閃避兩架引擎咆哮疾駛而過的計程機車。

不受混亂所擾，三位年長男子雙手安放膝頭坐在金屬雨篷下，陽光和陰影的分界線恰好劃過下頦。他們在喝茶，悠然度日。茶久為蘇丹生活的一部分，從英國殖民時期延續至今。男子在小玻璃杯裡放入的奶粉和糖跟茶葉和熱水一樣多，這在南方已成常態。

康約康約的一端是座老舊清真寺，另一端是全新的砂漿砌磚兩層樓商場，由航空公司、行動電話營運商和一間電腦零件供應商占據——悄悄遍及東非的歡愉場面如今探入朱巴。近年來，成千上萬戰時難民從東非其他地方蜂擁返回南蘇丹。就像曼加坦區的二十歲學生賽門，他們這代人步行逃往鄰國肯亞、烏干達和衣索比亞難民營，最終獲得某種程度的教育。他們重新融入南蘇丹時面臨一系列特定挑戰，然而其人脈、品味，與較進步經濟體的熟悉親近也加速了朱巴的改變。

街角幾個男人在組裝木製床架和桌椅，每張都染成深紅棕色。本地產製的家具是這區域的主要產品，不過也是最近才在朱巴成形，我的司機詹姆斯說，本地木材「是最棒的……真的，勝過任何地方。」詹姆斯常評論這個國家及其資源的潛力，儘管言談間總是帶有錯失機會的遺憾。

如同多數大型市場，這裡的許多商販並非南蘇丹人，供應鏈的上游廠商也不是。達佛商人把貨物從蘇丹運來，裝滿食物、在主要補給路線隆隆作響的大卡車則屬烏干達和肯亞企業所有。這並非唯一由外國人主導的領域。當我們路過一群無精打采的南蘇丹年輕人坐在成堆空桶上，詹姆斯把舌頭抵在牙齒後方、發出蔑視的「噠」一聲彈舌音。「怎麼了？」我問道。「他們不喜歡工作。」他譏笑，跟許多駕駛租賃車及在朱巴服務業工作的東非同行看法一致。「他們的文化就是這樣。」他帶著一絲優越感說道。

如此評價我聽聞多年，但是這次同樣沒能說服我。另有他人為相對懈怠的工作文化提出更細緻且可信的解釋——過往不存在正規經濟、數十年的不穩定，一代人接受糧食援助導致的依賴成性。再加上缺乏正規教育、難民遷徙帶來的惱人變化，以及與軍隊職涯連動的社會地位，這些都常遏阻私人部門創業。

無論成因為何，這座仍在擴張的首都中，現實是許多未開發的利基已掌握在外國企業家手裡，未來也將持續如此。這是詹姆斯和許多朋友長年來在朱巴開租賃車的原因。

「我們覺得這些人會從我們身上學習，模仿我們做的事，然後我們很快就不得不回家。」

他搖搖頭，接著轉換成較同情的語調。「但是他們沒有。」他聳起肩膀。「所以我們還在這裡。」

我以國際危機組織分析師的身分初抵南蘇丹，當時是所謂的「過渡時期」——從二〇〇五年簽署終止南北戰爭的和平協議，到二〇一一年南蘇丹獨立公投之間的六年。那是一段動盪時期，由令人頭暈目眩的政治情勢與競爭利益交織構成，無論當時或現今看來都像在搭乘雲霄飛車：和平協議的「一國兩制」治理模式、數十億美元的新石油收益湧入、危險的軍武競賽、猖狂的貪腐、傳奇人物採取的邊緣政策、人道主義災難，以及一場關於自決的國際辯論。

南北之間的戰爭風險自始至終存在，由深厚的不信任感、挑釁的軍事部署、南蘇丹獨立或遭喀土穆否定的可靠疑慮挑動。在騷亂的六年間，兩個首都的故事訴說一場真正獨特的實驗，在後殖民時期的非洲前所未見且不可能再次重演。

當我來到朱巴，過渡時期已過半，跡象十分明確——南方人將投下獨立票，赴湯蹈火在所不辭。儘管有人依照和平協議的設想，提出與蘇丹維持聯邦關係的言論，多數南方人只是數日子等著能夠告別北方壓迫者那天到來。從零開始建立自己國家的挑戰顯而易見，並且艱險，但是他們不會被嚇阻。

二〇〇九年為初訪做準備時，我盡可能搜尋所有人名和電話，急著展開研究，但是在好奇心之外缺乏聯絡窗口或資源。同事給我蘇丹人民解放軍的顧問姓名，他能促成與一位高層將領會面，這人在最近的抗命行為後竟引起諸多關注。好極了；假如想建立人際網絡，真正教會我新興首都的政治、權力結構及此刻正發生的轉變，這聽起來像是絕佳起點。

一到國內，我就安排跟那位顧問在朱巴大酒店（Juba Grand Hotel）碰面，是當時城裡最負盛名的飯店所在地。不過「大」酒店僅僅是一系列各自獨立的金屬貨櫃與散落廉價塑膠椅的水泥庭院。一路走到最底，我朝其中一間貨櫃猶豫地敲門。三十多歲的蘇丹人民解放軍官員暫停觀看電視節目前來應門，身穿髒汙的白色背心和發皺的軍褲。當他提出一連串隨意且零亂的問題，諸如我是誰、我想找將軍做什麼，我心想這番審查是否真有必要，抑或是除此外閒來無事中階軍官驗證自身重要性的行為。

他含糊應允了我的拜訪，向我說明抵達將軍在通平區住家的一連串複雜方位——朱巴沒有路牌，你只能靠地標進行三角測量。當我試著向司機彼得傳達曲折路徑，他好心打斷說自己知道地方。黃昏漸暗時，我們連續轉彎穿越迷宮般的泥土路走向當時的城鎮外圍，將軍在那裡蓋了新家給自己和妻子住。

彼得在兩座煤渣磚牆間的尋常鐵柵門前停下，並且按響喇叭。身穿迷彩軍服、舉著 AK-47 步槍的一對人影出現。他們靠近詢問來意並盤查汽車時，我猜兩人的年紀頂多十九歲。對我們的回答與未帶武器感到滿意，他們輕鬆退回門後，開門並招手示意我們入內。

宅邸內有另外三十多位武裝青年和幾隻肌肉發達的狗，他們提高戒備，轉頭打量來訪的「卡瓦賈」（khawaja，指白人）。有些年輕士兵坐在軍方的「武裝改裝車」頂，即通常配備口徑十二點七毫米重型機槍的迷彩貨卡。其餘在照料停在裡頭的兩架嶄新發光 H2 悍馬車。這些巨大越野休旅車有著標準配備的皮椅與博士牌（Bose）頂級音響系統，要價五萬多美元，在蘇丹人民解放軍等於將軍的三倍年薪[3]。

我跳下車開始朝煤渣磚方屋走去，外有前廊和裝於上方鐵鍊搖擺不定的一盞燈。整棟建築物突然靜默，只聽見我腳下靴子踩碎石的嘎嘎聲。從前門走出的男人迅速打斷集中在我身上、令人不適的關注。高大的將軍頭戴綠色貝雷軍帽，掛著墨鏡，皮帶緊束，迷彩服的短袖往上捲到肱二頭肌，咧嘴笑開踏上前廊。在頭頂聚光燈的戲劇性照亮下，他喝令狗群並高舉兩大塊生肉。狗群不到一秒就聚集至前廊，躍起、咆哮並猛烈扯咬，試著從他手裡撕裂肉塊。將軍沒放手，聚光燈映射在墨鏡上，他發出令人毛骨悚然的高頻笑聲，有如電影《蝙蝠俠》裡的「小丑」。

眼前景象是真的嗎？我感覺彷彿置身某部由典型非洲軍閥主演的低成本剝削電影。我覺得身後車內的彼得必定在低聲嘲笑這整個場面，以及纏著他白人菜鳥客戶的荒謬不堪。

將軍在投射一種形象。這是自然而然形成，或者採納自諷刺的描述？那粗獷男子氣概，招搖車輛，他隨後主動倒給我的那杯約翰走路（Johnnie Walker）威士忌，我心想，這些風格化的形象是在對我展示，或是對屋外那夥易受感染的武裝青少年？這是否為長期軍事化社會的權威投射，部分為了培養年輕私人衛隊的忠誠，而他們迫切想「成為男人」並體驗權力？

二〇〇五年的和平協議，使蘇丹人民解放軍從南部反叛軍提升至國家軍隊的地位。這支軍隊亟需專業化，尤其是將在僅僅幾年後保護捍衛一個獨立國家。當時解放軍仍是紀律不彰的游擊隊軍力，比不上此區域已建立的軍隊。或許將軍的表演是他表達融入的方式——新成立的軍樂隊成員，宣示自己有能力平起平坐。

無論是否出於深思熟慮，這種形象相當有力，對於我與將軍麾下的人馬皆然。在這個等著建立的國家，此種關係與典範塑造對於未來意味著什麼，我還無法確定；不過在一個經由槍管才終於迎來進步的地方，瞭解那一點似乎很重要。

將軍與我談話長達兩小時，期間我們討論了蘇丹人民解放軍的情況、在新興南方推動政治的人物，以及即將舉辦公投的威脅——將軍篤定認為這件事將使他重返戰場。談話結束後我感謝將軍撥冗，踏上碎石路走回車裡，時時對那群狗保持警惕。天色晚了。

開出大宅柵門時，我向稍早讓我們進來的同一位肅穆青年兵點頭。他漫步走回宅內。身為蘇丹人民解放軍的年輕新兵，他必定領取某種形式的薪資，即使發放時間不固定、或者有部分被上級分走。軍隊薪餉曾為和平協議最有感的一項紅利，實為提供給戰爭退伍軍人及兒子獻身「抗爭」家庭的廣泛福利計畫。在其他經濟機會稀少或匱乏的國家，這位青年選擇入伍並非不智舉動。

此外，他成為社會結構的一分子，而且配發一把槍。我想到權利被剝奪美國年輕人的類似情況，加入幫派是找到歸屬的手段，獲得某種地位或認同，藉此在原本無情的環境裡生存。

開往鄰近尼羅河營地的顛簸回程中，我思索現況，方才的談話對象是解放軍裡的其中一位將軍，總數據說多達七百人。數字相當驚人，尤其是跟號令美軍的兩百位將軍相比——美軍規模則為蘇丹人民解放軍的十倍。我也跟彼得提到，將軍私人衛隊的規模令人驚訝。彼得大多在汽車後座打盹消磨時光，不過他有次下車伸伸腿，也跟幾位士兵閒聊。「他們都來自同一區。」他說。「什麼意思？」我問道。他解釋，他們大多擁有相同的區域與族裔出身，就跟幫我倒威士忌的將軍一樣。

儘管許多蘇丹人民解放軍人整個成年生涯都在打游擊戰，他們的軍隊毫不團結也毫不專業。獨立前夕，解放軍依舊是由各同族部隊組成的大雜燴，偶爾出現造反的指揮官與平行的指揮鏈。在危機關頭，一位士兵可能會優先聽命於同族的戰時指揮官，隨後才服從新任排長指揮。更令人擔憂的是，許多戰時指揮官如今擔任黨內高職並領導政府部會，有時利用此種平行指揮鏈遂行個人目標。無論指控確鑿與否，那晚我拜訪的將軍曾因涉嫌動員部隊推翻總統而遭軟禁在家。

與喀土穆的戰爭在二〇〇五年結束時，集體反抗北方使得南方的分立支持者團結一致，而對許多人來說，南方的獨立成為共同目標。然而那是脆弱的同盟，由尚未化解彼此歷史仇恨的族群和武裝團體構成。儘管二〇〇六年的一項法令將六萬名戰爭時期南方民兵納入蘇丹人民解放軍麾下，截至二〇〇九年，南方軍隊的整合仍離實現尚遠。多位解放軍重要領袖依然痛恨吸納了舊敵，即使他們同為南方夥伴。他們基於族裔或過往的效忠對象阻撓整合並否決升遷，虐待行徑亦未顯著減緩。

一位資深軍界人士隨後以此描述，總結蘇丹人民解放軍易生紛爭的特質：「在衣領別著星星的將軍走過一位基層士兵身旁，假使士兵不認識他，甚至不會起身向他敬禮！」即使蘇丹南部已形成準國家體制，區域與族裔認同依然勝過一切對於國家或體制的忠誠。很難不去猜想，在建立其他國家體制時這將意味著什麼。

那晚拜訪的印象將緊隨我多年，我在蘇丹南部待得愈久，就愈能瞭解與將軍共度的夜晚揭示多少本地面臨的挑戰：軍事化的社會，過度擴張且不專業的軍隊，深深的種族隱憂，經濟不振，財政貪腐，以「強人」政治為中心的風險，以及任何團結一致的國家認同皆不存在。

Chapter 2

潮溼的地獄

「居住在這片土地上的黑皮膚種族差異巨大。有些是善戰、養牛的遊牧部落；有些耕耘土地，住在狀如蜂巢的茅草小屋；有些是猿猴般的裸體野蠻人，生活在樹林裡，捕食不比他們更粗野或低等的生物。」

——美國總統希奧多・羅斯福（Theodore Roosevelt），蘇丹，一九一〇年春

「倘若我們訪察從聖經裡古實人（Kush）綿延至今的歷史長廊，你將發現蘇丹和我們蘇丹人一直在這裡。我們要公開聲明並提醒自己，我們是歷史悠久的人民，因為有股力量正聯手把我們推離歷史的軌道。」

——約翰・加朗

從將軍的煤渣磚宅邸往下游一千多英里，豎立著古老的努比亞（Nubia）金字塔。儘管規模與名聲不敵更知名的埃及金字塔，聳立於麥羅埃（Meroe）變幻無常沙漠的金字塔群是現代蘇丹人的驕傲，長久提醒他們祖國的豐富多元歷史。這處宏偉地標由古代統治者建造，數個世紀聽命於北方勢力強大的埃及法老並受其影響，他們在尼羅河谷地建立王國。日後，自中世紀初期起，貿易路線將阿拉伯人從中東引來蘇丹北部的乾旱沙漠與非洲遼闊的薩赫爾（Sahel）地帶定居融合。伊斯蘭信仰隨之到來。

在南方，受雨水滋養的蘇德沼澤（Sudd）面積等同於英格蘭，形成巨大地理屏障，數個世紀以來為越往南越見綠意且肥沃的蘇丹南部降低外部影響。「這是一片被高溫侵襲的荒野。」英國探險家山繆．貝克（Samuel Baker）寫於一八六二年，當時他的探險隊正搭船南行。「現在我們完全置身黑人之間，」他在日記裡記載，「這國家就是一片遼闊且顯然看不到盡頭的沼澤。」貝克發現自己被艱險的沼澤地阻撓時，認為「毫不意外古代人放棄探索尼羅河」。他描寫蘇德沼澤是「蚊子的天堂與人類的潮溼地獄」[1]。

蘇丹南部的非洲黑人原住民大多未在遼闊領土上建立正式的中央政府體制，而是藉由家族與部落維繫寬鬆的秩序。儘管水平式組織長久以來確能發揮成效，最終也使他們易受野心勃勃且有組織外來者的危害。於是數代的南方非洲黑人淪為目標、被納入龐大的奴隸貿易一環，首先被埃及與努比亞的統治者看中，隨後是他們的阿拉伯繼承者。

蘇丹的現代國家樣貌終於在十九世紀初成形。鄰國埃及受鄂圖曼帝國掌控，抱持擴張主義的總督穆罕默德・阿里・帕夏（Muhammad Ali Pasha）於一八二〇年派四千兵將南下奪取蘇丹領土。他的征服吞併了現存的王國與多元族群，全都納入單一的領地當權者之下。土耳其—埃及治理下的政治、經濟與軍事利益，不僅加劇蘇丹北部與南部間的已存不和，更產生新的分歧。帕夏將權力集中於阿拉伯—伊斯蘭認同盛行的北部中心尼羅河谷地，並於喀土穆建都。勢力強大的霸主監督新一波深入南方內陸的奴隸掠奪，大舉消耗健壯人體及象牙和其他資源。於是隨著現代國家成形，南方非洲黑人更顯著受到文化與種族上的征服[2]。

蘇丹現代歷史上最歷久不衰的傳說於六十年後到來，在一八八五年，逕直名為「馬赫迪（the Mahdi）」——伊斯蘭救世主——的魅力十足煽動者與宗教神祕主義者率眾包圍喀土穆。這位宗教戰士及其五萬名安薩爾（Ansar）部隊，身穿飾有珠子與彩色補丁的白色棉袍，攻擊並戰勝了占領城市的埃及軍隊。這次驚人勝利是四年來對抗土耳其—埃及統治起義的高潮，他們砍下占領軍領袖大英帝國將軍查爾斯・戈登（Charles Gordon）的頭顱來紀念這個日子。

戈登曾於十年前擔任蘇丹總督，任期內視粉碎奴隸貿易為使命，此目標源於基督徒的道德信念，並受到當時在英國日漸升溫的反奴隸運動所刺激。但是當英國與埃及的利益被大膽的馬赫迪圍攻，英國再度任命著名軍官的戈登，派他回蘇丹捍衛喀土穆。

一九六六年由好萊塢巨星卻爾登・希斯頓（Charlton Heston）飾演戈登、勞倫斯・奧立佛（Laurence Olivier）飾演馬赫迪，聯手在與城市同名的電影《喀土穆》★裡描繪這場惡名昭彰的戰役，在大銀幕上刻畫此一國家成形時刻。四十歲的馬赫迪隨即建立該國首見的公民與伊斯蘭治理，不久後卻因傳染病過世，英國—埃及聯軍則於二十世紀伊始前夕重新奪回領土。那是一連串的壯闊事件，不過就如同蘇丹建國後的大部分政治事務一般，全都發生在數百英里外，跟多數蘇丹南部人的生活相距甚遠。

在隨後的英國統治下，蘇丹的北部與南部持續分治。一如前人，維多利亞女王的殖民官員集中精力在國家北半部及其首都，規劃制度、締結政治同盟並實行遠大的基礎建設計畫。與此同時南方前線地帶是一灘死水，實情如同字面意義，在他們的規劃裡分量微薄。因此南部一如蘇丹其他偏遠區域，依舊孤立、低度開發且不被瞭解[3]。

除了領土廣闊外，蘇丹各地的決定性特質為其多元性，在文化、宗教、種族、語言與政治層面皆然。儘管如此，殖民者、早期政府與日後的學者卻維持偏頗聚焦於該國的阿拉伯—非洲與穆斯林中心，借用一位歷史學者的話來形容，使得國內其他地區一直「被貶低成具異國風情的邊緣地帶」[4]。英國當局起初僅設法安撫南部人口，統治偏遠領土，在非洲的大舉爭奪中趕走法國與比利時競爭者。

接著在一九三〇年，英國行政人員率先制定「南部政策」，明定蘇丹南部可依照「非洲」路線發展與治理。有些人認為，他們企圖同化南部死水跟英屬東非殖民國（肯亞、烏干達、坦尚尼亞）。北部與南部的交流與往來因此嚴重受限。在一些人解讀的保護政策下，蓄奴制與伊斯蘭信仰的南傳受到限縮。但是對於身處孤立南部的人而言，相對受忽視與種族歧視的情況持續存在。

當公僕、商人與專業貿易人員等受教育階級在北部崛起，南部的教育則被忽視，或說是徹底受到阻撓。南部不僅欠缺道路與政府服務，也沒有學校。基督教傳教士彌補了一部分空缺，最終在獨立前夕，他們的信徒成為受過教育、活躍於政治南部人的稀少核心。

阿格瑞・傑登（Aggrey Jaden）在一九二八年出生於耶伊河（Yei River）地區，他是少數曾踏進教室、且於日後就讀喀土穆大學的第一批南部人。身為聰明且前景可期的年輕人，傑登參與學生政治並隨後擔任政府低階行政人員。可是在遙遠的首都中，傑登是體制裡的少數陌生臉孔，在即將以人民名義崛起的國家成形之際，他和處於不利地位的南部人少有發言權。

西方殖民強權在一九五〇年代與六〇年代退出這片大陸，在倫敦急於脫身之際，蘇丹名列第一批獲准獨立的英屬殖民地。但是殖民當局準備移交統治權時，北部與南部之間萌生緊張態勢。傑登與政府裡的幾位南部人提出南部的區域自治或獨立問題。他擔憂統一且獨立的蘇丹將由北部穆斯林居中主導，這項看法相當準確。儘管數十年的「行政隔離」造成巨大鴻溝，英國合併兩塊愈發南轅北轍的領土並交由北部菁英主掌[5]。在權力轉移的高階政治中，蘇丹南部人大多落居最後，其領導者亦然。

傑登和同事忿忿不平。在蘇丹的正式獨立日，時任地方長官的傑登拒絕在轄區演奏新國歌或升起新國旗，遭到喀土穆出身的上司開除[6]。這位反叛的政治人物回到朱巴，接著越過邊界逃

★在臺取名為《戰國春秋》。

亡，成為蘇丹南部最早的反抗運動活躍人士。

不久後英國撤離蘇丹，但是在傑登與南部同胞眼中，只是由另個新的外國領主取代他們的位置[7]。傑登與十三位同事隨後撰寫二十三頁的請願書提交聯合國，詳述針對南部人的制度性歧視。「從英國政府接手的八百個職位中，僅有四個低階職位提供給南部人。」請願書寫道。「因此相當明顯……我們南部人只不過是換了主子。」[8]於是蘇丹就在衝突不滿間誕生，淪於次等的南部人困守在對抗北方新霸主的爭鬥中。

接著迎來一段內戰時期，以邊緣化、極端暴力、企圖強迫同化國內多元人口為特點。從許多方面而言，喀土穆的統治者是「阿拉伯」與「非洲」認同的混合體，卻被視為阿拉伯人，他們設法將整個國家阿拉伯化與伊斯蘭化。問題重重的南北對立及貫穿其中的權力關係，在數個世紀前就已展開，於外國征服期間強化，在二十世紀的殖民統治時鞏固，隨後受到國家體制守護。

認識蘇丹的動盪歷史時，「南北」主題必不可少；南部認同主要由抵抗形塑，最終導向南蘇丹的脫離。光瞭解這一點仍遠遠不足。五十年間的大大小小衝突，闡明困擾蘇丹整個國家的更複雜病症：國家中心與邊陲間的基本失衡。

極端不平等是全國性的弊端。權力與資源掌握在中央一小群享有特權的阿拉伯階級手裡，付出代價的是國內多元且邊緣化的區域外圍——南部最為顯著，不過也包括努巴山脈（Nuba Mountains）、達佛、東部及其餘地區。此種結構缺陷引起數十年的不穩定，且統治菁英的阿拉伯與伊斯蘭特質，將複雜的權力與認同觀念注入蘇丹的衝突之中[9]。混雜著種族主義、複雜的社會階級、種族和語言差異、多樣且險阻的地理環境、相互競爭維持生計與大規模的流離失所，如同一位歷史學者所述，在在使得蘇丹的戰爭不僅難以化解，甚至連解釋清楚都難[10]。

儘管在中央主導，蘇丹獨立後的政府從未強大到足以將國家權威伸張至全國範圍。畢竟蘇丹面積廣大，與密西西比河以東的所有美國領土相等。在整個蘇丹推行單一的阿拉伯與伊斯蘭認同以期團結的政府作為適得其反，強化了原先想壓下的離心力。

於是他們訴諸粗暴高壓的手段，支配本已居於劣勢的外圍地區。他們控制地方菁英，操縱短期經濟利益，且委託地區民兵實施嚴厲維安。他們利用種族與認同分化人口，挑動人民彼此對付，並且在任何必要之處動用暴力。在南部與國內其他地區蒙受苦難時，喀土穆的中央則保有泡沫般的經濟與政治優勢[11]。

但是這項計畫無法長久；喀土穆歷任政府不僅未能締造國家團結，有天他們還將輸掉維持非洲最大國家領土完整的戰役。

蘇丹的第一次內戰（一九五五年至一九七二年）甚至始於英國國旗尚未降下前。南部反叛分子發起低強度的游擊戰，目標是南部分離，直到一九六〇年代「蛇毒（Anyanya）」反抗軍現身使戰事加劇。「如今顯然再無任何疑慮，蘇丹南部與蘇丹北部之間的戰爭絕不會由你的國家獲勝。」[12]一九六五年傑登寫給蘇丹總理的信中提到。當時他是蛇毒政治組織的領導者，信中概述分離主義者的觀點，並以此作結：「因此，我藉此機會希望請你關注我們人民神聖的強烈請求：即刻獨立。」

南部反叛分子也沒能贏得戰爭。儘管對於戰略與目標存在內部分歧，在此阻撓下，南部抗軍仍於一九七二年與蘇丹總統賈法爾．尼梅里（Jafaar Nimeri）達成政治協商。「阿迪斯阿貝巴協議（Addis Ababa Agreement）」並未帶來獨立，而是授予新的南部「地區政府」有限自治權。不過這項協議未能滿足分離主義者，他們想要更多，也並未說服不信任喀土穆政府的人。不久後，授予南部的權力遭弱化，喀土穆的協商承諾觸底。蛇毒戰士重回叢林，活躍於國家軍隊的南部軍官密謀加入他們。一支新的南部抗軍成形。

與此同時發生的兩項重大進展，將使局勢加速重回爭戰，並形塑此後數十年的蘇丹政治。首先，美國石油巨擘雪佛龍（Chevron）在一九七〇年代晚期發現石油，使得尼梅里總統的政府與富進取心的美國商人興奮不已[13]。前美國總統喬治．H．W．布希（George H.W. Bush）時任尼克森總統的聯合國大使，也是一位成就卓著的石油業人士，他曾於兩國關係熱切時造訪喀土穆，提醒蘇丹人該國蘊藏石油並協助引介美國企業[14]。富含石油的盆地最終在北南疆界不遠處發現，丁卡與努爾族群皆居住於當地。不久後，尼梅里政府企圖重劃南北疆界，好讓新發現的油田「遠離任何南部地區政府並牢牢掌控於喀土穆手裡」[15]。偷偷摸摸的舉動遭到斷然拒絕，卻讓南部人充分預見接下來的發展。

第二，蘇丹北部的政治正歷經翻天覆地的轉變，當時新型態的伊斯蘭政治勢力以穆斯林兄弟會（Muslim Brotherhood）之名從埃及移入，那是從一九二〇年代初現的一股宗教、政治與社會運動。尼梅里總統當時是美國的冷戰盟友，受到來自兄弟會基本教義派的壓力，他們反對南部獨立並提倡一個更公開的伊斯蘭國家。此團體滲透尼梅里政府的方式，是透過富有個人魅力且具爭議的伊斯蘭主義者哈桑．圖拉比（Hassan Turabi），藉此迫使總統在那兩方面屈服。解散南部地方政府後，在一九八三年九月尼梅里使整個蘇丹承受第二波衝擊，他實施伊斯蘭教法（sharia）並宣告蘇丹是一個伊斯蘭共和國，已然成形的蘇丹第二次內戰點燃導火線。

與此同時，一群脫離蘇丹國軍的南部將領獲得當時與蘇聯結盟的政權同意，穿越邊境進入鄰國衣索比亞。當時有位抱負遠大的上校名叫約翰．加朗，是在美國受教育的三十九歲軍官，他鞏固了新興叛軍的指揮權，蘇丹人民解放運動與解放軍由此誕生。

「由於蘇丹人民的團結一心，」加朗一九八四年春天在首次重大演說中宣告，「南部的武裝抗爭必定席捲整個蘇丹。」[16]加朗的願景是「解放全蘇丹、團結人民並保持領土完整」，此堅定承諾使得他的新運動有別於明確抱持分離主義的前人。加朗跟他們不同，他不追求南部獨立。相反的，他願景中的「新蘇丹」是一個自由、民主、包容的國家政體。大部分南部異議人士寧可選擇直接脫離蘇丹，然而加朗決心解放全蘇丹人的國家，從中心改革結構的不平等。因此他的「新蘇丹」概念號召力超出南部，吸引其餘邊緣化人口支持他的雄心勃勃「國家」運動。

接下來幾年裡，加朗的蘇丹人民解放軍對政府設施、石油企業與國家軍隊發動游擊戰，喀土穆則陷入政治紛亂。新運動在軍事勝利中茁壯，卻也面臨南部政敵的激烈反對與多次阿拉伯民兵攻擊——每股力量背後皆獲喀土穆支持。日漸暴虐的戰爭摧毀數百萬南部公民的生活，使人們蒙受無情暴力、背離家園、饑荒與疾病磨難。

到了一九八八年，蘇丹的殘暴戰爭結合災難性乾旱，導致南部一些地區發生前所未見的饑荒。許多人認為那是非洲現代史上最嚴重的饑荒，比西方人永誌難忘的衣索比亞和比亞法拉（Biafra）饑荒更加惡劣。骨瘦如柴南部人及其消瘦至極孩童的照片接續傳出，而他們僅是飢餓和戰爭連鎖反應下數十萬死者的其中幾位。最終國際社群在一九八九年成立蘇丹生命線行動（Operation Lifeline Sudan），由聯合國與人道主義機構專案合作，任務是緊急輸入食糧與救生援助。但是原為臨時性質的行動最終將延續十六年。

一九八九年，事態甚至轉趨惡化。總統尼梅里的繼任者在當選不久後遭到一夥北部軍官罷黜。雖然他們的首領是沒沒無名的准將奧瑪·巴席爾（Omar al-Bashir），但很快就揭曉幕後政治策劃者是伊斯蘭主義者圖拉比。兄弟會主腦一手安排這次政變，如今握有掌控權。

巴席爾與圖拉比高舉後者的全國伊斯蘭前線（National Islamic Front）旗幟，將對抗加朗等南部抗爭者的軍事行動升級。他們在原本堅守伊斯蘭溫和路線的國家加速推動伊斯蘭主義革命，廢除體制並制裁擋路的任何人。如此一來，他們使加朗期望中世俗、民主的蘇丹更加遙不可及。強硬政權的崛起及其漸趨鐵拳頭的統治也造成美國震驚，開啟華府與喀土穆間長達數十年的積怨。

儘管普遍的南北對立性質與強烈的宗教思潮貫穿這場戰爭，但常提到的「阿拉伯與穆斯林的北部對抗非洲與基督教的南部」特質並無法完整說明。對戰雙方陣營皆有南部人參與，也有穆斯林、「非洲人」和「阿拉伯人」。最激烈的戰鬥有許多發生在邊界地帶，嚴格說來不屬於南部，而是龐大且具影響力蘇丹人民解放軍支持者的家園。為了讓戰爭遠離喀土穆，政府在前線雇用阿拉伯代理民兵，他們恐嚇、殘殺、綁架，還把婦女和兒童賣去當奴隸。政權利用地方勢力關係與資源利益，打著分治的盤算策動南部民兵彼此對抗。

最終死於彼此鬥爭的南部人超過對抗北方部隊。加朗的蘇丹人民解放軍居於主導地位，卻非僅有蘇丹南部的兵力。一系列其他地區與種族的民兵扮演重要角色——有些懷抱國家目標，其餘只看重保護地方利益，不過許多勢力領取喀土穆的酬勞並與解放軍作戰。

南方內部互鬥的暴力對於人民尤具破壞力，因為戰士傷害地方人口，利用食糧作為戰爭武器，並且基於種族將村落當成目標。歷經這般戰爭後，連加朗的運動也難以為繼，因願景、行事作風與種族的差異而分裂。儘管南部人最終在二〇一一年團結追求獨立，諸多痛苦的戰時對立大多仍未化解，有朝一日將重現並糾纏新的國家。

喀土穆政府與蘇丹人民解放軍多年來時打時談，直到緩慢進展的和平協議終於在二〇〇二年蓄積足夠動力。新動力來自戰場上的變化、以及在達佛展開的另一場戰事，新形成的華府外交壓力與蘇丹對美國的忌憚也構成催化作用。九一一襲擊事件剛在一年前發生，緊迫的美國反恐戰爭成為喀土穆伊斯蘭主義者圈子的憂慮因素。蘇丹最有影響力的其中兩位人物——加朗與蘇丹副總統阿里・奥斯曼・塔哈（Ali Osman Taha）——在變化情勢下達成夥伴關係，全面和平協議（Comprehensive Peace Agreement）最終在二〇〇五年一月簽訂。

在非洲大陸所有漫長慘烈的戰爭之中，最漫長、最慘烈的一役終於結束——至少目前如此。據信三十年間超過兩百萬條性命喪生，幾近美國人建國以來所有戰事死亡人數的兩倍，涵蓋獨立戰爭至伊拉克戰爭的兩百多年期間[17]。

這項歷史協議蘊含關於南部未來的兩個願景：加朗的「新蘇丹」，以及多數南部領袖偏好的選項——獨立。協議的理想原則是「讓統一有吸引力」，尤其是對南部人而言。將透過改革政府、移交權力、開發邊緣化地區、共享國家豐厚的石油財富，以六年的試驗期試著跨越北部與南部之間的鴻溝。全面和平協議的目標是保有統一的蘇丹，不過協議也提供南部人一項脫離條款。假使這段和平期間無法形成更好的聯邦，南部有權於二〇一一年舉辦獨立公投。

蘇丹再也不一樣了。戰爭告終，取而代之締造的獨特政治協議阻撓無可避免的南北攤牌。但是協議無法長久維護國家統一。舞臺已為一個動盪的聯邦、難堪的分手與南蘇丹的最終脫離搭設。

Chapter 3

戰爭、和平、美國人

「為蘇丹帶來一些理智對這任政府很重要，對世界也很重要。」

——美國總統喬治·W·布希，白宮玫瑰園，二〇〇一年九月六日

白牆，藍灰色斑點地毯，有裂紋的藍色皮椅構成三樓辦公室接待區的印象。飲水機發出規律的低鳴聲，兩位認真的年輕女員工端上咖啡，讓一切按表操課。為下午的訪談準備筆記時，我注意到咖啡桌上的三件物品，精準簡述了受訪者的世界觀：第一，《世界雜誌》（*World*），一本福音教派的雙週刊，標語為「今日的新聞，基督徒的觀點」；第二，權威的《外交》月刊（Foreign Affairs）；第三是一本欽定版聖經。

今天是個逼近華氏一百度★的八月悶熱天，地點在維吉尼亞州福爾斯徹奇市（Falls Church），與華盛頓特區相隔波多馬克河（Potomac River）的一處富裕郊區。三十四年來，鄰

近的維吉尼亞州第十國會選區皆由共和黨人蘭克・魯道夫・沃夫（Frank Rudolph Wolf）代表。二〇一五年從國會山莊退休後，前眾議員就進駐掛著「浸信會世界聯盟」招牌三層樓商務中心的這間辦公室。

一間會議室的門敞開，我聽見沃夫與一位牧師和兩位社運人士結束談話，事關敘利亞連綿戰爭中受圍攻的雅茲迪人（Yazidis）及其他弱勢宗教族群。前眾議員自稱為「耶穌追隨者」，即使退休了，他的個人使命是維護「人權與宗教自由——包括國內與國際層面」[1]。在三十年的國會生涯中，沃夫投注大把時光為這些議題奔走，從前蘇維埃國家的人權一直到圖博與伊拉克的宗教自由，如今則組織基督教會間的非營利聯盟，在全球提倡上述目標。但是少有議題及得上蘇丹，吸引他發自內心全力關注，在這方面的美國政策成形時他的意見最為響亮。

「我因為信仰而關注。」沃夫說道，我們挨著一張寬闊會議桌對坐[2]。他引述聖經經文作為指導原則：「《馬太福音》二十五章——『我餓了，你們給我吃，我赤身露體，你們給我穿，我在監裡，你們來看我。』」

沃夫頂著滿頭銀髮，靠左整齊旁分。他的特徵是又高又瘦，鼻子和耳朵比常人大，與即將步入八十的許多人相仿（他今年七十七歲）。他在會議桌對面靠著椅背，柔軟的藍色牛津襯衫繫一條紅領帶整齊扣好，紮進 Dockers 牌卡其褲裡。「我愛上那裡的人民。」問及持續致力於蘇丹南部的起源時，他這麼解釋。

沃夫對我訴說赴地球上黑暗角落追求正義志業的跋涉。他用老練的口氣說，這種旅程最好維持小團體與低預算形式。「而且，我認為你必須過夜。」他主張自己的信念，滔滔不絕列舉曾於眾議員任期訪視的長串戰火險地，令人欽佩。接著他不安地扭動身子，描述沿途的種種不舒適時略顯不快——睡在茅草屋裡，忍受當地食物，遭遇許多危害健康之事。

「在每個世代，」沃夫的回憶錄《良知的囚徒》(*Prisoner of Conscience*)序言以此開頭，「上帝挑選幾位勇氣十足的領袖去捍衛真理與伸張正義——常要對抗主流思想。在我們的時代，法蘭克·沃夫就是如斯人物。」這段文字出自查爾斯·寇森(Charles Colson)，總統尼克森(Richard Nixon)的頭號副手，因水門案醜聞被起訴且於日後成為一位發言直爽的福音派基督徒。來這裡以前我翻閱過那本書，副標是「全球人權與宗教權的一人聖戰」。回憶錄詳細記載眾議員受宗教啟發、遍及十數國的英勇行徑。寇森描述沃夫是追求不凡目標的「英雄」，敢於「涉足少有國會成員到訪之處」。沃夫「以忠貞衡量自身」，寇森寫道，而且名列「拚搏偉大人道主義戰役時為彼此祈禱」的國會群體。不難理解加朗和他的美國顧問，為何會把維吉尼亞第十選區的鬥士視為支持者之一。

「為什麼是蘇丹？」我問沃夫。「什麼讓你對世界上這處角落感興趣？」

沃夫直指一九八四年饑荒期間的衣索比亞之行是「改變一生的事件」，不久後促使他涉入鄰國蘇丹的戰爭。一九八九年，沃夫第五度擔任眾議員時，來自挪威人民援助組織（Norwegian

★ 約攝氏三十七點八度。

Peoples' Aid）的一位飛行員臨時起意邀請他同赴蘇丹南部。沃夫憶述在奈洛比的威爾森機場（Wilson Air Field）跳上一架「旅隊（Caravan）」雙螺旋槳飛機，剛過邊境就在蘇丹人民解放軍占據的東赤道州（Eastern Equatoria）於戰火中降落。沃夫滿懷憐愛回想難忘景象，如同初次造訪開發中地區的任何一位天真西方人——陌生的地理環境，艱險的地形，奇特的文化習俗與異國的野生動植物。

他去見大家都在談論的人物，也就是加朗，卻直到第三趟造訪才找到他。安然鋪展顯然多次重述的故事，眾議員描述他為了尋覓叛軍領袖而長途跋涉。「我憤怒極了。」他說。最後，在漫長的徒勞搜尋後，解放軍顧問告訴他加朗在「越過小溪的山丘頂」等候。

「我才不要走進那該死的水裡！」沃夫相當激動，擔心經由水傳染的寄生蟲。人們為他搭了一根木頭過溪，可是正當沃夫合掌試圖橫越時，他就臉朝下跌進溪中。憤怒的沃夫渾身溼透且厭倦了追蹤，衝上山丘找到加朗。「我就……我……我痛罵了他一頓。」不過加朗使眾議員的沮喪煙消雲散，他「大笑不已……我們就此成為朋友。」沃夫驕傲表明自己與這位「非常、非常富有魅力的傢伙」建立個人關係，以及他對於叛軍領袖的長久關注。「從此加朗每次來華府都會順道見我，每次我去那裡也會找他。」

最初幾趟造訪蘇丹人民解放軍掌控領土時，沃夫近距離目睹內戰的殘酷。不久後他成為蘇丹喀土穆政府最猛烈的美國批評者。「我曾目睹他們的行徑……我見過巴席爾人馬做的事。」沃夫在訪談中對我說了兩遍。他從種族與宗教層面剖析戰事，並且毫不畏懼選邊站。這是道德上的迫切之舉，隨著時間過去，解放軍外國支持者的能量展現在對蘇丹總統巴席爾喀土穆政權的由衷個人蔑視，也表現於他們對南部的擁護。在沃夫與其他許多人眼裡，這是一場善與惡的對戰。

在對戰中，眾議員的作為豐碩且堅定不移：他寫信給美國總統和外交高官，提出強硬法案，並在美國眾議院頻頻發言轟炸。他要求採取行動，以評論痛斥不在同一陣線的任何人。有次在眾議院發言時，他嘲笑總統歐巴馬的政策決定，罵政府「道德破產」，並主張他的「領導失責」將引發更多悲劇與苦難。在另一次聽證會，沃夫不斷吐出批評並不可置信地從座位上喊叫，「這是一個本質邪惡的政府……邪惡……邪惡！」他大喊，手勢狂亂，「你必須換掉巴席爾……政權更替！……他們是邪惡的人！」[3]

若能機靈運用，沃夫的精力與憤怒正是驅動改變的必要條件。但是他的評論偶將蘇丹的戰爭描述成簡單的道德賽局，而他的解決方案有時會掩蓋複雜議題。一位熟悉沃夫三十年間作為的退休美國官員，在讚揚眾議員倡議功績時輕笑，「法蘭克常第一個跳上飛機去某個地方，然後回來說『我們一定要做些什麼』。」[4]評論沃夫在外交方面的敏銳嗅覺時，官員接著說：「他總是關注正確的地方，至於解決方案，嗯，這麼說好了，他並非總能做出最佳判斷。」

簡單說，若沒有美國就不會有南蘇丹共和國。沃夫是一位早期的提倡者，而且引人注目，但是他絕不孤單。美國國會人士、三任白宮與積極發言的倡議人士聯手，跟處於弱勢的南部游擊隊發展出特殊關係，培育多年來簡單稱為「抗爭」的運動。這些聯繫向受戰爭摧殘的族群提供援助，並使加朗的解放鬥士名聲大噪。美國與非洲盟友聯手，幫助南部孤立喀土穆的對手，終止內戰，並且確保該區域擁有自決權。最終，美國的努力保障了獨立公投及其結果。於是一個國家在非洲中心地帶誕生，歷經半個世紀的騷亂與苦難，由華府扮演助產士。

華府有充分理由鄙視蘇丹的暴虐政權並堅決援助困頓的南蘇丹人民。但是隨著時間流逝，美國的立場過度乖離具建設性且不偏不倚的中心點。反喀土穆遊說團體的理想熱忱未能在北部引發改變，還在南部造成意料之外的後果。簡化的敘事、對於正義目標的無條件信仰、強迫採取共同行動下，美國的政策隨之扭曲，也讓沃夫及美國支持者同伴對他們選中英雄的瑕疵視而不見。

南蘇丹崩解的主要責任不應怪罪在華府或朱巴的其他國際支持者頭上，因為這個國家的領導人揮霍了大部分解放運動僅能夢想的機會。評論者與新聞記者採取單單指責西方的「逮到你」論述，顯得既簡化且卑劣，忽視塑造和平與拯救生命的兩項可觀成就，以及伴隨南蘇丹每個政治演化階段所做的艱難政治決策。可是由於美國及其盟友深深影響一路引導國家誕生的事件，接著又過早轉往下一篇章，西方的角色值得仔細思量。起於道德怒火，帶著正義熱忱前行，與南蘇丹的弱勢群體結盟有助於達成崇高目標，卻也灌溉使新共和國崩塌的種子滋長。

在一九八〇年代與一九九〇年代之交，冷戰情勢形塑了美國對東非的外交政策。華府獲得蘇丹總統尼梅里支持，他的政府是美國對外援助的最大受援國之一，也是此區域對抗蘇聯代理人的堡壘。在東方，衣索比亞的門吉斯圖・海爾・馬里安（Mengistu Haile Mariam）上校是共產陣營敵人，從廣義上來看，他支持的蘇丹南部抗軍也是。加朗的馬克思主義革命修辭與「國家解放」有別於過往的南部反叛者，兼具策略與戰術動機。他提出的「新蘇丹」必須在衣索比亞獲得政治與軍事支持，該蘇聯盟國政權是蘇丹人民解放軍最初的金主。從安撫非洲大陸他國當權者的層面而言，加朗承諾要維持蘇丹統一也有其必要，因為許多非洲領袖正與想獨立的少數族群作戰，不會友善看待分離主義。

但是加朗與蘇聯東方集團（Eastern bloc）的聯繫無法為他贏得華府支持，在那裡許多人不信任他的新運動，斥為「一群馬克思主義分子」[5]。與此同時美國人在背後齊心支持衣索比亞反叛陣營，於鐵幕在全球下降之際，他們最終在一九九一年推翻該國的共產黨軍政府。

一九八九年至一九九一年發生的地緣政治重大變遷，在年輕的蘇丹人民解放軍間引起騷動。不僅其訓練營與補給管道隨著衣索比亞政權下臺而受危害，而且解放軍突然失去金主，並似乎站在歷史上錯的一邊。副手表示，加朗隨即宣告「時代在改變，我們必須跟著改變。」於是他著手與冷戰勝利者建立新關係。加朗曾以大學生、博士生與軍事受訓員的身分在美度過十年間的大半時光，他重回舊地並開拓新的一群支持者。

美國政府仍對加朗抱持懷疑，他在內閣的管道不多，因此將精力集中在其他領域。巧妙針對不同利益團體量身打造訊息，加朗向福音派基督徒遊說宗教迫害，向非裔美國選區遊說種族主義與邊緣化，向倡議團體遊說侵害人權與奴隸制。（到了一九九〇年代中期，蘇丹人民解放運動將喀土穆對伊斯蘭恐怖主義的支持，做為遊說華府與撒哈拉以南非洲各國首都的賣點。）

然而，意識到國會的耐力、及其為總統內閣打造制定政策條件的能力，加朗將他傳說中的魅力保留給國會山莊。他與共和黨和民主黨人皆培養長久的個人關係，重要的是也與他們的幕僚人員交好。其中最主要的是沃夫與已故的佩恩，後者是紐澤西州的十二任民主黨眾議員，亦擔任國會黑人黨團主席。

評論加朗的賣點多麼成功時，他的一位追隨者告訴我，「隨著時間過去，法蘭克．沃夫不再是為加朗盡力；現在這是他自己的志業了。」[6] 沃夫與佩恩一齊造訪蘇丹南部獲解放的區域，並於二十年後提及此次非凡的跨黨派合作，這對意外盟友在獨立過程中持續發揮影響力[7]。沃夫獲得共和黨參議員比爾．弗利斯特（Bill Frist）和山姆．布朗巴克（Sam Brownback）的支持，他們代表黨團的白人、南方、保守人士；佩恩代表自由、黑人、民主黨族群。但是他們並不孤單。

早年黑人教會領袖曾造訪蘇丹，包括國內最著名的電視布道家葛培理牧師（Billy Graham）。葛培理和兒子葛福臨（Franklin Graham），率領他們的人道援助組織撒馬利亞救援會（Samaritan's Purse），將美國聖經帶（Bible belt）★引向身處困境的蘇丹南部基督徒。他們提供乾淨飲水與醫療用品給受戰爭蹂躪的村民，也在其他領域盡力。年輕的葛福臨曾稱伊斯蘭教「邪惡敗德」，如今數度與蘇丹的伊斯蘭主義總統巴席爾會面，商討戰事與南部基督徒的困境。有一次葛福臨甚至企圖勸說他改信基督教。

當南蘇丹最終實現獨立，葛福臨再度寫信給美國支持者，請他們禱告並捐款——除了持續提供援助，也幫助他在此建立精神基礎。「他們知道自己國家唯一的希望是主耶穌基督。」葛福臨寫道，宣告以「福音派聖戰」計畫之名召集在朱巴的數萬南部皈依者[8]。

加朗的美國行程不僅限於華府，而是在他曾以此為家的國家到處巡迴露面，從愛荷華州艾姆斯市（Ames）的學校一直到亞利桑那州鳳凰城的社區中心。有個星期天在德州米德蘭市（Midland），加朗尋求兩間教堂的支持，一間屬於福音派，另一間是自由派。「他量身打造評論及引述的聖經經文」迎合各自的信眾，加朗的一位美國友人告訴我。「他們仔細聆聽他說的每一個字。」[9]

重要的電視宣傳也有助於南部志業吸引關注，包括一九九一年艾德・布萊德利（Ed Bradley）在《六十分鐘》節目製作的特別報導，使蘇丹南部的饑荒引起觀眾震驚。蘇聯崩解當時在此區域重塑權力情勢，也對蘇丹人民解放軍有利。

不過仍屬加朗的願景、個人魅力與熟知美國文化，構成蘇丹人民解放運動的嶄新政治形象，及其日漸龐大支持者的關注焦點。除了反種族隔離制度運動，非洲國家在任何地方皆未享有此種關注。非洲仍為全球事務的附屬品，在地緣政治層級位居最末。加朗來自冷戰對立的錯誤陣營還能在寥寥數年間贏得多方支持者，實在令人驚奇。

★指福音派基督徒占多數的地區，即美國南方州。

到了一九九〇年代中期，南蘇丹與蘇丹人民解放運動領袖培育出由真正信徒組成的大軍，勢力和投入與日俱增。但是加朗並非獨力掀起巨變。近十年前，加朗開始跟一小群擁有地位且堅定的美國友人保持聯繫，他們都如沃夫一般，是被加朗的願景與魅力打動。這群私下運作的非正式顧問團日後以「委員會」名號為人所知，實際上在華府為蘇丹人民解放運動進行遊說。

顧問團運用政府資歷與國會山莊人脈，大力動員公眾支持，在整個華府形塑觀點，並且策劃有助於南部志業的立法——有時支持白宮和國務院反對的政策。他們促成解放運動代表團赴華府，在飯店套房與加朗和其他解放軍發言人祕密聚會，決定傳遞的訊息並制定目標。隨後在二〇一二年，題為〈說服華府支持南蘇丹的專家們〉文章中吹捧委員會成員，描述團體在華府一間餐廳後方商討策略時，謹慎到甚至取代號來稱呼彼此：「帝王」、「配角」等等[10]。與他們結交的沃夫及其他人相仿，該團體對南部的支持堅定明確，對情勢的衡量則顯得簡化，至少表面上看來如此。如同委員會創始成員羅傑・溫特（Roger Winter）曾概述的，在蘇丹，「有一個好人跟一個壞人」[11]。

溫特長期任職美國國際開發署（United States Agency for International Development）與其他人道組織，早年投注大把光陰在蘇丹南部，隨後在國務院擔任蘇丹北部與南部和平協議的顧問。他跟加朗關係密切，而且可能是蘇丹南部知名度最高的美國人；南部人喜歡他，以及他對當地志業的堅定投入。滿頭白髮的溫特毫不掩飾自己對南部的支持。二〇〇八年在《紐約時報雜誌》（*New York Times Magazine*）的人物側寫〈放眼新蘇丹的人〉裡，溫特表示他無意與喀土穆往來，並認為保持中立是「道德破產」。「我是一個布道者，」他告訴記者，「我傳布蘇丹的福音。」[12]

基於溫特為蘇丹南部人策動的顯著進展，他們常對這位堅定擁護者的能耐懷抱遠大期望。但是他的過分膨脹角色並不受所有人歡迎，在南蘇丹或華府皆然。有些人認為他的存在無助於改善南北對立分化。離開美國政府後溫特引起騷動，他赴蘇丹人民解放運動擔任正式顧問職位，此舉強化反對者的懷疑，主張解放運動只是在意識型態戰爭中對抗北部的美國代理人。

從衣索比亞難民成為美國公民的泰德．達格尼（Ted Dagne），無疑是委員會中最核心且最具爭議的成員。原本在國會研究機構工作，達格尼被借調至眾議院非洲小組委員會後培養一群追隨者，影響眾議員領袖的觀點，籌組跨黨代表團赴蘇丹南部，並執筆支持蘇丹人民解放運動的立法。

達格尼一直跟加朗維持密切的私人關係。據聞兩人幾乎天天通電話，有些人表示聽說「叔叔」加朗會說達格尼是他的「侄子」[13]。我向沃夫前副手群詢問他的蘇丹政策，無論談到立法、表態或議題立場，他們常提到委員會成員，尤其是達格尼。「他是驅動者。」其中一位副手說，呼應我從其他許多人口中聽聞的看法。「他無事不管……委員會發生的事都有泰德參與，而且都跟泰德確認過。」[14]

約翰．普蘭德加（John Prendergast）是委員會最年輕的成員，他更進一步建立倡議組織，以及一系列對抗蘇丹政府的備受關注活動，影響名人、青年團體與大眾媒體支持這項志業。艾利克·里弗斯（Eric Reeves）是麻薩諸塞州一所小學院的英語教授，於數年後加入委員會。儘管待在蘇丹的時間不多，他迅速成為委員會最公開敢言的發聲者之一，在主要新聞媒體的時事評論與網站文章傳遞道德怒火。一些委員會成員參與全面和平協議，也有幾位如溫特一般，日後在解放運動政府出任多項顧問職位——有些屬志願性質，有些支領薪水。

委員會成員常出席國會聽證會，在眾議院和參議院協助成立「蘇丹黨團會議」，並將自身定位為日益壯大蘇丹支持者的頭號專家。不過他們也跟國務院和白宮的關鍵官員建立密切聯繫。最值得關注的是在九〇年代初期，達格尼和普蘭德加結交名為蘇珊·萊斯的美國非洲政策新星。

時年三十一歲的萊斯原為比爾·柯林頓（Bill Clinton）國家安全會議的非洲事務資深主任，隨後出任史上最年輕的非洲事務助理國務卿，旋即面臨一九九四年的盧安達大屠殺。身為數十萬人遭屠殺之際無所作為而深感愧疚的許多人之一，她在日後表示：「我向自己發誓，假使再度面臨如此危機，我會站在採取重大行動的一邊，粉身碎骨在所不惜。」[15]

萊斯也抱持強硬的反喀土穆觀點，與委員會的盟友密切聯繫，甚至延請普蘭德加擔任幕僚。她促使柯林頓政府的立場堅定與蘇丹人民解放運動一致，在美國的蘇丹政策形塑上比任何人著力都深，且不無爭議。隨後她擔任歐巴馬總統的聯合國大使與國家安全顧問，一方面發自內心鄙視蘇丹政府、一方面與南蘇丹領袖密切聯繫——直到後者於二〇一三年崩解。

初訪抗軍控制的領土後，代表著福音派基督徒與國會黑人黨團間非凡結盟的沃夫和佩恩，在緊急運作後協助將蘇丹南部排入國會山莊議程。他們開始推動由達格尼起草的一九九三年決議案，承認蘇丹南部的自決權，此舉釋放支持解放鬥士的明確訊號，並使國會的作為遙遙領先柯林頓政府[16]。

新增的法案、決議案、聽證會連番重擊蘇丹政府，指其延續戰爭與極端侵害人權、持續施行奴隸制、涉嫌危害人類罪與種族屠殺。他們也呼籲柯林頓政府對北部增強施壓，並且直接向蘇丹人民解放運動及其盟友提供政治與物資支持、食糧與人道援助[17]。

與此同時，基於圖拉比對泛伊斯蘭主義革命的宏偉願景，他與喀土穆的新一幫伊斯蘭主義強硬派引起華府的別種關注。儘管最終證實無所作為，圖拉比政府一度扮演熱切的東道主與金主，款待基本教義派、軍方激進派、穆斯林世界麻煩分子裡的要角，其中首要人物是奧薩瑪．賓．拉登（Osama bin Laden）。上述往來人脈，加上涉嫌與一九九三年紐約世界貿易中心爆炸案有關連，使得柯林頓總統認定蘇丹為「支持恐怖主義的國家」。

接著，基地組織（Al Qaeda）★在一九九八年以炸彈攻擊美國駐肯亞與坦尚尼亞大使館後，柯林頓朝可疑的喀土穆化學武器工廠發射十三枚巡弋飛彈作為回應，錯誤情報認定工廠與賓．拉登有關。（隨後招致強烈批評，事後證實摧毀的藥廠與基地組織無關，僅生產藥品而非 VX

★ 或音譯為蓋達組織。

神經毒劑。）

對於蘇丹激進思想的擔憂，間接加強了對南部抗軍的支持，而美方並非唯一靠攏的國家。以衣索比亞、厄利垂亞與烏干達為首的區域國家，開始對解放運動領導人提供更多支持並鞏固私人聯繫。當時源自喀土穆的革命性伊斯蘭擴張主義威脅，使這些鄰國深感不安，他們視解放運動為遏止威脅的主要手段。加朗的新蘇丹願景也對他們具吸引力，加朗想要的並非脫離蘇丹，而是要以黑人及非伊斯蘭主義非洲樂見的方式改革蘇丹。解放運動因此強化，而其正當性再一次經由外部、而非國內獲得提升。

隨著冷戰寫入歷史、新一群非洲領袖崛起及對於喀土穆政權的乍現擔憂，華府開始重塑在此區域的立場。衣索比亞的梅萊斯・澤納維（Meles Zenawi）與厄利垂亞的伊薩亞斯・阿夫瓦基（Isaias Afwerki），「協助改變觀點，」一位退休的非洲外交官憶述，「著力使蘇珊與其他人從非洲角度看蘇丹。」當時主導美國政策的萊斯，在提拔新一代「非洲復興領袖」方面居功厥偉，包括梅萊斯和伊薩亞斯，以及烏干達的約韋尼・穆塞維尼（Yoweri Museveni）和日後盧安達的保羅・卡加米（Paul Kagame）。日後他們大多成為獨裁者，或者更糟。

當時有些國務院官員譏笑這個新口號。「天哪，非洲新領袖？」一人憶述，以嘲弄與懷疑之姿手拍額頭。「不可置信……這群無賴裡頭沒一個民主人士。」[18]美國在此區域的友人敦促華府，將新崛起的加朗視為非洲復興團體一員。其後發生的事抹消了美國將如何在蘇丹選邊站的一切懷疑。柯林頓政府開始借道烏干達、衣索比亞與厄利垂亞，供應解放軍價值數百萬美元的武器與剩餘軍備品。這三個「前線國」全都培植反抗勢力，為其張羅武器，並派遣本國士兵跨過邊境直接支援解放軍，有時甚至穿上蘇丹人民解放軍的制服[19]。

到了一九九七年，沃夫在眾議院提出呼籲制裁蘇丹的立法。五個月後柯林頓總統實施經濟制裁，據了解是為了制止沃夫與解放運動遊說團體提出更嚴厲的手段。華府鷹派鞏固孤立與挑釁的政策，表達反對者則受到忽視。「我們的政策毫無邏輯可言，」美國駐喀土穆大使日後惋惜道，「除了懲罰喀土穆與支持蘇丹南部抗爭外」毫無道理[20]。

到了一九九〇年代末，華府祕密支持蘇丹人民解放運動與區域對手，實施廣泛經濟制裁，且發射大批戰斧巡弋飛彈落向喀土穆市中心；綜合觀之，蘇丹政界無疑確信美方的政權更替政策日漸升級。

一小群有共識的個人結盟，茁壯以致對於美國形塑外交政策發揮過於龐大、且無疑是前所未見的影響力。容易理解的主旨有助於鞏固敘事——北部對抗南部，阿拉伯人對抗非洲人。奴隸制、種族主義，統治無助且飢餓的受害者。這些主題基於現實，沒人能否認蘇丹遭邊緣化的人民蒙受恐怖對待，但是戰爭的複雜性與蘇丹的動盪後殖民經歷皆變得模糊。

華府共識建立後，解放運動遊說團體提出解決方案時鮮少遭遇反對。許多國會成員、倡議者與新聞記者紛紛靠攏。獲得好評輕而易舉，加入正義合唱團基本上無需付出代價。畢竟他們是在斥責高壓的伊斯蘭主義政府，並頌揚熱愛自由基督教弱勢族群的美德。

此現象成為可能，正因蘇丹並非中國，或者俄羅斯、伊朗與中東——美國在蘇丹幾乎沒有國安利益。這裡是非洲，距離遙遠。對於喀土穆與恐怖主義關連的擔憂一度牽動國安利益，不過在賓．拉登遭驅逐且喀土穆成為反恐夥伴後關注就逐漸消散。除此之外，蘇丹不涉及能源、核武或戰略防禦。假使賭注較高，好比在處理具地緣政治重要性的事務時，你能想像美國政策將透過更多元縝密的辯論後成形，提出能反映蘇丹危機複雜度及其不同政治支持者的反對意見。但這項議題就是沒那麼重要。

由眾議員沃夫與佩恩及形塑其論點者的帶領下，國會成員在信件中簽名、發表聲明、到聽證會作證並起草決議案。沃夫的幕僚長也強調，沃夫與佩恩是如何運用所謂的委員會成員所提供資料，聯合倡議團體並擬定自身的蘇丹政策。「你無法批評他們，」他說，「這是他們的議題。」[21]

另一位國會職員理所當然地說明他們的工作方式：「這很簡單；當是非黑白很清楚時，你可以提出明確的實例……議員就會簽署。」我詢問有多少議員對蘇丹的情勢擁有通達理解，她猶豫了，歪起嘴後謹慎承認人數不超過五根手指頭。「議員常基於對沃夫和佩恩的尊敬、以及他們對此議題的掌握就簽名。」她描述國會對於外國事務的有限能力，並表示在二〇一三年南蘇丹崩解後「更難維繫利益」，因情勢變得「較不明朗……沒那麼黑白分明，或以解決方案而言不再那麼簡單。」[22]

對於蘇丹政權抱持日漸強硬的立場，另一方面意味著少有人質疑與蘇丹人民解放運動或其知名領袖的密切關係。少有人尋求反對論點，直視南蘇丹嚴重內部分歧的現實，或者要理想化的抗爭人士為他們在國內的惡劣至極行為負責。蘇丹人民解放運動也意識到這種態勢，變得愈來愈善於遊說美國利益團體。

隨著喬治・布希進入白宮，美國對蘇丹人民解放運動的支持將獲強化。獨特的跨黨派蘇丹聯盟勢力漸增，於二〇〇〇年變得鞏固，且不再限於華府。位居核心的是基督教保守人士，他們是一群龐大的全國性支持者，也在布希的險勝中扮演要角。假使蘇丹對他們而言具有重要性，蘇丹就對布希具有重要性。如沃夫般的共和黨福音派信徒，加上超級布道家葛福臨，扮演他們在華府的喉舌，並且使布希滿懷宗教色彩與道德理想主義擁抱此議題。

沃夫聯合共和黨與民主黨同僚，同時在眾議院和參議院提出另一項立法，即為日後的蘇丹和平法案（Sudan Peace Act）。該法案反映倡議運動的漸增力量，正式控訴喀土穆犯下種族屠殺，新撥令人驚嘆的三億美元支持抗軍占領的南部領土，並要求美國政府投注全力終止戰爭，包括動用「所有（必要的）施壓手段」[23]。

二〇〇一年九月六日，即定義布希總統任期並重塑美國外交政策慘烈事件發生的五天前，布希指派退休的參議員約翰・丹佛斯（Jack Danforth）★擔任他的「蘇丹特使」。這次總統任命清楚表明白宮對此議題的重視，也反映出布希的個人選擇；丹佛斯是三任參議員，曾進入布希

★ 原文「Jack」是「John」的小名。

副總統人選的最後名單[24]。他也是一位經正式授命的聖功會神父。國會蘇丹黨團成員齊赴白宮玫瑰園參與丹佛斯的任命典禮，包括自豪的沃夫在內。「我在現場。」沃夫說。「我就是請求派特使的人，不斷、不斷、不斷請求。」

布希交付丹佛斯重振低迷和平進程的任務。總統強調他並未對此任務的困難度抱持幻想，不過堅定表示他的政府「致力於為蘇丹帶來穩定，好讓許多關懷的美國人與非政府組織，得以在該國盡到關愛與同情的義務。」[25]丹佛斯淡化期望，指出蘇丹的和平仰仗交戰陣營，「即使最心懷善意的外界人士也無法決定，包括美國在內。」然而美方之中「最心懷善意者」不認同他的觀點，且將著眼強力介入南部志業。

數日後，九一一攻擊事件將以簡化、二元對立的方式永遠改變世界並重塑美國外交政策。「如果不支持我們，你就是支持恐怖分子。」布希在全球觀看的演說中大肆宣告。他發動反恐戰爭，進一步闡明：「我們的敵人是一幫激進的恐怖分子網絡，以及支持他們的任何政府。」[26]近期曾接待賓．拉登，且因涉嫌與基地組織往來已遭美國巡弋飛彈攻擊，喀土穆的政治人物與軍警要角肅然以待。美國地面部隊與 B-52 轟炸機旋即入侵阿富汗，根據一位美國資深外交官所述，「蘇丹人覺得布希是瘋子。他們絕對認為自己是下一個。」[27]

由於布希與兩黨聯盟如今都期望見到成果，美國外交官商請蘇丹窗口為丹佛斯籌設談判桌。在奈洛比一間高級高爾夫球俱樂部私下會面時，美方傳達無效提振和平進程的嚴正態度。這群人在昏暗的木板走廊喝茶商談，概述協商終止戰爭的觀點，以及華府與蘇丹政權重拾正常關係的條件。其中一位美國外交官也警告喀土穆代表小心應對，直言不諱暗示如今占據白宮橢圓辦公室之人的基本差異。「柯林頓也許炸了一間阿斯匹靈製藥廠……試試看布希的能耐。」他回想自己的說辭。「他們聽懂了。」[28]

丹佛斯和他的外交團隊穿梭於蘇丹的交戰陣營之間，往來區域首都請益外交同行，協助催化和平進程並凝聚國際夥伴於同一目標。八個月後的二〇〇二年七月，蘇丹政府與人民解放運動談判者在肯亞馬查科斯簽署「馬查科斯協定（Machakos Protocol）」，為最終的政治和解列出架構。這項突破為和談注入新生命，也在擁抱加朗南北統一新蘇丹願景的同時，再度重申南部的自決權。假使統一並未展露吸引力，南部人可以選擇走自己的路。

那位直言的美國外交官現已退休，他表示華府「從一開始就選邊站」，儘管如此仍然務實看待目標。「我們向蘇丹人清楚表明他們不是一定要讓步，不過我們視南部為受不公對待的一方。」然而在後續兩年和談的進展期間，他與其他職業外交官埋怨，有更多「爭取『蘇丹壞，加朗好』」支持者的布希官員提出立場偏頗的事項。他說明，這些美方強硬派加上「由狂熱法蘭克．沃夫領導」的國會行動，數度「使協商更加困難」。

他並不孤單。有些蘇丹南部人以及較中立的外國觀察者，同樣憂心蘇丹人民解放運動遊說團體變得「比教宗更像天主教徒」，他們的立場與建議使得解放運動談判者在與喀土穆協商時更形挑釁。「他們想要解放南部……那將是使他們大舉成名的訴求。」那位退休外交官譏諷。只要事關喀土穆，「他們從一開始就完全採取懲罰模式。」

委員會成員與圍繞他們的逐漸壯大的圈子，懷抱宗教熱誠追求目標。正是這群人協助鍛鍊華府將準星瞄向喀土穆政權。雖然在政府任職的解放運動友人小心不露出本色，政權更替議題總是呼之欲出。國會倡議者對此公開談論，委員會成員里弗斯二〇〇四年在《華盛頓郵報》撰寫一篇時論，標題就直接取為〈蘇丹的政權更替〉[29]。

在日漸茁壯的美國友人協助下，華府政策社群鞏固支持南部、支持蘇丹人民解放運動的單一敘事，政策制定者只要談論孤立與懲罰蘇丹以外的任何事，就被斥責為政權辯護者、叛徒，或指控道德立場模糊。一位長期觀察者描述某些委員會成員行事作風「具報復性質」，「廣及質疑敘事的任何人」或嘗試提出另一種解決方案者[30]。

在當地與美國的支持下，二〇〇五年一月交戰陣營簽署全面和平協議，於朱巴設立區域政府並將南部獨立公投定於二〇一一年。除了外交施力及反恐戰爭背景，布希也親自致電北部與南部領袖，敦促他們達成協議。有些觀察者主張，國內現實及加朗與蘇丹對手的多變關係，比美國的介入更加重要。但是在使無效和平進程轉變為嚴肅協商，及強迫喀土穆坐上談判桌方面，無疑是華府的功勞。

南蘇丹人民認知的美國形象大舉躍升，甚至超越蘇丹人民解放運動。華府協助終止一場抗軍單憑自己無法打贏的戰爭，並且鋪設通往獨立的道路。在後續幾年，美方將額外投入數十億美元外援。解放運動獲得不可或缺的盟友，自此運動領袖將仰仗華府友人實現他們無法實現、或選擇不去實現的事。

儘管槍聲停歇，南部暫時得以自治，蘇丹人民解放運動與長期對手喀土穆之間的搏鬥，離結束還很遙遠。

Chapter 4

「拯救」達佛

「用壞手段實現好意，常導致不良結果。」

——湯馬斯・愛迪生（Thomas Edison）

在南北和談持續進展的二〇〇三年，另一波相關危機爆發在蘇丹西部區域：達佛。動盪對達佛並不新奇，此地是另一處邊緣地帶，許多人蒙受與南部人相仿的邊緣化與政治暴力。和平談判意味著蘇丹南部將獲協議，此時達佛反叛人士拿起武器，企圖導正自身遭到忽視的漫長歷史。後續事件將重塑最終達成「南北」和平的環境，並且改變關於蘇丹達致和平與政治轉型的觀念[1]。

在初期達佛叛軍對戰政府取勝，並形成國家議題後，喀土穆以前所未見的暴力行動作為回應。加朗的解放軍樂於壓迫陷入戰火的政府，派遣武器與培訓員協助反叛陣營。他希望藉著提升政治與軍事壓力，讓南部在和平協議簽署前後都能更加壯大。加朗也鼓勵他的美國友人集中關注達佛。

接下來七年間，達佛危機及相繼催生的空前倡議活動，將使大眾對南蘇丹的關注相形失色，使「達佛」深深刻進美國人的心靈，並堅定華府對喀土穆的立場。儘管全面和平協議一簽署國際關注就從南部移開，喀土穆面臨的空前新壓力最終將強化美國對該政權敵手的支持，其中首推蘇丹人民解放運動。然而為達佛發聲的公眾運動，也將使群眾動員的風險日漸浮上檯面。

蘇丹的衝突常以二元對立的辭彙描述：北部對抗南部，阿拉伯人對抗黑人，伊斯蘭對抗基督教。然而達佛的複雜情勢將挑戰這些主流解釋，模糊外界所覺察的認同界線。二〇〇三年起義招致喀土穆的殘暴回應。在當權政治人物眼裡，南部與現今達佛的戰事大有關連且威脅他們的存續。於是他們以毫不留情的鎮壓作為回應。

喀土穆操弄達佛的種族、部落與資源政治，主要徵召阿拉伯民兵充當先鋒部隊，大多針對平民人口施暴。安托諾夫噴射機從空中投擲桶裝炸彈，軍隊與騎駱駝的阿拉伯騎兵（janjaweed）民兵團則在地面執行焦土行動。他們襲擊村莊，把整個定居地焚燒殆盡，大量屠殺平民並將另外數十萬人趕離家園。他們利用強暴作為戰爭武器，有計畫地摧毀存糧與水源。到了二〇〇四年，聯合國表示此持續事件等同於「種族清洗」[2]。

為了回應此危機與驚人的死亡總數，包括所謂的「委員會」成員、推動信仰和人權的團體，一群蘇丹倡議者展開現代歷史上規模與聲量最大的倡議活動之一，是從終止南非種族隔離政策的國際運動後僅見。在委員會成員普蘭德加、女演員米亞・法羅（Mia Farrow）與其他主要倡議者帶頭下，「拯救達佛」運動於二〇〇四年七月正式揭開序幕。

拯救達佛提出的使命是要「提高公眾意識，並動員對於暴行更廣泛回應」。這項運動將成為新型態大眾人權倡議的典範，獲得的支持來自新興網路與社交媒體、名人行動主義，以及關於普世人權與舉世「有責任保護」身處嚴峻危難者的論述。運用好萊塢大人物的明星力量——法羅與隨後的喬治・克隆尼、安潔莉娜・裘莉（Angelina Jolie）、史蒂芬・史匹柏（Stephen Spielberg）——西方媒體旋即為達佛的故事奔走，騎在馬背上的掠奪惡魔，以及前去阻止他們的新鬥士聯盟。

大眾動員促成媒體報導，媒體報導又再促成進一步動員。國會跟進，於雄辯之際依照運動呼籲採用解決方案並加重制裁。歷任美國政府也被迫採取行動。多方攻防探討達佛罪行的本質後，在二〇〇四年九月，時任國務卿的鮑威爾宣告國務院論斷「已觸犯種族屠殺」[3]。數年後，國際刑事法院以種族屠殺罪名起訴蘇丹總統巴席爾。

種族屠殺標籤本身是對證據激辯下的結果，使殘暴衝突升級至新的層次。帶有道德與歷史後果的「達佛」吸引更多支持者，也鞏固大眾對於事件的善惡二元對立解讀。後續的國際強烈抗議遠遠超過蘇丹政府至今所見，惡劣形象甚至更加低落。「原本已經是一個『邪惡』政權，」一位資深非洲觀察家說明，「如今他們還是種族屠殺者。」

支持達佛的大規模運動聲勢更加浩大。接下來幾年內，其多元活動成功喚醒數百萬美國人與歐洲人，並將這項危機推入國會與白宮的外交政策議程。可是要達成什麼目標？

大眾行動主義的力量顯而易見。倡議活動協助加速終結南非的種族隔離政府，並為全球戰地的持續暴行引起早期關注。從價值觀出發的活動有力量全面重塑議題，在冰冷盤算與現實政治使政治人物涉入令人憂心的道德領域時，也是對抗漫不經心政策制定的重要制衡。但是蘇丹發生的事也彰顯了，若不謹慎運用，大眾動員可能使事態更複雜——甚至可能弊大於利。

對於拯救達佛的多數成員來說，動機相當單純：猶太人大屠殺、盧安達種族屠殺、巴爾幹半島戰事的屠殺——這些事件以及伴隨而來的漠不關心，淪為舉世集體良知的汙點。活動的T恤和綠色手環上寫著「絕不重演」與「絕不坐視」。他們照亮達佛，構成無比重要的影響，或許拯救了性命並遏止蘇丹政府完成其暴虐行動。但是隨著時間過去，無可挑剔的運動似乎有必要詳加檢視。其策略、訊息與指定的解決方案，太常反映出「尋求瞭解前便率先行動」的傾向[4]，對於達成和平與危機本身造成反效果[5]。儘管立意良善，拯救達佛運動使美國立場過分偏離具有建設性的中心點，妨礙運動本身意欲支持的和平目標。

撇開西方人「拯救」非洲人的棘手語意，倡議運動的大眾行銷訴求使其易於傾向過分簡化。就跟南蘇丹的情況相仿，一場極其複雜的衝突被縮減成簡單、富吸引力、道德面令人滿意的敘事。數百萬人聽聞，達佛事關政府支持的騎馬暴徒與步行的無助受害者；事關阿拉伯人殺害非洲人——涉及種族仇恨的軍事行動。只是實情沒那麼簡單。

暴行核心存在令人深憂的種族因素，而且驚愕程度是無庸置疑的，政府應為情勢最惡劣的二〇〇三年至二〇〇四年期間負責。然而達佛也處於複雜環境，涉及地方政治與治理、土地爭議、移民、相互競爭的生活條件、沙漠化、在國內遭邊緣化與區域安全政治（關係到鄰國利比亞與查德），絕非穩定不變。湧入當地的勢力與多變利益不容易簡化成好人與壞人，其解決方案也不若喊口號正義人士宣稱的那般簡單。《紐約時報》的紀思道（Nick Kristof）和其他新聞記者運用專欄為達佛吸引關注，但是隨著時間過去，他們有時簡化的敘事與道德化基調使達佛淪為充滿恐怖與受害者的地獄，同時強化運動及其訴求的強硬姿態。與世界上更需「認真看待」的區域相比，達佛衝突的描述再度顯現非洲遭簡化的實例，一片仍受制於偏見與浪漫主義的大陸。

拯救達佛的動員力量驚人。教會團體舉辦守夜祈禱，學生在數百座大學校園組成分支，青年團體籌劃募資活動，社交媒體滿溢著採取行動的呼籲。這場運動最終宣稱擁有近一百萬活躍成員，發起撤資倡議與明信片活動，並爭取知名企業的協助。他們設置一支種族屠殺熱線，並且宣傳二〇〇八年北京奧運是「種族屠殺奧運」，企圖使蘇丹的盟友中國蒙羞。甚至有一個線上遊戲，獲得MTV音樂電視網與銳跑（Reebok）的贊助，讓玩家扮演達佛平民逃離惡名昭彰的阿拉伯騎兵。

呼籲積極國際行動的訊息出現於電視、告示牌、報紙全版廣告。紐約的中央公園、華府的國家廣場與全美各地城市召開大眾集會，引來國會成員、藝術家、音樂家、宗教領袖、奧林匹克運動員與知名演員。會眾拿著號召「地面軍隊」的牌子，反覆呼喊口號說美軍應該「撤出伊拉克並開進達佛」！

隨著運動獲得更多關注與追隨者，同溫層效應愈發壯大，正義的修辭與干預的呼聲亦然。但是行動主義欠缺脈絡，且似乎使行動與道德鐵則優於一切。隨著時間過去，此種正義指責變得愈來愈脫離達佛的現實與當地人民。

二〇〇七年某天下午，一位受過良好教育的中年蘇丹人在柏林機場，到登機門附近相中一個位子坐下，將行李袋放置兩旁。他對面是一對年輕男女，二十多歲的德國人，其中一人身穿「拯救達佛」T恤。他們展開談話，蘇丹旅客得知「他們要去美國的一場達佛集會」。可是當他告訴兩人自己來自蘇丹，並未獲得回應。困惑之餘，過了一陣子他恍然大悟，「他們不曉得達佛在蘇丹」[6]。看著眼前的年輕理想主義者，對於他們明顯無知的悲傷掩住了正面印象，不僅對於那場衝突、也對地圖無知。他難以理解，「他們花大筆錢去美國參加集會，卻不曉得達佛在蘇丹？」他懷疑名人、音樂會與熱忱是否掩蓋了集會本身的成因。

在達佛當地工作的援助團體也開始擔心這場運動的行動主義、名人現身與「高分貝」宣傳。他們懷疑領導人物是否自問過一個基本問題：「我們做的事利大於弊嗎？」一位援助團體代表描寫自己直接對運動領導人抱怨：「我深深擔憂拯救達佛缺乏理解當地現實的能力，以瞭解你們所提議行動的後果。」他指責運動「誤陳事實」，耗費數百萬美元舉辦無實際助益的活動，甚至謊稱與執行救生工作的團體有關係。他也表達對於無心後果的憂慮，認為運動的不周全政策「可能輕易導致數十萬人死亡」[7]。但是這些警告似乎無關緊要，沒能讓編織敘事與號召追隨者的那群人放慢腳步。

有位評論者主張，達佛已成為「一個沒有歷史與政治的地方」。相反地，達佛讓美國普羅大眾有機會感覺自己像個「有力救星」[8]。另一人抱怨政策「很常受到那些從未到過（達佛）的活動人士策動」，他們「從簡單的道德敘事認識這場戰爭，『邪惡』勢力只能被外來的救星擊敗。」她表示，達佛變成「不是個擁有複雜歷史的地方，而是道德高尚之地。達佛人不再是會大笑、相愛並照顧孩子的真人；他們只有單面的受苦形象。」[9]

拯救達佛的創辦者也將特定政策建議植入提高公眾意識的活動中。運動支持者時常不會評估政策的合宜人選，儘管如此仍然參與集會、簽署請願書並要求選區國會代表合作。他們甚至公布評分表，替每一位議員爭取達佛強硬政策的盡力程度打分數。

議員與行政部門官員無意被視為「軟弱」對待惡劣政權，加重訊息並灌注道德憤慨作為回應。大眾媒體原樣複述此敘事，恭維參與運動的名人，授予販賣當代鬥士故事者特別通行證。畢竟這不是一個「嚴肅的」國安議題，何不加入一位記者妙稱的「文化上時髦的行善主義」[10]？

然而拘謹立場排除其他選項的空間，並受限多數變革得以協商的艱難灰色地帶。蘇丹的政治體制殘破，政府暴虐，而他們發動的醜陋戰爭需要某種程度的外界干預。但是問題的解決方案並不吸引人。他們需要的並非道德絕對主義，而是艱辛的權衡、漸進的步伐與細緻外交手段。然而這項運動似乎使外交官的行動綁手綁腳，並限縮對於倡議者訴求變革具有影響力的可用工具。

歐巴馬時代的一位外交高官嘲笑運動的簡化訴求：「它很簡單……而且對於擁有如此正義的志業心滿意足。」[11]布希政府的外交高官更進一步，斥責該運動並說明它選擇蓄意「誤導情勢好讓追隨者維持高昂意志」。他主張此手段對喀土穆有益，並「導致更難」終止悲劇[12]。

數年後，一位深思的達佛運動成員蕾貝卡・漢彌爾頓（Rebecca Hamilton）對運動做了一番徹底檢視。她論斷，運動要求「有所作為」促使政治人物採取快速且醒目的行動，而非化解危機的最佳方案。漢彌爾頓寫道，倡議運動追求「速效」的欲望與展現影響力的傾向，時常並未改善其無發言權的人民的處境[13]。政治領袖採用的斥責喀土穆修辭聽來可喜且讓倡議者感受到自身的重要性，卻愈來愈只為了取悅他們而用，不顧是否能推進化解衝突的目標。這並非沒有後果。

此種不適當言辭使得美國與蘇丹政府的雙邊交涉更加複雜，同時扭曲了達佛反叛人士的盤算。與當年的蘇丹人民解放運動大致相仿，西方倡議者也不加批判地將達佛叛軍視為仗義英雄，而且毫無理由向惡劣的政府妥協。理查・科基特（Richard Cockett）在書寫達佛的二〇一〇年著作中正確觀察，叛軍有時會將美國人的道德憤慨，誤認為替他們「推翻巴席爾總統政權的真正政治與軍事承諾」[14]——無論所指的美國人是誰。「反叛人士時常懷抱印象，認為對他們有利的解決方案將有來自外界的力量強迫蘇丹接受。」

日益強硬的華府也跟外交盟友漸行漸遠，他們認為敵對立場沒有幫助，魯莽威脅要採取行動與懲罰未能付諸實現時，也削弱了美國的可信度。與此同時，美國與英國最終在紐約的聯合國安理會要求採取強硬行動（這當然具備維和干預的充分理由），氛圍呈現兩極化。中國、俄羅斯與其他抱持懷疑者為蘇丹辯護，並在數年內有效阻撓聯合國的進一步行動。

達佛遊說團體呼籲的行動常導向施壓、懲罰與對峙，似乎反映其最具影響力創辦者與周邊人士的意識型態傾向。這些強而有力的美國觀點，多數受到蘇丹南部的經歷形塑，維持一個核心信仰：「喀土穆只對壓力做出回應。」但是隨著時間過去，他們從未動搖的論斷證據日益薄弱。他們的立場獲大批倡議者效仿，有時顯得專制並時常敵對，源自西方時尤其偏頗危險。而且他們不僅企圖改變行為，還想推翻他們視為「扭曲得難以改革」的政府。日後，這項目標似乎愈來愈偏離基於蘇丹人民、抑或美國國安利益的利益衡量，反倒是某種發自內心的作為。對他們而言這是一樁道德夙怨，喀土穆政府的舉動只能以其毀滅完成復仇。

不過，華府從伊拉克學會、且即將在其他脆弱國家遇上，政權崩解是極其危險的事件，常導致意想不到且常難以估量的後果。蘇丹的全國大會黨（National Congress Party）政府在全球排名後段班[15]，但是疾呼要該黨下臺絕非解決方案。全國大會黨滲透蘇丹大部分機構與社會結構，只求趕走他們並不務實。對照華府近日在伊拉克企圖對阿拉伯復興社會黨（Ba'ath party）所為，強迫全國大會黨下臺可能一樣會帶來災難。十年來孤立蘇丹意味著，除了斷斷續續的情報關係外，華府已經極少跟當地機構、個人或社會團體維繫關係，而那是在動盪政治變遷之際協助重回常軌的必要關係。

在達佛年代，國際關注轉離南北緊張關係。不過二〇一〇年國際關注回歸時，支持蘇丹的公眾成長得愈來愈快，西方政府也加強反對喀土穆政權。對於南部志業的支持甚至更加茁壯。質疑蘇丹既定論述或提出其他解決方案的華府人士，都遭到毫不留情的反對。沃夫的幕僚得意地憶述，當一位美國外交高官提出不受歡迎的觀點，「他淪為眾矢之的……倡議群體昭告他為不受歡迎人物。」但是他並不孤單，幾乎每一位現任美國大使都力促與喀土穆的建設性對話，無論共和黨或民主黨人皆然。無論多麼反感，終止衝突與推動改革皆需與蘇丹領袖對話。但是國會議員和倡議團體聯合政府內部盟友，動員阻撓此種努力。

問及與喀土穆交涉而受抨擊之事，布希總統的大使理查・威廉森（Richard Williamson）表示：「光是批評並不夠。批評可能讓你感覺良好，但是人民仍在受苦。」[16]歐巴馬總統的大使普林斯頓・萊曼（Princeton Lyman）記述倡議者指責他「背叛（與南蘇丹的）情誼」。當美國外交官斟酌或採納的政策立場，被視為違背蘇丹人民解放運動的利益，與南部領袖合作的擁護團體就強迫外交官就範。萊曼表示，到了二〇一〇年，當解放運動不喜歡華府的官方立場，「毫不隱瞞地動員美國『友人』或威脅要這麼做」[17]。

「這種恫嚇事實十分值得擔憂，幾乎形成一種忠誠度檢驗。」萊曼說。「我聽懂了，這件事沒得談，我認為到頭來會對我們造成傷害。」他表示「這種倡議確實影響制定政策的人，卻無法帶來好政策。」[18]

關於蘇丹的前所未見行動主義，首先展現於南部議題、隨後在達佛更為顯著，不僅立意良善且動員數百萬人，在國內與國際舞臺獲致一系列驚人的立法與司法行動。運動影響多任政府，並且滿足真心想有所作為西方人的衝動。但是過了十年，美國施壓未能迫使巴席爾總統或他的全國大會黨失勢，制裁反而對平民百姓傷害最深。達佛依舊受困於低強度戰爭交織的複雜網絡，耗資數十億美元的聯合國維和特派團則奮力有所建樹。此時南蘇丹淪為一片廢墟，被美國的解放運動老盟友彼此權力鬥爭摧毀。

隨之引發一個問題：這一切行動主義究竟為蘇丹人民做了多少事？

Chapter 5

意外的總統

「如果要責怪任何人，我們應該怪自己。是我們讓他坐上那個位置。」

——蘇丹人民解放運動政治局委員

我們按慣例握手，莊重迎接總統薩爾瓦・基爾。這是我們在八天內的第四度會面，雙方皆意識到即將展開的緊張討論。總統身高六呎四吋★，以大多數標準而言都算高大，不過在丁卡人的土地上完全不算什麼——在這裡身高要超過七呎才值得一提。他戴著招牌的黑色牛仔帽，那是布希總統給的禮物，奇特地為非洲中部帶來一抹德州風情。

此刻是二〇一三年的除夕。南蘇丹後獨立時期的危機爆發後幾日，美國特使唐納・布思

★約一九三公分，下文的七呎約為二一三公分。

（Donald Booth）與我飛往朱巴，傳遞來自華府的堅定訊息：「停止打仗，開啟談話，在國家分裂前盡領袖職責；人民不想涉入菁英階級的權力鬥爭。」我們與總統的四度會談，各接獲一通國務卿約翰・凱瑞（John Kerry）打來的痛批電話[1]。危機的規模使消息廣傳，新的南蘇丹共和國發生屠殺占據國際新聞版面——從好新聞變成壞新聞。

被帶往深色皮沙發區後，我們在別號「J-1」的昏暗總統府辦公室裡與「薩爾瓦」對坐，那是同僚與每一個人私下對他的稱呼。在黑西裝、黑帽和黑鬍子遮蓋下，他的泛黃眼白透露當下壓力。從那雙眼睛，你能看出原本似乎不帶惡意的性格，受到長年的無情戰事毒害。此外他看起來憔悴消瘦。薩爾瓦的體重起起伏伏，長期在朱巴的八卦圈中引起傳聞，談論他的健康問題以及他與約翰走路藍標威士忌的關係，那是最受朱巴大人物喜愛的酒。當幾天變成幾週，幾週又變成幾個月，薩爾瓦的新戰爭對他身體造成的損傷將變得日漸明顯。

平常在總統府辦公室隆隆作響的空調機組正低速運轉，使空氣悶熱凝重。是柴油發電機出問題，或是刻意的舉動——企圖讓不受歡迎會議速戰速決的細微主場優勢？

「歡迎你們。」總統如常說道，等待我們主導會議。薩爾瓦的行事作風一板一眼且審慎，他時常先打電報後行動。這日他的肢體語言一如往常輕巧，偶爾提及受害者而垂肩低下頭。自封為環境的囚徒，隨著戰事擴大、身邊強硬派的立場如繩索般緊緊束縛，總統的姿態很快就會反映現實。

不同於果決的前人加朗，意外當上總統的薩爾瓦說話模稜兩可。他鮮少自己做決定，且幾乎次次都諮詢身邊更加強勢的人物。如今，超越薩爾瓦掌控能力的特殊惡化情況擊垮了他。

在前幾天的緊張會議中，我們商討或能平息迅速蔓延衝突的手段：停火協定，讓人道主義者向受戰事影響者提供糧食與服務的安全通道，以及釋放一群知名的政治拘禁者——在許多人看來可能遭到處決，無論出自薩爾瓦的指令，或者他那群更願意承擔風險的安全首長。布思特使警告，近期屠殺事件的主腦將被追究責任。然而最重要的是，我們響應此區域非洲外交官早已表達的訊息：你必須跟新一波叛亂的領袖開啟直接對話。

面對布思反覆重提訴求，薩爾瓦回話閃躲。「我不相信里艾克願意談。」總統脫口而出，完全不具說服力。薩爾瓦接著再提老套陳辭，重申他跟對方相比是「追求和平」的人。儘管不斷提供想法，薩爾瓦的表現令人沮喪，顯得無法或不願構思擺脫危機的嚴肅方法。我們對於一回合又一回合的無盡消耗賽擠眉弄眼，而恐怖行徑持續在外上演。

隨後我轉換切入點，向薩爾瓦描述當死屍橫陳的畫面占滿新聞向全世界放送，大眾對這場危機會有何認知（其中有些片段在他身後的電視螢幕裡反覆重播）。「你說你追求和平，可是華府的人不相信你。」我說，暗示沒人聽信他的空洞言辭。「他們看見雙方打仗，而且雙方都拒絕談話。你必須採取行動證明你是認真的。」我們建議他派一個代表團去衣索比亞，舉辦記者會，表明他的政府到此協商和平。薩爾瓦並非政治謀略家，所以我們指出，他這麼做也能孤立交戰對手並取得優勢。

「好吧，我會去做。」薩爾瓦在長時間停頓後說，「假使有必要，我今天會派代表團。」

一片驚愕靜默。總統幾乎從未當下做決定；我懷疑自己的耳朵是否辜負了我的信任。不過迅速瞥了布思一眼後得知耳朵沒錯；他的肢體語言也顯示著驚訝。布思迅速為會議作結，我們離開辦公室坐進越野休旅車後，才得以匯報剛剛發生的事。

當駕駛開出總統府範圍並加快速度，窗外飛馳而過的景象明顯異常：不見熱鬧巷弄或擁擠街邊店面，不見男孩兜售刮刮樂儲值卡，也不見女子把塞太多洋蔥的袋子拖往市場。沒有笑容、圍觀目光或玩笑。城市街道的生命力消聲匿跡反映著集體焦慮，這座首都仍在消化暴力衝擊，並且對報復攻擊預做準備。

穿越城市去跟其餘外交團成員會合時，我們打給里艾克·馬查爾。國務卿凱瑞與華府的其他人已經好幾天日夜不休撥打里艾克的衛星電話，同樣呼籲他召回部隊。現在我們希望藉助薩爾瓦總統的出乎意料承諾，同步使叛軍加入和平協商。

薩爾瓦跟他的勁敵有著天壤之別。里艾克個性火爆，心情與肢體語言可能瞬間改變；前一分鐘愉快、隨和、展現篤定的微笑，下一刻就緊繃挑釁，手指往空中猛刺，在椅子上朝你前傾，刻意強調自己的存在。無論心情如何，里艾克不是會隱瞞心中想法的人。在被控叛國後僥倖逃命，我知道他今天不致語帶保留。

布思透過衛星電話在叢林深處找到里艾克。運用技巧與耐心引導里艾克負氣鬥狠的長篇大論，布思取得他對和談的同意後掛掉電話。我們再度目瞪口呆。在一切都出差錯之際，以及定義多數外交活動的辛勞漸進主義（labored incrementalism），當天下午迅速接連取得承諾，為我們注入一劑強心針並帶來希望。也許衝突能在惡化前平息。

由於這兩人曾違背一次協商承諾，我們認為讓白天的承諾公開留下紀錄是明智之舉。現在這麼做，或許升高的媒體關注能讓兩人更不容易退縮，也使得雙方陣營為數不少的強硬派更難勸退他們。

我跳下車查看幾支手機，發現有支能聯繫上一位舊識、也是長年關注蘇丹的英國廣播公司（BBC）資深記者詹姆斯．科普納（James Copnall）。在熟悉的長鈴聲後科普納用倫敦手機接通，迅速說明他即將要做電視連線，這時我打斷他：「詹姆斯，你應該打給里艾克。」我說。他開始暗示有別的事要忙，但是我又打斷，這次加重口氣表達我的嚴肅程度。「相信我，我覺得打給里艾克是好主意，問他關於和談的事。」我察覺到他懂了，於是我們結束通話。

得知獲准探視遭拘禁的政治犯後，我們取消了下一次會議，匆匆回到車裡開往國安總部，十一位蘇丹人民解放運動高層人員被關在那裡。我們抵達後進入一間有著乳白色皮沙發與寬螢幕大電視的等待室，剛好轉開英國廣播公司頻道。沒多久新聞主播切換至科普納，連線記者的大意如下：「我剛跟副總統里艾克通完電話，他同意今天派代表去衣索比亞與政府交涉停火和談。」

我離開特使布思身邊，往外踏進朱巴正午陽光的一片亮白裡，打了第二通電話給科普納。走出政府維安人員的耳目範圍，在停車場的塵土飛揚碎石地踱步時，接通了。「又是我。剛看到你的連線；好報導。」我暗示曉得薩爾瓦同樣致力於和平協商，力促科普納立即聯繫總統辦公室。我只請他別提到美國涉及達成這些承諾或透露消息，他友善輕笑答應幫忙：「不會的，別擔心，我樂於居功。」

我回到等候室，幾分鐘後，英國廣播公司再次切換到科普納的連線。他宣布，薩爾瓦政府也派代表團前往協商和平。

薩爾瓦跟他的前輩加朗是兩個南轅北轍的人。年長者加朗富有智識，在他成長的歲月裡既對古典經濟學著迷，也沉浸在後殖民時期非洲流行的馬克思列寧主義理想。身為瓊萊州大波爾地區綠油油稀樹草原的丁卡人，加朗在蘇丹南部上小學和初中，隨後離家到坦尚尼亞上高中。接著這前景可期的年輕心靈獲得獎學金，到愛荷華州格林內爾學院（Grinnell College）研讀經濟學，以及擔任蘇丹和平時期國軍年輕軍官時，赴喬治亞州班寧堡（Fort Benning）接受進階步兵培訓。加朗說服上級讓他在一九七七年重回美國攻讀農業經濟學博士學位，這次是在愛荷華州立大學（Iowa State University）。

於赴美時期的間隙，這位抱負遠大的知識分子回到坦尚尼亞的三蘭港大學（University of Dar es Salaam）進修，此地是當時席捲整個大陸的革命思想與泛非洲意識型態溫床。在那段非洲獨立的盛世，加朗變得活躍於學生政治，且獲引見認識整個區域的革命同儕。最重要的一段友誼是結交未來的烏干達叛軍暨總統穆塞維尼，有天他將成為蘇丹人民解放軍不可或缺的金主。一九七一年加朗離開三蘭港大學加入南部抗爭，到一九七二年為蘇丹北部與南部間帶來短暫和平前，曾在幾位蛇毒的領袖身邊工作。

加朗旅途的每一站都形塑他的政治觀點，也都讓他學到留待日後運用的知識。他在坦尚尼亞習得非洲解放的用語和作風，這些資歷形成他對蘇丹問題的看法，也讓他初步認識此區域的革命思想家。在蛇毒叛軍見習時，他保持沉默並研究組織的缺陷——使運動紛擾的分歧，以及政治與軍事最高統帥分立造成的內部鬥爭。（也許是對這教訓過分警惕，加朗日後合併蘇丹人民解放軍的軍事與政治指揮體系，並任命自己擔任雙方統帥。）

不過最關鍵的成形期要屬加朗在愛荷華與喬治亞州的時光。這九年讓雄心壯志的領袖深入認識美國，文化課程將在他日後重返時派上用場，為他的事業贏得美方支持。加朗的一位美國友人與知己告訴我，「這位來自遠方的非洲軍官」不僅「聰慧」，還讓愛荷華州艾姆斯市的人很快就「覺得他是我們的一分子」[2]。加朗在美國的歲月，也讓他追求「新蘇丹」的宏偉願景栽下種子。加朗自問，同為多元種族、宗教、文化的社會，「假使美國能塑造自由、世俗、民主且團結的社會」，「蘇丹為什麼不能？」[3]

加朗懷抱徹底改觀的具體願景返回蘇丹家鄉，並將他的經濟、政治與軍事訓練用於實現國家解放志業。在蘇丹人民解放軍建立初期，「約翰博士」將他的新思想轉化為政黨宣言，透過廣播演說號召支持者，並且首創一些容易記得的措辭，讓許多人轉而加入他的志業。他對於蘇丹基本問題的新表述改變了局面，不僅激勵南部支持者，也廣及蘇丹的邊緣化區域——甚至包括喀土穆的進步人士圈子。

現今加朗最初的門徒提起「新蘇丹」時，語氣中既有崇敬、也有錯失機會的必然傷痛。二〇一六年夏天，我與如今髮色灰白的其中一位門徒坐在他的辦公室裡，那是個位於朱巴市中心的悶熱金屬貨櫃。前副手露出念舊的笑容，從憶述加朗令人著迷的演說起頭，他常利用文氏圖（Venn diagram）——由於太頻繁使用相互交疊的圓圈來說明，文氏圖甚至成了加朗思想的同義詞。無需太多推波助瀾，他開啟一段我從加朗追隨者口中聽過數十遍的談話。

頌揚「約翰博士為原則訂出方向的優點」，他伸出手指在空中比畫其核心宗旨，暫時脫離了現實。他沉醉描述並未實現的政治道路，明顯信奉那般思想及其作者，使我不忍打斷。當他說明新蘇丹的「天才見識」與本有可能的革命承諾時，雙眼發亮且思緒激昂轉動。

加朗生前被視為完人，死後也受到至高無上的尊崇。一座約翰博士的雕像坐鎮自由廣場中央，這位陣亡英雄身穿西方樣式的西裝和領帶，一手拿書、另一手握著拐杖。他的另一座雕像坐鎮朱巴的軍事總部，這次是身著迷彩服的將領，背上繫著自動步槍，手指往前伸出為步兵團指示道路。如同許多非洲國家，總統肖像顯眼地掛在政府辦公室、旅館大廳、餐廳與本地商家，不怎麼隱晦的提醒誰是掌權者。在南蘇丹，薩爾瓦的金框肖像旁幾乎總是有已故的約翰博士肖像陪伴。

國內首推的貨幣於獨立日亮相，南蘇丹人熱切翻看脆綠、藍、粉紅色相間的鈔票，每張都描繪這位偶像無所不在的形象——禿頭、蓄鬍下巴與銳利眼神。獨立慶典沿著約翰加朗陵墓大道（John Garang Mausoleum Avenue）展開，由參訪加朗在自由廣場的長眠處揭開序幕，那是朱巴居民都曉得的地標。他的遺孀「蕾貝卡嬤嬤」★是國內最知名並受崇敬的女性，她的意見在國內政治圈舉足輕重。加朗的追隨者談論著「加朗主義」與「加朗經濟學」，而他最著名的格言於今印在T恤和告示牌上，且仍舊廣受政治論述引用。對加朗的吹捧在在展現該國的短暫歷史及當前災難。南蘇丹領導階層的高度集中化既反映歷史、也是危險的當代驅力；既是蘇丹人民解放運動掌控國家的產物，也是自從加朗死後勝出的廣受採納敘事。

雖然匆匆走訪朱巴可能會見證不少英雄崇拜，加朗絕非普遍受到喜愛。儘管為蘇丹南部利益發言的能力卓越，加朗也是個評價相當兩極的人物，而且並非僅有南部分離主義者覺得他的「新蘇丹」政治觀點不可信。加朗的膽大妄為、專制作風與欠缺透明，導致解放軍內部與外界的重要領袖彼此疏遠，也使得南部人口間形成許多隔閡。在關於約翰博士魅力的言談以外，同樣存在眾多蔑視。

波爾地區出身、解放軍中代號「雷（THUNDER）」的強人，對於他的運動保持絕對掌控。加朗一直號令軍國主義的統治集團，並且殘暴對待異議人士。不過與此同時，他忽視運動的政治發展及更廣泛的人口。解放軍非但未能跟平民建立關係，還常傷害他們。深深的憤恨與內部夙仇有時沿著種族隱憂邊緣爆發，不只一次威脅到抗爭組織的毀滅。儘管解放軍將在戰場上、於日後藉助和平協議取得重要勝利，加朗的控制欲作風與他所建立運動的價值觀將使南蘇丹承

★她的全名為蕾貝卡・南丁格・德・馬比奧（Rebecca Nyandeng de Mabior），並非前文提及的人瑞蕾貝卡・凱迪。

受後果，影響力遠及他死後許久。

無論愛他或恨他，約翰博士是一股無法阻止的自然力量。這位雄圖大略、積極進取的夢想家跟同時代的革命同儕常相提並論，他們是一群新崛起的非洲領袖，訴說馬克思主義的語言與泛非洲主義的進步大膽願景——訴求非洲團結、自立與賦權的新意識型態。他們將引領新一波非洲復興，加朗也會加入行列。相對的，薩爾瓦不屬於這種類型；他不是這種偉人。意外繼承者的教育程度不如加朗，也不像他那般啟迪人心。就字面與象徵意義而言，加朗擔綱的角色皆為高瞻遠矚的將軍，薩爾瓦則扮演一個好士兵。

比加朗小六歲的薩爾瓦，一九五一年生於阿貢村（Akon），位於加扎爾河地區（Bahr al Ghazal）黏土層平原牧牛區的頂端。他的戈格里爾亞氏族（Gogrial sub-clan）屬於南蘇丹規模與勢力最大的族群地域陣營。加扎爾河地區的丁卡人（薩爾瓦的族人）與波爾地區的丁卡人（加朗的族人）在對己方有利時合作，不過他們也爭奪政府與軍方事務的優勢，從而競逐南部的領導地位。

薩爾瓦的初次參戰，是在一九六〇年代加入分離主義的蛇毒叛軍，隨後於一九七二年喀土穆和平協議後併入國軍。身為一位中階軍官，他服務於蘇丹武裝部隊的軍事情報部門，再於一九八三年叛離投奔加朗與最新一波南部抗爭。身著綠色迷彩服、軍帽、紅金色徽章，這位精瘦蓄鬍的指揮官在率領蘇丹人民解放軍新兵衝鋒前，會先帶著他們高唱戰歌。能夠在解放軍獲得晉升，正是因為他是典型的好士兵：薩爾瓦接下命令並執行，而且不對加朗構成威脅。他是一位適任的指揮官，而且他的實戰能力協助解放軍贏得初期的軍事勝利。

加朗很快就任命薩爾瓦與其他四人進入蘇丹人民解放軍的政治暨軍事總司令部。儘管無人擁有約翰博士的宏偉願景或思想才能，總司令部的幾位成員各自有其想法與抱負，因此對加朗構成威脅。隨後他們一一迎來惡果，加朗則施加懲罰或處決。多數人認為，加朗對於剛起步解放軍的專制掌控，是為了防止困擾過往抗爭運動的內部分歧。他不允許焦點偏離重大目標。但是他的冷酷無情引起憤怒，且於高層造成幾乎從未間斷的陰謀懷疑張力。與此同時，相對不具威脅的薩爾瓦踩著空位晉升。到了一九九〇年代，代號「鐵鎚（HAMMER）」的薩爾瓦躍居蘇丹人民解放軍二號人物。

加朗扮演堅定不屈的火車頭，無情剷除異議分子並主導決策過程。相對的，他的穩健副手拘謹並傾向達成共識。薩爾瓦是一位受敬重的軍人，卻不如他高教育程度的上司具備政治聲望與理念。事實證明，薩爾瓦比加朗更具懷柔能力，卻更被動——甚至恭敬。一旦談論到政治，薩爾瓦就是不折不扣的「鐵鎚」。有些人把這一點當成機會。

二〇〇四年十二月，當北部與南部和談幾近達成、蘇丹內戰即將告終，薩爾瓦與加朗之間出現公開的裂痕。傳出領導階層變動與計畫撤換薩爾瓦的耳語後，隨之迎來緊張僵局。這場爭端日後稱為「耶伊事件（Yei incident）」，幾乎再度撕裂運動——這次是在和平前夕。緊急解放軍領袖會議召開，會中薩爾瓦和其他人對於加朗的高壓領導、欠缺透明、規避解放軍正式體系提出愈發強烈的抱怨。

這場軒然大波無疑基於廣泛的不滿，但是抱持懷疑者也質疑薩爾瓦是否會自行挑起爭端。相反的，他們看見加朗敵人的介入，暗中與易受影響的薩爾瓦建立關係，並且利用他推動議題。該群體混雜著區域利益與個人野心，不過是由加扎爾河地區的丁卡人菁英主導。薩爾瓦是他們的土生土長的子民，因此有權維護加扎爾河丁卡人的權勢。加朗技巧化解歷時十一小時的危機並保住控制權，然而事後證明，充滿火藥味的事件已經成為影響深遠的時刻。加朗的效忠者或挑戰者都不會忘記誰說過什麼，以及誰的立場為何。

正當蘇丹人民解放軍即將開始執政之際，敵對派系間的競爭同時升溫。在某些人看來，二○○四年的耶伊事件是企圖籠絡薩爾瓦的初次嘗試，並且透過他奪取蘇丹人民解放運動的掌控權，然而這不會是最後一次。領袖會議的與會者無人知曉，薩爾瓦的祕密支持者就快獲得第二次機會。

「這次事件，就像甘迺迪暗殺事件一樣，成為歷史謎團之一。」曾為蘇丹人民解放軍領導圈內一員的普岡・阿穆（Pagan Amum）描述（普岡的發音為「puh-GAWN」）[4]。在二○○五年七月三十日這天，蘇丹的歷史永遠改變，南部最有權力的人物加朗死於直升機墜毀。

僅僅三週前，這位前反叛人士根據南北和平協議條款就職為蘇丹第一副總統暨南部區域政府主席。他昂首闊步走進喀土穆，歡呼群眾多到令他的北部對手驚愕不安。歷經數十年的奠基，加朗準備好展開改革政府的計畫，並且擘建新蘇丹——北部與南部統一的多元種族、多元宗教、民主國家。可是現在，驚人的命運轉折使他喪生。

七月三十日週六早晨，加朗與幾位隨員登上包機前往探訪他的朋友與盟友烏干達總統穆塞維尼。他們那架雙螺旋槳飛機的輪子劃過飛揚紅土、從一處偏遠的簡易機場起飛，不久後降落在鄰近烏干達的恩德培（Entebbe）機場。他們從那裡搭上穆塞維尼總統的直升機，飛往西邊一百英里外的總統私人農場。

根據隨員描述，加朗與他信任的烏干達盟友預計商討合力迎戰聖主抵抗軍（Lord's Resistance Army），即在此區域造成混亂的烏干達惡名昭彰叛亂組織，此外還有保利諾・馬蒂普（Paulino Matiep）的問題，他是蘇丹南部勢力龐大的指揮官，在戰爭期間率領大批努爾民兵與解放軍打仗。會議後加朗的親信飛回恩德培，搭上另一架穆塞維尼專門用來載運貴賓的俄製軍事直升機。飛行員銜命載他們回「新站」，一處稍稍越過蘇丹南部邊界的解放軍據點。

解放軍衛兵準時在傍晚五點半左右走往新站的簡易泥土跑道，要迎接他們的總司令。但是天上空空蕩蕩。當直升機未按計畫抵達，警報迅速傳遍解放軍網絡。普岡當時在倫貝克（Rumbek），接到電話時正準備迎接美國代表團，可是獲知的資訊不足。「我們曉得有發生意外，」他重重嘆息說道，「可是我們不確定他是不是活著。」

普岡打給正準備前往歐洲開會的薩爾瓦，他建議普岡按兵不動。隨著搜救小組搜查周遭地帶，焦慮的時光一分一秒流逝。「到了三十一日中午，恐懼感油然而生。」普岡回想。當天傍晚，加朗的直升機殘骸在林木茂密的伊馬通山脈（Imatong Mountains）竹叢中尋獲，地點就在蘇丹南部境內。一支解放軍救援小隊拾集敬愛主席和其他十二人的屍體，隨後回到新站。在那裡，薩爾瓦與解放軍其他領袖召開緊急會議。

「我很震驚，感到失去希望。」普岡憶述，再次鮮明經歷那二十四小時期間的情緒跌宕。「我們當然認為那是暗殺。」普岡是一位可靠的副手，他的人生與政治生涯都將受到加朗之死深深衝擊。日後他將晉升為黨祕書長，以身作則奉行已故領袖的信念。

「誰會這麼做？」普岡自問，個人的悲痛與政治盤算在他心中絞成一團。在腦海裡飛快梭巡非洲地圖，他尋思誰能從加朗身亡顯著獲利。普岡無可避免鎖定喀土穆，並且假設他們的敵人決心破壞和平協議。「可是沒時間揣測。」他回想。蘇丹人民解放軍處於緊急狀態，卻決定不立即發表任何公開聲明，意識到他們自身面臨此等禍事的脆弱程度。

這是關乎存亡的一刻；運動必須為獨一無二的加朗選定繼任者，而且要快。有潛力塑造變革的和平協議墨跡方乾，而且蘇丹人民解放運動黨預計加入喀土穆聯合政府，領導階層的決策會永遠形塑運動的方向與南蘇丹的命運。

「沒有一件事比我們的團結更寶貴。」身處臨時議事核心的一位軍事高層憶述[5]。那是二○一六年夏季起風的一天，在墜機事件的十一年後，我來到朱巴最新、最好的皇冠飯店（Crown Hotel），與其中一位核心人物重訪那決定命運的時刻。

我跟前將軍在戶外庭院同坐一桌，承諾讓他維持匿名。神情嚴肅的女侍應生送來一盒果汁，我則在庭院牆外施工機具的刺耳噪音中，緊張地想聽清楚同桌友伴的輕聲細語。距離加朗死亡的關鍵時刻已過十年，我能看出將軍在心裡重播那些畫面，儘管隔著一層現今國家惡劣事態的濾鏡。一陣塵土席捲庭院區，把我的筆記本吹進泳池。將軍與我笑著取回溼透的紙頁，拿起裝果汁的玻璃杯走入室內用餐區。

他向一群熱切的支持者與友人打招呼，如同所有城裡的「大人物」，隨後我們坐下並回到在他心中重播的熟悉畫面。「沒有一件事比我們的團結更寶貴。」他又講了一次，銜接未完的故事。運動方向突然陷入討論，寶貴的團結前途未卜。內部政治活動隨之展開。憂心的同袍在營地來回走動，心懷疑慮看著彼此，聚在一起揣測可能的挑戰者。

多數解放軍高層認為繼任者應該依據軍事位階——薩爾瓦是二號人物，所以他應該立即獲得任命為主席暨總司令。他們主張，讓領導權議題開放辯論將使運動蒙受分裂風險，而且對加朗忠誠度可疑者或許會企圖奪取大位。更糟的是，他們擔心全國大會黨會發現可乘之機，施展他們實際演練多年後精熟的分而治之戰略。

但是並非人人信服。在薩爾瓦以外的可能人選中，里艾克．馬查爾和加朗的遺孀蕾貝卡是獲提及的兩位。向來質疑加朗新蘇丹願景的南部分離主義者，看見機會重新設定以南部獨立為目標，如此一來更簡單也更純粹。還有其他人認為薩爾瓦要擔當此職意志過於薄弱，他缺乏必要的領導才能，而且容易受到狹隘的利益操弄。在他們記憶中耶伊事件仍無比鮮明。

將軍說明，憂心的懷疑論者認為最好「採用極端方案」——現在就取代薩爾瓦，挽救運動不被趁火打劫。那是危險的賭注，可是他們主張「最好現在就承受動盪」，而非日後再面臨更大的問題。

將軍沿著地板伸展長腿，雙手交握腦後，再度陷入停頓。他體認到「日後的更大問題」正是南蘇丹目前的處境。而且前景黯淡：加朗的願景與蘇丹人民解放運動早已不復存在，被派系主義、狹隘私利與方向不明所摧毀。

十年前將軍心懷疑慮的其中一些勢力如今打入薩爾瓦的親信圈。具爭議性的一群丁卡族耆老出身自薩爾瓦家鄉地帶，對於深陷困境的總統也握有高度影響力，屢屢執意不計代價維護加扎爾河地區的主導權。一項和平協議暫時制止南蘇丹內戰，但是即將失效。當然，還有難以想像的苦難。數萬人身亡，另外一百萬人被迫離開家園。

將軍喝完果汁，起身迎接另一群熱烈的握手致意者，說起通用的阿拉伯和丁卡混合語，隨後再度回到二〇〇五年為故事作結。對他而言要忘懷並不容易。

相較於略過薩爾瓦，結果是保守路徑勝出，薩爾瓦獲命繼任者。「他向我們保證，」將軍帶著一絲苦澀悔恨回想，「他對於加朗理想的承諾，以及他獨立於加扎爾河地區。」也許薩爾瓦當時的信念真心誠意，不過這位易受影響的人物很快就成為強烈拉攏的對象，以及加朗解放運動控制權惡鬥的關鍵要角。

除了人格特質的重大變化，領導權變動也涵蓋同樣重大的政策後果；薩爾瓦既不適合推動加朗的徹底變革「新蘇丹」願景，他也不信仰此願景。儘管他忠實傳達加朗的想法，薩爾瓦與大多數南部人相仿，都偏好獨立。

隔天早上，加朗的死訊震撼蘇丹與這整片區域。在白宮，人們目瞪口呆。「災難等級，」時任布希總統國安會主席的卡麥隆・哈德森（Cameron Hudson）說，用一個辭彙總結賓夕維尼亞大道（Pennsylvania Avenue）一千六百號★的氣氛。「那是『該死的』一刻，」不只因為美方在加朗身上投資甚鉅，「事實是，我們不認識其他任何人。」[6]

死訊在喀土穆、朱巴與國內各處引發抗議與街頭暴力。溫特和國務院最高層級的非洲外交官跳上班機飛往蘇丹。他們急於挽救剛剛推了一把才越過終點線的和平協議，並且向驚恐不已的蘇丹人民解放軍友人請益。

當解放軍骨幹試著理解他們的新現實，普岡對於有人鎖定攻擊他老大的想法勃然大怒。他告訴同袍，「戰勝企圖打垮我們的任何人來榮耀加朗」，於今的重要性更勝以往。由美國國家運輸安全委員會（National Transportation and Safety Board）專家參與的調查未發現犯罪證據。布希的白宮也找遍情資，並無喀土穆牽連在內的報告。然而證據不足沒能消解問題，許多南蘇丹人相信他們的解放偶像是遭到謀殺。

「我接受是上帝來領他走。」加朗的遺孀蕾貝卡告訴記者，此時南蘇丹準備埋葬備受矚目

★白宮的地址。

的領袖。「死的只是我丈夫，他的願景仍然活著。」[7]但是她的評論期望過高；追求自由的志業將比加朗長壽，他的政治目標則否。

回到皇冠飯店，當暮色籠罩將軍身後的地平線，餐廳日光燈在嗡嗡聲中甦醒。更多飯店客人漫步走進餐廳，邊注意壁掛電視上播放的歐洲足球賽比數邊聊天。理想破滅的將軍在我們談話的最後不時停頓，他吐露一段話，恰能描述當今蘇丹歷史的關鍵時刻：「新蘇丹隨著約翰．加朗一同死去。」

加朗在世時深深牽動興戰與締造和平，他身亡對於南蘇丹走向獨立同樣帶來重大影響。這是公認的現實，在南蘇丹人的圈子裡評析了十年。然而如今彰顯的僅是加朗的陰影有多長遠，越過了獨立，伸入此年輕國家二〇一三年的內爆。

加朗的早逝，在種族、意識型態、專業面多元混雜的解放運動內部點燃為期八年的派系鬥爭。由於中央缺乏強力的核心人物，各陣營在高度集權的運動爭奪掌控權，最終將運動與新國家一併撕裂。

南蘇丹獨立後的崩潰，不僅暴露比加朗在世更久解放運動領袖的淪喪，也揭開他們敬愛偶像的一項棘手事實。儘管加朗成就無數、思想迷人，他從未將蘇丹人民解放運動打造成真正的政治組織。他在和平協議前夕發布新的「戰爭至和平過渡架構（Framework for War-to-Peace Transition）」，闡明他盼望從「游擊隊處境」過渡到「民主治理的正式機制」。可是這已稍嫌太遲。要抗爭運動在二十年後突然改變性質，這事談何容易。

「我們從來就沒有民主文化。」一位蘇丹南部的著名加朗批評者認為。「民主是一種進程，你明白嗎？它不會就這麼憑空掉到你腿上。」最終，蘇丹人民解放運動並非在加朗死後能夠長久延續的那種政治組織，也無法使運動精神超越軍國主義或反對喀土穆。「而那一點，」這位評論者認為，是南蘇丹的「原罪」。[8]

加朗的決定性特質是傳說般的魅力，薩爾瓦的特質則是缺乏魅力。被推上總統職位的薩爾瓦個性溫和，不太享受政治或鎂光燈注目。好士兵既不善鼓舞人心、也不是天生的溝通者，他慢慢適應了總統的職責，但是從未感到自在。

這位意外的總統缺乏決心，不甚亮眼的表現讓他迅速得到一系列貶損的形容詞：「被動」、「溫順」、「軟弱」。許多人認為薩爾瓦是個好人，而且立意良善，但是焦慮、自我懷疑與討好的欲望引領他踏上較不高尚的道路，順服於身邊的操縱力量。簡單來說，這是一位深陷困境的總統。而在高度集權的體制下，這意味著南蘇丹缺乏錨定依靠，成為漂流的國家。

無論置身內閣會議、正式晚宴或記者會講臺，薩爾瓦從沒拋下他的黑色大牛仔帽。無論赴中國進行國是訪問或參與聯合國的國際峰會，帽子讓他十分顯眼。二〇〇六年在橢圓辦公室初次會晤時，布希總統送薩爾瓦一頂史戴森牌（Stetson）的十加侖牛仔帽★，那很快就成為薩爾瓦

★ 史戴森的牛仔帽以防水材質製成，官方說明十加侖（ten-gallon）帽款可裝三夸脫的水。

的確切註冊商標。這頂珍貴配件成為兩人與兩國之間的友誼象徵。

週日早晨是總統放下帽子的唯一時刻。身為虔誠天主教徒，薩爾瓦固定占據朱巴南側聖德蘭大教堂（St. Theresa's Cathedral）的前排位置，有時還向大批信眾講道。薩爾瓦衷心認為自己是上帝的子民，因此跟「布希那群人」的共通點不只在於德州式帽款。當事態在二〇一三年分崩離析，由薩爾瓦主導一場殘暴戰爭，他的基督信仰認同不僅促使本地教會領袖提出道德呼籲，也包含教宗方濟各本人。

縱使在南蘇丹公然承認此事一度具褻瀆意味，有些人相信加朗之死當中隱含一線希望。強硬特質一方面讓加朗成為富有力量與願景的領袖，同時也使他毫不寬容並引起紛爭。許多人回想時心存疑慮，此因素塑造的張力是否導致南部在獨立前就出現隔閡。

相對的，薩爾瓦則獲得團結者的聲譽。跟二〇〇五年蘇丹的戰爭結束時，解放軍合法化成為正式的國家軍隊。但是數萬名南部民兵戰士被和平協議排除在外。他們在戰爭期間與解放軍對峙，常藉由聽命於喀土穆維護自己的族群利益。他們大部分是努爾人。薩爾瓦在二〇〇六年決定吸收這些部隊，避免他們被進一步褫奪公權。許多人認為這是過渡期間最具重大意義的決策，於其後十年塑造政治、金融、社會與軍事方面的連鎖反應。

薩爾瓦不顧解放軍司令部其中一些人的建議，將馬蒂普麾下、多屬努爾人部隊的人才編入蘇丹人民解放軍。他搭建一頂大帳篷並歡迎所有人進來。薩爾瓦提供職位和任命權給馬蒂普和他的中尉，也給普通士兵薪水。薩爾瓦有新的石油收益可用來拉攏他們，足以不被喀土穆的前金主比下去。解放軍指揮高層一直對此政策抱持反感，也使得計畫中的整合流於表面。儘管如此，薩爾瓦的大帳篷政策有助於綏靖並維護南蘇丹的團結——至少延續到獨立。

薩爾瓦塑造更廣泛的和解與安撫氛圍，依據種族分配國家與聯邦工作及任命權，並且拉攏遭褫奪公權者。儘管這項政策意料外的後果將於日後浮現，薩爾瓦寬宏大量的做法廣受嘉許，而那也許是在短期內避免內部分歧的必要手段。

然而讚揚僅限於此。傾向達成共識有利於薩爾瓦的團結者名聲，卻也暗示他最大的弱點：猶豫不決。遇到任何領導者都需面對的艱難決策時，薩爾瓦虛有其表。遭逢下屬反對，他收回成命。必須做出困難的政策選擇時，他拒絕照辦。他深受批評影響，時間證明他的缺乏安全感與搖擺不定造成危害。二〇一六年接受半島電視臺（Al Jazeera）訪問時，自視為受害者的薩爾瓦抱怨他每逢媒體發言都必須遵照指示。被激怒的訪問記者打斷他：「誰說的？你是總統！」

「你做這件事……你做那件事，」薩爾瓦回答，「我現在就像小孩，被每個人命令。」[9]

薩爾瓦常被最後一個出現在辦公室的人說服，也就是說人人都使他動搖。那是我在總統府開會時多次經歷的現象，薩爾瓦會信誓旦旦採取具體新行動，卻在我們離開後被一位副手勸退。與喀土穆協商期間薩爾瓦常改變心意，先被一群顧問說服，接著又被另一群翻盤。日後在二〇一三年危機期間，強人爭搶著給薩爾瓦建言，軍事參謀長保羅・馬隆（Paul Malong）斷定，待到最後是他影響政策的最佳時機。於是他開始在下班後出現在薩爾瓦家中，直到其餘造訪者來了又走仍堅守陣地。

西方外交官常對總統提出「請求」。薩爾瓦必須跟這些重要的援助國周旋，但是他易受影響的本性與討好的欲望也起了作用。「好，我會做那件事。」他會說，企圖傳達權威感，卻反而顯得需要被肯定。順利取得總統對這項或那項改革的承諾後，帶著請求前來的外交官闊步邁出總統府，成就感使他精神大振。可是當後續不見進展，人人逐漸把總統的話視為貶值貨幣。

不斷改變想法，同意後隨即背信——人們也許認為這是刻意的策略，一位不沾鍋政治家藉由討好所有人與不疏遠任何人的表現維繫掌控。但是薩爾瓦並非如此狡猾的演員。相反的，不沾鍋特質反映薩爾瓦的不安全感、對於正面衝突的厭惡，以及他自身相對較低的能力——這是他絕對意識到的劣勢。

更強硬的人物利用他們猶豫不決的領袖。副手哄騙他在正式備忘錄上簽名，並且擅自亮出總統的名號。內閣成員有時替他做決策，有時運用智識能量與優越魄力壓迫他。薩爾瓦的職位使他獲得應有尊重，但他幾乎總是屈居下風。他也明白這一點。

總統並非懦夫。儘管不常發生，確實有時候他做出的決策，似乎違背他對於共識的渴求。有時他鼓起領導的勇氣。然而在那些時刻，究竟是什麼因素驅策他，使他能夠超越自身的缺點，這仍然是個謎。

薩爾瓦在公開場合害羞且侷促不安，尤其是被外國人包圍時。他與南蘇丹人相處比較自在，更偏好跟軍人階級待在一起，薩爾瓦自認為不適合處理外交事務。儘管對於阿拉伯語和丁卡語較能運用自如，總統職位意味著薩爾瓦必須用英語處理大部分公務[10]。第三外語的侷限當然可以諒解，不過現實是他的英語能力不及更世故的同僚。

作為一位公眾演說者，他的表現乏善可陳。他的言辭單調，演說風格緩慢且不連貫。在二〇〇九年底的一場政治集會，數百位支持者、政治人物、外國使節和新聞記者擠進朱巴的悶熱演講廳。人們朝自己搧風並傳遞微溫的瓶裝水，在主講人到來前等了數小時。當薩爾瓦真的踏進講廳，幾乎聽不見聲音的總統立刻讓喧鬧的歡呼聲靜默。他站在講臺上顯得有些孤單，喉嚨發出的音調似乎落在可辨識頻率邊緣。人們期待他用力清一清喉嚨，不過那從未發生。頭低著朗誦講稿，透過老花眼鏡費力端詳的樣子讓他甚至更加欠缺總統風範。每隔幾分鐘就停下來，從胸前口袋拿出一條白手帕擦掉額頭上的汗水。朗讀到一半，他弄亂講稿頁次，翻來翻去尋找正確頁數間打斷本已使人昏昏欲睡的演說。目睹這一切使人痛苦，很難不對他感到同情。這人根本不是擔任總統職位的料。

薩爾瓦常尋求酒精的慰藉。無論出自遺傳傾向或因應機制，抑或兩者皆然，酒精以固定週期影響他的表現。有時他下午現身赴早上的約，仍未從前晚的熬夜恢復。這帶來持續的健康顧慮，包括祕密躲至國外接受治療，總統的狀況完全稱不上穩定。

隨著南蘇丹內戰拖過二〇一四年並延續至二〇一五年，薩爾瓦的不安全感變得更加顯著。他變得愈來愈偏執，認為外界寧可跟馬查爾或黨內的加朗派知識分子交涉，全球視野與西方風格的言辭讓他們受到非洲菁英及西方援助者歡迎。至於這群對手是否更致力於對其有利的道德論述和意識型態已無關緊要，而答案通常為否。

衝突爆發六個月後，我走出與總統的又一次徒勞會議，預期自己會跟先前的無共識會議後同樣沮喪，可是我反而有種混雜著憐憫與不可置信的奇特感覺。薩爾瓦主導的邪惡戰爭殺害數萬名同胞，並使另外近百萬人流離失所。總統職位讓薩爾瓦比任何人都更有權力去制止衝突，但是此人缺乏運用權力的敢做敢為。

到那時，薩爾瓦也似乎亟欲擺脫這份職責。假若有機會重來一遍，我猜想他會不會在獨立後就提早下臺。「他對此感到後悔。」一位退休外交官在我詢問關於這件事的意見時，毫不猶豫說道。薩爾瓦也許享受在獨立前後的繁榮時光中執政，這位外交官解釋，當時朱巴蓬勃興盛，位居高職帶來新的權力與聲譽。「但是他對此感到後悔，他現在是個殘缺的人，他急切希望能乾脆回到村裡的家。」

若是薩爾瓦在二〇一一年下臺，他或許能享有突破重重困難、團結脆弱南部的歷史名聲，並且成為獨立之父。相反的，二〇一三年他陷入措手不及的政治鬥爭，發動摧毀自己歷史名聲的戰爭，並且遭到廣大南部人同胞發自內心鄙視。對他們而言，團結者薩爾瓦成了「獨裁者」、「屠夫」，甚至「種族屠殺者」薩爾瓦。

在非洲有時流傳一種論調，認為統治政權若犯下悖德罪行，是由威逼的顧問所造成；任職總統、有著父親般形象的必定是可信之人，被身邊小人破壞了他的仁慈領導。更有經驗的觀察者戳破此種樂觀懷疑，主張高度集權的體制意味著在上位者牢牢緊握控制權，他只是更嫻熟於讓自身與粗暴場面保持距離[11]。

然而薩爾瓦很可能是證明此合理化論調為真的例子。他受到不擇手段或以地方為重的利益人士拉扯，在國家最關鍵的成形期做出差勁決策並容忍失能。如今國家分崩離析，薩爾瓦的弱點不能赦免他的過失，但是有助於闡明這一切。

儘管薩爾瓦起初是跟他的前任領導者相比，他必須競逐的對象並非加朗的綿長陰影。薩爾瓦最初執政的十年、也是南蘇丹的頭幾年，是由蘇丹人民解放運動內部的激烈派系鬥爭，以及他與另一位截然不同人物的不穩定關係所定義。當薩爾瓦被推上領導大位，馬查爾填補了他的二號人物位置，這兩人必須想辦法共事。

Chapter 6

有博士學位的抗爭者

「歷史不會原諒他們。他們在歷史上將記載為從背後捅蘇丹南部運動一刀的人。」

——約翰・加朗博士

里艾克・馬查爾站起身。他面前坐著數百人的群眾，每一雙眼睛都注視著他，等副總統打破沉默。時逢黃昏，燈泡已掛上盛會戶外場地的樹梢。賓客中有許多來自已故加朗博士出生地波爾的酋長、地方顯要與議員。加朗的遺孀蕾貝卡嬷嬷坐在第一排，她主辦今晚緬懷加朗逝世的聚會。這並非里艾克的固有支持群眾，事實上，這裡有點像是老虎的巢穴。幾年以前，里艾克出現在蕾貝卡家鄉是難以想像的情景。現在是二〇一一年八月的一個週二夜晚，將近二十年前，里艾克曾對加朗發動惡名昭彰的叛變。

一九九一年的「分裂（split）」事件稱呼延續至今，里艾克的努爾部隊對波爾人民發動猛烈攻擊，造成聲名狼藉的波爾屠殺。數千平民男女與孩童在追趕下跑入鄰近的沼澤地遇害，多具屍首留任兀鷲啄食。根據國際特赦組織（Amnesty International）調查，發現三名年幼男童被綁在樹上「亂棍打死」。更有多具屍體「脖子上纏著用來勒斃他們的繩索或皮帶」，還有一些是「手腳被綁後被刺死」[1]。今晚在場的幾乎所有男女都曾在那殺戮戰場失去配偶、孩子、朋友或長輩。

一位助手遞麥克風給里艾克。「我想藉今晚的機會致歉。」里艾克向在場觀眾宣告。「我該為一九九一年的事件負起全部責任。」群眾開始騷動，訝異看待這個他們以為永遠不會到來的時刻。「我很震驚！」蕾貝卡說[2]。對她和其他許多人而言，聽見遲來已久的這段話使他們百感交集——痛苦、感謝、困惑、宣洩。有些人呼喊著逝去的鍾愛對象，另外一些人感到長久蟄伏的怒火湧上心頭。

說明多年前的動機並承認他一度斥為「政治宣傳」的屠殺後，眼淚開始滑下里艾克的臉。一間報社報導副總統「忍不住哭泣，到了幾乎崩潰的程度」[3]。里艾克的妻子安潔莉娜．泰尼（Angelina Teny）衝往他身邊，其他幾個人跟在她後頭。「他們感到動容……有些波爾人跑向他，扶著他，」蕾貝卡日後表示，「他真的變得十分激動。」

波爾屠殺以來的二十年間發生許多事：戰爭結束，加朗過世，南蘇丹也終於獨立。該是時候開啟更光明的新篇章。但是沒人忘得了一九九一年的事件，或是繼之而起的十一年種族內戰黑暗時光。少有人能原諒如今置身他們之中的叛徒。

蕾貝卡嬤嬤接著拿起麥克風，其餘波爾地區耆老簇擁在她身旁。「這令人傷痛，」她流著淚說，「你應該在約翰博士還在世時就這麼做。」她表達依然強烈的痛楚，不過也決心是時候赦免里艾克的罪孽。「身為基督徒，無論多麼傷痛，我必須接受。」她說道，轉身面對群眾。「假如上帝能原諒，我有誰不能原諒？」她說。「我原諒你。」

當晚的活動散場時，出身波爾的著名議員丁格・道（Deng Dau）告訴記者道歉是一個轉折時刻。「我們要南部人忘掉一切怨恨……忘掉過去。我們要重新開始才能建立我們的國家。」[4]

但是並非所有人都那麼願意接受，隨著「向波爾道歉」的消息傳開，南部人意見分歧。「我們不要里艾克博士道歉。」一位努爾人解釋，語帶憤怒。「我們也是多年前的殺戮受害者……那麼一九八六年、八七年、八九年的事呢？」他質問，同樣回想起痛苦章節。「身為領袖的里艾克負起責任，那是對的。但那不是單單他一個人的責任……這不該是單面向看待的事。」[5] 其他對悔悟的罪人更進一步要求，里艾克「必須不只向波爾或瓊萊的人民道歉，而是向全南蘇丹人民道歉」。還有一些人完全拒絕接受里艾克已道歉的說法，認為關於這件事的描述純屬捏造。

考量到里艾克的超強自尊心與自我宣傳的漫長紀錄，這次情感流露的事件也廣泛引起對他動機的揣測。有些人說這是「虛偽的噱頭」，他的眼淚出於政治動機。他們主張，這老奸巨猾的傢伙只想把過錯一筆勾銷，好讓他為等待已久的總統競選爭取支持。

里艾克確實意識到當天聚集在波爾的許多人也厭倦了薩爾瓦，他難以替補加朗的位置。「讓我們在政治上合作無間。」蘇丹人民解放運動的一位年輕成員剖析，轉述在他看來道歉者與聽眾雙方的動機。「『我們將成為一股政治力量』……你看，他們只是在互相利用。」

無論是真誠的懊悔或精心盤算的政治戲碼，這是個大膽訊號。「對他而言沒有更好的地方適合說這些話。」蕾貝卡回想，「這是一件有勇氣的事。」南蘇丹最深化種族隔閡的代表人物，往通往和解的漫長道路踏出象徵性的第一步。

里艾克無疑是南蘇丹現代歷史上最兩極化的人物，人人對他都抱有強烈的情緒。喜愛、怨恨、尊敬或鄙視，就是難以忽視他。無論觀點為何，支持者和貶抑者都同意里艾克魅力十足、機伶狡猾，而且是個生存者。

里艾克．馬查爾．泰尼．杜爾貢博士（Riek Machar Teny Dhurgon）長期擔任努爾人政治利益的倡導者，更常被稱為「里艾克」。跟薩爾瓦一樣，許多南蘇丹人用名字相稱，即使總統和副總統也一樣。另一個值得注意的慣例是頻繁且驕傲地提及「博士」頭銜。由於國內相當少子女有幸出國研讀博士層級的學位，如同里艾克一般，博士頭銜受到異常崇高的敬重，其聲譽不容虛擲。因此里艾克常被稱為「里艾克博士」，正如約翰．加朗依然受人愛戴地叫做「約翰博士」。原本秉持敬意的博士頭銜廣為沿用，連最猛烈的批評者也照喊不誤。

天性如此且自視為政治動物，里艾克喜愛辯論政治、思想與人民；他富有才幹、直率、迷人且滿懷自信。一位機敏的觀察者描述里艾克擁有「流暢的甜言蜜語」，這成為他有意運用的工具[6]。他的審慎音調起伏與戲劇性停頓旨在掌握滿室聽眾的注意力。嫻熟零售政治（retail politics）★，他自在出入所有場所且相當看重第一印象——指的是你對他的印象。握手與保持眼神直視的時間遠超過任何正常禮儀規範，里艾克有一種凝視賓客的方式，既讓他們感到輕微不安、同時覺得自己是受到真誠關注的對象。他綻放開懷大笑，亮出招牌的門牙縫搞定一切。這套作風或許發自內心，不過也是一位想受人推崇並躍居高位政治人物的作為。倘若他的朋友與敵人必須對一項決定性特質達成共識，陪審團的討論時間會很短暫。裁決為何？雄心抱負。三十年來置身於蘇丹南部政治舞臺的中央，野心始終如一。那是里艾克性格奠基的支點。

里艾克也可以是個混蛋，他的這一面在二〇一三年戰火再起的壓力下展現。好鬥嘴抱怨、喜怒無常且爭辯不休，里艾克可以讓你累垮。在非洲人與西方人之間，關於此人的描述常出現特定一組形容詞：自私、頑固、自我中心、自戀。前一分鐘還友善迷人，老練的變色龍有能耐立刻變得兇猛好辯，在挑釁或仁慈的外表下同樣自在。他可以含蓄深思，也能藉由咄咄逼人的肢體動作強力表達觀點。而且他總是喜歡下最後結論。

現年六十四歲的里艾克已非昔日的精瘦戰地指揮官；他的外凸小腹逐年增長，山羊鬍如今大半灰白，仍為不可小覷武器的雙眼動過多次手術，而且看得出痕跡。精力不再如昔，政治敏銳度亦然，雙雙受到時光與壓力消磨，以及政府高官獲贈的奢華生活。不過野心依然存在，有個位置他不顧後果放手追求了四分之一個世紀：領導者。里艾克想當總統。

★ 有如零售業一般直接跟選民接觸，尋求支持。

里艾克在一九五二年生於利爾，位於今日的團結州（Unity state）。身為多克努爾人（Dok Nuer）亞氏族成員，里艾克的父親是該地區傳統上的酋長。利爾的茅草屋面向尼羅河西岸，居地隨季節性降雨擴展與縮減。婦女從井裡汲水裝進破舊塑膠容器，漁夫駛獨木舟入河，航行於漂浮的綠色布袋蓮叢間。緩步的牛隻與尖厲鳴叫的鳥兒，陽光曝曬的草地與味道刺鼻的炭火，喧鬧不休的孩童與高亢的教堂齊唱，今日的種種景象與里艾克年少時相仿，因為利爾在過去六十年間無甚變化。

季節性降雨導致連月的溼漉景觀，而當自然元素彷彿格外無情的乾季來到則見大地乾裂，體現當地的貧瘠生活。利爾的生活常態之中夾雜著焦黑地基、坑坑疤疤的房屋、生鏽的彈殼及偶見的肢體殘缺鎮上居民——長達兩個世代戰爭的嚴苛遺續。在內戰最激烈的一九九〇年代，里艾克的家鄉位於援助工作者稱為「死亡三角」的範圍內，在南部各派爭奪領土掌控權之際，這塊區域有數以千計的人餓死。

里艾克在家中三十一個小孩裡排行二十六，母親尼亞達克（Nyadak）是他父親五個妻子之中的第三個，從各方面而言都是一位超越時代的女性。里艾克跟同年的大多數男子不同，他臉上未留下南蘇丹好幾代人常見的疤痕，那是一種成年儀式、也是部族的符號。由特定的耆老用刀刃在年輕男子額頭切割，以永久凸起的疤痕組織留下獨特圖案，作為成年禮的一部分。有些種族切劃落向額頭中心點的斜線，另一些呈現繁複的點狀圖騰。丁卡與努爾族群都常採用類似樂譜的六條平行線（每條線代表一種核心價值）。儘管現今這種做法已衰微，里艾克雙親是在一九六〇年代不讓青少年兒子經歷這項重要文化常規，更何況他身為酋長之子。相反的，尼亞達克的心力聚焦於讓他受教育——這在西部努爾人的牧牛氏族間同屬罕見。

尼亞達克把男孩送去阿塔爾中學（Atar Intermediate），往東北方步行一週可抵的教會學校，里艾克在那裡展開使他與眾不同的生活。接著進入倫貝克高中與喀土穆大學，里艾克的政治意識在此培育，並且初次見到來日的蘇丹人民解放軍領袖加朗。隨後他獲得出國讀書的難得機會，且於一九七九年離家赴英。在格拉斯哥（Glasgow）取得碩士學位後，再赴位於英格蘭北部重鎮的布拉福大學（Bradford University）拿到機械工程博士。到那時他的心思已完全轉向政治，活躍於英國的蘇丹南部人移民圈。

與薩爾瓦不同，里艾克長久以來受到外國人吸引，熱切談論思想、爭辯地緣政治、大力頌揚哲學與經濟理論。他對外國人的興趣不只限於智識情誼，難以克制的眉來眼去讓他贏得三位妻子——各為英國人、美國人與蘇丹人。

二十三歲的英國援助工作者艾瑪・麥克肯（Emma McCune）於一九八七年遠赴蘇丹，想尋找自己與人生意義。她到各色人道救援機構工作過，不過在里艾克第二次見面就向她求婚後，她變得全心投入抗爭政治。這位優雅的年輕外籍女子抱持理想主義且一心一意，有時顯得天真，跟里艾克的分立派系住在一起，幫助他們取得補給品並替他撰打宣言。不出所料，她在蘇丹南部抗爭者與西方援助工作者之間成為一位爭議人物。一九九三年，懷著里艾克孩子的艾瑪在肯亞死於車禍，且於日後成為描寫蘇丹第二次內戰精采著作《艾瑪的戰爭》（*Emma's War*）的要角。

二〇〇〇年，里艾克娶了美國人貝琪・林恩・海格曼（Becky Lynn Hagmann），她是來自明尼蘇達州鄉間的虔誠基督徒。貝琪當時四十歲出頭，養育前次婚姻與一位美國牧師生的三個孩子，她也跟前夫一起初次募款給飽經戰亂的蘇丹。她沒有艾瑪那麼惹人注目，在朱巴致力推動以基督教為主的教育與農業計畫。不過跟他的歷任妻子相仿，貝琪變得活躍於里艾克的政治活動，在朱巴時給他建言，在他赴美時陪伴出席南蘇丹人移民社群的聚會。

然而最重要的是里艾克的首次婚姻，對象是一位蘇丹南部女子。安潔莉娜是努爾人同胞，出身團結州一個同樣進步並參與政治的努爾家庭。她在十八歲時跟里艾克一同離家赴英，並且在他身邊展開自己的求學之路。生下他們的第四個孩子後，祖國戰爭期間安潔莉娜待在英國，為多個非政府組織與倡議團體工作。二〇〇五年她回到蘇丹任職國家石油部長，迅速成為蘇丹人民解放運動裡其中一位最重要的女性。她跟丈夫在二〇一三年逃離朱巴，在前幾晚的暴行中失去朋友與家人對她鑄成長久影響。安潔莉娜協助臨時抵抗運動在叢林中成形，並成為里艾克最富爭議且強硬的顧問之一。

一九八四年，里艾克從英國返鄉加入初萌芽的南部抗爭，代號森納爾（SENNAR）且受過良好教育的上尉在解放軍中迅速晉升。他帶頭召募眾多努爾新兵加入當時以丁卡人為主的解放軍，讓長官加朗留下深刻印象，並獲命入列蘇丹人民解放軍暨解放運動總司令部。

不久後三十八歲的里艾克採取大膽舉動，此舉將決定他的人生、他的政治生涯與南蘇丹的命運。

一九九一年八月的最後幾天，解放軍與北部的戰爭剛邁入第八年，里艾克與一群不滿的指揮官占用解放軍無線電。他廣傳努爾弟兄對於集權的反感，以及解放軍領導階層的普遍不滿，抨擊「獨裁主義」與「丁卡人宰制」，控訴加朗是個「把運動裝進他公事包」的獨裁者。透過解放軍劈啪作響的廣播，抗軍隨後聽見里艾克作出驚人結論：「為了拯救運動免於迫在眉睫的瓦解，決定解除約翰·加朗的蘇丹人民解放運動／解放軍領導職務。」

接下來幾天，以機會主義的方式，里艾克的派系大談民主與人權，印行手冊詳述「為何加朗必須現在離開」。意識到南部人大多跟他同樣渴求一個獨立的南蘇丹，里艾克也宣告不再浪費更多精力於加朗的「新蘇丹」願景，分裂此後將成為抗爭的指導原則。里艾克在空中傳達的不滿有幾分道理，這次推翻企圖反映運動內部快速增長的政治、意識型態與種族暗流交匯。不過此舉也關乎權力，里艾克的野心再也不容小覷。

里艾克隨即於一九九一年襲擊波爾意在展示他的力量，吸引更多解放軍指揮官背離加朗，並實現他的宣言。不過結果適得其反。恣意屠殺平民引起國內與國際的反彈輿論，反倒讓加朗重獲支持。里艾克雖未成功迫使加朗下臺，他的宣言確實使解放軍一分為二，給南部志業與南蘇丹人民帶來毀滅性後果。由於雙方派系皆操弄地方的不滿且沿著種族界線動員族群，「分裂」事件的影響深遠。

不幸地，一九九一年波爾屠殺既非類似慘劇的第一次，也不是最後一次；日後數十年間，加朗、薩爾瓦、里艾克與其他十餘位軍閥將下令對平民攻擊。儘管如此，此一特定事件的規模與象徵意義引發長達十年的種族間相互指責，並遺留根深柢固的部族仇恨，日後證明難以彌補。

然而，使里艾克罪孽更加深重的是他與喀土穆敵對政權合作。為了挑戰加朗，他收受敵方的金錢與物資支援——長久以來對南部與其他遭邊緣化人民興戰的那個政府。對於加朗、薩爾瓦與解放軍主流人物而言，此舉難以置信，那是嚴重的叛國行徑。他的背叛從未獲得原諒。

先知在努爾文化中擁有深厚根源，即使並無事實根據，里艾克廣受注目的二十五年代表此一豐厚歷史的神祕篇章。努爾先知的預言與歌謠歷經世代相傳與重新詮釋，揉合預知努爾人民將登基統治一個自由的南蘇丹。里艾克的祖先血脈、他的慣用左手，甚至是他牙縫大開的笑容都在預言中承載某些意義。

據說里艾克博士的祖父泰尼—杜爾貢被靈魂附體，使他能夠說先知的語言。泰尼—杜爾貢深入努爾人腹地去見一位備受尊崇的十九世紀努爾先知後，出現不同的傳說。在一個傳說版本中，強大的先知詛咒泰尼—杜爾貢與他的家族；另一個流傳更廣的版本裡，先知預示里艾克祖父的子孫將成為蘇丹南部的偉大領袖。因此里艾克有些眼界較遠大的支持者，為他的政治與軍事不凡成就賦予神聖啟示——里艾克是努爾人的救世主。他並未主張此種預言地位，不過就像任何睿智的政治人物，他也不試圖加以否認。

長久以來，努爾先知及其更廣泛的社會是外國熱切關注的對象，首先呈現在具開創地位的一九三〇年代牛津大學人類學家艾德華・伊凡・伊凡斯—普里查德爵士（Edward Evan Evans-Pritchard）工作成果中，以及他的研究著作《努爾人》（*The Nuer*）。先知傳統至今仍是努爾社會、道德與精神生活的重要成分[7]。在 Facebook 或 YouTube 稍作搜尋，就會顯示現代努爾先知達克・古葉（Dak Kueth）的照片和影片，傳統與現代的衝擊彰顯在他常作的打扮上——身上圍著豹皮，搭配鑲金邊的磚紅色長褲。儘管自封的地位引起爭議，二〇一四年數千名努爾武裝青年在他一聲令下開始步入戰場後，這位年輕先知獲得了關注。

南蘇丹人的字典裡有個特定用法，將支持者或同夥稱為「薩爾瓦的人」或「里艾克的人」。你也可以說是丁格、馬約克或隨便誰「的人（Those of）」，不過這個用語通常保留給擁有民兵部隊、政治派系或其他菁英擁護者的政治強人。假如有自己「的人」，就代表此人為重要人物。

這是個靈活且實用的辭彙，老練的外國人可以用來說笑，或者表現自己熟知朱巴的街頭流行用語。此用法在政治局勢緊繃的時期尤具彈性，且適用於結盟關係不斷變動的國家。運用與解讀「的人」的方式能讓發言者維持某種曖昧性。人們批評「里艾克的人」時，可能指涉里艾克的政治支持親信，或者聽他號令戰鬥的抗爭者，或甚至是整個努爾族群，有時是在含蓄地影射他本人。

歷經一九九〇年代的血腥內戰，與敵方的邪惡同盟，以及贏得蘇丹南部人廣泛支持或在國外抗衡加朗解放軍正統地位的失敗嘗試，里艾克的人別無選擇。他們的高尚追求已耗盡全力。

包括一九九三年華盛頓特區的嘗試在內，整合解放軍兩方交戰派系的努力失敗多次，里艾克終於在二〇〇二年協商回歸加朗的主流蘇丹人民解放軍。

「十一年了！同志跟同志打仗。」[8]當年一月，在備受期待的回歸後，里艾克立即向擠滿整間廳堂的解放軍支持者與媒體說。與加朗手挽著手現身臺上，他對興高采烈的群眾宣告，「今天我很高興這些結束了……解放抗爭在今日團結一心！」

不過那時「里艾克的人」寥寥可數。「分裂」事件後的時光他不僅與加朗作戰，還跟自己的努爾同胞對抗——這夥民兵有時與他並肩作戰，有時對他倒戈相向。雖然里艾克未能維繫競爭勢力或罷黜加朗，他本身依然是一位可敬的人物。於是他重回組織，且與加朗的大位近得出奇。薩爾瓦繼任總統職位後，里艾克成為他的副總統——首先在南部區域政府，最終是在獨立的共和國。而他在工作上大展長才。

自二〇〇五年至二〇一一年的南部區域政府期間，里艾克比老大哥更活躍於日常治理事務；他在國內帶頭推動行政程序，也獲派國外解決棘手問題。「他是救火隊員，」一位貼身觀察家評論，「他什麼都做。」[9]無論是協商本地族群間的爭議，對於區域安全事務表現堅定立場，或者「迅速化解」與喀土穆全國大會黨的爭端，里艾克的優越能力在所有關注者眼裡顯而易見。

然而儘管里艾克再有天賦或領導才能，此人無法與他的背信過往分開看待。儘管他的地位顯赫、解放運動在名義上重獲團結及運動對於追求獨立的共識，許多人深切厭惡里艾克。薩爾瓦與黨高層將永遠留心他們之中的這位機會主義者。

加朗、薩爾瓦、里艾克與蘇丹人民解放運動強人之間的競爭既屬個人、也帶有政治意涵。不過他們也附掛複雜的種族面向，權力掮客會在時機適當時加以操弄。

「分裂」事件的二十二年後，里艾克於二〇一三年再度置身領導權惡鬥的中心，這場爭戰將南蘇丹撕裂成兩半並點燃種族戰爭。詭異的熟悉場面讓人覺得似曾相識。里艾克再次控訴一位丁卡領導者獨裁與治理無方，為運動與社會上漸增的不滿共識發聲。他再度動員多屬努爾人的戰士，再度向喀土穆宿敵求取物資，而他的部隊再度犯下殘忍至極的暴行。里艾克再次為了掌控蘇丹人民解放運動興戰，他也終將協商重回組織——回到第二號位置。

可是許多事情也改變了。此時南方已獨立，石油帶來豐厚收入，且直到最近里艾克皆擔任這片土地上的第二高官。他要為政府缺失共同承擔責任，卻也證明自己是比薩爾瓦更有能力的治理者。他為過往的罪責公開道歉，且在薩爾瓦罷黜他職位時表現出政治家風範。這次是領導者對里艾克採取行動。他安撫憤怒的支持者，且透過政治管道尋求變革。這一次並無政變意圖，他是在被動情況下叛變。鉅變的情勢讓里艾克同時獲得正面與反面詮釋。不過有一點無疑依舊，從一九九一年到二〇一六年持續未變：野心。

不同於薩爾瓦，里艾克的特質一直跟該區域的主宰強人更近似——聰明、幹練，自視為懷抱遠大計畫與渴求的夢想家。如果你聆聽里艾克談論民主、現代化、改革與包容，你可能被他動搖，而他清楚這一點。看起來他確實相信這些理念，至少它們至今還能幫襯他。不過他也是一個務實的人，受到赤裸的權力欲望驅使。他相信直到自己掌權以前，並無法真正推動願景

——或說平息內在的渴望。而且他通曉政治、選舉法則，以及因為殺害同志遺留的長久絆腳石。

在這堅決野心之中也許包藏他最大的邪惡。儘管里艾克抱持相對進步的資歷與崇高修辭，他不只一次利用族裔認同並煽動恐懼以達成政治目的。從一九九一年波爾屠殺，到隨後的內戰，以及二〇一三年鎖定攻擊平民，長久以來，丁卡與努爾人間的種族暴行與競爭構成南蘇丹敘事的主線。沒人的手乾淨清白。無論真誠與否，「向波爾道歉」是重要的率先表態。但是過往的傷口才剛開始癒合，就又在二〇一三年突然撕裂，被薩爾瓦、里艾克跟他們各自族裔的戰士挖開。

於是又一代南蘇丹人蒙受無法輕易遺忘的暴力震撼與死亡。他們受夠部族主義與邊緣化的人主張，認為不論里艾克的個人野心，他的目標是正義的。有些人宣稱那是預言的實現。其他人則認為最偉大的領導者也許已經退至一旁，意識到這個危機四伏國家的命運大於任何個人。他們主張里艾克應該放下對於總統職位的自私追逐——事實是他的不斷嘗試更關乎自尊，而非預言。

Chapter 7 時候未到

「我們並非成為熔爐，而是一幅美麗的馬賽克鑲嵌畫。不同的人民、不同的信仰、不同的渴求、不同的希望、不同的夢想。」

——美國總統吉米．卡特（Jimmy Carter），一九七六年

「潘央（Pan-yang）！潘央！」杜厄普（Duop）大喊，模仿自己以前生活的樣子，呼喊他牧養的其中一頭牛。在南蘇丹的牧牛社會，由年輕男子負責看顧數十隻牛群，有時多達數百隻。在無盡放牧時光與無數跋涉路程下培養出親密連結，牧牛人認得每隻牛的外型與名字。「是啊，牠們全都有名字。」杜厄普說，他的語氣顯得若非如此就太愚蠢了。「一頭牛會依照牠來自的營地取名字，例如潘央。」

杜厄普在波爾周遭地區的村落與牧牛營地間成長，鄰近加朗的出生地。一九八七年他在年

紀還小時離開南蘇丹，「大約七歲吧」，他猜測。杜厄普徒步逃離戰火，跋涉數百英里到衣索比亞的難民營，直到地緣政治迫使他跟其餘數千人重回被戰爭撕裂的蘇丹。就像許許多多跟他年紀相仿、俗稱的迷途男孩一樣，杜厄普歷經空襲、野生掠食動物的攻擊、有生命危險的渡河後倖存。他露宿度過漫漫長夜，隨叢林的嚴苛環境擺布。難以預料的流離歲月，跟牧牛營地的熟悉感與慰藉相比天差地遠。

無論杜厄普的丁卡同胞、努爾人或其他族裔，對於南蘇丹的遊牧人口而言，牛是神聖的，構成社會、經濟與文化生活的重心。牛代表著生計、食物來源、貨幣、社會地位的衡量標準，以及婚姻的入場券。「少了牠們，」杜厄普就事論事解釋，「一個人的生活是匱乏的。」牛群可見於南蘇丹多數鄉間，也擋住朱巴市中心的大路口。但是在緊鄰尼羅河集水區的杜厄普與其他家戶，牛群和牧牛人隨季節移動。尼羅河在雨季擴張成巨大沼澤，復又縮減，每個季節具有不同型態與特性，不過四季都吸引數百萬隻牛。

當降雨停息，杜厄普村落的男孩女孩就會離家，導引家中龐大牛群前往尼羅河與其他水源，在那些地方設立季節性營地。當我問杜厄普關於牧牛營地的回憶，他興奮流露孩子氣的歡愉，內心馬達點燃發動。牧牛營地是神聖的領域。

如今杜厄普住在華盛頓特區，我邀他在二〇一七年的一個下午喝咖啡聊南蘇丹，談談過去與現在。交談期間我大多在詢問他對於戰爭與新生國家嚴峻處境的想法。他的舉止與簡短答覆顯示著沮喪，以及談論他無力改變之事的惱怒迴避。根本沒什麼好說的。不過牧牛營地是另一回事。自從他上次踏足營地已相隔二十五年，不過依他現在津津樂道的樣子，感覺彷彿他昨晚還在那裡。

牧牛營地可能是某種神祕的地方，聽聞二〇〇九年我有一晚置身靠近他家的營地，杜厄普興奮不已。我前往波爾查明當時震撼瓊萊州的暴力浪潮，針對丁卡、努爾與穆爾勒人（Murle）族群的襲擊導致數千人喪生，數萬頭牛遭竊。在這寂靜城鎮的最後一晚，我住進一間簡樸旅舍並走訪周圍的牧牛營地。牛時常是爭奪的目標，我想找負責保護牛群的小伙子們談談。

經營旅舍的肯亞婦人端來玉米糕（Ugali），即主要成分是玉米的「非洲蛋糕」，我配著冰涼的芬達橘子汽水咽下。當夜色籠罩這座小小的首府，蚊子從尼羅河搖曳飛來，三十多個男孩坐在露天場地中，人群後方有白光和藍光閃爍。他們坐在地上和塑膠椅上，人人越過前方肩膀窺看，視線集中於一架十六吋電視。陳舊機器藉著一大串曲折延長線，連往在場外低鳴的柴油發電機。

正在播出英格蘭足球超級聯賽（English Premier League），兵工廠俱樂部（Arsenal）在場上踢球；雄心壯志的蘇丹球星豈能想像其他歸宿？不過我並非來此見這些城市青年。我趁廣告時間把一個人從螢幕前拉開並尋求幫助，他安排一位表兄弟護送我去鄰近的營地。

隔天下午我們駕駛一輛破舊的本田（Honda）CRV 汽車出發，開了幾十英里崎嶇路途後，遮蔽頭頂的高聳樹林被開闊景象取代，眼前是滿滿的獸角。數百頭長角白牛群聚在下方通往河畔的土坡。當太陽在水面上滑落橘橙與粉紅色的天空，愈來愈多彷彿無所不在的牛隻紛抵，跟隨領頭的年輕牧牛人。設立營地是在夜間集中保護珍貴商品的一種方式，這裡肯定有上千頭牛。

男孩把小牛拴於樹樁，在遍布營地的十多處悶燒火堆添入乾牛糞，產生的熱度和濃密白煙將我們周遭轉變成詭異的火山般氛圍。黃昏時分，男孩把自己變成白鬼，拿乾牛糞灰抹覆臉、胸、手臂和腿。白灰能幫男孩跟牛驅逐蚊子跟其他昆蟲，所以當我抹一些在脖子跟手臂上，東道主點頭稱許。

杜厄普讓我想起這類營地一代代奉行的制度與儀式，這裡的年輕男女「照顧牛群，」他說，「也照顧彼此。」年幼男孩照料小牛，年長男孩則在白天帶領不斷增加的成牛尋覓青草和水。他們穿著涼鞋步行一哩又一哩，攜帶棍棒或槍枝防身，簡單彈幾下舌頭就能指揮牛群。除了幫牛取名字，男孩也在牛耳留下切痕印記，每種形狀都為他所屬的丁卡亞氏族人熟知。

晚上他們回到安穩的社會生活，在營地唱歌說故事。他們同時在這裡找到自我以及在廣泛社群中的位置。這裡也供年輕男女眉來眼去與嬉笑，期盼吸引對方害羞的眼神回望。女孩在營地裡擁有自己的空間和職責，包括幫牛擠奶並背負多餘的食糧回村。

牛奶是主要食物來源。南蘇丹人很少吃牛，除了在特殊節日以外——婚禮、歷史紀念日或每年獻給神的牲祭。即使遭逢饑饉，殺牛也不被許可。只有遇到極端情況才能殺一頭牛，接著取肉在族群中廣泛分享。

「每個男孩都從牛群裡選擇一頭特別的公牛。」杜厄普繼續說，「他（對這頭牛）投注無比珍視。」在杜厄普的村子裡，這頭牛稱為「證言公牛」（mioor cien）。他樂於向我說明，這頭珍貴公牛的主人會「寫詩唱歌」來榮耀牠。公牛的一隻長角——真的很長——為了美觀緣故往前彎折，讓兩隻角往不同角度生長。杜厄普暫作停頓，坐直身子用手臂擺出兩隻角的形狀，再回過頭來欣賞，彷彿那是一件藝術品。「多麼美麗，」他說著，臉龐充滿感動。

「那頭公牛……就像是銀行戶頭，」他說，「存著好幾千又好幾千元。」儘管每頭牛都是有價值的商品，他用金錢比喻意在表達社會與文化價值：「世上沒有其他事物可比；你是如此富有。」當我問杜厄普的一位同儕，證言公牛對於成年男子有多重要，他大笑並提供對比：「那就像美國的青少年得到一輛跑車。」

自從杜厄普於一九八〇年代離開蘇丹後，關於牛的一些社會風俗已逐漸演變，不過改變幅度不如人們所想像。而且牛隻的實際經濟價值一路上揚。現今一隻牛可以在鄉間售得三百美元，在朱巴市場的賣價則是六百美元。從這數字來看，難以比對那麼多人歷經的貧窮生活，也讓不瞭解尼羅河流域社會牛隻地位的人感到困惑。

此外，高昂價格使得牛隻成為暴力衝突的一種驅力。盜牛是一種成年儀式，由年輕人結伴到附近聚落偷竊牛群；然而此舉不僅是為了證明。在二〇〇九年，與般配妻子定親意味著要送交多達二百頭牛給她的家人。儘管在都會家庭以現金取代，牛依然是婚姻聘禮的主要單位，用來向新娘的家族表達榮耀與尊敬。

杜厄普與同伴在一九九〇年代初期步行離開蘇丹，這次遠赴肯亞。在那裡的難民營又度過十年後，杜厄普獲得赴美安置的機會。「我不願再一次……跟家人分離。」他說明。但是他們說服杜厄普離開，從此他在華府展開新生活。

並非所有杜厄普的同行者都這麼幸運。杜厄普回想，好多人沒能走到——據信約半數迷途男孩在難以想像的長途跋涉途中死去，受到飢餓、脫水、疾病或暴力所害。「正是在營地的生活，讓我獲得必要的技能與毅力。」杜厄普說，這件事他顯然想了又想。「牧牛營地教我怎麼活下來。」

在南蘇丹的一千二百萬人口中，杜厄普和他的丁卡同胞約占三分之一。然而在喀土穆統治時期欠缺歷史統計、大規模流離失所與可靠資料的匱乏，意味著該國人口統計僅屬有根據的推測。多數南部人跟杜厄普一樣住在鄉間，廣泛分布於近二十五萬平方英里的土地，國家人口密度是全世界的後段班。在大小跟法國相等的領土上僅鋪設數百英里道路，人民間的聯繫也屬最少的幾國。

雖有不完整的疑慮，南蘇丹可概略分成三個區域來認識——加扎爾河地區、上尼羅地區（Upper Nile）、赤道地區（Equatoria），每一區都曾是行政區域。儘管南蘇丹在獨立時重新劃分成州和縣，這三個區域仍為常用的固定概念，且與族裔和政治現況的思考密切相關。

位於北部和西部的加扎爾河地區以丁卡人為主。丁卡人是最大的族群，占總人口的百分之三十五以上[1]，並分成三大類。加扎爾河丁卡人於緊鄰尼羅河西岸的草地牧養珍愛的長角牛，他們也會穿越鐵礦石高原（ironstone plateau），從薩爾瓦的家鄉往北延伸至蘇丹邊界。往東渡河進入上尼羅地區綠意茂盛的氾濫平原，你會見到杜厄普與已故加朗所屬的波爾丁卡人。沿河北上至馬拉卡爾鎮，你會見到帕當丁卡人（Padang Dinka）遍布整個尼羅河東岸。

自稱尖格（Jieng）的丁卡人也成為社會人類學者高度關注的對象，儘管他們最聞名的也許是極為高瘦的身材。丁卡人的二十五個亞氏族具有顯著的文化連續性，知識分子法蘭西斯・丁格（Francis Deng）把這一點歸功於自身族裔的強烈「自豪與民族中心主義（ethnocentrism）」[2]。由於丁格是天神和雨神，法蘭西斯的姓氏在本地神話裡具有重要地位，卻一點都不獨特。雖然不清楚丁卡人是否傳承自同一個祖先，法蘭西斯的「丁格」父親是地位崇高的酋長，據說娶了二百多位妻子並生下一千多個孩子。在今天的南蘇丹，只要越過一條街很難不遇見某個叫丁格的人。

丁卡人加上具有血統淵源的努爾人和什魯克人，通稱為「尼羅人」，此辭彙反映尼羅河谷地原住民的共通語言與文化特質。在生活型態、語言、文化與外觀方面，這些主要文化的一致處多於隔閡。在他們相鄰家園的交會處，通婚是常見情況，而且甚至很難加以區辨。然而尼羅人的近代史卻蒙受分歧之苦。

努爾人在他們自己的語言中稱為納斯（Naath）★，是南蘇丹第二大人種族群，約占人口的百分之十五。他們的家園是位於上尼羅地區中心的一塊孤地；起自位於尼羅河西岸的里艾克家鄉村落，努爾人的國度往東延伸三百多英里，接著越過索巴特河（Sobat River）一直伸入鄰國

★在努爾語中意指人類。

衣索比亞，容納約二十萬努爾人同胞。羅伍（Lou）、吉卡尼（Jikany）、布爾（Bul）、多克等努爾人亞氏族並未納入中央集權體制，自古以來每個亞氏族皆自行掌管事務且抗拒階級。雖然對於分散且相對民主的體系感到自豪，努爾人的智者深知每當族人面臨歷史關鍵時刻，內部分歧深深傷害了他們的共同利益。

如同任何地方，刻板印象深化南蘇丹族群間的分歧，無論真實或成見，此種簡化特質會在領導人訴諸族裔手段時助長危險敘事。由於主導南蘇丹的新政府和蘇丹人民解放軍，丁卡人常被視為權力欲望強盛，憎惡者控訴國家被「丁卡人把持（Dinkocracy）」。

無論公平與否，努爾人擁有好戰民族的聲名，長期被世仇部族和外國人視為暴力戰士。儘管迄今多位學者指出此項評價的漏洞，著名的英國人類學家伊凡斯—普里查德評定努爾人是「狂暴的人民」，他們「易於激發暴行」，而且敬重戰鬥技能與勇氣，視之為最高成就[3]。因此論及現代的刻板印象時，對努爾人的評價是他們具有侵略性。如同一位南蘇丹社會評論者所嘲諷：「他們早上醒來，他們洗臉，然後他們上戰場。」[4]

丁卡人、努爾人及其尼羅人同胞雖占三分之二的多數人口，仍有另外六十個族裔以南蘇丹為家。其餘三分之一人口最適合依照他們的多元性分類：南方跨越剛果與烏干達邊界的農人，東方與衣索比亞人有血緣關係的漁夫，西方貧瘠邊界地帶的多元少數族裔，根源可追溯至西非。

赤道地區是從東方延伸至西方的一條水平地帶，由一些較小的部落混雜居住。俗稱的「赤道人」並非一種族裔，儘管這項地理稱號用以泛指住在國內最南端領土的班圖人（Bantu），包括巴里（Bari）、蒙達里（Mundari）、托普薩（Toposa）、阿贊德（Azande）和其他許多部落。赤道人更近似鄰國烏干達、剛果民主共和國、中非其他地區的班圖人。他們都牧牛，不過豐饒的赤道土壤與充沛降雨意味著他們以農耕為第一要務。他們有最確鑿的公民組織記載，卻無丁卡與努爾族裔的戰士傳統。「他們是懦夫。」同一位南蘇丹社會評論者說，又再嘲諷刻板印象。「他們不是國族主義者……所以一有麻煩他們就逃去烏干達。」[5]

長期以來，赤道地區人民對於主導蘇丹南部的尼羅人感到失望，他們周而復始地爭戰，侵擾傳統土地並鎮壓少數族群。儘管事實上，赤道人在初期抗爭與爭取自治時扮演關鍵角色，他們跟丁卡多數族群的關係向來充滿火藥味，包括加朗以丁卡人為主的蘇丹人民解放軍在內。種種世仇在南蘇丹的後獨立戰爭期間重新燃起，薩爾瓦日漸分化的軍隊重演驅逐、占領與侵略場面，讓許多赤道人想起厭倦的過往。

許多南部人會說三種語言：「丁卡語」、「努爾語」或另一種當地語言；英語，作為通用語及英國殖民時期的遺續；阿拉伯語，展現多個世代北部勢力的影響。更精確地說，「朱巴阿拉伯語」是蘇丹南部對於此種語言的獨特改造，蘇丹北部人聽聞這種方言會搖頭譏笑。

儘管南部的豐富宗教傳統屢遭忽視，且執意使用「泛靈論（animist）」等籠統辭彙來稱呼，原住民宗教持續向南蘇丹許多人「傳授關於倫理行為、道德生活與政治行為的思想」[6]。伊斯蘭也是蘇丹南部常見宗教，不過如今大部分居民信奉的是於十九世紀晚期隨歐洲傳教士到來的基督教。基督教是整個南蘇丹社會少數共有的認同與習俗形式，然而教堂間也區分成不同教派。

天主教徒在加扎爾河地區運作，長老會人（Presbyterian）在上尼羅地區，聖公會人（Anglican）則在赤道地區。（美國福音派人士跟隨在後，不過要到幾個世代以後。）

儘管面臨戰爭的削弱、傳教工作的衰退及現代競爭勢力，教會仍舊是國內最強大的網絡。在戰爭與分歧的歷史之中，教會領袖常表達理性與和解的觀點。然而沒有一個體制能不受政治和分化影響，教派間拿著地圖瓜分勢力範圍的後遺症，也使得傳教工作及對於教會領袖的認知變得複雜。

在南蘇丹第一本文學小說選集《有一個國家》（*There Is a Country*）的導論裡，尼尤奧・魯夜斯（Nyuol Lueth）盡力解讀這一切多元性，以及多半由戰爭與流離形塑的認同。「南蘇丹文化，」他寫道，「是極度難以定義的事物。」[7]尼尤奧形形色色的國人同胞住在同一片廣大、發散且大多不相連的土地上。儘管他們集體反抗北部的壓迫，且於二〇一一年共享獨立的狂喜，族裔與以部族為依歸的地方認同依然比國家意識強大得多[8]。

「部族」絕對是一個微妙的辭彙和概念。它曾是一種粗略分類，也是普遍的現實，是尚未成為國家的狀態下最重要的認同形式。歷史上遭受土耳其人、阿拉伯人與日後英國人的入侵階段，改變了部族內部的現況，有時還損害人民之間的關係。隨後部族主義在南部內戰、過渡時期統治體制、拖垮獨立共和國的戰爭成為分化力量，「非我族類」的心態凌駕一切。

一位南蘇丹社會評論者反思此複雜問題且於二〇一六年闡述：「常有一種說法，我們的多元性是一種力量來源。」也許日後會是，他接著說：「不過時候未到。」

Chapter 8
動盪的團結政府

「我們只會抗議，不會治國。就像學校裡的男孩……自尊心大得不得了。」

——蘇丹南部部長，民族團結政府（Government of National Unity），喀土穆

在朱巴運動機會有限，因此我樂於偶爾約當地朋友打一場戶外籃球。儘管身高六呎五吋★，我在人群間仍屬中等身材球員。幾個晚上我們在畢奧帕（Bilpam）軍事總部對面的球場打，有時高階軍官也來報隊鬥牛，形成場邊令人分心的維安措施。有次，一位將軍的隨扈在我們打球時沿著球場的長邊來回走動，槍枝上膛隨時戒備，目的似乎是要展示「強人」地位而非必要警戒。即使如此，在朝制服有三顆星的人身上狠狠犯規前，我不免多想一秒。

★ 近一九三公分。

其他時候，我們在「三號（Nimra Telata）」街區一座水泥斑駁的小型「體育館」打球。二○一一年熱氣蒸騰的一個午後，我們加入在那裡分組比賽的一群前景可期十八歲青年。我打過高中籃球，正規訓練得來扎實的基礎動作，但是憑著下降的運動能力跟這群年輕版本對打顯得可笑，簡單說，他們能夠飛躍上天。那個被壓制的下午空氣炎熱、乾燥且滿布沙塵，讓我跟其他不再年輕的人更難受。

在一次休息時間，指導那群年輕球員的男人對我伸出手微笑。「畢奧．杜厄尼（Bil Duany），」他自我介紹，我立即認出他的姓氏。「來自那個杜厄尼家族？」我詢問，同時試著讓呼吸平緩下來。畢奧證實他是杜厄尼兄弟裡最小的一個，這個籃球家族在南蘇丹享有盛名。他說明自己正在安排幾位具有原始天賦的球員，到美國的預備學校勇敢一試。他們之中有些人從這一兩年才開始接觸籃球。為此他很感謝有機會讓手下新秀跟我們這群受過正規訓練的人對打，這話相當大方。

畢奧是麥可．杜厄尼（Michael Duany）和朱莉亞．杜厄尼（Julia Duany）五個小孩的其中之一，這對夫妻成就卓著且活躍於政治，兩人在蘇丹內戰前後均於南部區域政府任職。麥可在雪城大學（Syracuse University）取得兩個學位，申請到加朗來美國的同一個計畫。一九八四年他獲得前往印第安那大學（Indiana University）繼續進修的簽證時，戰爭剛剛開打。家人還留在家鄉，可是當情勢變得危急，他們決定趁還走得掉時出逃。那時朱莉亞懷孕且預產期就在不久後，她帶著四個幼小孩子搭上離國的飛機。幾天後畢奧出生。

大半戰爭時期杜厄尼一家在印第安那州布魯明頓（Bloomington）深造與從事專業工作，直到二十年後戰爭結束才重返蘇丹南部。驚人的是在此期間，他們的五個孩子全都在美國打全美大學體育協會（NCAA）一級籃球並獲得獎學金。庫夜斯（Kueth）是二〇〇三年雪城大學贏得全美大學體育協會全國冠軍的隊長，杜厄尼（Duany）在威斯康辛獾隊（Wisconsin Badgers）打進競逐冠軍的四強賽，諾克（Nok）、尼亞岡（Nyagon）和畢奧則效力於喬治城、布拉德利和東伊利諾大學。

在美國，許多人藉著另一位籃球明星馬努特．波爾（Manute Bol）初次認識南蘇丹，他從一九八五年到一九九五年在國家籃球協會（NBA）打了十個賽季。波爾的七呎七吋★身高是名副其實的「出眾」，至今仍是職業籃球史上最高的球員之一。跟五呎三吋的隊友麥斯．波格斯（Muggsey Bogues）一同上場時，波爾的驚人高度似乎又再陡升，波格斯是當時職業籃球圈最矮的球員。這位來自加扎爾河地區的高瘦丁卡人與加朗建立關係，並成為蘇丹人民解放軍抗爭的重要資助者。據傳波爾把大部分職業生涯收入，捐給飽受戰爭蹂躪家鄉的相關慈善事業。

此後，其他幾位蘇丹南部出身的籃球員為職業賽增光，其中最知名的是兩屆NBA明星賽球星魯奧．丁格（Luol Deng）。他在南蘇丹戰爭之際返鄉促進和解，且於二〇一五年在橢圓辦公室會見歐巴馬總統，商討自己國家的困境。現今球場上的每一個年輕人都知道魯奧．丁格，以

★近二二八公分，下文的五呎三吋約一五八公分。

及關於他的一切。像他這樣的國家球星，返鄉時受到國王般的歡迎，此刻人們的背景、族裔、戰時角色全被更宏偉的事物取代。

我們的比賽結束時，畢奧描述在美國的青春時光，顯然他覺得自己非常幸運，擁有這群躍躍欲試學員及其家人多半未曾享有的機會。杜厄尼家鄉村落裡的許多年輕人拿起了槍，而非籃球；他們在戰爭期間打仗，如今偷牛或活躍於地方民兵組織。

不過，假如幸運的杜厄尼五兄弟全都能打到美國業餘籃球最高殿堂，你不得不猜想還存在多少未開發的潛能——包括南蘇丹青年的個人前景，以及球賽本身可能帶給他們的刺激。

「如果這些傢伙兩年前才開始打球……」當畢奧和我站在水泥場地邊，看著生嫩卻積極的球員繼續在籃下嬉鬧，我開始出聲揣想。「我知道，」他禮貌地打斷我，點著頭表示完全同意，「我知道。」

全面和平協議簽署後，麥可和朱莉亞在二〇〇五年返鄉參與新的南部區域政府，分別擔任議員與高階公務員。那是南蘇丹建國的關鍵時刻，兩種時而互有消長的現實情況構成這段時期的特色：一面是崛起中區域的振奮前景與空前成長；另一面較令人氣餒，由懷抱敵意的北部政府、以及成熟國家也會卻步的建國挑戰清單。

縱然有其缺陷，獲國際支持的和平協議終止了蘇丹的內戰，並為重要的結構變革設立舞臺。「一國兩制」的治理模式，意味著南部人在管理所屬領土時享有相對自主權。不過他們也參與喀土穆的國家層級團結政府，且與北部的全國大會黨結盟，共同展開民主轉型進程，達成「讓統一有吸引力」的理想情況。

共享權力與石油營收，同時也追求更公平合理的發展，這些約定形同膠水，要讓蘇丹的兩半黏合得更好。那是個崇高的追求，可是無論北部或南部皆未全力投入。在相當短的時間內，具有里程碑意義的和平協議就已危在旦夕。

抱負如此遠大的和平協議，唯有在雙方皆懷抱善意、官僚體制發揮作用、領袖攜手合作下才有機會實現。然而三項條件全都不存在。在喀土穆，政府簽署協議時態度勉強；他們急切想結束一場耗資龐大的戰爭，可是對於向南部讓步、分享權力，或者屈從接受外國人干涉監督感到惱怒。喀土穆政府也擔心妥協是向政治對手示弱，並且威脅到他們薄弱的國家掌控權。

南部預計從和平計畫獲得更多利益，但是加朗一死，執政者的承諾也煙消雲散。寥寥幾位加朗門徒試著推動他的「新蘇丹」夢想，實現徹底變革的統一，不過眼前是一場必輸的仗，他們也曉得這一點。多數南部人想脫離蘇丹。薩爾瓦、里艾克與蘇丹人民解放運動其餘成員長久夢想著分立，於是他們逐漸退出全國的舞臺並放眼二〇一一年。他們裝模作樣，表面上說著統一和國家改革，心裡卻毫不相信。和平協議長達數百頁，但是他們最關心一個條款——第一章第二節第五項：脫離權與建立他們自己的國家。

隨著南北之間的敵意於二〇〇五年減緩，國際注意力轉往他處。美國主流倡議運動將焦點轉往達佛，西方政府跟隨在後。布希政府也要處理遠遠更加緊迫的問題——實際具有國家安全重要性的事務，包括伊拉克的持續戰事與擴大的反恐戰爭。單憑美國的監督無法挽回蘇丹進度落後的和平協議，或讓雙方齊心合作。但是美國缺席必定沒有幫助，且在日漸倚賴華府的蘇丹人民解放運動內部引起焦慮。

到了二〇〇七年底，即過渡期還未過半前，全面和平協議已在瓦解邊緣。理應致力於和平的夥伴，花在相互指責的時間比實施協議多。他們從未信任彼此，協議的許多制衡措施不足以克服近乎完全缺乏信任的情況。蘇丹人民解放運動受夠了北部的軍事挑釁、貪婪霸占石油營收，及其他一長串違背協議的舉動。

於是蘇丹人民解放運動上演戲劇性的退出，黨內人士辭去團結政府職位，此舉差點顛覆脆弱的和平。解放運動的火爆祕書長普岡．阿穆提出喀土穆公然違約的情況，在記者會中宣告他的政黨代表「不再向工作崗位報到，直到這些爭議問題解決」。蘇丹人民解放軍擺出喀土穆施壓的軍事部署，北部軍隊也準備反擊。非洲最長的戰爭突然間似乎準備再次開打。

全國大會黨的蓄意阻撓，無疑構成居於劣勢的蘇丹人民解放運動叫屈原因，而且他們沒什麼對策能制衡喀土穆。然而退出也極具風險，此種最終手段有可能危害他們的議定事項。使團結政府停止運轉，可能連帶拖垮全面和平協議及南部人珍視的自決公投。

「愚蠢。」當時在團結政府任職的一位蘇丹人民解放運動成員憶述，他與黨內不同調。他屬於少數派，惋惜運動持續採取對立的行事作風，即使進入政府後也是如此。「退出一事處理不當，」他語帶嘲諷地說，「我們只會當社會運動人士，只會抗議，不會治國。就像學校裡的男孩……自尊心大得不得了。」[1]

解放運動的決策，反映喀土穆政權與解放運動領導人物間早已深刻敵對的關係，在後者扮演主要角色的是普岡．阿穆。此舉也預示解放運動協商者於此後五年間部署的另一顆「核彈」。儘管當時並未察覺，這兩次大膽的最後通牒都在解放運動內部持續緊繃時發生，大人物與長久敵對派系間為了黨的戰略、方向與領導權爭奪不休。

退出本已危險的南北邊緣政策賽局：每一方皆採用更強硬的修辭，邊境地區的偶發衝突幾乎使對立陣營瀕臨忍耐極限。但是面臨外界壓力以及可能同時毀滅北部與南部的決策，雙方都知道要謹慎行事。

冷靜克制稍稍占了上風。兩黨重新規劃團結政府，然而和平協議如今成為假象。對於有效改革或維持統一的任何殘存希望皆被扼殺。通往二〇一一年的競賽展開。

許多北部人懷疑和平協議能否延續。他們假定自己能操控條款、分化南部人，並且無限期延後南部自決。與此同時，南部人試圖證明北部人錯了。想抵達期盼已久的目的地，他們只需要穩當掌舵，盡其所能阻擋來自喀土穆的邪惡陰謀。他們也採取保險政策，方式是強化軍隊與大批招搖的新玩具。

加朗於協商全面和平協議期間為此政策付了頭期款，他當時大力爭取，確保蘇丹人民解放軍能正式核可為該國的兩支國家軍隊之一。現在，有了和平協議保障的每年超過十億美元石油營收流入國庫，解放軍開始擴充。概念是南部軍事力量越強大，喀土穆就越不可能冒開戰風險去阻撓南部的公投。

除了維持數十萬兵力，薩爾瓦與夥伴送滿手鈔票的密使出國，投入俄羅斯、烏克蘭與其他前蘇聯國家軍火交易商的懷抱。他們回國時帶著 T-72 坦克和 Mi-17 直升機、一二二毫米口徑火箭炮與可攜式防空飛彈。一架架載滿突擊步槍與彈藥的貨機隨後飛抵。新購武器違反和平協定，所以採購是祕密進行，不過還沒隱密到足以瞞過喀土穆的耳目。

蘇丹在二〇一〇年舉辦大選，卻形同一場鬧劇。意在為全面和平協議的民主轉型議題錦上添花，導致選舉只是要鞏固全國大會黨在喀土穆及解放運動黨在朱巴的地位。薩爾瓦並未競選蘇丹總統，解放運動黨提名的候選人也在投票前退選。他們在國家層級的選舉認輸是蘇丹南部無意統一迄今最明顯的公開訊號。喀土穆與巴席爾可以擁有表面上的權力，反正無論如何南部正在為出走整理行囊。

國際社群起而效尤，多數外國使節同樣把目光鎖定在二〇一一年公投的崇高目標。選舉的民主目的被耗盡，突然間成為帶來不便且可能引起動亂的隱憂。妥協令人不安，卻是多數外交官與觀察家能合理解釋的手段。第一優先是避免再掀戰爭並保護獨立公投。如同當時一位華府外交高官所寫：「轉型必須等一等了。」[2]

除了大量採購傳統武器，解放運動也持續培養其最有力的武器：外國支持。曾於外國盟友協助下興戰並確保和平協議後，解放運動再度放眼國外，尋求美國人、歐洲人、非洲鄰國、最後則是中國人的支持以約束喀土穆。

薩爾瓦展開行程。華府是尤其重要的一站，因為解放運動把最多精力投注於美國，他們一直從那裡獲得良好保護。事實上，美國與南蘇丹間的關係在過渡時期到達顛峰。

薩爾瓦在演說中頌揚與美國的長達數十年友誼，一一提及為解放運動遊說的國會議員、萊斯和其他「兄弟姊妹」姓名。在朱巴街頭問一個南部人，他或她會細數美國的優點，講到布希總統、及日後的歐巴馬總統時彷彿他們是親近友人。歷任美國大使在蘇丹南部獲得「搖滾明星一般的待遇」，躋身國內最知名顯赫的人物之列。「坦白說，我們可以在沒有預約的時間出入。」一位美國外交官說明與朱巴最高層級官員的特權關係：「沒其他人有這種貴賓通行權。」[3]

人們也普遍認為薩爾瓦與喬治・W・布希總統建立了特殊關係，由堅定的私人和睦關係、基督教思想與一頂大黑帽奠基。這種看法相當有效，一方面向喀土穆發送符合預期的訊息，還能滿足蘇丹南部的左右翼美國支持者。但是這也許更接近表象而非現實。根據一位白宮官員所述，兩人的初次會面形同「該死的火車對撞」[4]。

當天薩爾瓦抵達橢圓辦公室時，布希總統歡迎他到壁爐旁的一對扶手椅坐下。國務卿康朵麗莎・萊斯（Condoleezza Rice）、國安顧問史蒂芬・哈德利（Stephen Hadley）和他們的幕僚手拿簡報坐往一旁的沙發。互相問候過後，「薩爾瓦在整場會議裡約莫說了兩個字。」那位白宮官員說明。布希轉往客人身邊更有能力的中尉商討戰略，薩爾瓦忙著摳鼻子。「我的意思是，我從沒見過那種情況，」官員說，「這傢伙在折他的指關節——在橢圓辦公室裡！」

布希素以親善友邦領袖聞名，與薩爾瓦的往來卻很困難，他「就坐在那裡，沉默不語，僵硬得像根木棍。」會議結束時布希和他的團隊碰頭接耳。富有魅力的加朗及其繼任者間的對比讓人不知所措，他們自問：「見鬼了，這就是我們的人？」

直到第二任期結束前，薩爾瓦會再拜訪布希幾次，他們的關係也逐漸改善。「對於任何一位領袖來說，這都是不尋常的會晤次數，」一位布希的白宮官員表示，「更別說來自還不算國家的一個地區領袖。」儘管美國在過渡時期的最初幾年減少干預，解放運動持續仰賴在國會的友人、「委員會」成員及更廣大的倡議社群，確保他們的利益受到保護並於日後重新贏得白宮關注。

有些人認為，解放運動黨在二〇〇七年的退出及隨後的軍事部署，某部分是為了獲得美國關注而精心策劃。「這讓我們完全措手不及，」那位白宮官員表示，「那真的是一個轉折點。我們自認為了解他們，可是當時我們明白，自己完全不了解朱巴的決策過程。」

儘管沮喪，布希團隊對於蘇丹南部及十分關心其困境的基督教支持者有過承諾。在後續會面時，薩爾瓦請求布希總統的道德、政治、財務、甚至軍事支持，作為抗衡喀土穆的手段。在二〇〇九年一月布希離任的僅僅幾天前，薩爾瓦最後一次停駐賓夕維尼亞大道一千六百號，並提出至今最重要的請求。「我要你保證，」他告訴即將離任的總統，「假使他們（喀土穆）越過那條邊界，美國將在軍事上捍衛我們。」

除了在政治上對喀土穆施壓，美方也為解放軍提供軍事訓練，並且在朱巴違反全面和平協議購置坦克與先進武器時「睜一隻眼閉一隻眼」。但是公開保證南蘇丹的安全？華府只對北約和少數重要戰略盟國發出此種聲明。那絕無可能。

在這幾次領袖會晤，以及美國外交官與解放運動領袖間的定期碰面時，幾乎沒有時間留給南蘇丹內部事務。「坦白說，我們真的不曉得南部的現況。」那位白宮官員坦承。「我們對於南部的政治情勢一無所知。」如同早期加朗針對外國金主精心策劃敘事，解放運動高層再度「不要我們關注南部，他們想讓我們注意別的地方，注意喀土穆。」

全面和平協議終止了一場殘忍戰爭，至少暫時如此，並且讓南部有機會迎向新的開始。這在當時的情況下實屬偉大成就，而且從理論上來看是一幅不同凡響的藍圖。但是過渡時期的失能也彰顯此協議並未真正實現和平。蘇丹的根本問題是中心與國內多處邊緣地帶間的嚴重不平等，這一點依然未變，於是解放運動不再尋求改革蘇丹。他們想選擇脫離，沒人能責怪他們。於是，隨著動盪的團結政府接近告終，另一波南北清算逐漸成形。

當我在二〇〇九年初抵朱巴，石油收益帶來的急遽成長正全速展開。以外來人口來衡量這座城市進化程度的標準，端視道路的鋪設、汽車旅館提供的設施，以及本地舶來品商店貨架陳列的最新進口美食（例如起司），售價比原產地高上許多。

我最初五、六次造訪首都時住進名稱令人嚮往的「綠洲營地」，實為位於尼羅河畔的多座白色和藍色金屬貨櫃屋。餐點包括多種帶難嚼軟骨的肉類主食、沾有乾硬麵包粉的食品，以及瓶裝水加粉末調製的飲料。房價以現金付費，就跟南蘇丹其他所有地方一樣，因為這裡銀行稀少且不見刷卡機。在充作接待處的茅草小屋裡，綠洲營地的客人與輕聲細語的印度業主擦身而過，沿著殘破步道走到寫著迎賓標語的生鏽拱門下，抵達不大的綠洲——圍繞著翠綠灌木的小噴水池，一座大猩猩水泥雕像位居中央，尺寸跟真的一樣大。

巨大的芒果樹足夠供人遮蔭，掉落的水果加速撞上金屬屋頂。蜥蜴多得令人眼花撩亂，讓你在租居的半個貨櫃屋裡永不孤單，一踏出門外，下雨時要在營地周圍的爛泥中保持站立始終是個挑戰。遇到幫浦從河裡打水進簡陋的蓮蓬頭時，水中散發難聞氣味，表明入水口就在汙水排放的下游處。

如同所有發展中國家，乾淨用水在這裡難以取得。我常感染經由水傳染的那種臭寄生蟲和肉眼看不見的阿米巴原蟲，我在蘇丹南部的第一年腹瀉從未間斷。我的免疫力必定不如本地人，可是我也享有多數人只能幻想的生活水準及相對乾淨的用水和水管。

綠洲跟當時提供住宿的其他營地沒什麼不同，諸如「芒果營地」、「貝都因」、「撒哈拉」。有些是帳篷，其餘是成堆鋁製貨櫃屋，不過全都有柴油發電機的持續低鳴相伴。「阿費克斯（Afex）」相對出風頭，是最早大肆宣揚砂漿砌磚屋的旅館之一，還提供「比薩之夜」、河畔酒吧和舞曲，在想暫時逃離的外籍人士間大受歡迎。這處營地也有幾次接待來訪的知名「演員兼社會運動人士（actor-vist）」喬治・克隆尼。

成為拯救達佛活動的備受矚目成員後，克隆尼運用他的知名度，試圖在獨立公投前為南蘇丹爭取注意力。在克隆尼常提及的一次赴朱巴行程，他的美籍顧問詢問我能否來阿費克斯，向他簡報我最近在做的一些調查。這邀約讓我斟酌再三，因為我對於好萊塢行動主義造成的危害，以及克隆尼顧問與解放運動的緊密關係有所保留。客氣婉拒一次後，我接受了第二次的邀約。克隆尼想利用他的知名度行善，而且必定能為南蘇丹當時的不穩局勢吸引注意，所以我試著說服自己，協助形塑觀點比固守原則拒絕來得好。

入夜後我加入克隆尼和幾位記者跟班，他們在位於泥土河岸酒吧的一張四人桌。「想喝點什麼？」一人問道，正要去吧臺點一輪酒。「我要琴通寧，謝謝。」我說，注意到桌上空玻璃杯底部的萊姆。

我分享對於近日南北邊界上暴力衝突的非正式情勢評估，克隆尼插話提出睿智問題，他的才智從一開始就表露無遺。我提出一些具有細微差別的觀點讓他考量。不過那是個週六深夜，人人都準備要放鬆，衝突情勢的話題很快轉換成說故事和更多杯酒。克隆尼無所不談，包括新聞、好萊塢、美國政治和天底下所有的事。他也非常禮貌對待幾乎從未間斷走近桌旁請求、或要求合照的微醺援助工作者，即使他們喝醉的程度各異。

輪到我去點一輪酒，我起身問克隆尼要點什麼。「伏特加通寧，」他說，「不加通寧。」我回來時他正在追想年少回憶；首先，主播華特．克朗凱（Walter Cronkite）曾在克隆尼記者老爸辦的晚宴上假扮脫衣舞動作娛樂來賓。然後在青少年時期開車載阿姨、也就是爵士名伶羅絲瑪麗．克隆尼（Rosemary Clooney）和她的朋友，在醉意酩酊的酒吧和鋪設天鵝絨的俱樂部趕場演出。

阿費克斯河畔酒吧晚上打烊且音樂停歇後，我搭便車回去。乘坐越野休旅車開出營地，我們經過一排搭建在簡易城市墓園上的棚屋，接著是瀰漫動物腐肉熱烘烘惡臭的屠宰場。空無凝視遠方，我在腦海裡回想這一夜。那是個愉快卻奇特的夜晚，難以想像克隆尼的世界與眼前這片景象同在一個地球上。

在綠洲營地之後，我晉級到北京旅館（Beijing Juba Hotel）。這間中資旅館的招牌是棕櫚樹狀霓虹燈，吹噓擁有真正的大廳和每間房裡偶爾會故障的電視，因此感覺相當豪華。我跟其他客人一樣，最終習慣了徒步走過地板及拿回鞋後跟沾滿泥土的鞋子，在這裡很容易就會踩穿偽裝成木頭的層板，直接鋪在底下不平整的地面上。幾年後這地方接待中國大使館和石油業職員，後來完全被中國企業買下，變成名副其實的「小北京」。這間旅館曾兩度燒毀。

從北京旅館往東的街角周圍，就是薩爾瓦、里艾克和解放運動黨政府部長們的家。黨內大人物占據一長排老磚造屋，每間四周都築有高牆，裡面停著兩臺發亮的越野休旅車。這些房屋原先供蘇丹軍方官員居住，如今成為政府高職的禮遇配備，而且住在哪一間常反映屋主的地位。在市中心，乳白色長牆與精銳老虎部隊出身的武裝警衛圍繞著「J-1」，即運用充裕石油收益新建的雄偉總統辦公室與宅邸。

與許多低度開發經濟體的情況相仿，政府職位炙手可熱。有些人覺得公職是天命，然而眾多有志者的動機是此一機構提供不錯的薪水和社會流動機會。打個比方來說，在較高的社會階層，有些人的動機在於「享用」的機會。內閣成員、總統行政辦公室、州長等高職配備豪華待遇，分給忠誠支持者的職務，以及可私自侵吞的高額公家預算。在一個習於動盪與情勢變遷的國家，人們不會放過搶先到飼料槽進食的機會[5]。

幾位部會首長在「尼穆萊物流（Nimule Logistics）」擁有半永久住處，那處汽車旅館位於城鎮北緣，在稱為土庫（tukul）的巨大茅草頂泥屋下設立戶外餐廳。業主與解放軍高層維繫數十年的關係，多數夜晚你能看見其中幾位坐在角落桌旁，邊喝冰啤酒邊談論政治。他們不是在談喀土穆的團結政府，或者讓統一有吸引力。偶爾他們提到南部家鄉的本地政治。不過到了二〇〇九年，他們大多談著準備舉辦獨立公投，或者準備面臨戰爭。

然而過渡時期的首要據點仍然是朱巴大酒店——由金屬貨櫃屋與水泥庭院構成，我初訪南蘇丹時在那裡見了一位無精打采的解放軍中間人。大酒店是來訪菁英人士的唯一地址，也是政治思想、決策與陰謀的交易處。除了朱巴的一線政治人物外，步行穿越鋪設石板路的庭院，有時會與某位達佛抗爭領袖、前蘇丹總理薩迪克·馬哈迪（Sadiq al-Mahdi）或伊斯蘭主義領袖圖拉比互換「祝你平安（salam aleykum）」的問候語。連巴席爾總統出訪區域首都罕見要過夜時，也會住進大酒店。

在下一個圓環右轉往北走會看見羅加利之家（Logali House），那裡主要接待西方外籍人士。三層樓的白色旅館鋪設綠色錫屋頂，兩旁緊鄰芒果樹叢與擺放眾多塑膠袋和垃圾的空地。不同於大部分旅宿，羅加利是一間真正的家屋，鋪設白色寢具的房間和廁所同在一個屋頂下。抵達屋址前要先穿越有點顛簸的路段，接著途經狹窄小徑，兩旁是木條圍籬的本地房舍，最後登上必然停著六、七輛 Land Cruiser 款越野休旅車的空地。每輛車潑濺的泥漿已乾硬，印著人道組織或聯合國機構的標誌，並標示紅線斜畫過 AK-47 步槍的常見圖樣——車上「禁帶武器」。

羅加利建物內設有庭院酒吧，供人躲避正午的太陽，搖曳的粉紅九重葛從外牆攀進擺滿木桌和遮陽傘的翠綠小庭院。這裡的食物堪吃，飲料夠冰。經理是三十出頭名叫洛里（Laurie）的南非小伙子，身穿卡其褲和洗得亮白的襯衫來回巡視，關照客人並提點廚房員工。洛里討人喜歡、專業且投入工作，不過他抓得硬挺的髮型和會心的眨眼示意，透露了隱藏在表面下的愛玩性格。

在低度開發國家偏遠的故事發生地大多會有這麼一個去處，讓聯合國官員、援助工作者、新聞記者、外交人員跟其他「外籍人士」打成一片，並且在度過風塵僕僕的漫長一日後喝杯調酒放鬆。他們交換順遂或脫險的故事，同時留意外表最迷人的歐美初來乍到者。在二〇〇〇年代晚期的朱巴，羅加利正是那個去處。雖然絕大多數顧客是有錢可揮霍的外國人，偶爾也見到本地人置身羅加利的交際場景——富裕菁英的後代，跨越兩種社會領域的出國受教育者，或是想從龐大國際人道援助預算裡分些甜頭的年輕創業家。

就跟任何地方一樣，這裡的外籍人士是群大雜燴。有些人來這裡出一分力，為保健基礎建設、乾淨用水或新政府的薪資制度稍作貢獻。他們帶來專業技能，對於蘇丹南部同僚抱持基本尊重，並且認清自身的能力範圍。其他人來這裡冒險、追求事業，或者實現拯救貧窮不幸心靈的宏願。有時界線模糊不清。

週四是烤肉與電影放映日，週五與週六庭院亮燈，喇叭播送西方的流行熱門歌曲。旅館的無線網路在週間最為可靠。午飯時段桌邊坐滿交頭接耳的外交人員，通訊社記者敲打著筆記型電腦，急著搶先發布他們的每日報導。樓上的客房一晚近三百美元，是城裡的最高價，住滿來訪的世界銀行要員與醉醺醺的開發包商，他們的日薪相當於許多南蘇丹人的年收入。如同其他戰後的社會，外國錢財湧入對經濟造成嚴重的扭曲效應。

我正是在羅加利喝下第一瓶本地白牛牌（White Bull）的拉格啤酒，來自名叫丹（Dan）的加拿大朋友的建議，他為一間美國非政府組織從事民主與治理規劃。這國的啤酒「就像節慶驚喜包」，酒保打開十七盎司玻璃瓶蓋時丹挖苦說笑，「每一瓶味道都不同」。事實上啤酒並不差，而且除了石油業以外，啤酒廠是南蘇丹少數的民營企業希望之一。

鮮明的綠黃相間酒標上有著該國的非官方長角吉祥物，自傲宣稱是「有史以來朱巴釀造的第一款啤酒」。啤酒廠的南非籍經理成為促進外國投資的有利因素，不過在高風險的單一經濟受到象徵性打擊下，由於經濟困境與外匯短缺的拖累，啤酒廠被迫資遣本地員工且於二〇一六年歇業。

到了二〇一六年，由於朱巴的旅館數量持續遽增，供需法則使羅加利的每晚房價降至一百美元。新增的旅館房間供應量是為了服務在獨立後大批湧入首都的外國援助工作者、外交人員和商人。不過他們也接待來自朱巴以外地區的大量南蘇丹人，其中許多是形同半永久居民的州政府官員，運用官方預算在首都一次就待上數週或數個月。少有人願意放棄這座發展中城市的舒適環境，繼續留在家鄉選區、藉助支持體系爬得更高的機會。競逐的地點在朱巴。

然而在這段過渡時期，國民與外籍人士共同促使朱巴呈現爆炸性發展，也擴大了首都與蘇丹南部其餘地區的落差。絕大多數人口住在鄉間，加朗發表「把城鎮帶給人民」的名言時獲得他們的關注。這是他的蘇丹人民解放運動宣言核心宗旨，要求脫離「以都市為基礎且聚焦於中心的發展典範」[6]。他闡述，鄉村與去中心化的規劃藍圖能夠預防大規模人口移動，此種情況使其他首都陷入癱瘓，導致巨型貧民窟與非必要的生活品質惡化。

加朗的分析相當敏銳，而到了二〇一六年，朱巴已逕直踏上他當初警告的路。儘管「把城鎮帶給人民」成為南部的主要政治詞彙，到朱巴城外不遠處走一趟，就能發現這句話不過是動聽的口號。

任期短暫的國際專家與來訪的西方政策制定者鮮少到朱巴城外冒險，他們的狹隘視野更加強化輔佐政府的極度中央集權。不久後，這些落差使得首都居民的扭曲觀點加劇，並構成鄉間居民的不滿根源。朱巴迅速成為國內的異常。

從朱巴往東北方二百英里，群鴉飛聚之處，有座叫莫托特（Motot）的村莊。地點正坐落於大上尼羅區域（Greater Upper Nile）中心，努爾人族群的深處。

這裡的天空是一幅巨大畫布，廣大到無法盡收眼底，往四面八方延伸而去直到繞過地球邊緣。卷雲、積雲、層雲等各種雲朵合力將今天的畫布徹底覆蓋。只差一點。天空顯得無邊無際，部分原因是這裡的土地相當平坦，地表上的事物又極其稀少。在賓亞凡加．瓦奈那（Binyavanga Wainaina）的諷刺散文〈如何書寫非洲〉中，這位肯亞作家嘲諷關於非洲的常見描述，必然包括坦胸露乳的原住民、有猴腦的菜單與看待野生動物的浪漫觀點。「總是有一片大天空。」他寫道，我仰望雲層時想起這段嘲諷而笑出聲來。

我們跟朱巴距離遙遠，至少在意義上是如此。莫托特與首都間僅隔約二百英里，一輛雪佛蘭（Chevrolet）轎車在美國高速公路開三個小時可輕鬆抵達。但是你無法搭車到這裡；只能步行，或者搭直升機，因為沒有通往莫托特的道路。往東到標示著衣索比亞國界的索巴特河，要足足走上三天。在理想狀況下，走到朱巴則需超過一週。若想試著在雨季越過溪流與沼澤地？這段跋涉可能得花上一個月。

這裡汽車不多，只有一輛 Land Cruiser 屬於在附近工作的拯救兒童（Save the Children）人道組織，有時會被縣長徵召去處理當地事務。我找拯救兒童的本地職員搭一段便車。駕駛催動引擎，加快車速且在猛然開過深泥溝前緊張乾笑——天知道那究竟有多深。爛泥漿立即淹到幾乎跟我的副駕駛座窗戶等高，我能感覺強而有力的汽車被拉往側邊。我們全都在說笑中祈求好運，希望別被整輛車吞沒。當雨季止息，這些溝渠會乾涸成高低起伏的硬泥地，從地面劃破設法通過的汽車底盤。今天我們順利抵達目的地，只有一個後輪爆胎。

多數南蘇丹人居住於與此相仿的鄉間地帶，以遼闊平原上散布的村落或小型季節性居所為家，有些受到鄰近河流的狀態影響，其餘則較長久駐紮以耕種土地。莫托特無處不在。薩爾瓦出身於此——不是指字面上的意義，但是他自己的村落跟莫托特並無二致。里艾克來自一個村落，加朗與大部分的南蘇丹名人也擁有相同背景。儘管早已逝去，他們的出身跟莫托特的居民十分相像。

莫托特與別處村落之間當然存在差異。不過此地人民的生活跟丁卡、什魯克和托普薩鄉間有許多共同點。儘管如此，他們的生活彼此孤立，受到空間、時間與險阻地勢區隔。各地之間沒有道路。

我穿行於莫托特村，陣陣煙霧從茅草頂小屋上方緩緩升起，各家母親正在底下燃起炊火。這些土庫屋是用泥土和牛糞建造，再用褐色茅草緊密編織成圓錐形屋頂。家族會蓋三、四座相鄰的土庫，四周以樹枝紮成參差不齊的圍籬。左一叢、右一叢玉米長在圍籬內，雞、牛、羊和小孩子也在裡頭閒晃。

這裡的土庫像是穿著裙子，因為最上層的茅草未經修剪，幾乎彎折觸地。房屋大多呈圓形，大門高度及腰，來者要蹲伏才能進屋。天然建材間有時填補錫浪板、防水帆布或其他廢棄合成材料，尤其是在赤貧族群家屋較不長久的都會地區。「你們多常重蓋房子？」我詢問一位來自莫托特的本地職員，他與我一同步行。「三到四年。」他說，不過別處的家庭有時每季重新蓋屋，由於天氣型態、獲取用水或躲避種族間的暴力而遷徙。

日子有時綠意盎然，其餘時光貧瘠不堪，塵土地表與乾草構成單一的沙褐色基調。雨連下數週，把我們在村子裡行走的小徑表面鬆土沖掉，使得地面像水泥般緊實堅硬。兩個孩童經過時踩得啪噠響，他們的腳適應良好。女孩和男孩剃的髮型和戴的珠鍊都是同個模樣，他們轉身再一次昂首闊步走過我們身旁，驕傲地高抬下巴來掩飾好奇心。這裡沒有任何學校，於是他們把無窮活力花在跟牛群相處，一齊踏穿村落周圍的小徑。牛有成千上百頭。幾乎所有村落裡，牛群踩著沉重蹄步在小徑上吃力行走，通行權罕遭質疑。

今天很安靜。在外人眼裡時間凝滯不動，沒什麼理由好匆忙。天氣相對涼爽，微風和雲朵是高溫下宜人的暫時緩解，不過隨時會再下一場雨。多個品種的金合歡樹供人遮蔭，紅球風車子、無患子和寧樹也有相同功能，然而村外的稀樹草原上樹木既少且相隔遙遠。在一些地區，芒果樹在家屋與河岸高高聳立，其他地方有香蕉樹、灌木叢和高達十二英尺的象草。

一位頭頂挖空葫蘆的女子停步，倒出牛奶請我們喝。她跟大部分女性同樣身著套布（taub）——花色鮮豔的萬用服飾，常披在胸前並繫於單側肩膀。另外兩位女子繫著頭巾和花朵套布跟在後頭，拿著掃帚、成堆茅草和木炭。身穿粉紅豹紋衣著的少女跪在石頭旁，把高粱磨成粗粉。女人常負責照顧孩童、耕種土地、撿拾柴薪與取水、煮飯的大部分工作。女孩常在年輕時出嫁，換回牛隻，尼羅人男性有時與多位妻子婚配。

就跟任何地方一樣，傳統與現代之間的拉鋸戰在此顯而易見；行動電話覆蓋範圍擴大，難民帶著都市價值觀從國外歸來，以及更多年輕人嚮往朱巴的生活。遠離任何都會區，在這片大陸上最與世隔絕的地帶，人們常能發現一件遠道而來的二手衣，例如標印「肯特州立大學（Kent

State University）」或「紐約巨人美式足球隊（New York Giants Football）」的T恤。女性仍為經濟與社會層面的二等公民，不過規範正在慢慢改變。藉由政治活動、教會網絡與多接觸都市生活，許多人在自己的社區求得進展。傳統的酋長與習俗律法是社會的關鍵要素，但是隨著現代國家到來，舊秩序正奮力維繫意義，無論國家的存續多麼短暫。

一位長相成熟的男孩朝我們點點頭，一邊費力把髒汙的黃色汽油扁桶（jerry can）拖進家中庭院；類似的桶子在這一帶隨處可見，裝滿從當地溪流或附近井裡打的水。他今天的餐點是牛奶和高粱。當歲月靜好，以及人們得以上市場的地方，鄉村的餐食可能也包括玉米、豆子、魚乾、水果和花生。時局艱難時，婦女把草、葉子或野菜煮成黯淡的乾糊團。或者他們乾脆不吃。

戰爭與低度開發的長期陰影彰顯於此地及國內各村落。因此，政治前景與國家治理的利害關係，之於這群居民就跟之於朱巴任何一位強人同等重要——可能還更重要。但是除了周遭環境外，目前他們對於那些議題並無發言權，也不夠熟悉。多數政治事務著眼於地方。

人們不太清楚全面和平協議的實施，或南北團結政府的內部政治，或者建構體制治理自己國家的藍圖。他們不明瞭石油營收如何以他們之名支出，或蘇丹人民解放運動內部的政治角力，或是美國、歐洲或中國扮演的角色。他們知道的事藉由酋長口耳相傳得知，酋長從縣長聽來，縣長又從朱巴的政治領袖得知。

國家主權的相關爭論不是此地的關注重心，喀土穆或朱巴的最新權力鬥爭也不是。國家認同並非大多數人早上醒來會思索的事。獨立具有重要意義，因為那是人們長久蒙受暴力與經濟發展疏忽的唯一潛在對策。但是跟位居朱巴政治競技場中心的人相比，獨立在鄉間的意義有些不同。

Chapter 9

非常貪婪的男孩

「可恥啊，我們真可恥；我們沒能從先前的非洲解放運動學到教訓。」

——蘇丹人民解放運動資深成員，二〇一三年十二月遭到拘禁。

在距離建國一步之遙的南蘇丹，有些事物勢已腐壞。新到手的權力使蘇丹人民解放運動不可一世，踏上眾多游擊隊員化身治理者的老路，辜負他們聲稱要爭取的理想。身分晉升為和平協議的監管者，並且利用解放者的名聲，執政派系隨心所欲弄權，並且抹除黨國間的界線。當外界大多關注蘇丹動盪的南北軸線，解放運動的保守派強力打壓南部異議人士，從國庫侵吞數百萬美元，操縱全國大選，並規避、而非建立體制。他們無暇顧及民主，卻制裁不重視民主的任何人。

該黨某部分藉由「任務尚未完成」的普遍感受，為自身的緊守權力辯護；直到舉辦公投，南蘇丹才算自由。隨著過渡時期在二〇一一年趨近白熱化，與蘇丹重新開戰的可能性貨真價實，沒有犯錯或內部紛爭的空間。然而絕大的諷刺在於解放運動手段強硬，恰似在仿效其長久奮力擺脫的喀土穆政權。

美國與其他西方支持者同樣聚焦於該國的和平分立，忽視成形中國家的弊病。為了控制蘇丹的不穩定局勢，在某種程度上釐清優先順序是必要手段。防止南北重啟災難性戰爭是第一要務，然而對南蘇丹內部現況視而不見絕非必要，這兩種關懷並不互斥。

解放運動領導人物並未開始打造創黨宣言中闡述的那種民主，反而主導日漸集權、貪腐與專制的體制，促進的不是建國與團結，而是分歧與不穩定。與此同時，南蘇丹的堅定美國友人有時被對此志業的情感依戀蒙蔽，而且跟這群形象理想化的自由鬥士合作已久，依然不願、或無法面對醜陋的真相。他們選中的夥伴未能替可望長久的國家奠定基礎，更別提包容的民主體制。

加布里・江森（Gabriel Changson）不是這種真正的信徒。他是蘇丹人民解放運動最猛烈的批評者之一，欣然面對其醜陋真相。江森從中央銀行官員轉變成反對派政治人物，且與素來反抗解放運動的努爾民兵有關連，他長期遭冷落至國內政治的邊緣。不過在其他人被日子過得愈來愈好的黨菁英籠絡之際，江森從未放棄他對解放運動的鄙視。

我在二〇〇九年第一次見到江森，接下來七年間我們定期開會討論政治與政策。不論政治立場為何，很快就證明他是國內少數真正的策略思想家，同時懷抱全國視野及如何加以實踐的想法。但是他幾乎總是遭到挫敗。

二〇一六年配著奶茶與餅乾談話時，江森重述我在會面這些年間多次聽聞的批評。「全面和平協議使蘇丹人民解放運動在南部握有獨斷的權力。」他開啟話題。「當時的假設是他們是解放者，我們其他人是叛徒。」接著他用熟悉的義憤揭露語氣，從戰後的觀點重塑此一假設：「可是如果你摧毀你自己的國家，你還算是解放者嗎？」

現在是奈洛比的一個涼爽六月天，這座城市是鄰國肯亞的首都，在某種意義上也是許多蘇丹南部人的第二個家鄉——包括在難民營裡長大的人，以及常到國際化區域中心經商和玩樂的菁英。陰雲密布的昏暗下午在每年這個時節屬於常態，卻讓對於熱帶非洲懷抱想像的西方人感到訝異。江森與我同坐於戶外野餐桌旁，這間本地咖啡館開設於奈洛比眾多巨大購物商場的其中一座。我們頂著微微冷風急切等茶上桌，依照肯亞習慣加入大量的奶精和糖。

作為一位不屈不撓的辯論者，江森的情緒明顯流露在額頭上，既深邃且靈活的溝紋搶在言語前表達意見。這些線條化身為驚訝與懷疑的諷刺畫，接著柔軟下來形成迷人微笑與獨具特色的緩慢輕笑：「嘿……嘿……嘿。」江森身穿一件方正的非洲野生動物紋路襯衫，左腕鬆垮掛著一支不合手的錶。兩側各有一小撮凌亂白髮凸顯他的禿頭，而且他常搓來摸去。高顴骨與臉部疤痕常見於他所屬的努爾亞氏族，呈現線條與至少一百個凸起小點。

在江森破舊的黨辦公室談話總是富含實質意義，而且往往形成辯論賽。他辯論時丟出一連串反問，喜用此種戲劇性手法有力表達觀點。他善於聆聽，但在雄辯滔滔時也幾乎無法打斷。

初次見面的數年後，在我的國務院辦公室裡，我們透過電話擴音展開高昂的言語交鋒。通話結束後，我開門發現外頭聚集一群同事，揣測是否該擔心肢體衝突即將發生。

出生於納夕爾（Nasir）城外的一座村莊，江森是懷有一九六〇與七〇年代蛇毒運動淵源的眾多人之一，其後接連參與反對蘇丹人民解放運動的政治組織，以及主要由努爾人組成的民兵。他在一九六四年準備接受中學入學測驗時，第一次內戰迫使南部學校全面停課，導致江森和同學除了加入蛇毒叛軍外別無選擇。

「然後呢？」我追問，催促江森跟我多說一些他的叛軍歲月。但是長者迴避不談。「那是很久以前的事了。」他說，他的肢體語言透露那既非驕傲、也不是一段快樂時光。「我們還是談政治吧。」

熟識的女服務生走來時，江森以一種祖父的方式跟她逗著玩，接著回到他對解放運動的批評。可是當我們改聊政治話題，他的其中一支手機在桌上震動起來。他毫不遲疑接起手機。非洲的手機文化與西方截然不同，獨立前南蘇丹的訪客必須學習其獨特慣例。跟西方不同，手機在會議中很常接聽。有時展開漫長談話，夾雜阿拉伯語、英語、丁卡語或其他族語。其他時候接電話只是要說「我在開會，再打給你。」任何一位自重的政府官員至少攜帶三支手機，有時多達四、五支。號碼數量與來電頻繁度隱含某種社會地位，是區分政治人物重要與否的普遍方式。

然而攜帶這麼多支手機的真正原因在於技術層面。二〇一一年以前，從一個電信服務商很難打通另一個——跨網絡的電話根本無法接通，反映基礎建設的不完善與訊號覆蓋範圍極其有限。因此，一位政府部長的名片寫滿四、五間電信業者的號碼：Gemtel（以 047 開頭）、Zain（以 091 開頭）、Viva cell（以 095 開頭）、Sudani（以 012 開頭）或 MTN（以 092 開頭）。手機 SIM 卡幾乎成為一種流行配件。住在首都以外的人可能還有一支衛星電話號碼（以 +88 開頭），那依舊是國內廣大地區的唯一通訊方式。

還有另一個不同點，西方超級菁英的手機號碼保留給嚴格控制的小圈子，本地最具影響力政府官員的號碼則不難取得。他們的手機號碼流傳於同事、下屬、家族親人與家鄉族群間，也包括外國商人、記者與想獲得一點會面時間的任何人。遇到緊要關頭，找一位老練的計程機車騎士探聽財務副部長的手機號碼，算是值得一試。

手機號碼普遍流傳的副產品是一種獨特的電話應答禮儀。我初次見識這種慣例，是在有天深夜與時任外交部長的丁格．阿洛爾（Deng Alor）談話，當時我們懶懶坐在朱巴大酒店外的單薄塑膠椅上。他手機大軍的其中一支響起，在黑暗中亮起電子藍光，找出正確的那支手機後，丁格瞇起眼看螢幕辨認來電號碼。假如不認得，他會接起電話，默不作聲，等待另一方表明身分。來電者的身分一經確認，他就用阿拉伯語送上熱情問候——「Kefyak, Inta kwesi? Inshallah kweyas hamdullilah.」不過一旦判定來電者不認識或不受歡迎，他就一言不發掛掉電話，把手機放回塑膠桌面的同伴陣營。類似情況在那晚又重演六、七次。

這是所有高階人物的共通慣例，不熟悉這種特定禮儀的初來者難免會皺起眉頭，反覆經歷令人困惑的模式：打電話，聽見接通後對著一片沉默說：「呃，你好……你好？」然後是接聽者掛電話的「嘟」聲。在通曉遊戲規則並建立關係後，我致電會在沉寂中立刻自我介紹：「嗨，我是國際危機組織的查克。」

隨著朱巴在獨立前時期迅速擴張，且愈來愈多國際關注聚焦在這座新興首都，常見的廣闊社會網絡與手機號碼的可得性似乎對於政府效能造成負面影響。愈來愈多通電話直接打給部長，來自謀求生意的企業家、國際媒體、不斷擴展的援助組織與日漸增長的資助網絡，累計耗費龐大時間。長期以來部長為他們的志業謀求關注，並未驟然採用新方法去管理時間。會議更常中斷，等候室愈發擁擠，尋求主管指示的部會職員被排在最後。

現在江森沒有迫切的待辦事項，因為他從二〇一三年底戰爭爆發以來一直賦閒在家。當他跟最新一位來電者談論朱巴的發展，手機緊貼耳朵，我在旁喝茶看著肯亞購物中心的消費者來來去去。

江森自一九八〇年代初期在蘇丹中央銀行展開職業生涯，當時他獲得美國國際開發署獎學金赴北卡羅萊納州的杜克大學讀經濟學。他依然是自豪的「藍魔鬼★」並對那段時期滿懷美好回憶，此時他的妻子也生下「一個美國兒子」。

他回到蘇丹並在中央銀行擔任數種職位，隨後變得活躍於政治。一九九一年蘇丹人民解放軍分裂後，他與里艾克形成共識，最終協助對方在一九九七年創立新的反對黨。但是當里艾克在二〇〇二年回歸解放軍，江森仍然留在組織外。他在曾出力形塑的政黨保有一小股分支，自己很快就重回朱巴。解放運動黨政府於二〇〇六年至二〇一三年間任命他擔任數個內閣職務，充當象徵性的反對派代表，富有技術能力、政治影響力卻微不足道。

儘管許多反對者與江森看法相同，少有人如他一般明言解放運動黨統治的嚴重危害及西方盲目支持的風險。其他人擔憂發言會反噬自身時，江森毫不畏懼且勇於批判。他譴責全面和平協議談判的偏狹本質，在談判桌上排除解放運動黨以外的所有人，以及西方外交人士持續支持解放運動黨的偏袒作風。

隨著全面和平協議實施，南部區域政府於二〇〇五年建立，解放運動黨主導南蘇丹的政治舞臺。只見黨國之間幾無分際，政府歲入遭隨意支出，並且箝制異議聲量。儘管解放運動黨長期以辛辣言辭滔滔批評喀土穆的中央集權，江森察覺解放運動直接沿用北部壓迫者的手法，並利用特權地位無限期鞏固自身權力。而他並非唯一注意到的人。

江森代表憤憤不滿的少數群體，埋怨美國支持的全面和平協議進程過度拉抬解放運動黨，並播下一黨專政的種子。他們主張，協議的權力分享模式委任占多數的解放運動黨掌控行政與立法機關，使該黨獲得不公平的優勢，並且扭曲南部政治統計數據的真貌。此外，由於新南部政府的行政部門具有絕對支配地位，而且解放運動黨獲指定為如今治理國家的全面和平協議兩

★杜克大學的各種運動校隊都取名為藍魔鬼，其中籃球隊拿過五屆全美大學體育協會冠軍。

大「夥伴」之一，其真正權力甚至比書面文件所呈現的更加巨大。

「全國大會黨與解放運動黨分別是北部與南部最大的政黨與軍事力量，」參與和平協商的一位外交官剖析，「但是他們並不孤單。」這兩個政黨決定了和平，但是「兩黨皆未獲得人民的合法授權。」他們的權力來自槍管。兩方都正確估算雙邊協議能鞏固己方的本土地位，因此排除其他人參與協商。財富共享協議注入的新資金，使解放運動黨形塑對南部的確切掌控，並讓自身與任何潛在的挑戰者拉開距離。獲國際支持的協議也讓兩黨在全球舞臺享有特殊名聲——藉由國外、而非國內獲得合法性。

但是江森對此無能為力。跟其他所有的反對黨一樣，他的政黨力量薄弱。他們之中少有人能吸引大批支持者，或者在朱巴以外享有任何知名度，而黨員稀少意味著在政府裡發揮的作用受限。解放運動黨也沒幫上忙。他們利用國家體制確保沒有真正的挑戰者出現。

批評者也認為一黨獨大妨害制度建構，因為政府職位的分配並不基於功績或相關經驗，而是基於族裔與對黨的忠誠度。解放運動黨把政府視為龐大的任命權金字塔，使公務的正常運作受到危害。迫切需要的黨外技術官僚被邊緣化，他們的才能閒置未用或因移民流失。還有些表達異議者被汙蔑為北部同路人，或受到解放軍部隊騷擾。隨著時間過去，執筆批判專欄或提出違抗當局問題的記者也蒙受相同遭遇。

江森及其同僚也不滿此一普遍敘事，誤認為「『抗爭』獨獨歸功於蘇丹人民解放運動」，日後的南部獨立也是如此。這個「看法受到美方的全盤輕信」，他怒道，字句間滿是懊惱。解放運動黨當然是實現這兩者的主導力量，可是黨外人士因欠缺廣泛認可而受辱。其他許多人也為正義與平等奮鬥，有些人早在解放軍存在前就已投入。他以此為例，展現勝利者日漸扭曲歷史敘事下的另一次輕視。畢竟，他說：「我們和其他許多蘇丹南部人提倡獨立數十年了，反觀約翰・加朗那群人忙著追求什麼？統一的『新蘇丹』。」儘管加朗總是將分裂選項當作備案，批評者認為解放運動黨到他死後才挪用獨立敘事。

而這一切演變，年長且忿懣的政治家解釋，解放運動的外國支持者是共謀。美國不僅催生全面和平協議，並贊同僅由解放運動人士參與協商，華府持續挹注政治與財務支持也使恣意行事的解放運動黨更加壯大，削弱多黨民主政體的希望。同時，解放運動領導人在這段期間持續廣遊西方，在那些地方受到眾多友人歡迎、為他們動用關係，並緬懷抗爭時光。

一位第二代的解放運動黨工告訴我，他在「對於與美關係感到幻滅」後離黨。他受夠了「在美國風行（的想法），你曉得的，要有我們自己個人的自由鬥士。」他表示，華府向來「聽信一小群『聖子』」並關照他們的利益。「美方協助形塑這個國家，」透過優先的待遇與友誼，「付出代價的是南蘇丹人民。」

從二〇〇五年與喀土穆止戰到二〇一一年南蘇丹獨立之間，解放運動黨深深仰賴的華府及其西方夥伴發給特許證，讓他們依照自身形象去塑造新生的國家。在多年來的連番討論裡，江森提出一個事後證實準確無比的預言：「國際社群餵養了一個貪婪的男孩……一旦那男孩變強壯，他會難以改變。你將無力與他抗衡。」

野餐桌又震動起來，讓我的空茶杯和小碟子格格作響。江森接聽另一通從南蘇丹打來的電話時，我在努爾語和阿拉伯語交雜間數度聽他提到「里艾克博士」。

江森的處境有如夾心餅乾，卡在不同的世界與一連串令人不安的妥協之間，而且顯而易見。一九九〇年代他與里艾克交好，共同提出蘇丹人民解放運動之外的選項，卻在里艾克重回解放運動下受挫。既沒有這位夥伴的地位、也缺乏公眾魅力，他不得不繼續跟里艾克合作以推進他們的共同議題。但是他也察覺此人受到狹隘的自我利益驅策，因而不斷感到氣餒。彷彿議題總是無關緊要。我的同桌友伴把手機放下，忍不住重提關於里艾克政治誤判的熟悉抨擊。

江森與解放運動黨政府的關係是另一樁令人不安的妥協，有時他會被批評跟政府勾結。與所有教育程度較高的菁英相仿，他渴求高階職務及其帶來的影響力。在一個工作機會稀缺的國家，沒人能對內閣職務說不。部長任命滿足他的自尊與職業生涯，並使他處境艱困的政黨、他的選區、甚至他在家鄉納夕爾的鄰里獲益。不過他也是能將這些地方利益與更大的建國願景脫勾的少數人之一。

我們的女服務生回來了，在加點一輪茶之後，我質問這位閱歷豐富的政治家。「你對於解放運動黨砲火如此猛烈，可是有些人說你跟他們密切合作……。」先前碰觸過這一點，我知道這麼問挑起他的情緒。果不其然，他給我一個「你該明白吧」混雜著刻意輕蔑的表情，邊用齒縫吸氣發出嘶嘶聲。身處於如此不完善的政治體制，江森意識到他留在政府外部既無法發揮影響力，也不能促成改變。然而他對於自己曾受籠絡的說法嗤之以鼻。

江森講述自身事務時相當有條理，而且喜歡舉出證據支持，他曾驕傲回顧自己最講究原則的一次表態。他知道我會對任何誇飾大喊「胡扯」，不過這件事也在其他地方獲得印證。二〇〇六年解放運動黨高層任命他為代理財政部長，因為他們亟需一位稱職的技術官僚，去幫不可信黨人搞出的亂局擦屁股。各方都認為江森確實協助財政部重回正軌，解放運動高層提議正式任命他坐上這個具有影響力的職位——「只有一個條件。」他稍作停頓，製造效果。「他們說我必須加入蘇丹人民解放運動黨。」

「我知道，你拒絕了。」我說，搶先揭開故事結局，不過他還是會說完。「我拒絕了。」他說，戲劇性地厭惡哼氣。

夾在中間的人也感受到某些南部知識分子的沮喪，他們出國接受高等教育，發現自己卡在兩個截然不同的世界之間。他們體驗過現代社會與進步經濟體的滋味，回過頭來對於祖國的落後產生尤其酸楚之感。祖國的狀態與人民使他們感到沮喪，出生地的政治情勢與西方現代體制間的差異使他們幻滅。他們相信自己可以施展才能，幫助國內縮減落差。雖然他們的個人貢獻珍貴無比，卻常覺得周遭的無能、裙帶關係與浪費使其向下沉淪。

他們的失望源於對國家的希望與理想主義，卻以不同的形式顯現。有些人針對外國人發洩不滿。包括江森在內的其他人，則向如我一般的西方人數落不夠進步的同僚，往往構成令人尷尬的經驗。這似乎是找錯了發洩管道——某個來自已開發國家的人能夠明白並認可他們的沮喪。

不過我會彆扭地轉移話題，實際上出於本能，因為若是一個幸運的外國人也齊聲貶低本地人，那絕無安慰效果或好處。

偶爾被徒勞感淹沒時，江森會把責任強加於他認為更有能力的西方。「你們的人，」他會說，寄望異國外交人員發揮最大功能，「你們必須強迫（蘇丹人民解放運動黨與國家）改變。」「你們必須從我們自己手中拯救我們。」這正是他批評解放運動黨的對外依賴弊病，是對於南部體制失能狀態感到沮喪所催生的懇求。

藉助軍事手段提升本地政治利益是素來有效的做法，無論在政府任職與辭職後期間，江森皆不算認真看待此種做法。他無疑熟知過渡時期後半段在他家鄉那州鼓動的多次分裂叛亂，以及其中潛藏的談判能力。部長清楚國內的暴力有多麼普遍，而對於暴力經常是獲取優勢或推進議題的唯一方法，他似乎感到掙扎。

當新一波戰事在二〇一三年爆發，江森加入里艾克及努爾人為主的反對派，正如他在一九九〇年代所為。他再度成為里艾克的其中一位高階政治顧問，並公開提倡推翻薩爾瓦政府。他必定想要自己製造空間，因為很少人擁有單純動機。然而更重要的是他將衝突視為機會，終於能趁勢趕走消耗國家的解放運動黨。

到了二〇一五年，熟悉的挫敗感再度浮現，江森公開宣告與里艾克決裂並自組分裂政黨。在他這麼做之前，我們通過幾次爭執不下的電話，我在談話中主張儘管他對於里艾克與和平進程都抱持合理疑慮，留在談判桌上總比分裂反對勢力更有機會推動改革。但是他不同意繼續參與其中。他認為里艾克會再次將自身置於更廣泛的努爾人利益之上，而且他氣憤和平協議並非朝政治改革推進，而是把解放運動黨這杯舊酒裝進新瓶。他是對的，而且那是具有原則的立場，卻沒什麼用處。

如今江森和一群年輕的助手多半待在這間奈洛比咖啡館裡喝茶，接打手機，掌握當地最新發展，並試著爭取政治作手和地方軍閥以壯大運動。然而他不願承認，坐在這購物中心停車場隱蔽處的自己，現在基本上無足輕重。

「下次見，老朋友。」我說，用長長的握手為我們這次談話作結。

「嘿……嘿……嘿。」他輕笑著，隨後向我道別並換到咖啡館裡的另一張桌子。他兩旁坐著用筆記型電腦打字的肯亞大學生、來看野生動物的歐洲旅客，以及屬於奈洛比咖啡飲用階層、正在閒聊的年輕專業人士。他們對於夾在中間的人一無所知。

蘇丹人民解放運動素以仰賴「武力而非說服」來保持團結著稱，一位知名的蘇丹戰爭史學家寫道[1]。從戰後時期起，解放運動的軍事化文化與階級傾向就滲入其治理。儘管南部人愈來愈堅決要分裂，實現公投且避免衝突再起並非易事。在投下選票與確保獨立以前，「使命尚未完成」仍舊是南蘇丹敘事的普遍主軸。可是隨著時間過去，持續的「抗爭」與本地日益增長的民主期許互相牴觸——畢竟這理應是解放抗爭的關懷。

考量到喀土穆長久以來成功分化南部人的紀錄，採用強硬手法是可以理解的，是達到共同目標的一種不道德手段。但是在江森與解放運動外部人士看來，這輕易成為黨領導階層恣意行事的正當理由，無論那是否關乎南北政治或獨立目標。

不過，無論某些南部人漸漸變得、或者已經表現出熊熊怒火，對於自決的共同期盼勝過所有一切。「江森的人」費力吞忍，收起委屈留待下次機會。他們提出合理化解釋，可以等到公投釐清南部未來地位就立即處理內部事務。「沒人想在我們到達對岸前搖晃船隻。」江森在二〇〇九年對我說過。

但是到了二〇一〇年，解放運動自身幾乎使船翻覆。這個政黨把人民的耐心視為理所當然，奪取更多權力，取消制憲進程並操縱選舉提名，在黨內外同時激起怒火。情勢顯得假使該黨強硬派未能小心行事，其高壓作風或將損及他們堅決維繫的權力與南部團結。

二〇一〇年春天的蘇丹大選期間，解放運動黨在國家層級保守應對，安撫喀土穆以期為朱巴真正關切的公投鋪平道路。可是解放運動黨對於南部的本地事務無法自我克制，自恃大膽妄為且無可匹敵，利用選舉鞏固自身的多數黨地位。他們運用國家機器介入選戰，恫嚇反對黨候選人，並且在其群體中箝制異議人士言論。解放運動黨有些不受歡迎的現任者甚至攔截對手電話、操控通訊訊號以利競選[2]。

該黨政治局罔顧自身的提名制度，無視地方初選，改而提名受其青睞的候選人。彷彿這不夠看，他們還操縱選舉。選舉舞弊的指控造成僵局，並導致三個州發生武裝起義。解放運動黨隨即重拾他們最擅長的手段：武力。他們的暴虐回應使平民受害，並且恐將加深不同種族群體及其政治領袖間的兩極對立。

未能阻止讓喀土穆敵方稱心如意的內部分裂，解放運動黨的貪婪行徑反倒使自身淪為和平、獨立及其支持度的最大威脅。該黨對於選舉的應對方式，是他們正在南部所形塑危險趨勢的明確訊號。然而揮舞警示紅旗的人遭到忽視。美國眾議員佩恩於一處投票所內站在薩爾瓦身旁，稱這次大選為「民主的偉大日子」[3]。

九個月後，在二〇一一年一月的自決公投前夕，解放運動黨顯得並未汲取過於緊抓不放的教訓。那是一種在政治上缺乏安全感或不負責任的有力象徵，或說以這件事來看，兩者皆是。就在公投即將舉辦前，解放運動黨一次召集所有政黨與公民團體成員，企圖修補關係。或說狀況看似如此。他們提議讓處境邊緣者有權為即將成立的國家制定憲法，並同意新的南蘇丹應該由具包容性的過渡政府治理。可是一到公投選票投下那刻，「他們就違背承諾」[4]，憤怒的恩尤提．阿迪哥（Onyoti Adigo）埋怨，他是南蘇丹議會絕對少數陣營的領袖。政治和睦的承諾煙消雲散，而當恩尤提和其他人提出抗議，「反應就像是，『不用了，謝謝，我們會負責。』」

當月稍晚，薩爾瓦任命本應具有「包容性」的委員會負責起草憲法，卻僅僅納入一位非解放運動黨成員江森，而他拒絕加入這樁幌子。觀察者戲稱，委員會程序等同於兩位解放運動黨部長把自己跟一箱白牛啤酒關在房裡，按照自身想法改寫這片土地的法律。無論是否真的豪飲啤酒，實際情況大致如此，而這兩位忠黨者交出的憲法，包括讓現任解放運動黨主席薩爾瓦權力擴張的特別條款。身處如今能夠自由發揮民主潛力的國家，解放運動黨的兩位打手未能為其闡明願景，反倒利用這次權力行使以鞏固一黨專制，並私自奉承總統。

反對黨再度高喊不公，但是大衛對抗歌利亞毫無勝算。六個月後的獨立前夕，解放運動黨高層將單方制定的憲法強行送進議會，他們從未嚴肅看待此基本上徒具形式的流程。大多數議員是啄序階層（pecking order）低於內閣成員的解放運動黨人，對於情況毫無助益。這群次要黨員享有薪水和越野休旅車，卻期望要乖順聽命而非落實任何真正的監督。若是違抗指令，薩爾瓦與黨高層就會威脅把他們一腳踢開。

但是少數黨領袖恩尤提決心捍衛他的職責。他阻止解放運動黨版憲法的投票，提出關於透明度與漸趨危險集權的疑慮。幾個小時後一隊軍人出現在他的辦公室，沒多久就打掉他的門牙。

恩尤提與助手被拳打腳踢，扔上一輛貨卡車後廂並載往軍方情報設施繼續毆打。這不是第一次發生。一年前，恩尤提的少數黨被控煽動叛亂時，一隊士兵到家裡逮捕他。資深議員擠進一間過度擁擠的牢房，據他所述，他跟其他四十位遭拘禁者無法坐下，僅僅配備一個尿桶。「為了獲得氧氣，」他憶述，「我們必須躺下從門底下吸進空氣。」問及此種行徑何以不受約束，恩尤提嘆了氣。「是啊，美國政府不瞭解真正的蘇丹人民解放運動黨。」

解放運動黨似乎是政治方面的音癡，或者根本不在乎。他們剝奪反對者的權力、引發騷亂並使民主長期進程倒退。他們的領導者在想什麼？假使新南部要成為一個得以長久存續的國家，執政黨必須找到更好的治理方式。民主不會在一夜間成真；無論如何過程必定綿長且緩慢，可是解放運動黨至少可以別讓事態惡化。

異議也在黨內浮現，不過仍然隱藏在表面下。江森解釋，黨官員間缺乏信任，因此產生不利於改革的結構。「任何內部質疑或提議要改革，」即使是為了改善黨的治理能力，「都會被直接舉報給上司，」他說。就像另一個江森常提的機智評論，他會諷刺地問：「要是他們連在自己黨內都不實施民主，你怎能期望他們運行民主體制？」

南蘇丹內部的腐敗令人深深擔憂。但是二〇一一年的獨立帶來另一次新開始的機會：抗爭將會結束，使命已然達成。解放運動黨及其關鍵人物需要竭盡全力才能克服艱困至極的難關，順利過渡至獨立政府。該黨必須建立內政秩序，廢除由上而下的軍事文化，並捨棄高壓手段改採較能延續的做法。假使執政黨想贏得公眾信任，也需要建立對於未來的新願景及新的組織原則。若調整不及，恐將重塑南蘇丹終於設法脫離的那種高度集權、情勢不穩國家。

「蘇丹人民解放運動黨完全違背民主。」我說，隨後詳述一場解放運動迷失方向的紀錄。當時是二〇一六年，從南蘇丹崩塌以來超過兩年。我繼續剖析政治，這次坐在桌子另一頭的是解放運動黨前祕書長普岡．阿穆。我的挑釁開場準備迎來激烈駁斥。

「沒錯，這是事實。」普岡反倒這麼說，出乎我的意料。我完全不需要跟他爭辯，他就這麼脫口而出。「我們轉型失敗了。」

在國家分崩離析前這種坦然承認絕不會發生，尤其是出自政黨主要的訊息傳遞者。不過自從二〇一三年該黨內鬥崩壞起，與普岡及其他解放運動黨人士談話時，他們顯得願意承認長久以來壓抑不談的論點。有些人願意承認失敗，其他人在承認的同時將責任歸咎他處。祕書長認同江森的許多分析，甚至承認：「這是事實。江森的人常是解放運動黨所作所為的受害者。」

拿後見之明比對著南蘇丹垮臺的心痛事實，我企盼以新的視角重新思索該黨的失敗。普岡的意外答話令人振奮。需要結合政黨領導人、該黨最猛烈的批評者與南蘇丹平民的智慧，才能將複雜且殘缺的圖像拼湊完整。我向每一個人提問：解放運動黨為什麼失敗？

三個答案浮現：運動的軍事特質，與本地人口的連結薄弱，以及最關鍵的一點，解放運動黨在加朗死後的繼任者之爭。三者皆非新形成的局面，卻隨著時間、臨界距離及該國政治版圖的重新洗牌，使這些敘事獲得新的洞見。直到二〇一三年解放運動黨的情勢使國家陷入烈火前，該黨的外國友人多半加以忽視或完全渾然未覺。

首先，加朗的運動極度軍事化，卻缺乏政治方向。「它從不是政治運動，也不曾有過政治架構。」一位失望的前運動成員氣憤說道。加朗意識到先前南部抗爭的過錯與內部分歧，他不打算重演歷史。他決心對初萌芽的運動保持穩固且單一的掌控，藉此維護團結。在草創初期強力奪取解放運動掌控權後，加朗排擠政治競爭者，樹立占主導地位的軍事精神特質，並無情處置內部的異議。「到處都有暗殺事件，」一位美國外交官告訴我，他非常熟悉加朗和解放運動具爭議性的初期。「所有那類暴行，他都參與在內。」[6]

支持者主張，加朗的蘇丹人民解放運動宣言與願景是民主的，而他的強力治理則是達成長久目標的暫時手段。但是江森等批評者並不信服。他認為此種說辭相當自大，而且這位偶像人物並未建立足以支撐該政治議程的基礎建設。加朗是一位有遠見的人，他的思想在蘇丹政治領域具有革命性，但是他並未培育組織的政治幹部，或者訓練一群有能力的行政人員。相反地，他以避免內部威脅的方式集中權力並形塑政策。「那正是非洲的運動敗因，」江森說，「蘇丹人民解放運動也做了一樣的事。」

另一位直言不諱的批評者日後寫道，在加朗博士治下的決策體系是「輝煌的假象」，他得以在那背後「獨自且不受質疑地（領導運動）……與此同時矇騙世人」相信這是一場民主行動[7]。「所謂的」政治暨軍事總司令部「幾乎從未碰面開會」，他說。「但是不知何故，加朗會透過廣播宣告總司令部的決策。」由於權力變得幾乎完全集中在加朗手裡，他變得愈來愈無需負責任且「被逢迎者圍繞」[8]。許多人開始對加朗的威權主義感到氣憤，但是他設法躲過清算；他削弱改革的呼聲，同時持續聚焦於喀土穆的外部敵人身上[9]。

外部敵人催生號召集體行動，來自三大區域及南蘇丹多數部族的中堅分子全都加入。他們對於喀土穆的集體反對緩和了區域與種族認同，並使背景與意識型態觀點形同大雜燴的人們得以攜手合作：受過教育者與文盲、馬克思主義者與自由市場資本家、統一派與分裂派、世俗的無神論者與虔誠的基督徒。不過一旦目標實現，共同的分母就此消失，且未培育任何事物去取代它的位置。

於是當治理的時刻到來，解放運動黨力有未逮。「民主不會就這麼憑空掉下來，」這位批評者不滿說道，「好像我們會突然一夜之間變得民主？這是我們最大的問題。我們從來就沒有民主文化。我們覺得槍就是一切。」[10]

甚至連加朗博士最親近的一些支持者如今都坦承他的「獨裁」作風，將該黨的最終失敗部分歸咎於他所建構的運動精神特質[11]。「權力必須來自高層。」江森如此說明蘇丹人民解放運動的精神特質，用食指在空中描繪三角型的結構。「這是延續至今的文化，」他表示，「薩爾瓦、里艾克和其他人此後都有樣學樣。」

加朗在教育、行政體系與建國方面確實擁有令人敬佩的思想，然而戰爭是首要考量，掌控他所打造的興戰工具也是。儘管尊敬這位已故的游擊隊領袖，熟知運動內情的前美國外交官亦表贊同。「加朗忙著操控外國人對蘇丹施壓……他沒在國內建立任何事物。他覺得自己可以晚點再處理。」這位官員放慢語速以示強調：「他—沒在—建立—組織……完全沒有。所以當他過世，就沒留下什麼了。」

解放運動黨失敗的第二種解釋，是在抗爭期間與其人民欠缺有意義的關係。解放軍並非「人民」的軍隊，反倒是從外國支持取得正當性並助長抗爭。「我們沒能自力更生。我們被寵壞了——從一開始我們就擁有需要的一切；槍枝、食糧、支持者。」一位創建成員概括說明，「所以我們不曾跟人民建立關係。」[12]儘管滿口馬克思主義修辭，蘇丹人民解放軍幾乎從未為了推展革命志業而與平民建立關係。

人民或者經濟、社會發展都不曾是解放軍的議題重心，更次於軍事目標與權力追逐。還有更糟的，當解放軍未能從外部來源取得所需，他們就掠奪自己的南蘇丹同胞。時常掠奪成性且以丁卡人為主的解放軍，在成立初期與努爾人、赤道地區居民及其他南部族群間的暴力衝突導致分歧與深深憎恨。

緊急食糧援助主要由外國非政府組織投遞，可是解放軍戰士非但沒有協助發放，還常占為己有。解放軍同時從鄰國取得補給與軍事後援，且領導人物在區域首都受到隆重歡迎。隨著時間過去，他們在肯亞、烏干達、衣索比亞及更遠處享有社會、政治與商業人脈，也獲得來自華府與歐洲首都的強力道德和政治支持。

儘管外部支持幫助解放軍在一九九〇年代取得一些軍事勝利，他們的力量不足以取代喀土穆政府。戰爭無可取勝。因此他們最終需要區域與西方在二〇〇五年推動和平協議。實行層面也尋求外力協助，該黨的批評者說明：「每當事態陷入僵局，我們時不時就跑去向美國人求助；『請來調解，噢對了，別忘記這是我們的立場。』」[13]南蘇丹人民的困境幫助解放軍在全球贏得眾多支持者。然而這也意味著抗軍領導階層愈來愈不以其人民為導向，而是更加以國外的朋友和支持者為尊，畢竟這群人似乎願意不計代價援助他們。

二〇一六年坐在嘈雜的旅館酒吧後方，一位與南蘇丹有著長久關係的非洲外交高官哀嘆區域與國際支持者抱持的基本假設。他啜飲冰涼生啤，一邊為我、也為他自己闡明一種看法，即那些假設讓解放運動領導者得以「不覺得應當負任何責任」。這位外交官絕非理想化的「真正信徒」，不過他出身自後殖民階級，明瞭蘇丹南部的手足遭受不公對待，也曾選擇去看解放運動的光明面。他們是政治上的同儕，而且其中許多人成為他的朋友。

「他們非常精明，說的正是我們想聽的。」他回想。「他們跟我們讀同樣的學校，他們精通語言與敘事，所以我們覺得能互相瞭解。」在這悶熱潮溼的夜晚，他的話語既是在譴責令人失望的朋友，也是一種自我批評的鍛鍊——西方許多人仍未付諸實行之事。我們對分一疊餐巾紙，各自擦掉額頭上的汗。「我覺得這些傢伙……他們是一群離散的菁英，」他接著說，「失根！徹底失了根……他們的短暫風光來自國際上的正當性，而非他們人民給予的正當性。」他又喝了一口啤酒並靜靜搖頭，臉上寫滿失望。

南蘇丹崩解的第三項、也最為直接的因素是黨內派系；二〇〇五年加朗逝世在解放軍引發猛烈的繼位者之爭。「在接下來八年間，則是控制薩爾瓦的爭奪戰，」並透過他掌控新興南蘇丹的發展方向，一位資深官員表示。隨後的戰爭常被視為薩爾瓦與里艾克之間權力鬥爭的產物。里艾克對於顯赫地位與總統的野心，一九九一年事件的毀滅性遺續，以及丁卡人與努爾人之間的暴力過往，全都有助於說明兩大耀眼強人間的競爭敘事。可是不能只從這些方面來理解南蘇丹的崩解。若要正確體現解放運動的危機及其引發的戰爭，需要更寬廣的視野。

於二〇〇五年至二〇一三年間，由三大陣營爭奪此分離運動的掌控權：「加朗的人」、「加扎爾河地區的人」和「里艾克的人」。縱然各自的立場與結盟隨時間和情勢轉變，三大陣營都在這八年間存續，且於蘇丹人民解放運動的旗幟下各顯神通謀求影響力。

普岡、丁格．阿洛爾、希艾爾．丁格（Nhial Deng）及其他幾位加朗的親近門徒，享有老大的個人信任並受託參與全面和平協議談判。如同普岡所述，他們毫無疑慮自視為解放運動的「真正創立者與合法繼承人」。自從薩爾瓦在二〇〇四年「耶伊事件」發聲批評加朗以來，加朗的人對他一直心存芥蒂，並且認為運動受到騙徒把持。然而更重要的是，加朗的人、亦即黨內知識分子覺得薩爾瓦偏重地方利益且未受教育，因此將他視為過渡時期的一個角色，而非他們顯赫領袖的合法繼任者。

相較之下這群人受過教育、具有世界觀，且跟整個非洲大陸及西方的領袖擁有溝通管道與個人關係。儘管採取合乎謀略的立場並與薩爾瓦建立進一步關係，他們的本色難以隱藏。惡意批評者看不慣他們的特權管道與自視甚高的神態，戲稱這群政治孤兒是「加朗子弟兵（the Garang Boys）」。隨著時間過去，他們被視為權力薰心且貪腐，懷疑者則嘲笑他們本應從禿鷹手裡拯救運動的高尚追求。

第二個派系是「加扎爾河地區的人」，包括著名的政治家、知識分子暨商人波那．馬魯艾爾（Bona Malual）在內。他跟加朗皆為蘇丹南部最重要的人物，長久以來意見分歧。馬魯艾爾一直認為比他年輕的加朗可以去打仗，治國事務則理應交付廣受尊崇的南部政治家（也就是他自己）。他們嚴重失和，而各自所屬丁卡人地區間的族裔—區域競爭也使裂縫加深。馬魯艾爾是加朗管理作風與政治觀點的批評者，連帶不信任飛黃騰達的「加朗子弟兵」。數十年來馬魯艾爾皆為蘇丹國內政治的熟面孔，在喀土穆人脈廣闊且常譴責加朗。反對者因此稱他為全面和平協議的通敵者，並認為他的派系聽命於喀土穆，無論此言是否公允。

加朗死時，加扎爾河地區的人一致擁戴本地人薩爾瓦。該派系煽動恐懼，力促薩爾瓦鞏固個人掌控權，並確保加扎爾河地區的優越地位。他們慫恿薩爾瓦排擠加朗的子弟兵，而他照辦無誤。其中有些人被解除具影響力的職位，其他人離鄉出國長期休假。

加朗派系認為他們的政黨「遭人挾持」，於二〇〇七年成功發動政變。他們在薩爾瓦的政府重新站穩陣腳，並策動解雇加扎爾河地區的關鍵代理人。然而獨立後局勢再度轉變，這群代理人與薩爾瓦齊心協力並報了一箭之仇。

解放運動黨肥皂劇在整個過渡時期及隨後的時光裡上演，削弱內部信任與團結。在恆常的拉鋸戰下很難籌劃未來。而且這不是全部，還有第三個角色正在扭轉情節。

第三個派系「里艾克的人」以努爾人為主，包括一九九一年初次嚴重權力鬥爭時的許多里艾克追隨者。在危難期間，里艾克也獲得黨外遭剝奪選舉權的努爾族群支持。其地方民兵名義上已在戰爭結束時編入軍隊，卻對於解放運動黨的所有派系並無好感或忠誠。許多人也不特別喜歡里艾克或他的政治野心，可是他的全國聲望代表其地位最利於提升努爾利益。

縱然里艾克的二號地位使他成為加朗的繼位競爭者，許多解放運動黨高層寧死也不願見到舊叛徒得勢。儘管里艾克在一九九一年挑起初次黨爭，有時他在這波第二代黨爭中扮演局外人。里艾克自己描述他的派系特質相對「沉默」，能夠平衡、甚至從中調停另兩大相爭派系。

儘管動盪不斷，黨內爭鬥多半並未公開。從外界看來，解放運動黨可能顯得團結一致，其標誌、旗幟與修辭轉移了對內部弊病的注意力。然而在此氛圍的陰影下，國家治理蒙受惡果。身處惡劣的鬥爭之中，解放運動黨難以推展連貫的願景或計畫。該組織亟需從解放軍轉型成執政黨，並實現蘇丹南部人民等待已久的發展事項。可是解放運動黨內部持續耗損，受到黨內要人及其權力鬥爭所吞噬。

有一次，在格外混亂的二〇〇八年黨大會中，派系鬥爭席捲全場。會議結束時，加朗的長期批評者受夠了身邊的「輝煌假象」。他決心自組政黨，寫就一篇宣言描繪南蘇丹的任務已變得多麼失去方向：

在十天的會議裡，該黨從未討論任何一份針對經濟、外交政策或選舉表達觀點的文件，任何事務都沒有。這是嚴重的政治失職。難怪該黨無論在蘇丹南部的全國或地方皆無成果……整整十天全用來爭論誰是否該被解除黨領導職務。[14]

全面和平協議時期即將結束之際，獨立就在前方，解放運動黨該是時候讓自身的演進寫下新章。在所有密切觀察者眼中，不祥徵兆顯而易見；若欠缺重大的路線修正，新的南蘇丹共和國將會陷入困境。

華府和其他友好的首都也要重新調整跟解放運動黨的關係，以反映新的現實、轉變中的政治局勢，以及黨內外皆需更大民主空間的呼求。這不僅關乎洋洋灑灑的民主抱負，更是基本的穩定問題。

儘管外國友人察覺黨內外的張力，國內爭執仍次於更廣泛的南北議題。有更重大的事要做——選舉、公投、南北協商，少了這些根本不會有獨立共和國，更別提國內政治文化的討論。這番道理有其真實性，但倘若新生的共和國有天要自立也將面臨嚴重弊病，刻意忽視只會助它迎向失敗。

現在就該停止將解放運動黨當成朋友或弱者對待，並開始視為主權國家領導者去交涉——以利益和目標為基礎。這需要文化上的轉變。解放運動黨需要的並非和善友伴，而是一個真正的朋友，能坦言以告他們並不擁有這地方的人，該是時候重整旗鼓。隨著該黨仰賴國外資助者的幫助實現公投與最終的獨立理想，美國的影響力也來到最高點。

Chapter 10

喝牛奶

「我們一掌權，就忘了自己奮鬥的目標，並且開始犧牲人民的利益讓自己致富。」

——總統薩爾瓦・基爾的信，二〇一二年五月三日

「在他們床底下，是真的！」詹姆斯（化名）高聲說，氣憤不已。「好幾百萬真鈔，就藏在他們床底下！」他說，對於像卡通一般的做法不可置信地笑了。「部長、官員都有，他們把現金塞進公事包，在外交掩護下前往肯亞、烏干達或任何地方。」詹姆斯是南蘇丹人，過去也是朱巴一間知名肯亞銀行的高階職員。假合約、非法公司、重複請款、令人歎為觀止的私下回扣；詹姆斯壓抑不住激動情緒。他舉出一個又一個貪汙案例，傾吐到舌頭開始打結，因為他有太多話要說。

多年來受到保持沉默的行規所箝制，到了二〇一六年他覺得可以暢所欲言。現在他的國家

分崩離析，而嚴重貪汙是國家崩塌的原因之一。「你猜是多少？」我問道，「你覺得過去十年間被偷走的有多少？」詹姆斯卻打斷我的話，「數十億又數十億美元。」他搖搖頭說，並解釋財政制度過於失能，導致數目無法確知。

在國家誕生前貪汙就幾乎將它吞噬。從二〇〇五年簽署全面和平協議起，石油收入開始塞滿朱巴的金庫，估計六年間的稅收最終高達一百二十億美元（各估算數字間差異巨大）[1]。二十年來，解放運動以「叢林」為基地打游擊戰，依靠土地與當地人口提供——或被掠奪——的物資度日。但是和平協議的財富共享條款改變了一切：石油不是南蘇丹經濟的主要收入來源：石油即是經濟。而很快石油就會變成詛咒。

隨後幾年裡，加扎爾河鄉間地區的牧羊人依舊沒有電力或自來水，可是軍事首長在歐洲墨爾本購置豪宅，配備家庭電影院、桑拿與兩座游泳池。如同百分之七十的國民同胞，牧羊人和妻子仍不識字[2]，沒有小學讓孩子上課。但是解放運動菁英的子女身穿設計師服飾，駕駛荒原路華（Range Rover）名車到倫敦高級社區和奈洛比綠樹成蔭的郊區，就讀一流學校。

貪汙在非洲絕非新鮮事，但是這種情況顯得尤其嚴重背叛了解放運動黨的歷史及其宣稱的理想。南蘇丹有幸獲得新的財源，而和平協議意味著長期受苦的人口，或許能在歷經數十年的痛苦犧牲後終於交上好運。什麼能夠解釋此等規模的集體搶劫，發生在一個極度貧窮、遭受忽視並亟需發展的國家？

一九七九年美國石油巨擘雪佛龍在蘇丹發現石油。許多最富前景的油層都在南北分界之下發現，此地質宿命的轉折繫起國內迥異的兩半。政府立即將一處新特許區域的丁卡語名稱改成相符的阿拉伯語，藉此預示喀土穆的石油開採計畫。隨後政府悄悄推行立法，企圖重畫州界並將價值不菲的新油田併入北部[3]。南部人抗議後，這項立法撤回。然而此後三十多年間，石油與疆界爭議一直是南北緊張關係的焦點，國家分裂後亦然。

當蘇丹第二次內戰於一九八〇年代中期爆發，雪佛龍被迫撤離，認列數億美元的新創與探勘支出為壞帳。隨後是石油產業發展及蘇丹歷史上的一段黑暗時期。政府大舉行動，驅趕多為丁卡人和努爾人的平民離開潛在油田區域。阿拉伯民兵及稍晚受雇的南部傭兵強暴、掠奪並一路殺遍預定開採區，數萬人被迫遷徙，一個個社區全被摧毀。以中方主導財團為首的新石油企業紛紛進駐空地，建立必要的開採設施，且於一九九九年協助石油生產就緒。如今原油從南部地底為起點，經由新管線向北流往喀土穆的煉油廠及蘇丹在紅海岸的港口。但是暴行持續加劇。

可觀的石油新收益挹注喀土穆購置攻擊直升機、戰車和其他先進武器，使其得以繼續打仗、淨空油田，並策動南部人彼此對立。喀土穆政權利用槍械、彈藥、金錢與地方當局的承諾，秉持分而治之的策略，在獨立的努爾民兵、里艾克的分裂解放軍與加朗的主流解放軍之間助長激烈戰事。

油田開發公司與喀土穆軍隊合作、提供戰機並對於當地村落遭毀視而不見，日後被控戰爭罪與危害人類罪的共謀——有中國財團，也有西方大企業[4]。交戰後一占領飽受摧殘的社區，政府就以最快速度抽乾地底黑金。在南部人受盡詛咒的歷史中，發現珍貴碳氫化合物似乎是唯一機運，突然間卻從他們腳下被偷走。滿載的油輪駛出蘇丹港口，空前金額則回流至喀土穆國庫，可是南部人連半毛錢也沒見到。

二〇〇五年和平協議帶來五五分帳的財富共享協議，南部人終於有機會從自己的珍貴天然資源中獲益。尼羅混合原油（Nile blend crude）從團結州往北流，那裡是太多近日苦難的發生地，隨後達爾混合原油（Dar blend crude）在東邊的上尼羅州油井開始抽取。兩種原油流經的管線都在蘇丹沙漠中蜿蜒數百英里，最後抵達蘇丹港（Port Sudan），主要被中國油商買下出口至亞洲。接著南蘇丹獲得半數收益。朱巴新任命的政府部長看見新進存款單上零的數目有多驚人，不得不捏自己一下才敢相信。

幾乎在一夜之間，全球開發程度最低的地方湧入數十億美元石油收入，供其隨心所欲花用。考量到南蘇丹在多項全球發展指數皆位居後段班，這筆資金挹注會否對於協助國民脫離貧窮產生顯著影響？遺憾的是並未如此。截至二〇一一年，加扎爾河地區的牧羊人依舊聽天由命，步行三天才能抵達最近的市場。他的家人仍在挨餓，有個孩子由於缺乏低價藥物死於瘧疾，還因一位地方軍閥的搶牛暴行兩度搬遷。事情不會在一夜之間改變，但是經過六年後，經濟榮景涓滴效應的證據付之闕如。從一無所有到坐擁一百二十億美元卻看不出成效：錢都用到哪裡去了？

就像樂透得主努力要管理新到手的數百萬美元，結果處境卻變得更糟，突然變富有的貧窮國家也可能經歷類似現象。這種情形稱為「資源詛咒（resource curse）」：一個資源豐沛的國家，矛盾地出現低落經濟成長與發展。沒別的國家比南蘇丹更容易蒙受此種惡名昭彰的災難，單單石油一種新資源就占國家歲入的百分之九十八。豐厚的新收入導致二〇一〇年人均國內生產毛額（GDP per capita）達到一千六百美元，高於三分之二的非洲國家，甚至超越印度[5]。以世界銀行的標準來看，南蘇丹甚至未列入「低收入國家」。歷經數十年的疏於發展，六年的時間不足以迎頭趕上，這點無可否認。但是截至獨立之際，人們能指出的確鑿改善相當稀少。在朱巴以外，此地仍呈現全球最赤貧的景象。

我跳上一架飛往馬拉卡爾的聯合國直升機，接著再搭另一架繼續往北，朝上尼羅州油田而去。那是二〇一〇年，我正為國際危機組織進行研究。在我看來，任何關於南蘇丹的合格分析都需要第一手理解石油產業，那對於此年輕國家的形塑具有重大影響，包括政治、財經與其他方面。不過我也想親眼見證石油生產對於地方層級的影響。

除了石油收益五五分帳，二〇〇五年和平協議也規定，將石油收入的百分之二專門用於開採當地的鄉間社區。這筆補助款及石油公司承諾給予的其他利益，可以彌補鑽油井的負面影響，並供幾處分立地點的發展。至少概念是如此。

當我登上巴基斯坦維安部隊的蘇聯製小型直升機，他們微笑並害羞點點頭，機身歲數感覺至少有我年齡的兩倍。直升機老舊的門滑開時，我們在感覺低得驚人的高度掠過樹梢。士兵們嘰嘰喳喳彼此交談，我猜是在說烏爾都語（Urdu），可是每當視線相遇他們就暫停不語，朝我怯怯點更多次頭。當盤旋的直升機於一陣白塵間降落在邁盧特（Melut）附近，我鬆了一口氣。我微笑著，雙手祈求般合十感謝，並向諸位巴基斯坦朋友再次點頭。我還需要進城，於是向外出巡視的兩位聯合國軍事觀察員搭便車。好相處的薩摩亞裔（Samoan）駕駛自豪地大聲播放轉錄的小甜甜布蘭妮（Britney Spears）金曲卡帶，我問他能不能讓我在當地一位酋長家下車。

這一帶的幾位酋長已經聚集在他家，端上茶之後，他們逕直談論油田開發以及與石油公司的關係。雙方關係並不融洽。隨著工程在有利可圖的地帶開展，銜接道路、鑽井設備與未經處理的巨大水塘吞噬原本坐落村莊的土地。當柴油引擎噠噠作響的運土設備清空茅草頂小屋和小塊農地，賠償與重新安置方案卻不符合先前的承諾。地下水汙染造成酋長族人及其牛群的大批健康問題回報，相關抱怨多半遭到忽視。朱巴也沒人接聽他們的電話。本地人喜歡新鋪的道路，據說石油業管理階層打過包票的房屋、學校或其他好處，皆遍尋不著痕跡。我在自己腦中計算——保證的百分之二石油收益會為社區帶來多達數百萬美元。但是那筆錢在這裡幾乎不見蹤影。

黃昏前夕我在邁盧特縣長的辦公室見他，又是一間改裝的金屬貨櫃屋。談論正事前，縣長友善提議讓我在他看管的舊磚造屋裡過夜。我到過其他重要縣城的類似房屋，每座孤立建物的耐久皆屬本地罕見，過去供訪察的英國殖民官員或其本地代表居住，日後則被蘇丹軍官奪取。

接著在開往那棟房屋的短距途中，縣長跟我聊到明尼蘇達州雙子城（Twin Cities），我們兩家人都落腳於此。雖然縣長在戰爭結束時回到南蘇丹，他跟家人在一九九〇年代獲安置於明尼蘇達州；那項難民重新安置計畫接納數千南部人到美國城市安家落戶，地點從聖保羅市（St. Paul）、奧馬哈到緬因州的波特蘭。

屋子裡的廁所故障，所以我往下走到土壤乾裂的河床岸邊蹲著；在這一帶難得見到廁所。沒有柴油可加進發電機，所以也沒有電，我倒是有一支手電筒，可以在睡前利用夜間時光細讀白天的筆記。那晚熱爆了，屋裡空氣沉悶，熱度彷彿來回對流，不過一出朱巴這種情況早在預料之中。

幾個小時後我依然清醒，流汗平躺著凝視黑暗。大門傳來敲擊聲。我穿上一件襯衫，打開前門發現縣長手下的剪影站在臺階上，手裡拿著自動步槍。我感到脖子和手臂的肌肉緊繃起來。帶頭的人用破英語表明來意，縣長派他們帶我去「更好的住處」。

「謝謝你的慷慨，」我不安說道，「可是我在這裡真的很好。」不過那位年輕人堅持如此，沒再多加說明，並命令人手幫我把行李裝進他們的貨卡車。坐在卡車後斗歷經頗長一段路程後，我猜方向是往東，一束白光閃現在原本全暗的地平線上。路途變得平順，因為從泥土路換成柏油路。很快就有了街燈。當我們接近那座閃亮的迷你城市，龐大銀色儲存槽出現在迷宮般的彎曲管線間，全都籠罩在白光之中。那時我才察覺，當晚的升級住處位於帕洛伊奇（Paloich）油田的達爾石油營運公司（Petrodar Operating Company）園區內。

警衛揮手讓我們通過柵門，裡面聳立著幾座剛落成的建物，皆以相同的藍色與銀色建材構成：一棟宛如旅館的建築，有著附電視和冷氣的房間供高階職員居住，幾列長長的宿舍，開闊的餐廳跟一座清真寺。睏倦的園區經理前來迎接我們，他剛接到縣長從邁盧特打來的電話。雖然本地社區覺得備受忽視，石油業老闆顯然沒忘記給縣長好處。經理帶我走進燈光明亮的建築物，上到二樓的一間套房，進房後我替筆記型電腦充電、把冷氣調大後就寢。

早上醒來時，數十位穿著橡膠黑靴與藍色工作服的石油工人已經在自給自足的園區走動。他們裡頭有蘇丹人、馬來西亞人、中國人、阿拉伯人，人人都是機器裡的一個齒輪，將在這一天從地底深處抽出數千桶石油。園區就像是某處孤島，幾乎完全沒有南部人在場更加強這種感覺。

等著搭車回邁盧特進行更多訪談時，我看著圍牆外的景致，那裡時間似乎流動得慢一些。牆外即是褐色長草和人工溝渠，半滿的汙水旁堆滿垃圾。男子身穿傳統的垂掛長袍賈拉比亞（jalabiya），臉龐線條剛硬並拄著手杖，跟幾隻懶散的牛漫步走過。難以想像他透過鏈條望著裡面的景象，會有什麼感覺：種種活動，成群外國人，陌生的設施。我心想，他是否會為圍牆內外情況的懸殊差異煩惱？或者他多年前就對此定局聽天由命？這不可能是眾多社區曾盼望和平帶來的紅利，包括他的社區在內。假使在特別劃設額外資源的地區生活未曾改善，那麼南蘇丹其餘地區又會如何？

戰爭結束五年後，尚待建立的國家開發程度仍舊低迷，深受行賄及管理新資金的能力有限所困擾。欠缺成熟制度之下，石油撐起的廣泛恩庇網絡成為南部的組織架構。工作和錢財依照族裔與戰時資歷分發。家庭、宗族與支持者圍繞著「從各自家鄉地區出身」的恩庇者打轉，這些地方子弟曾服務於解放軍總司令部，如今擔任政府要職。他們不僅維護自身，也被期待要照顧自己人。此種現實上的體系成為常態，倘若一個人沒有能力廣施恩澤，或許會比侵占國有財物更不被家人、朋友與社區認可。

軍方和公部門的薪水也被用來報答為抗爭犧牲和身亡的好幾千人，算是某種福利方案。龐大政府給薪總額消耗的國家預算占比驚人，可疑的受薪人名單則導致更多負擔。薪資定期發給無以計數的「鬼魂」——閒職、退休、死亡或純屬捏造的領薪者，無論如何他們的薪水總會流入某個人的口袋。

儘管錢財四散，款項仍然只送到一小部分人口手中。絕大多數南部平民仍舊身陷赤貧，等待著他們預期將隨和平而來的食糧、乾淨用水、學校、診所和工作。當國際捐助者向赤貧階級提供人道援助與發展計畫，卻是國內食物鏈的頂層致富。領導階層私自侵吞的金額，起初被當成他們辛苦領導抗爭二十年的「虧欠」而受到縱容，可是事態迅速失控。

軍事將領與政府部長亮出熟悉的身分地位配備，諸如勞力士錶、奢華的越野休旅車、昂貴威士忌，但是真正大筆的錢已悄悄流出國境。驚人的金額轉入外國銀行帳戶、房地產及遍布肯亞、烏干達、波斯灣各國的企業，也流入美國、加拿大、歐洲和澳洲。為了享用他們的國外資產，並且照顧在國外享受戰利品的家人，這群小偷經常旅行，排場還很講究。儘管擔任政府要職，不久後許多人待在國外的時間顯然與在國內相當。而且全都是花政府的錢。

數億美元就此消失，伎倆有時明顯得可笑。部長將官方預算挪為己用，並將灌水合約授予註冊在家人名下的公司。為了從未修築的道路與不曾兌現的服務，將龐大金額交付給非法公司。信用狀授權官方從中央銀行領出數百萬美元，毫不尊重預算提撥。有位部長在單一個月內提領驚人的三千萬美元購置「辦公室設備」，另一位完全省略簽訂合約，擺明不正當地買入四百多輛豐田越野休旅車[6]。有些交易列舉可疑的細項，其餘則不知羞恥地表明其私人性質，好比一筆信用狀批准撥款五萬美元供表親在鄰國就醫[7]。

前銀行經理人詹姆斯解釋，已履行合約的請款單有時經處理、付款，接著「循環回到系統裡，一次又一次。」他憶述，有一張價值近二百萬美元的已繳付請款單，被財政部官員「用同一張紙」循環使用，他馬上就利用那張單據付款給自己。最惡名昭彰、或許也最令人心寒的陰謀是俗稱的「高粱事件（dura saga）」，總值估計達二十三億美元的政府合約獲批准以購買高粱，因為食糧短缺預計將於整個南蘇丹發生。數百間假公司在這樁交易中獲利，其中多數連一袋穀物都不曾交貨。

高階官員入列各種控股公司的股東名單，他們的配偶、小孩、甥姪往往包含在內，與電訊、道路工程、採礦業，以及銀行、飯店業與國防承包商之間有利害關係。總統薩爾瓦的十二歲兒子正是這類型的股東，他擁有「聯合控股有限公司（Combined Holding Limited）」百分之二十五的股份。這位少年的護照上載明他的職業是「總統之子」[8]。由於執政黨、國家與軍隊間的界線模糊，許多人享受免稅及其他甜頭。高階官員不僅藉著將政府合約指派給名下公司獲利，他們不老實的外國夥伴也常安排回扣好讓協議順暢。

因為南蘇丹的金融體系有限，現金難以流動，大規模貪汙也就需要疏通窗口。在奈洛比、坎帕拉（Kampala）與波灣諸國不難找到樂意聯手的夥伴。政治人物、商業經理人、銀行家、律師、房地產仲介都可以扮演必要的開戶共犯，在不引起查帳的情況下迴避法規並便利轉帳。他們在空頭公司握有股份，獲得價值數百萬美元的房產所有權，並保證海關人員會對此視而不見。「人們心知肚明。」詹姆斯咬牙切齒地評論自己銀行裡的經理人。這些關係人樂於提供服務以獲酬謝，並在赴南蘇丹建立事業時享有令人滿意的回報安排。

社會與財務層面海外投資的後果隨著時間加劇。當小孩赴國外就學，資產安置在其他地方，而且許多人獲得雙重國籍與外國護照下，統治階層在國內建立穩固體制的誘因相形減弱。他們在國內可損失的也很少。當同一群菁英挑起南蘇丹的後獨立戰爭，國家飽受摧殘，失去家園、生計與親人的卻不是他們。

貪汙在朱巴變得普遍至極，連掩飾的工夫都顯得鬆懈。二〇一〇年的某個晚上，我正在訪談肩負龐大基礎建設預算的一位政府部長，交談時年輕助理踏入辦公室，悄悄把一個黑色皮革公事包擺在上司身旁。部長對我吐露想法時，不經意在辦公桌後方開啟公事包，沒多想就舔了舔手指，開始在桌後數起百元美鈔。從他身後的玻璃櫃倒影，我看著他數錢、折鈔票，再把肯定有好幾千元塞進褲子口袋。同樣在毫無對話下，助理拿回公事包並退到外面的辦公室，彷彿這是例行公事。

跟侵占數百萬美元相比，塞進口袋裡的鈔票是相對小的數目，而且在以金錢驅動的經濟體中可以想像這筆錢有正當用途，不過那似乎值得懷疑。部長經手這筆交易時的輕鬆自在，表明此種弊端多麼普遍，尤其是有外國人在場的情況下。

貪汙構成複雜的關係，而試圖面對這棘手現實，並不需要親眼目睹塞滿非法現金的公事包。在政府官員的薪資，跟他的奢華手錶或高級越野休旅車間的明顯落差，只需要簡單的數學就能明辨。而且不只是最富有的政府權貴才走發財捷徑。

事實是，就跟其他大多數人一樣，我曾經與眾所周知的貪汙人士有過公務合作。那是往往未被翻動的石頭，雙方都不說破的情況；既讓人深感不安，也罔顧是非黑白。從制度層面解決收賄問題是一回事，然而一個來自秩序與特權世界的西方人，指責一個蘇丹南部人的收擄金額有誤？那完全是另一回事。這麼做不僅會破壞關係或導致你被趕出國，而且在對錯並不總是截然分明的環境裡，也存在客觀條件的問題。

遇到涉及工作升遷、迫切需要養育家庭，抑或有時事關生存之際，許多南蘇丹人面臨不同的選擇，更赤裸裸的道德妥協，或者根本不得不遵循另一套規則。例如上司要求財政部中階官員放行非法交易，或將非法資金轉入個人戶頭。這位官員可會拒絕，並甘冒在工作機會如此稀少國家中失業的風險？他願意承擔針對自己或甚至家人施加壓力的隱憂嗎？他可會在一個沒有吹哨者保護機制、沒有可靠的政府監督委員會、沒有可信賴法院的地方舉報不法行為？假如上司說「也為你的不便收下百分之十」，那又如何？他會拒絕導致上司懷疑嗎？他又該如何說服自己別收下這筆錢，拿給還住在村子裡的兄弟，沒受教育也找不到工作，親生子女好幾個禮拜僅煮草果腹？

大部分外界人士為了做生意而接受令人不安的現實，為了追求他們期盼中更遠大的目標，有時不得不刻意漠視。

除了貪汙和掌管新石油收益的困境，石油榮景的另一項危險產物是迷思問題。於獨立的二〇一一年日產量約三十五萬桶，南蘇丹並非日產量一千萬桶石油的沙烏地阿拉伯。南蘇丹也不是伊朗（四百萬桶），或甚至奈及利亞（二百五十萬桶）[9]。朱巴的小規模產能僅是這些真正石油國家產量的一小部分，可是把這件事告訴任何南蘇丹人，他們會立刻糾正你。石油榮景旋即帶來顯著的炫富景象，影響許多南部人相信國內石油供給永無止境。實際上當時的產量已日漸衰減。

馬比約（Mabior）覺得我不知道自己在說什麼。馬比約的年紀四十出頭，讀過中學，遊走於朱巴好議論時事的中產階級。我們坐在朱巴一間旅館後院的塑膠椅上，手肘碰觸膝蓋，偶然聊起石油話題。「我在現場親眼見過。」馬比約堅決說道，一邊轉開瓶身結著水滴的飲用水。「從地面湧出來……下面有好多石油。」

「真的？」我抱著明顯的懷疑反問，接著問他如何看待地質學家提出的明確保守估計。

「好多州喔，在好多州我都看見過，會有石油的。」他反駁。相同說法我在多年裡聽過無數次，連最能明辨是非的人也不例外，我疑惑是什麼讓此種盲目的樂觀得以延續。是源自於國家殘忍無情的過往，所以有必要寄望一個更好的未來？產量在二〇一六年中跌至歷史低點，不過似乎仍未戳破化石燃料美景的幻想。

馬比約和真正的信徒們常提及尚未開發的大片土地，尤其是備受關注的「B探勘區」，此特許區域的面積相當於紐約州。在獨立前夕，法國石油巨擘道達爾（Total）重燃三十年前對於B探勘區的興趣，公司的決定是對的，那裡可能會有重大發現。不過他們無法完全確定，而且有充分的理由抱持懷疑。二〇一一年，來自挪威政府的產業專家提出令人警醒的預測，而挪威向來是解放軍的長期支持者。「小規模油層可能會在已投產油田附近發現。」他在向南部政府官員簡報間的空檔解釋給我聽。「較精良的技術可以提高回收量。」[10]然而欠缺大型與出乎意料的新發現，他說明，南蘇丹的全盛時期已是往事。

地下寶藏也許有限，但是這片土地懷藏更多潛能。南蘇丹擁有看似豐沛不絕的肥沃土地、陽光和水。農業是國家通往繁榮的門票。「即使你種下金屬釘子，它們在這裡也會生長。」一位婦女這麼說。倘若投資得宜，農業可以是未來的經濟引擎，也是長期食糧短缺的解答。眼看著鉅額石油收益在國家銀行戶頭裡不斷增加，卻總是延緩基礎建設投資與長期規劃。在過渡時期，資源的問題妨礙了農業部門或任何其他可延續產業的發展。二〇〇九年油價暴跌，產量隨之下降，不過就算在當時也只是空口談論農業革命。即使南部人走運發現新油田，開發時間也需要好幾年，徒留短視的政府與艱困的經濟。

南蘇丹也沒做未雨綢繆的打算。二〇一一年國會通過設立準備金的法案，將於危機時期協助吸收另一次價格衝擊，或以其他方式穩定經濟。但是法案擱置在薩爾瓦桌上等待簽署，直到二〇一三年中才正式立法。而雨天正要到來。

二〇〇〇年代中期全球油價居高不下，意味著其他國家同樣出現經濟榮景。在俄羅斯，總統弗拉基米爾．普丁（Vladimir Putin）主掌相對進步且多元的經濟體，儘管如此，他卻保證重振的國家不會「在石油收益的溫暖毯子下睡著」[11]。俄羅斯將一大部分石油營利轉入準備金，當運氣反轉時，可以拿這個小豬存錢桶來刺激經濟。南蘇丹並未如此。相比之下，解放運動黨不僅安適窩在溫暖的石油收益毯子下，還關燈並吞了顆安眠藥。

在獨立前的日子裡，打擊貪腐的作為多半徒具表面功夫，導致想與之正面對抗的人變得灰心。但是當南蘇丹又被捲入戰爭，經濟陷於死亡螺旋，對於解放運動黨的批評變得更普遍——關於貪汙的談論也是。「這群傢伙把我們全騙倒了。」在擁擠的咖啡館裡，一位南蘇丹年輕知識分子隔著小圓桌告訴我。這位舊識是解放運動黨成員與昔日的「加朗子弟兵」擁護者，聽起來滿腔憤慨，表露無遺。

他現在認為執政黨的貪婪與對人民的漠視，可以比擬、或許甚至超越喀土穆統治下的南部人遭遇。他言下令人憂心的跡象早在獨立前就開始，然而近日南蘇丹童話故事的真相揭曉似乎佐證他的犀利評價。「這些消失的款項，你瞧，不只是機會成本的損失。懂我意思嗎？」揮霍無度、無視國家預算及隨後的過度借貸，嚴重削弱經濟並導致發展議題受挫。「情況甚至比你想得更惡劣。」

身穿有著高聳領子的破舊棕色皮夾克，他看起來像是從一九七〇年代電視節目直接走出來的人物，可是事實上他要到七〇年代末才出生。他這一群三十世代把絕佳希望帶給南蘇丹的未來——受過教育、熟稔進步觀念且厭倦軍事化政治。對於浪費掉的機會心生反感，在他看來，解放運動的解放者失勢是因為背叛廣大人口。

「他們—把—所有一切—視為—理所當然。」他用熟悉的斷字方式說道，一邊把金屬細框眼鏡往上推。「被石油收益沖昏頭，受到國際社群呵護，他們不覺得自己需要做任何事。」他同意解放運動黨內部的派系與權力鬥爭導致其崩盤，但是反對黨內人士將其歸因為政治。「這與政治無關，跟金錢有關。」他解釋，指稱為政治會「合法化分食國家大餅之爭」。

我的同行已放棄其他有意義的追求，把時間花在調查貪汙醜聞與拼湊證據，希望或能使拖垮國家的保守政黨信譽盡失。他運用年輕人和同為理想幻滅專業人士組成的網絡，蒐羅驚人的資料庫；拇指在智慧型手機上滑動展示圖片，他給我看信用狀、內部備忘錄、銀行交易紀錄、轉帳單、假合約和外國非法資產的照片——其中有些是由政府高官的子女張貼於臉書。（一張照片顯示在澳洲的海岸高速公路上，有位妙齡女子在BMW車的天窗裡搔首弄姿。）[12]

往下滑動展示證據時，他稍作暫停讓我消化，並且觀察我的神情透露的反應。他要這些極度令人髮指的行徑受到承認；他本身抱持的蔑視需要獲得證實。但是我也不禁擔心他的安全，因為他掌握的罪證數量之多，必定會招致其餘與他相仿者身受的威脅、毆打與暗殺企圖。即使公開發表，也很難曉得這些證據是否將發揮任何影響力。權力高度集中在看似無法動搖的政府菁英階級手裡，難以想像任何一個人會被追究責任。

美國及其歐洲盟友提供不可或缺的政治支持，並且在過渡時期將鉅額資金投入南蘇丹。不過高官也走後門侵吞錢財並非祕密。（錢也許不是從援助帳戶直接被偷走，但是無論如何，此種安排使得貪汙問題成為可能。）西方是否根本對此漠視？有些是，有些則否。

第一要務依然聚焦於全面和平協議，並將防止戰火重燃當作基本目標。美國官員相信，直到獨立實現前，絕對有更廣泛、更迫切的關懷要處理。有些人私下提出整頓訴求，但是證據往往僅限於傳聞。即使貪汙無可否認，有些外國捐贈者把這種情況合理化，就像有人對我說過的，他們無權「告訴南部人怎麼用他們自己的錢」。

「到頭來，解放運動黨終歸自行其事。」另一位外交官省思，駁斥過分誇大的西方影響力觀點。「這是一個不同的世界，我們永遠無法理解。」

上述解析說出重要的事實。但是南蘇丹的外國友人確實選擇不去動用他們的巨大影響力，全未用於對抗解放運動黨的專制政體或猖獗的財政貪汙。滋生風險的緊密「友誼」以及對於喀土穆的持續顧慮，妨礙了更堅定要求解放運動黨加緊財政管控，在早年尤為如此。無論是刻意忽視或接受短期現實，實際上貪汙被視為能夠矯正的弊端，可以留待日後處理，一旦體制成熟就可望獲得控制。

但是在放任的情況下，貪汙變得危害甚深。這在統治菁英間形成不被究責的習氣，並且敗壞為了支撐一個獨立國家所奠定的基礎。

「南蘇丹的貪汙有某種統合理論嗎？」我問道，「足以解釋貪汙是如何與為何變得這麼有系統？」多年來我在無數次談話中遇到這個問題，不過二〇一六年我向南蘇丹平民、長期觀察家提出這個普遍問題，也問了我認識曾拿錢的人。儘管並未浮現令人滿意的單一理論，把他們的回答加總來看，仍有助於瞭解此一毀滅性弊端。

人們最常提及領導不力，體制不成熟緊追在後。在過渡時期初年，確實不存在掌握、管理與維護如此鉅額款項的必要制度與制衡。區域政府剛剛設立，還沒有財政部也沒有南部中央銀行。大多數政府高職並非根據資歷派任，而是基於解放軍層級。有幾位鬥士轉任行政職位的表現令人刮目相看，不過多數人並未如此。「有些個別部門治理良好。」一位資深黨員說明，提出幾位擁有行政經驗與高等專業學位的個人。「但是老實說，他們在欠缺紀律與領導的體制裡毫無機會……情況一團亂。」

前銀行界人士詹姆斯認為有些人抱持一種迫切感，「他們正在老去，因此覺得是時候趁著氣數已盡前撈點好處。」抗爭分子多年來過著清苦日子，即使準備好要改變，若覺得他們只求生存的心態會在一夜之間轉變為從長計議，不免顯得天真。有些人繼續質疑全面和平協議能否長久，認為與蘇丹重新開戰近在眼前，並論斷最好及時行樂，還要為了更艱難的日子做足儲備。

許多國際盟友同樣憂心南北戰火可能重燃，因此一種「臨時」的心態與軌跡，反映在有時顯得欠缺熱忱的投資與發展計畫上。

朱巴區域政府的半自治性質也阻礙體制的建構。一方面，南蘇丹試著鞏固治理一個國家的必要體系，然而另一方面，全面和平協議「讓統一有吸引力」的意圖，代表對於朱巴或捐助國而言，事先預期二〇一一年公投的結果在政治上站不住腳。此外，終於擺脫舊霸主的控制後，新區域政府裡有些人可想而知地迫切想要自立；他們抗拒外部援手，無論來自同區域友邦或更遠的地方。

這些解釋在剖析是什麼讓極端貪汙成為可能，但是我仍然想知道是什麼激發了貪汙。那是否純屬人性，好比說我們任何一人落在他們的處境，也會做出同樣行為？

有段時間「虧欠」的說法獲得接受，或者至少中飽私囊者是這麼說服自己：這些人曾經領導抗爭，所以應該為他們的犧牲與最終的勝利獲得補償。經過那麼多年喀土穆橫加打壓與資源剝削，他們贏得國家確實有種驚人的應得感。這其中還有一種「道德許可」機制，即社會心理學的普遍概念，指過去的良好道德行為使人更可能在做出不道德行徑時，「不致擔心感覺或顯得不道德」[13]。以人民之名發動的解放抗爭是夠良好的行為，意味著偷走一點國家資源根本不算離譜。接著變成拿一大筆錢。

收買忠誠以獲得南部團結的做法，也跟解答貪汙謎團直接相關。二〇〇六年朱巴宣言（Juba Declaration）是薩爾瓦將南部民兵編入解放軍的包容政策，毫不意外地，有人從中大舉獲利。「馬蒂普家裡堆著一箱箱的鈔票。」一位前解放軍上尉告訴我，他指的是努爾民兵指揮官馬蒂普的大宅。據說這位年長反抗者拿國內最受尊崇的動物來比喻，並對解放軍領導階層說：「我們的牛生小牛了；讓我們跟自己人分享，把牛奶喝掉吧。」[14]

有些人相信，將馬蒂普與其他敵對民兵併入解放軍，是利用充足石油營利「收買和平」的南部廣泛政策基石。蘇丹政府長期供應資源和軍火給馬蒂普與其他不滿的南部支持者，作為擊破策略的一部分。薩爾瓦政府堅決不放棄全面和平協議及渴盼的公投，為了維繫團結，將會在灑錢方面不惜代價超越北部對手。

除了錢以外，也包括以職位收買人心。正如同里艾克一度回歸陣營並當上副總統，馬蒂普立即任職解放軍副總司令，儘管他跟這支軍隊纏鬥多年。另一位與喀土穆結盟的民兵領袖當上州長，其他人則獲任為「總統顧問」，此職位並無實權，但是配備辦公室、越野休旅車和預算。薩爾瓦與同夥廣分錢財，好預防馬蒂普或其他任何人又受到喀土穆引誘。而他們確實拿出大把銀子。

其他人否認有此露骨政策。不過縱使集體擠奶不能算是一項政策，實際情況顯示至少對於如何安排已經達成共識：假使像馬蒂普一般的外人能不計代價獲得供養，暗盤交易必定涵蓋解放軍內部的真正解放者。開始喝牛奶吧。

一旦中飽私囊的官員夠多，就會出現冷戰共同毀滅保證（mutually assured destruction）概念的類似情況。假使任何人指責另一個人，他自己也有出局的風險，雙方都將毀滅。蒙羞的財政部長亞瑟・阿克文（Arthur Akwen）在二〇〇七年因貪汙指控遭解職入獄。隨後武裝同夥助他逃獄，州政府並未試圖逮他回牢。他就這麼繼續留在朱巴，很奇怪的，毫無追究他的後續行動。「亞瑟放話……你懂的，讓權力走廊都知道，」他的一位繼任者告訴我，「要是有任何控告他的案件，他握有牽連其他人的所有必要文件……直抵最高層。」這就像是黑幫的緘默法則（omertà），敞開大門讓更多人參與享用利益。

在個人貪汙的極端案例之外，存在一個更艱難的問題：在一個欠缺長久穩固體制的社會，什麼是「貪汙」、什麼又是分發資源的合理方式？難道貪汙與非法恩庇網絡就是「非洲作風」嗎？有些西方專家不僅將此種恩庇網絡視為非洲的核心組織原則，而且無法改善。他們主張，在非洲，國家和平是權力階級間瓜分大餅的結果，若寄望能有別種情況就太天真了。

西方人確實太常跑去開發中國家，態度不耐且專制地宣揚自由民主體制。但是這種全然的失敗主義論調落入另一個極端，暗示非洲人沒有興趣、或者沒有能力採取更能長久延續的自治形式。且以低劣的簡化論調呼籲：「別假裝這裡還有更多可能；事實就是如此，所以我們最好繼續行禮如儀，掩蓋真相。」

這種恩庇模式及其他從表面看來值得商榷的做事方式，正是南蘇丹的實際情況，而且在整體條件考量下能被合理化，至少短期內如此。真正具有貶低意味的是暗指世上其他秩序與進步社會的那種社會、政治、經濟規則和體制，在如南蘇丹一般的地方根本不可能存在。

南蘇丹位高權重的國賊放心暢飲牛奶，不覺得有理由擔憂。朱巴從未打擊過貪腐。但是在二〇一二年五月三日，薩爾瓦總統寄出的信將改變這一切，並且撼動整個南蘇丹政體。「估計四十億美元去向不明，或者簡單來說，遭到現任與前任官員竊取。」這封令人震驚的信中寫道。薩爾瓦指出，遭竊資金追回帳戶（Stolen Funds Recovery Account）開設於肯亞某間銀行，帳號是「0810299067373」。他對信件的七十五位祕密收件者寫道：「我寫信是為了鼓勵你歸還這些遭竊款項，」而且他向存入竊取款項的所有人提供特赦與保密。相反地，不聽命照辦者將被追究責任。薩爾瓦給老戰友的公函以動人陳辭作結，「我們一掌權，就忘了自己奮鬥的目標，並且開始犧牲人民的利益讓自己致富。」[15]

到薩爾瓦寫信的二〇一二年，一些高風險決策已使南蘇丹經濟陷入意想不到的嚴重困境。因此導致的預算短缺和緊急緊縮措施，損害了國家的新生體制，長久以來使國家政治體系順利運轉的金錢驟然枯竭；少了它，引擎將會陷入停頓。最終國際夥伴並未向處境艱難的政府紓困，而是對薩爾瓦施壓，要求採取具體措施打擊正由內而外吞噬新國家的弊端。獨立已實現，扭曲的財政治理再無藉口；清算的時候到了。

乍看之下，俗稱的薩爾瓦「七十五人信件」似乎是大膽舉動，恰為所需的那種路線修正。但是捐助國讚揚此舉時，並非所有人都贊同。「你們不是認真的吧。你寄出這封信，同時還想保全自己？」詹姆斯轉述聽聞者的反應。「人們只會嘲笑他。」除了憤怒以外，朱巴政治圈許多人覺得信中情操高尚的呼籲尤其荒謬，因為普遍認為薩爾瓦和他身邊最親近的人，就跟祕密名單上的任何人一樣不老實。「此舉從未打算造成任何有意義的結果，只是一種滿足捐助國的聲東擊西手法。」詹姆斯主張。「薩爾瓦肯定知道這絕無成功可能。」

但是這封信事實上並非玩笑。無論信中說法是否屬實，許多遭指控者將此視為政治抹黑行動，由現今在薩爾瓦身邊掌權的親信發動。指責隨之而來，揣測傳聞裡的名單對象使情況更加惡化。從獨立以來黨內派系首度重現，而且公開行事。「泰拉爾（Telar）的人，」一位黨內人士告訴我，他指的是薩爾瓦備受爭議新顧問群其中一人，「他們想起訴加朗子弟兵，懲罰掌控——並洗劫——國家的那夥人。」其他人主張遭指控者不僅竊取金錢，而且在其竊盜統治期間毫無推動國家前進的作為；也該是時候讓他們受到懲罰了。

惡意耳語籠罩朱巴，不僅包含眾所周知的黨派系，也涉及黨外人士。其中之一是長期的美國友人與「委員會」成員達格尼。他暗地裡在薩爾瓦辦公室的內部做事，並密切參與貪汙調查[16]。達格尼涉罪引起相當大的爭議，普遍認為是他主筆「七十五人信件」，而且是這整個行動的幕後推手。無論此種說法公平與否，有些人覺得他熱衷權術，或喜於重申他在華府—朱巴關係中的角色，抑或著迷於一種浪漫理想，要去導正他和美國同伴協助創建的國家。其他人聲稱，他執意以某種方式中飽私囊。[17]在信件四處流傳不久後，傳聞達格尼被迫逃出國以保安全。[18]

打擊貪汙至關緊要，但是薩爾瓦初登場的高調反貪汙措施顯得執行不力。許多人質疑四十億美元數據的計算方式，以及總統辦公室是否取得充足財務資料來支持指控。數據還算是簡單的部分；信函點燃一場政治上的烈火，總統和他的人馬似乎尚未做好應對準備。

「每個人都在那份名單上！」一位收到信的內閣部長抱怨。部長和其他幾位解放軍高層人士向總統交涉，主張他不能用這種方式乾脆控告整個政府。「如果我受到懷疑，說我是賊，我要怎麼繼續做事？」他們告訴薩爾瓦，這麼一來他必須解散政府，因為指控意味著「有片雲懸在我們所有人頭頂」。許多收信者事實上是有罪的，所以他們也許是試圖要薩爾瓦掩蓋事端。有人揣測他們會不會警告薩爾瓦「共同毀滅保證」的風險——假如因為貪汙受到公開指責，他們也會拖著薩爾瓦同歸於盡。

無論最初的動機為何，薩爾瓦打了退堂鼓，看似大膽的打擊行動逐漸冷卻。後續並無調查，極小部分遭洗劫的金錢歸還至肯亞的匿名銀行帳戶。儘管警告了貪汙偷盜者，調查行動的計畫不夠周全，無法滿足眾多南蘇丹人及其國際夥伴期待的清算。

與此同時，將貪汙調查視為打倒政敵手段的人開始尋找下一次機會。充滿火藥味的事件並未處理國內最根本的問題，反而成為危險政治鬥爭近在眼前的最初跡象。

Chapter 11

糾葛的分離

「……唯有農民是革命者，因為他們一無所有而毫不顧忌……對他而言不存在妥協，沒有接受現況的可能；殖民與去殖民只是相對強弱的問題。」

——弗朗茲．法農（Frantz Fanon）

《大地上的受苦者》（*The Wretched of the Earth*），一九六一年

「我站在田裡，是玉米田，」普岡．阿穆說，「一直延伸到地平線。」他瞇起眼睛，伸出一隻手比畫那重新浮現眼前的地景。「太美了。我就像在海裡，一片翠綠海洋，還有藍天。」他繼續說，表現誇張的戲劇感。「但是為什麼我們沒有到處都是這般田野？」眼前田地富饒卻有如此多國人面臨赤貧，普岡無法接受這樣的落差，於是立志改變現況。「我們可以讓全國的田地一望無垠，」他心想。「那我們就可能變得非常富有。」[1]

現在是二〇一六年夏天，我跟蘇丹人民解放軍前祕書長普岡同席，一起坐在科羅拉多州丹佛市尋常餐館裡的高椅背卡座。直射燈光照亮他身後的洛磯山壁畫，大個子餐館雜工把咖啡杯盤碰得鏘啷響。經典搖滾抒情歌曲的微弱背景音樂在餐館裡迴盪。普岡在美國流亡，情況不怎麼算非自願，但也不完全出於自願。我來找普岡重溫蘇丹史上最具重大意義的章節——關於南部分立的協商，而他是其中的主角。不過在我們探究具體細節前，我問他是什麼引領他抵達那一刻，使他肩負創建南蘇丹的艱鉅責任。

普岡往前挪動並投入談話，說自己「成長時一直覺得我懷有重大使命」。他重溫那片翠綠田野，說明就在那一刻他開始瞭解使命的方向。「我領悟到我們身處在並非所屬的國家……在這裡我們受到鄙視，彷彿我們是過客。」普岡當時十七歲，而從那天起，他說，「我開始問重大的問題。」隨著時間過去，他下定決心，「我的偉大使命是建立一個國家，屬於我們自己的國度。」

關於普岡童年的杜撰傳奇就這麼展開，故事中他的命運和個人轉變跟尚待建立的國家緊緊相繫。

二〇〇九年我在朱巴與普岡初次見面。全國各地黨代表為了一系列活動來到朱巴，普岡趕場發表談話，與顯要同志握手。我跟隨他一站站的緊湊行程，直到終於獲邀爬上他的白金色相間豐田越野休旅車後座，於行進間會面。一對老舊的 AK-47 自動步槍擱在我們腳下，幕僚口中的「SG」注意到我的訝異。他搖搖手示意我放心。「喔，別擔心這些。」

我們有許多事要討論，當司機疾速南駛開往舉辦另一場活動的河畔飯店，普岡建議我們開始談。他是編故事的大師，為必不可少的黨宣揚美言，並且輕鬆轉移困難問題。需要會面多次才能穿透這位解放軍代表人物的光鮮表象。

普岡同志曾是加朗最親近的追隨者之一。他是一個知識分子、馬克思列寧主義者且善於表演，這些資歷可以彌補，他在出身的上尼羅州西岸什魯克人土地欠缺廣泛政治支持基礎。普岡打破許多南蘇丹的傳統類型，他的外貌也不例外。身材短矮，有張圓臉與圓滾滾的肚皮，就像是顆保齡球。這個形象也與他的政治作風相符：飛快滾向目標的冷硬圓球，速度愈來愈快且不太可能偏離路徑。他深具自信、傲慢，在說大話領域擁有博士學位，而這位圓胖思想家很快就把國家的命運裝進公事包。

在二〇一〇年春天，距離我們初次會面不到一年前，來自北部與南部的代表團開始協商蘇丹的兩種可能未來——成為一個或兩個國家。普岡獲任為總協商代表，喜盼終於有機會迎戰北部對手。面對意志較薄弱的薩爾瓦，普岡可以輕易辯護自己的決策；在旋即轉變為與喀土穆的高賭注牌局中，他取得空前的權力與決策權。

數年後，在歷練及與激烈交鋒時期相隔一段距離的緩和下，這位正義的策動者變得放鬆。在兩顆生雞蛋與幾粒完整黑胡椒的早餐間，普岡告訴我，他現在的內心平靜要歸功於注重健康的配偶、定期冥想，以及對於佛教與東方哲學喜好讀物的深思。但是在二〇一一年蘇丹分裂之際，他更像是別稱塔斯馬尼亞惡魔的袋獾，而非冥想的僧人。他享受施展邊緣政策的機會，等不及跟敵對的北部鬥狠。從許多方面而言，普岡的職涯與政治認同受到他對喀土穆的反抗所定義，且懷抱著源自解放思想的熱忱與堅定態度去追求。

「我出生時，」普岡說，「我母親哭喊：『太不可思議了！』」新手母親將她的第一個小孩命名為「普岡」，他解釋：「在什魯克語裡意指『不可思議』。」描述從早年預言通往解放祖國重要人士之路時，普岡稍作停頓才發表排練好的結尾：「從此之後，我就過著不可思議的人生。」

一九五九年出生於受過教育的什魯克人家庭，普岡是個享有特殊待遇的小孩。他父親在殖民地警隊工作，隨後繼承祖父在什魯克王國的顯要酋長身分，獲得大片土地，種植多種作物，且於鄰近的馬拉卡爾經營多間商店。上述資產相加，提供多數南部人難以企及的可觀財富。

普岡對於自己青年時期充滿遠見的誇大描述，反映超強大的自我與高傲目光，早在他離家上大學時就已成形。一九七〇年代末期普岡在喀土穆大學（University of Khartoum）初涉解放論述，南部學生在校園屬於極少數。急切想將剛學到的馬克思列寧主義思想化為行動，他跟一群想法相近的朋友報名武術課。「我們覺得自己可以練成無堅不摧的忍者。」他回想時大笑。

雄心勃勃的激進分子回鄉到普岡父親的農場，試著自學開槍射擊。沒在為革命行動做準備時，他解釋，「我們閱讀手邊有的一切。」有次普岡把一本瑜伽書誤認為武術教學書。意外的閱讀留下深刻印象後，他開始固定練習瑜伽，「甚至戰時在叢林裡也是。」他宣稱。認識瑜伽也激發對於東方思想與冥想的廣泛興趣。

普岡著迷於加朗的「新蘇丹」願景，於一九八三年加入新創的運動。約翰博士監管所有的國內外人力部署，派他到哈瓦那的古巴社會科學院讀政治學與政黨組建，蘇丹人民解放軍剛跟那裡的卡斯楚共產政權建立關係。作為解放軍的拉丁美洲代表，普岡促使解放軍幹部接受游擊隊訓練，且經由接觸古巴革命與尼加拉瓜桑定民族解放陣線（Sandinista）人士，進一步發展他的左翼思想。

普岡是獲得類似機會的少數人之一。回到南蘇丹時，他成為運動的發言人、及其最高機關全國解放委員會（National Liberation Council）一員。接下來十年間，一路晉升的知識分子變得跟加朗愈來愈親近，無論好壞，這份關係將界定他的政治生涯，讓他與加朗悉心挑選的其他參謀踏上通往黨內高位之途，卻也激起黨內敵對人士的怒火。

二〇一〇年四月的蘇丹全國大選後，注意力轉向政治地平線上意義更重大的下一樁事件：南部自決公投。南北協商代表團就即將到來的投票舉辦，以及一系列「後公投布局」展開對話。石油、國安、邊界、債務、貨幣與公民身分都需要緊急對策，尤其在假若國家一分為二的情況下。但是協商迅速變得政治化，一場高風險牌局由此開啟。

普岡獲派領導朱巴的協商代表團，得到機會去實現他年少的偉大願景。同時應付敵對協商者、國內異議者與國際壓力，他似乎樂於面對挑戰與鎂光燈。施加的壓力愈大，他顯得愈自在。假如籃球比賽剩下十秒，有一次機會投入致勝分，普岡會想持球。有時他成功，有時則否，但是朱巴的大膽先鋒從未遲疑主動請纓。

雙邊協商代表團、以及現正關注的許多外國使節，都希望關於未來安排的商談能在投票前完成，也就是二〇一一年一月。不過這證實是一廂情願的想法；北部與南部陷入持續近兩年半的漫長拉鋸戰，與此同時現實世界瀕臨真正開戰。當協商人員以蓋過對方的音量喊出提案，尖酸言辭使雙方情緒變得強硬，此時兩支軍隊沿著長約一千六百英里的共同邊界日日互相挑釁。在一處特別重要的邊界哨所，身穿迷彩服的士兵坐在坦克車頂，玩轉武器，隔著不到一百公尺的乾燥灌木叢互相監視。即使政治人物設法在談判桌上掌控局面，只要一個紀律散漫的士兵誤開一槍，或者一輛誤駛的吉普車靠太近引起敵軍不安，情勢就會急遽失控。

為了開啟協商程序，普岡在一列指導原則旁首度簽下名字，開頭的「P」寫得十分顯眼。喀土穆總協商代表伊德里斯・阿布杜爾・蓋迪爾（Idris Abdul Gadir）接著簽字，雙雙承諾團隊將致力於和平、合作與所有人的「繁榮未來」。他們的協商將「真誠促進人民的共同利益……無論公投結果為何。」[2]此措辭考量到兩種可能的結果，即統一或分離，因為距離投票仍有九個月。不過這多半是為了表面工夫。南部準備分離，這一點人人心知肚明。

當南部人最終在二〇一一年一月投下獨立票，後公投協商的目標轉變為實現「兩個共同延續的國家」。然而寬宏大度的原則與務實的新用語，旋即被對立與零和思維所取代。這並不令人意外，畢竟將國家一分為二是件棘手的事，當國家浸滿鮮血時尤為如此。

光是檯面上每一項後公投議題就很麻煩，全部加在一起，再摻雜認同政治、數十億美元收益、超乎尋常的人格及充滿激烈情緒的過往，人們就能開始理解分離何以變得如此糾葛。此外，考量到分離將於北部引發的重大政治與經濟變遷，很可能即將誕生的是兩個新國家，而非一個。

分離縱然名義上屬於國家事務，由各國政治人物訴請，卻是普通平民的家園、生計、安全、財力與認同，最受分離議程所影響。

分配共有土地時，石油是最受覬覦的資產。石油不僅是南蘇丹國家延續可能的根源，也是一種驕傲與機會的象徵。石油利益促成喀土穆長達十年的榮景，南部則在赤貧中受苦。毫不意外，黑金旋即成為議程中最具爭議的話題。

不過，也正是石油使得雙方在分離後繼續聯手。超過百分之七十五的已探明儲量（proved reserves）位於南部，但是出口原油必需的油管與海港位於北部。假使任一方此後想從石油獲利，他們必須找到合作方式。這種相互依賴似乎是防止重回全面戰爭的最大保險。

蘇丹的石油剛好集中在南北間相互爭奪的邊界土地，使事態更形複雜，有些產量最大的油田甚至橫跨邊界線。但是沒人知道那條線的確切座標，疆界亟需劃定。自從全面和平協議要求解決這項問題，南北團隊跑遍全球尋找一份標出正確邊界的英國殖民時期地圖。他們翻遍蒙塵的檔案卷宗和博物館地下室，不過這份地圖似乎已消逝於歷史。

雙方為爭搶領土辯論之際，遊牧人民害怕被隔絕在牧場之外，自認屬於南部的家庭則擔心被納入錯的國家。流離失所的長者牢牢抱著希望，有天能回到被非法逐出的傳統故土。因為在邊界地帶的經濟、文化和語言疆界十分多變，解決方案不只需要在地圖上畫一條線，也要創造某種「軟」邊界，讓數百萬人賴以生存的跨域移動與貿易得以延續。

在像蘇丹一般種族、族裔與宗教如此多元的國家，公民身分與國籍也是關鍵議題。假使有個喀土穆出生的丁卡族男人，娶蘇丹北部出身的妻子，小孩講阿拉伯語並就讀喀土穆郊區的學校，對他而言最終決策可能帶來改變人生的後果。他是南部人的後代，可是南蘇丹對他就像異國。當兩國分裂，他在蘇丹的工作會不會被開除或拒絕雇用？他會不會被迫「返鄉」，到他從未踏足的國家取得公民身分？他的妻子會在那裡受到歡迎嗎？

協商清單的下一個主題是貨幣，因為假使真得分離，朱巴計畫發行自己的貨幣。在以現金為主的經濟體中，貨幣必須安穩地首度發行，以防止貨幣危機與大眾騷動。對於在西赤道州露天市場賣芒果和花生的阿贊德族婦女來說，在蘇丹鎊仍有價值時獲得兌換機會，將決定她的孩子溫飽與否。

分配國家的資產與四百億美元龐大債務也是一件複雜事務。入夜後，喀土穆恢宏天際線的藍、綠與金色光芒，連同懸索橋映射在尼羅河面，樹立在旁的是五星級阿法特塔飯店（Burj al-Fateh Hotel）★，雄偉立面造型有如船帆。與此同時，朱巴的「天際線」大多由鋁製組合屋和幾棟單層磚房構成。一位南部人總結他那方對於資產負債事務的看法。「喀土穆是用南部的資源興建，還用我們自己的錢發動戰爭對付我們！」南部人確實未從蘇丹的大舉支出中獲得多少利益。「不可置信！為什麼我們應該把所有資產留給他們，還要扛起任何一點負擔？」

最後，軍方需要對國安問題達成協議，包括一個非軍事區、互不侵犯條約，以及留在蘇丹的當地解放軍部隊解決方案。雙方將領視各自國家叛軍為代理人而提供支持，此爭端也需化解。蘇丹在運送武器給南部民兵挑起事端方面經驗豐富，到了公投前夕，現在換成朱巴回報對方的干涉。

協商從二〇一〇年中開啟，先是輪流在喀土穆與朱巴舉辦、隨後移至衣索比亞，此中立據點也是非洲聯盟的總部。由於薩爾瓦總統缺乏戰略視野，並且愈來愈疏遠協商，帕岡承擔責任並按照他認為適當的做法繼續談判。這位不屈不撓且自信滿滿的協商者，擬定大部分決策前並未諮詢朱巴。當薩爾瓦表達意見，或者親自出席參與協商時，帕岡偶爾會駁回他的決定。

對於他的新興國家而言，有著保齡球身形的協商者也許是更具說服力的擁護者，但是有些人覺得他的自命權威既傲慢且危險。「普岡在操作一個平行的體制！」一位南部評論者告訴我，他以南蘇丹政治圈常見的激動高昂語調吐露鄙夷。喀土穆同樣覺得普岡過於自命不凡，數度試圖排擠他，轉而跟較易受影響的薩爾瓦打交道。

「無稽之談。」我問普岡批評的事時，他這麼說。不過普岡順暢轉移到關於薩爾瓦的負面評論，諸如「無知的懦夫」、「無法做出戰略決策」，明顯暗示他絕非一位聽命行事的下屬。

協商是在雙邊基礎下開展，不過若有需要，雙方可以向前南非總統塔博・姆貝基（Thabo

★現已改名為喀土穆科林西亞飯店（Corinthia Hotel Khartoum）。

Mbeki）請求「促成」；他受到非洲聯盟任命來支援協商過程[3]。有些非洲領導人物相信姆貝基的角色相當關鍵。南蘇丹將要分離，他們認為讓這樁震撼事件「擁有相關的非洲敘事」極其重要，姆貝基團隊的一位成員告訴我。「重點是別讓喀土穆覺得非洲國家在跟西方共謀，企圖分裂蘇丹。」[4]

經過三個月的徒勞無功，顯然問題太過複雜與尖銳，無法以雙邊協商完成。普岡也察覺己方代表團面臨重大劣勢：喀土穆掌握所有國家層級的治理與經濟重要資料，包括石油生產的數據，解放運動黨只能全憑猜測。他擔心若無法取得這些情報，或者更糟的是，拿到被竄改的資料，導致南部代表團無法談成公平協議。因此他們重新考量更積極的第三方調解計畫，或許能助益公平競爭。

解放運動黨對於姆貝基和調解團隊存有疑慮，擔心他們會過度偏袒蘇丹，可能更傾向統一而非分離。另一方面，聽聞建議南部人應該向蘇丹「買下他們的自由」，普岡也火冒三丈。他愈來愈擔憂外界人士或許會施壓，迫使他們向長期蒙受其統治苦難的政權過度順應。普岡指的不只姆貝基，還包括解放軍的西方友人。

少數南部政治人物認為順應是一種審慎的策略，不過他們勢單力薄。一位務實的黨人主張，解放運動黨應該跟喀土穆和睦往來：避免衝突，確保獨立，並且跟蘇丹建立正向關係；無論喜歡與否，它都即將成為最重要的鄰國。他認為現在是時候「讓分離有吸引力」，以此代換全面和平協議的「讓統一有吸引力」口號[5]。

但是普岡同志不贊成這個觀點，這是比較溫和的說法。他回想當時對於此種「把能給我們的拿走」心態氣得咬牙切齒，覺得這種互動就像是「奴隸與殖民主子」的關係。不，解放思想家企圖對等地應對進程。自決是一種權利，他的人民對此再無虧欠。他表示，保守聲浪來自「解放運動黨向來與喀土穆合作的派系」，他們的觀點反映「家奴的心緒」。

普岡的挑釁歸納未受證實。他捲起格紋扣領襯衫的袖子，把手肘靠在桌上，進一步深入探究他的解放辭典。「其他解放運動黨人並未將抗爭內化……至革命的核心。」他把自己和一小群想法相近的先驅，跟黨內多數成員區分開來，他表示後者的「靈魂仍受主子支配所掌控」。普岡說他有自信，自己跟這群較有見識的同仁，更有條件追求「真正的南蘇丹國家利益……並抱持清明的心智。」

毫不令人意外，薩爾瓦在普岡的好鬥陣營與偏向姑息者之間搖擺不定。但是無論出於逼迫或說服，普岡派漸漸占了上風。二〇一〇年九月向來自華府的國會黑人黨團舊識演說時，聽起來薩爾瓦總統的評論跟他的總協商代表極為相似：

> 愈來愈多人呼籲，假使要北部接受南部獨立，南部必須做出「順應」與「妥協」。諸如「順應」、「妥協」等辭彙，以及「買下你們的自由」等用語值得擔憂。這些措辭以某種方式指涉南部尚未做出重大妥協與犧牲。瞭解我們國家歷史的任何人都知道那絕非事實。[6]

最終，姆貝基團隊在雙方的調解中承擔更主動的角色，且於日後邀請美國和聯合國外交人員以觀察員的身分參與。華府是在蘇丹最具影響力的外國政府；其與南部的密切關係，理論上意味著可能於必要時向解放運動黨施壓，要求配合。且由於華府對北部的廣泛經濟制裁，它也在蘇丹重回全球經濟的層面占有優勢。

但是隨著公投的時間逼近，談判桌上的緩慢進展令人沮喪。投票自決權在六年前獲得書面保證，可是現在剩下不到六個月，歷史性的投票依舊在未定之天。

為公投鋪路且獲得喀土穆承認投票結果的最佳方式，是就棘手的後公投議題敲定雙方都能接受的布局[7]。投票的可能結果必定對北部與南部政治經濟體系雙雙帶來震撼；擬定應對不確定與吸納震撼的藍圖，意味著縮減喀土穆拒絕承認投票或其結果的理由和機率。但是協商陷入僵局，雙邊都想獲得對方的保證，而且沒人願意率先行動。膽小鬼賽局（game of chicken）★因此日益升溫。

基於全國大會黨長串未履行承諾的紀錄，普岡團隊想獲得具體保證，喀土穆會遵守公投與預定時間表，並且成為第一個正式承認南蘇丹共和國的國家。南部人不想讓自身陷入如科索沃（Kosovo）一般的地緣政治僵局，二〇〇八年單方面脫離塞爾維亞（Serbia）後，僅獲得世上半數國家正式承認。喀土穆的迅速承認能確保其餘國際社群效法。但是解放運動黨無從施力影響喀土穆的政策，唯有幾近完全仰賴華府與其他國際擔保人，去要求全國大會黨遵守全面和平協議。

與此同時，全國大會黨希望在此重大事件發生之際確保國內穩定。在分裂前夕，喀土穆政權面臨交織政治、經濟與國安層面的風險，對其構成存續威脅。達佛的抗爭人士持續騷動。解放軍在蘇丹的南科爾多凡州（Southern Kordofan）與青尼羅州（Blue Nile）擁有盟軍部隊，倘若其日後地位遲未定案，勢必很快就會重掀叛亂。執政官員唯恐分裂的打擊會賦予政敵膽量，並使廣大國內選民轉而反對執政黨。他們也擔心，一旦擁有自立的自由，朱巴可能會加碼支持蘇丹的其餘不滿區域，而這疑慮不無道理。

喀土穆的問題很清楚，行動方案則否。觀察家懷疑該黨是否處於驚愕狀態；確實有許多北部人從未預料公投會成真，如今有些人顯得不願承認。分歧陣營顯現矛盾跡象。強硬派要徹底阻撓投票。其他人則準備接受分離，卻認為應該動用一切必要手段以繼續控制南部油田。第三種務實陣營意識到國際壓力、總統遭受國際刑事控訴與分裂後無法避免的政治餘波，他們只希望協商出盡可能最理想的分離方案，以鞏固政權對於權力的掌控。

隨著時間愈來愈緊迫，喀土穆還是堅決不透露想法，談判桌周圍人士的血壓集體飆高。有鑑於蘇丹南北政治長期特有的邊緣政策作風，來自美國、歐洲、中國、非洲與聯合國的外交人員擔憂，雙方或許會繼續等待，企圖在最後一刻談成重大的妥協交易。在公投仍未確定的狀況

★意指先讓步的一方顯得膽小怯弱，因此雙方都不願動搖。

下，喀土穆會不會在協商時刻意較晚亮出底牌，企圖脅迫解放運動黨與國際社群顯著讓步，以此交換和平及喀土穆對於投票的認可？

這是一個極其危險的時刻，賭注押到最高。普岡和他的團隊堅持己見，北部對手亦然。北部與南部都只有少數溫和派，能跳脫當下的激烈情緒與敵意。這群人體認到地理、經濟與歷史關聯，明瞭在未來幾年中，兩個蘇丹之間的關係依然是最重要的事。但是隨著協商氛圍每況愈下，務實觀點的空間緊縮，他們的愛國心也遭到一心想爭鬥者質疑。

「他們根本不在乎。」姆貝基調解團隊的一位成員表示，回想雙方菁英進行的危險賽局。「他們才不在乎庶民。」[8]他認為協商者活在高層政治的泡泡裡，不是根據普羅大眾的利益做決策，而是超強大的自我、逞兇鬥狠與意識型態狂熱。事實證明，關於戰爭、凌虐與彼此憎恨的個人歷史難以撇開，對於某些協商參與者來說，這似乎是清算舊帳的機會。

任一方誤判都可能造成災難性後果。六年來，雙方皆投注數十億美元加強軍備，並購置愈發先進的武器系統，意味著重返戰場的殺傷力將大幅增長。鄰國若蒙受連帶影響，且亟於維護區域安全與經濟利益，也可能加入混戰。這不免令人揣想：另一場非洲大戰是否正要形成？

到了二〇一〇年九月底，會議室牆外的緊張態勢也在升溫。蘇丹情報部長卡莫·歐貝德（Kamal Obeid）對喀土穆的南部人社群投下震撼彈，宣告假使南部選擇分離，居住在首都的估計兩百萬南部人「將不會享有公民權、工作或福利；不被允許在喀土穆的市場買賣……我們在醫院甚至不幫他們打針。」[9]國民議會（National Assembly）發言人同樣警告南部人，他們很快就要變成「二等公民」[10]，而在伊斯蘭理事會對他們發布稱為法特瓦（fatwa）的伊斯蘭教令後，南部人開始擔憂自身安全。

在邊境地帶，每支軍隊都在展示力量，調來數千位武裝援兵。一幅廣為流傳的漫畫，描繪總統薩爾瓦與巴席爾都把腳尖偷偷越過共同邊界挑釁對方，捕捉到此刻的脆弱和平。

隨著全面和平協議過渡時期進入危機四伏的最後幾個月，國際注意力重回蘇丹，愈發挑釁的修辭也引起國外注目。華府帶頭發起一波外交行動，向喀土穆、非洲與其他任何半推半就的世界強權示意，公投是美國的優先要務，而且不接受延後舉辦。

在紐約，歐巴馬總統和世界領袖召開會議，宣揚投票籌備工作與後公投協商進程的急迫性。美國副總統喬・拜登（Joe Biden）被派往此區域促成支持，希拉蕊・柯林頓（Hillary Clinton）領導的國務院則向朱巴增派外交人手。「對於整個蘇丹和整體國際事務而言，這正是最關鍵的時刻。」時任白宮高官的莎曼瑟・鮑爾（Samantha Power）告訴記者。關鍵是「展現世界的團結，」她說，並且「確保公投如期與和平進行。」[11]

關於石油、債務與國家安全的協商緩慢推進，喀土穆動用一切可能手段，試圖阻撓公投或引誘朱巴犯錯。諸如阻擋管理投票的立法草案，質疑選民資格規則，先扣住公投籌備組織的資金，隨後再上法院質疑組織的作為。到了二〇一〇年的最末幾個月，延後顯得極有可能成真，暴力惡果一觸即發，在我當時任職的國際危機組織，我用幾個禮拜撰寫一份題為「公投延後管理」的報告準備印行。法律與國際輿論站在解放運動黨這一邊，但是喀土穆投出的每顆曲球，都在挑戰普岡的解放運動黨要控制住沮喪情緒。每每都是在企圖刺激朱巴採取單邊行動，減損其於世界舞臺的可信度。

解放運動黨的確一度提出將單邊宣告獨立作為最後訴諸的選項。如此險招正落入喀土穆的圈套，使其得以合理摒棄公投，並導致南蘇丹淪為爭議領土。

在丹佛的餐館裡，我們的午餐送來時，我詢問普岡關於此挑釁舉動與其風險。「那是我的主意。」他說，毫不令人意外。「我是那個概念的發想者。」他認為那主要是「一種施壓策略，對象除了全國大會黨，更重要的是國際社群。」藉由玩弄此種瘋狂想法，普岡說，他相信勢已不安的國際外交人員會加倍努力確保公投發生，並且如期舉辦。此舉在某種程度上確實奏效，可是無論普岡擲骰子時多麼放心，如此賭局風險高昂。

從以前到現在都一樣，普岡喜歡對於互動關係複雜之事表現得無所不知。我們重新考量立場並權衡風險時，一顆滑溜的馬鈴薯兩度躲過他的叉子並滾出盤外，使談話中斷。「這……這是怎麼啦？」他故作詼諧地對馬鈴薯說。「它拒絕被送進嘴裡。」他打趣說，順利叉起逃過一劫的馬鈴薯後，重新談回地緣政治。普岡想給人留下印象，他的每個舉動都是高明策略的一步。事實並非如此。身為總協商代表，普岡是解放運動黨內最有能力的代表，但是政治的無可預料危險萬分，而且這項任務大於任何一個人——無論他多麼自視不凡。

前公投時期令人如坐針氈，戰爭的可能與分裂的國際重要性導致一些觀察家悄悄盤算，究竟該不該舉行公投。除了極富爭議的投票之外，另外有些人私下思量，南蘇丹是否真能成為一個長久延續的國家。但是到那時已來不及回頭。

經過幾個月的不加干預後，姆貝基終於明白某些經驗豐富蘇丹專家一直以來敦促之事：若要達成任何進展，他必須強迫雙方採取行動。儘管姆貝基從未以許多人認為有必要的作風去推動進程，他的團隊最終在十一月採取更積極主動的立場，並延攬國際技術專家以充實孤立的小團隊。他也邀請美國外交官在協商中扮演半正式角色。

美方派遣其中一位最有經驗的外交人員以利協商。普林斯頓．萊曼曾於一九九〇年代初期擔任美國駐南非大使，在該國的歷史轉型階段，與姆貝基的前任總統和前上司納爾遜．曼德拉（Nelson Mandela）密切合作。萊曼的任命改善了與姆貝基團隊的關係，畢竟沒幾個人能像萊曼一般直呼他的名字「塔博」，此外也讓國務院支援人力的小團隊發揮更積極的作用。與此同時，姆貝基和其他人寄望美方提出大手筆的鼓勵方案，幫助推動目前卡住的進程。他們照辦了。

時任參議院外交委員會（Foreign Relations Committee）主席的約翰．凱瑞當月接連造訪蘇丹兩次，代表白宮竭力遊說他們接受「藍圖（roadmap）」。華府各機關間激烈爭執下，造就這份兩頁的文件，提議撤銷蘇丹的支持恐怖主義國家身分，開始正常化外交關係，並且減輕某些制裁[12]。文件也模糊暗示債務減免的可能性[13]。所謂的藍圖列出喀土穆需滿足的七項條件作為交換，包括順利舉辦公投，與朱巴達成後公投議題協議，以及軍事緩衝。

雖然藍圖似乎是有利方案，全國大會黨官員保持懷疑看待。蘇丹外交人員認為華府曾違背類似提議而造成昔日傷害，擔憂往事重演。然而面臨即將到來的分裂後果，與美國強權關係正常化的前景相當具有吸引力。儘管心存疑慮，他們同意了美國的藍圖[14]。

排除重重難關，公投於二〇一一年一月準時舉辦。過程和平且可信，數百萬南部選民宣告他們的分離意向。喀土穆迅速承認結果。即將成形國家的驕傲子女標記日曆上的二〇一一年七月九日，如今距離他們長久理想中的獨立日只剩下六個月。

正事告一段落，南北雙方重回談判桌。這是一段艱難時期。當他們更加深入議題，並將全副心神聚焦於最關鍵的權衡時，普岡以一種宗教熱忱去追求目標。有時他的手段讓姆貝基困惑且挫折，美方與其他國際夥伴亦然。心態較務實的協商者希望找出解決方案，有時他們認為普岡的邊緣政策魯莽且大意，使南蘇丹人民蒙受不必要的風險。

但是普岡不為所動。他欣然承認自己跟周遭協商人士之間的緊張關係，不過，他反問：「是誰肩負達成這些目標的歷史責任？」他自問自答說道：「是我們……是我。」他主張，到最後是南蘇丹人要為自己的命運負責。包括非洲調解人士、美國友人、聯合國觀察家在內，其他所有人抱持特定目標。他們會繼續進行下一個工作，他們的政府會改組，他們會追求自己的利益。所以，儘管他們的建言出於善意，他也會如實考量他們的提議，可是只有南部人「必須接受（此刻做出的）決策」，並且「接受它們好幾代」。這些是長期的國家利益與認同事務，相信自己有解放天命的普岡，不打算為了權宜之計或他人的短期需要而妥協。

當我們在丹佛的談話邁入第七個小時，我逼問普岡風險的問題。毫不令人意外，能言善道、自我主義的政治動物普岡似乎有無限複述的能力。他堅持，要實現獨立，「這種決心有其必要。」一如往常，他以現有條件包裝論點。

普岡的論點相當合乎理智；面臨外界壓力或權宜要求，捍衛他所描述的長期國家利益必定需要堅毅決心。不過似乎也很容易陷入此種恢宏辯證，承擔過於大膽的風險。他繼續滔滔辯護時，我忍不住想到論述邊緣政策者與平民之間的巨大落差，是這群牧羊人、水果小販、流離長者的生活懸而未決。

稍早普岡曾以東方哲學用語，談論務實與接受人類侷限性能力的重要。「理想是要奮力追求，」他說過，「但是永遠無法企及的事。」在我們辯論南北協商的處理方式時，我懷疑在協商當時，他究竟有沒有考慮過這句格言。

倘若這場賭局在二〇一一年出差錯，意即假使協商瓦解、公投遭毀、雙方重回戰場，將更難為此堅決原則的狀況辯護。上述情形都沒發生。但是就在不久後，普岡的理念再度受到考驗，由於南部平民被迫做出難以置信的犧牲，這一次將更難化解。

Chapter 12

建國

「我們塑造了義大利；現在我們必須塑造義大利人。」

——馬西莫・阿澤利歐（Massimo D'Azeglio），義大利民族主義者，義大利統一之際，一八六一年

二〇一一年一月九日太陽升起前，南蘇丹人民在隊伍中等候。整個南部的城鎮與鄉間據點，成千上萬人站著準備投下分離票，他們非常樂於等待。在朱巴，似乎看不到盡頭的人龍在投票所外來回蜿蜒，一排接著一排再繞過街角。許多選民身穿他們最好的週日裝束。人們展露咧嘴微笑，驕傲地與藍白色相間護貝選民卡擺姿勢合照。有些人帶來煤渣磚坐著等上幾個小時，其他人站著也不覺得累。女人背著嬰孩，長者在年輕同胞的穩固手臂攙扶下，於隊伍裡緩緩前行。

將近四百萬人在這次歷史性公投中登記投票。等著他們的藍白色相間選票紙卡寬六英吋、長七英吋，提供簡單選擇。一格印著「統一」，伴隨著兩隻手互握的圖像。底下第二格標著「分

離」，圖形是不受拘束的單隻手舉起。「你拿這根指頭沾浸紫色墨水，」一位身穿黃背心的投票工作人員驕傲說明，「然後呢，」他稍作暫停，帶著促狹微笑朝選票比了比，「做出明智選擇。」

雖然每個男男女女只蓋印一張選票，他們是為祖先投下這一票，為在抗爭中喪生的無數鍾愛之人，也為他們的孩子，盼望後代成為這難以忘懷一日的最大受益者。無論置身東赤道州、加扎爾河地區北部或朱巴市中心的隊伍，在這一天，他們人人都是南蘇丹人。

投票的前幾個月間，即將成立的政府資助一項教育、登記與動員選民的宣傳活動，展現對此事務的明確立場。寫明「為尊嚴投票」和「為發展投票」的看板和海報遍布全國——每張都畫著一隻舉起的手支持分離。有些人闡述，那隻手是在揮別蘇丹，也揮別數十年的苦難。在朱巴市中心的圓環，一座高聳的鐘正在倒數計時，紅色數字顯示「三十九天，六小時，四十四分鐘」激起興奮感受。

卡車與貨機運送一箱箱選票到國內最遠處，廣播訊息提供資訊與最新消息，官員走遍城鎮訓練投票工作人員並發給他們公務黃背心。美國政府與聯合國聯手帶頭在政治、物流與資源方面大舉投入，確保投票按照計畫發生。到場監督投票的人之中，包括卡特總統與前聯合國祕書長科菲．安南（Kofi Annan）。克隆尼在公投宣傳期間再度來訪，舉起代表分離的單手與本地人合影。上述僅是最近幾個月在朱巴露臉的一小部分顯要人士，他們每次亮相，都使長久以來不確定的公投更添幾分能見度，以及一種勢必發生的感受。

住在蘇丹各地的南部人擁有投票自由。逃離戰爭並一直留在鄰近國家，或美國、英國、加拿大與澳洲的眾多難民也有投票資格。由於南北敵意與普遍反對分離塑造的緊張氛圍，在喀土穆的少數幾間投票所，現身投票的選民相對有限。儘管如此，仍有身處北部的南部人不怯於公開表示意見。

往南方七百英里處，朱巴的加朗陵墓人群擾攘，在這裡沒有壓抑的理由。此處在全國近三千間投票所中最為引人注目，身穿黃背心的投票工作人員正為國內最知名的選民準備選票。遠方傳來尖聲警笛，隨著車隊開近群情激動。一列黑色越野休旅車隊捲起塵土倏地駛抵，每輛車外皆飾有一對飛揚的解放運動黨旗幟。面無表情的保鏢穿著合身西裝倚靠車門，身子探出車外。當車輛煞停，保鏢下車並簇擁圍繞一扇後車門。熟悉的牛仔帽出現：薩爾瓦總統登上頂棚平台的階梯時，公投官員、顯要人士、記者與南部平民全湊近要看一眼。凱瑞與克隆尼也在圍觀者之中，克隆尼的頭號跟班、「委員會」成員普蘭德加亦然。蓋下指印後，總統抬起頭來展示選票，並且朝鼓譟的群眾微笑。攝影師抓拍他沾染紫色墨水的食指，以及當他將選票投入以黃色束帶固定的透明塑膠箱口，人們隨之高揚的歡呼。這是個簡單的舉動，卻是薩爾瓦在四十年前拿起武器的原因。人們只能猜想，他安葬於地底墓穴的前任指揮官，在這一天會有什麼感受。

當投票箱全數清空，數百萬指印經記錄後，高達百分之九十九的南部人投下分離票。儘管結果不令人意外，宣告時仍覺得不可思議。朱巴和其餘南部各地的街道爆出祝賀聲，喘不過氣的南部人欣喜萬分，隨鼓聲遊行並讚美上帝。「我太開心了！」身穿筆挺襯衫、汗流浹背的年輕男子歡呼說道。「試想擁有學校，沒有恐懼，沒有戰爭……試想感覺就像身處自己國家的其他任何人。」

支持與道賀的訊息從全世界湧入。總統歐巴馬稱這次公投是「對世界的鼓舞」[1]，國務卿希拉蕊讚揚蘇丹南部人民做出「激勵人心的表態」[2]。不過最重要的是蘇丹總統巴席爾現身國家電視臺，宣告他將「接受並樂見這些結果，因為它們代表南部人民的意志。」[3]非洲最大的國家將一分為二，而且很可能和平發生。

六個月後，激動人心的南蘇丹初登場派對將發送邀請函。想必有壯觀場面可看。我在二〇一一年七月九日醒得很早，心想也許能趕在一些群眾之前抵達自由廣場。但是等到我在大看臺占了一個位子時，雀躍的南蘇丹人已蔓延整個廣場，看似無窮無盡。許多人揮舞著紅、黑、綠、藍、黃相間的小旗幟——昨日的解放運動黨黨旗，從今天起將代表一個獨立共和國飄揚。

「我們為這一天等了五十六年。」稍後薩爾瓦從高聳平臺頂朝底下簇擁的新國民高呼。「這是一個成真的夢想！」群眾以震耳欲聾的音量大吼，一次又一次。人們爬樹、站上巴士車頂、坐在另一個人肩膀上，只為看一眼總統宣示就職，接著再用雙手，得意地高舉一部新憲法。群眾再度狂吼，軍樂隊奏起最近發表的國歌。熟習歌詞的人加入振奮人心的漸強結尾：「噢，神哪……保佑南蘇丹！」

典禮主持人普岡沉浸在聚光燈裡，混雜著阿拉伯語和英語號召群眾：「恭喜南蘇丹（Mabrouk Jenub Sudan）！南蘇丹萬歲！」世界上第一百九十三個國家的國旗升起，加入一長排在廣場上空飄揚的其他國家旗幟，美國星條旗就在隔壁的旗竿上擺動絕非巧合。

朱巴是全世界最快樂的地方。那天早上前往慶典途中，我聽見汽車喇叭聲不絕於耳，女人發出震耳欲聾的嚎叫聲，慶典參與者穿過城市的喧鬧街道踏入廣場。許多人從午夜時分就開始慶祝。除了剛塗漆的道路和嶄新地景，這座城市滿覆慶祝獨立的告示牌，意在感謝加朗並向烈士致敬。每個告示牌都有熱切的道賀者署名，包括商會、努爾青年聯盟（Nuer Youth Union）、赤道地區一間教堂的信眾。從石油公司到白牛啤酒的私人企業也紛紛效仿，白牛的巨大看板描繪三個男人高舉酒瓶「敬新國家」。

紅、藍色燈光閃爍間汽笛大放，轟鳴的摩托車護送一列列貴賓車隊前往大看臺，每列車隊都載了一位國家元首，或者來自非洲、歐洲、波斯灣地區和亞洲的顯要代表團。蘇丹總統巴席爾置身賓客之中，對眾多南部人而言，這號人物體現一整個世代的仇恨、毀滅與死亡。巴席爾身著白袍與相襯的白頭巾從一輛白色越野休旅車後座走下，驚訝、歡呼與噓聲交雜迎面而來。對許多人來說這一刻苦樂參半——看到他在這裡很痛苦，竟現身於人們歡愉慶典的中心；可是讓他見證他們宣示主權與自尊，又是一種平反。

「我們會信守諾言支持南部獨立。」巴席爾用熟悉的阿拉伯語向群眾宣告，掃除一切疑慮並為全球的承認鋪路。歐巴馬總統從白宮發布聲明向世界上最新的國家致敬。「歷經戰爭的黑暗，新黎明的曙光可能浮現。」聲明寫道。「一道驕傲的旗幟在朱巴上空飄揚，世界地圖已告重繪。」[4]

接著從喇叭傳出的無疑是里艾克的聲音。「謙遜、勇敢且高貴之人，」他帶著驚人熱忱宣布，介紹他的上司與政治勁敵。他告訴群眾，歷史「會將獨立的不凡成就歸功於」薩爾瓦．基爾。他提高音量、活力四射地描述薩爾瓦是「勇敢的鬥士與領袖」，成功航行於最危險的水域，並因此「使他自己躋身世界上最偉大的英雄！」

即使當天充滿激昂演說，很難不對里艾克明顯誇張的讚揚感到訝異。無論是握手言和的真誠反映，或者出於政治上的謹慎，這都值得留意。對於一位能力並不受到里艾克敬重的人，他向群眾高聲呼告感到光榮和幸運，天天都能領會戴牛仔帽領袖的「堅定勇氣與明確目標」。

薩爾瓦回到銘刻共和國國徽的青綠色講臺。平常不引人注目的總統，以謙遜溫和的語調鎮住場面。他的言談能啟發自信心，似乎切中所有要點：謙卑、感激、無私與寬恕。他談到經濟發展、提供公共服務、承擔責任、自立與和解。總統意識到國家已然誕生，然而國族仍需塑造，於是呼籲站在他面前的眾多族群：「我們或許是贊德人（Zande）、卡夸人（Kakwa）、努爾人、托普薩人、丁卡人、洛圖科人（Lotuko）、安努阿克人、巴里人和什魯克人，但是要記住，記住你們首先是南蘇丹人。」儘管這段話在歡欣不輟的日子並未引發特別關注，薩爾瓦告訴國人同胞：「他們說我們會在國旗高揚那刻立即陷入內戰……說我們沒有能力透過對話解決我們的問題……說我們很快就會回頭訴諸暴力。我們有義務證明他們全錯了！」

早已高張的大眾期望，被獨立的興奮感與種種承諾的崇高修辭推升得更高。歷經數十年的抗爭，如今再沒有外敵要搏鬥，再沒有犧牲要付出，再也無需為了更多人的利益吞忍合理的委屈。過往一筆勾銷，現在是收割回報的時候。

那天在喀土穆歡慶的南蘇丹人之中，有一位是阿雁（Ayen），她是來自克瓦喬克（Kwajok）的丁卡族女性，薩爾瓦的出生地就在附近。她居住那一帶屬於喀土穆的貧窮郊區，她跟蘇丹南部同胞歡欣不已。儘管阿雁就跟她那條街上多數南部人一樣，整個成年生活都在喀土穆度過，她也投下了分離票。就在六個月前，她緊張又興奮地抵達投票所，過去從未在選舉中投票。如今她幫助一個國家誕生。那是簡單的舉動，也是意義非凡的行動。跟在戰爭中流離失所的其他數百萬人一樣，她在那天下定決心離開蘇丹、重回出生的土地，為嶄新開始的前景感到著迷。

在朱巴西邊郊區的一片泥土空地，阿雁和我坐在戶外的塑膠椅上。我們談話時，她用齒縫吸氣發出嘶嘶聲。當時是二〇一六年，距離令人興奮得暈頭轉向的獨立最初時光已過五年，現在阿雁正在認真思考由兩次遷徙形塑的生活。她身穿有幾抹米黃和綠色妝點的暗紅連身裙，外披優雅的黑色套布繫於右肩。她的五官鮮明深邃，編髮往後紮成馬尾，露出垂吊耳環和白色珠鏈。阿雁的雙臂、眉毛和歪頭表情連連，跟她連珠炮般的阿拉伯語一樣具有溝通效果。

阿雁身上流露著歷練造就的自信姿態，但是她並非一直如此。她向我解釋，一九九八年蘇丹內戰加劇，使她的家人無法忍受。來自克瓦喬克北方邊境的阿拉伯部落，被動員與武裝後派往南方聚落履行焦土政策，包括阿雁住的社區。一次突襲阿雁的村落時，男性民兵蓄意在無助父親面前強暴他們的女兒，此種帶有種族意涵的舉動在恫嚇與打擊士氣。阿雁的父親愈來愈焦慮且憤怒，將當時二十三歲的阿雁與六位手足送到相對平靜的喀土穆避難。他留下來加入蘇丹人民解放軍。

阿雁在喀土穆的其中一個貧窮郊區落腳，她幫人洗衣服，釀造稱為馬里薩（marissa）的傳統高粱啤酒，參與天主教會活動。她嫁給一位南部同胞並養育四個孩子，廣泛結交阿拉伯人、南部人，以及來自努巴、達佛和國內其餘形形色色邊緣地區的朋友。然而近十三年來，她不曾有機會重回蘇丹南部。遠離家人與村落讓她感到喪失自我與歸屬感。

二〇一一年阿雁得到回家的機會。南蘇丹公投結果的新聞發布時，她加入喀土穆的其他數百人，在臨時起意的遊行隊伍中跳舞並舉起慶祝標語，穿梭南部同胞居住的社區。數週後她和丈夫定案，她說要「帶他們的孩子返鄉，去看看他們自己的國家。」就跟許許多多的鄰居一樣，他們將要「回歸」自身從未踏足的一個國家。

到了二〇一二年底，如阿雁一般回歸南蘇丹的難民人數近兩百萬，他們將繼續湧入家鄉，直到二〇一三年戰事爆發[5]。受到南部領袖喊出「回家投票」的鼓動，第一波回歸潮發生在二〇一一年公投前夕。他們來自肯亞、烏干達、衣索比亞、剛果和其他地方，不過大多數來自蘇丹。最初的回歸潮裡許多人自行踏上旅程，卻對於花費與交通選項所知不多，他們歷經艱辛路程且常於途中受阻。「回歸者」抵達後幾未獲得政府支援，突然湧入的大量人潮在當地人口與市場造成過度壓力。

阿雁屬於第二波回歸潮，在二〇一一年公投的不久後返鄉。她跟其他許多人是在實際（且感受得到的）壓力下離開喀土穆。城裡的生活突然變得艱難。未獲得南北協商預期中的公民權後，許多人被迫登記為外國人。他們遭到解雇，並負擔較高的學費與醫療費用。宗教緊張關係遽增，恫嚇言辭亦然。迫在眉睫的分離在北部激起強烈情緒，凸顯出種族、文化與階級差異。當阿雁一如往常行事，她說感覺自己彷彿「他者」，過街時不斷猜測看在眼裡的北部人在想什麼。

「突然間，他們被當成外國人一般對待。」協助促成回歸的一位南部援助工作者說明。這一次，國際移民組織（International Organization for Migration）與政府的一個合作夥伴提供協助，以飛機、巴士與駁船載運像阿雁一般的回歸者南返。儘管雜亂倉促，這次行動無疑令人敬佩。

離開喀土穆那天早晨，阿雁透過一位通譯告訴我，「我最好的朋友春笛（Chendi），從努巴來的，她拿來準備好的一包食物，還有給孩子的衣服。」春笛試著保持樂觀，但是她很快就掉下淚來。「噢！」阿雁用女高音的聲線高喊一聲，噘嘴露出苦樂參半的表情回想那酸楚時刻。兩個女人互相擁抱，心底明白她們很可能再也見不到對方。

除了自己的四個孩子，阿雁還養育丈夫第一任已逝妻子的三個小孩。「我先生跟我賣掉我們的地，還有屋內幾乎所有東西」以籌措旅費，她說。他們搭上運送回歸者南返的數百輛破舊巴士之一，每輛車都塞滿成堆的椅子、泡綿床墊、廚具、行李箱、籃子，以及裝太滿的各種樣式塑膠袋。阿雁用有力的雙手在空中重現那幅場景，往一輛想像的巴士堆疊種種物品。繩索綁著裝滿水的黃色汽油扁桶在車窗外晃動，阿雁的九人小隊伍顛簸南行穿越荒涼地帶，朝邊境小鎮倫克（Renk）前進。

一家人在此轉換交通方式，加入滿懷希望的其他數千人同登上一批駁船——三艘大型、平坦的河輪臨時綁在一起，朝上游航行兩週通往朱巴。航程既長且艱難，但是他們擁有彼此，她闡述，在此共同體驗之中形成某種同志情誼。每天清晨日出時，一位牧師帶領人群禱告，阿雁邊說邊劃十字。接著她幫孩子準備茶，並於當天的十小時航行開船前在河畔清洗家人衣物。他們獲得的配糧不多，有高粱、扁豆、鹽和其他食物，這些物資全憑少數幾次停船時步行距離內的市場上購買得來。

我想起那段時期，告訴阿雁我曾目睹那一些駁船開抵朱巴，每艘都極其擁擠。「你的家人有多少空間？」我問道。阿雁伸出兩根食指，在我們坐的紅土地上比劃他們分配到的空間，似乎勉強夠她的九人隊伍坐下。一家人睡在駁船上，必須排隊數小時才能使用僅有的八間廁所。疾病滋生，照顧腹瀉孩童的日子煩憂不斷，當時阿雁懇求久候的人龍讓她先進廁所。她又用齒縫嘶嘶吸氣，還搖著頭。三位同船旅客在途中染病死亡後，半路上發放了肥皂塊。

除非手機訊號太弱，旅途上每一站阿雁都跟春笛通電話。透過阿雁時不時受到雜訊干擾的描述，春笛隱約能體會歷程艱辛，她總是問起每個孩子的情況。在一切不確定之中，這些談話對阿雁來說十分重要。她敘述的旅程充滿仁慈的小舉動，而且她花了許多時間聊這些：在一個特別難受的晚上獲得牧師開導，同船旅客分享食物，家鄉一位悲憫朋友給的鼓勵。在難以想像的艱難情況下，這些舉動在我和她的心目中都似乎放大了。

阿雁的全部人生都在這裡，壓縮於擁擠駁船上的方寸之地——在她拋下的過去，以及河流上游她還無法想像的未來之間，路才走了一半。

二〇一一年七月九日自由廣場上，白宮代表萊斯站在一個牛奶箱頂，揭示美國將持續致力於二十年前協助啟動的計畫：

在你們建立保障自由的體制時，我的政府將與你們站在一起。在你們為南蘇丹全體人民制定憲法時，我們將與你們站在一起。在你們塑造長久的和平、繁榮與正義條件時，我們將與你們站在一起。在你們承擔起國際社群的完整與盡責成員義務時，我們也將與你們一起努力。6

然而承諾的崇高修辭並未對應到具體行動。華府持續對南蘇丹挹注大量援助，卻不會維持在和平協商時期或獨立籌備階段的超乎尋常政治介入。許多南蘇丹支持者對完成的工作感到滿意，拂去隱喻意義裡的手中灰塵繼續前行；他們認為擁護的領袖不僅會在他們自己的國家興盛，還會為了長久以來美方協助實現的自由而永遠感激美國。

可是他們似乎誤將獨立當成南蘇丹課題的結尾，而非起點。南蘇丹不僅是世界上最新的國家，開發程度也最低，受困於惡劣的社會情勢及立足點踏錯的民主轉型——這是少有外界人士體悟或願意承認的顧慮。

當獨立的狂喜開始退卻，建立一個國家的挑戰變得更加顯著。「以目前的處境而言，我們國家是一隻四條腿的動物，」南蘇丹知識分子約克．馬杜特．約克（Jok Madut Jok）評論，「可是腿都出了問題。」[7]他闡述，在正常運作的國家，各代表政府公務提供、守紀律軍隊、活躍公民社會與政治團結的每一條腿都「歪折了」；這隻幼獸陷入嚴重麻煩。「假使我們不把腿醫好，未來將會非常、非常艱困。」約克提出的比喻十分驚人：你得以想像在寬廣東非平原上，有隻牛羚幼獸在匆忙的遷徙季節出生，獸群只能給牠幾分鐘學會行走，否則小牛羚就要被拋下。

南蘇丹貧窮、地處內陸且無正式經濟可言。私人投資稀少，生產不足導致嚴重依賴進口。十分之九的人民每日生活費低於一美元。[8]貧窮、教育、衛生、乾淨用水等發展指標，似乎創下全球指數的新低點。由於公共服務、道路與電力匱乏，首都以外沒幾個人能體會國家的實質意義。少數可得的公共服務通常並非由政府提供，而是國際援助組織。

二〇〇五年朱巴已經為建立治理機制忙得不可開交，然而二〇一一年獲得主權後，額外的責任清單隨之而來，從中央銀行和貨幣政策到海關執法與外交政策。此外有大批事務需執行；美國外交人員協助製作「如何成為一個國家」資料夾，從郵遞區號、聯合國會員資格到註冊電話國碼。（美國的電話號碼開頭是一，南蘇丹人則挑選二一一，向獨立的年份致意。）

假使新國家要實行政策並推動政府的基本功能，建立官僚制度與有效運作的文官體系至關緊要。但是人力資本短缺。一小群受過教育的專業人士不足以運轉一個國家。在政府機構大廳裡，前解放軍將領遠多於有經驗的公務員。原本在喀土穆任行政職的回歸南部人成為巨大資產，但是有時遭到解放抗爭參與者排擠，因為後者把那段經歷轉化成一種權利感。與此同時，對首都的過度聚焦常獲得國際盟友強化，意味著朱巴與國內其餘地區間的落差持續擴大，而後者是多數人的居住地。鄉間的多數人並不樂見這種情況。

國家仍在建立，數波新的叛亂興起。每樁亂事都由一位心懷不滿的強人帶領，企圖找政府清算舊帳，或重新談判他們在新國家的地位。每一次應對都奪走注意力與寶貴資源，使平民流離失所並拖累發展。每次也都使本已不平穩的國軍更添壓力，陣中陰魂不散的族裔與戰時分歧隱約可見。

除了軍隊以外，南部平民也習慣了衝突與匱乏的生活。人們還沒有機會跟鄰居鑄成的憾事和解，也無人見過獨立的任何具體利益。於是人人繼續將家人的福祉託付給地方強人，這位部族同胞懂得眾人的不滿並承諾維護安全，再回過頭來利用族人累積個人勢力。

當普羅大眾的一貧如洗和飢餓兒童與貪汙菁英的景象並置時，往往造成族裔歧視的必然。無論真實與否，上述經驗助長中央政府由丁卡人主導的印象，並強化某種本已廣泛流傳的觀念，即邊緣化族群唯有在族人登上總統大位時，才有興盛的可能。

在所有建構國家的言論中，約克．馬杜特是少數幾位書寫、並廣泛提及忽視建立國族的危險，這項挑戰的重要性與建國相等。南蘇丹只是名義上的國家，在獲得國際承認的虛飾門面下，代表的只不過是一塊確定的領土。道路、學校與公共服務搭建出國家的架構，但是這個政治實體也需要血肉。約克提醒，建立國族關乎人民自身，關乎在他們心中形塑忠誠與歸屬感。而這並非不切實際的目標；國家認同恰似結締組織，若缺少認同，建國計畫將分崩離析。

「人民的情感、敬意與忠誠，首要歸屬對象是部族，」約克悲嘆，「而非國家。」除了共同對抗蘇丹以外，能將南部人定義為此新團體成員的條件少之又少。唯有在跟北部對照時，「南部人」的稱號才有意義。「我們不曾有機會自問：連貫我們所有人的主軸是什麼？」獨立一年後，約克在朱巴對一群年輕聽眾說，「讓我們團結相繫的膠水是什麼？」[9]倘若要新團體的所有成員首先認為自己是一個「南蘇丹人」、而非丁卡人或努爾人或巴里人，那麼就需要新的敘事。這並不容易，國族不會就這麼成形；國族是刻意為之的計畫，需經有意識的努力形塑。

美國在建國時期也戰勝了一個外部敵人，並建立一系列的象徵、歌曲與思想，共同形成國家認同。儘管美國奴隸制與種族主義的汙點不容忽視，這項國族計畫從最初幾代就贏得多數公民的心，且歷久不衰。從波士頓茶黨與傳奇般的美國革命，到林肯（Lincoln）在南北內戰年代確立的行為準則，有一套共同的歷史敘事存在。建國先賢奠定自由與例外主義（exceptionalism）★的觀念，並且世世代代延續。從約翰．溫斯羅普（John Winthrop）對麻薩諸塞灣殖民地的願景，到數代後總統朗諾．雷根（Ronald Reagan）的複述，美國相信自身是「山上發光的城」☆。從「美國夢」到自由女神像，從星條旗到搖滾樂，也從漢堡到蘋果派——藉由有助於形塑國族精神的故事與象徵，國家一再獲得印證。

約克與南蘇丹其他幾位才智出眾的人士認為他們也需要這麼做。除了共同的受害與抗爭史以外，他們自己的建國者必須倡導制度、語言、藝術、記憶、顏色與國歌——「每位南蘇丹人都能看著並指向這些事物，」約克說，「並且說『這代表我們所有人』。」要做到這一點，必須利用國家的多種文化、語言、歌謠、宗教與習俗，設法將多元轉變成力量。

蘇丹南部人終於脫身的舊蘇丹提供有用的教訓。全國大會黨政權不僅企圖在全國強力推行阿拉伯與伊斯蘭認同，否認國家的多元；這也是南部人遭排除於政治權力、社會經濟提升與任何歸屬感之外的基礎。正是這些不滿最終將蘇丹撕裂成兩半。但如今南蘇丹自立後，族裔分歧被利用，異議人士被打壓，工作與資源被分給人們自己的族人。有些人懷疑，南部飛黃騰達的領袖是否學到教訓，或者他們只是在重蹈覆轍？

這挑戰令人警醒，至少可以這麼說，不過重要的是外界人士能夠看清局勢。一位美國總統在四年任期內，或國會在一次會期內能夠完成多少事？朱巴的區域政府僅存在六年，處於充滿限制的環境，而其任務並不輕鬆愉快，是要從無到有開創一個民族國家。

也有一些光明面。行動通訊技術正迅速終止傳播落差，外國投資者在石油以外的領域試

★ 指美國並非歐洲的延伸，而是一個獨特的國家。

☆「發光的城」出自馬太福音的登山寶訓，溫斯羅普在一六三〇年以此作為殖民地的發展期許，被視為美國例外主義的起點。日後此用語不斷受到美國政治人物引用，包括雷根所說「山上發光的城」。

水溫，公路與基礎建設方面的初始進展顯著可見。即使尚未實行，已有健全立法經辯論通過。儘管在音樂層面表現平平，一項政府贊助的比賽得出名為〈南蘇丹萬歲！〉（South Sudan Oyee!）的國歌。

截至二〇一一年情勢也顯得明朗，儘管取得些許進展，區域政府在六年的彩排期間並未時時全力以赴。解放運動黨將中央機關工具視為第一要務，為普羅大眾服務時則表現欠佳。許多南部人批評政府失能，其他人則由於國家經驗太少，乾脆完全放棄期待。假使新政府想贏回民心，必須在影響人們日常生活最深的兩項議題取得進展：國安與經濟。

儘管遭遇種種不幸，南蘇丹幸運獲得石油收益，至少在短期內如此。固然開發其他領域將構成關鍵，不過石油營收可以啟動經濟引擎，推動國家邁向未來。但是解放運動黨必須在管理歲入方面遠遠超越迄今表現。國防與公務部門薪資的負擔太重，國家預算需要徹底改革。預算執行同樣需要關注：本身負責管理國庫的財政部，有一年預算超支高達驚人的百分之一千九百[10]。朱巴若要管控支出並進行穩健投資，必須聘雇有能力的財務行政人員。假使朱巴想爭取可靠的外國投資，也需要更透明的稅收與監管架構。

建國大業需要一份藍圖，是以內閣採用雄心壯志的四百一十一頁計畫，旨在「推動國家發展」邁向未來。擬定此龐大議題雖然是值得的工作，這項計畫的範圍、假設與西方技術官僚用語無疑有種外來感。創建這份文件的過程最終更偏向滿足西方捐贈者，而非一種有機漸進的演練。成品是一份現代民主自由的藍圖，大多由外國發展專家制定，他們之中少有人曾踏出朱巴城外。

與此同時，建國的工作並非在真空狀態中進行。如今南蘇丹跟蘇丹完全是兩個國家，與蘇丹間持續存在的政治張力妨礙了新的開始，至少在經濟層面如此。在石油、債務、國安與其他分離事務的繼續訴訟當中，喀土穆企圖實施貿易封鎖，使分手伴侶陷入財務困難。加扎爾河與上尼羅地區的廣闊地帶一向經由北邊國境輸入貨物，因為南蘇丹這兩州跟蘇丹的連結更勝於朱巴。可是當向來穩定的卡車與商販流動在邊境關卡受阻，南蘇丹二州的市場空無一物。價格高漲，更多人挨餓，國內動盪的火焰被點燃。在那不久後，當普岡的協商團隊與北部對手未能就改用新貨幣的計畫達成共識，具有競爭性的新貨幣就貿然推出，進一步動搖了經濟信心。

儘管南蘇丹面臨艱辛奮戰，由於預期獨立後提升的石油收益會解放新的國家，並協助彌補流失的時間，希望依然高昂。

Part 2

崩壞

The Unmaking

Chapter 13

極端方案

「如果你覺得自己是房間裡最聰明的傢伙，就會有人把你逼到無路可走。」

——非洲調解者

說南蘇丹依賴石油，就像在說冬天的北極有時寒冷。在獨立前夕，石油占歲入高達百分之九十八。石油正是新興國家生存力的泉源，許多人期盼這意味著數十年的橫遭漠視劃下句點。

在世界上開發程度最低的一片土地，少有正式經濟可言，幾乎沒有基礎建設，大部分勞動力缺乏技能。人民飢餓、不安穩且亟需基本公共服務。分離後油田將屬於南部人，但是他們仍舊需要喀土穆的基礎建設與紅海通道把石油運往市場。若無石油的穩定收益，新國家的經濟將迅速瓦解。

在北部，一九九九年開啟的石油榮景穩定了蘇丹的不景氣經濟，並促成往後十年的成長。

儘管美國施加制裁，數十億美元石油收益激勵首都的商業，壯大軍隊，並催生新的建築、基礎建設與外國投資。這筆資金也供應廣大的恩庇金字塔網絡，幫助當權者繼續掌權。但是就跟南部鄰邦相仿，喀土穆的經濟未能充分多角化發展。到了二〇一一年，南部分離在即，這一切將於一夜之間改變。失去約百分之六十的國家歲入（及超過百分之九十的出口）可能導致蘇丹陷入動盪，並對執政黨造成致命打擊[1]。

在北部與南部，石油都是攸關生存的事務。儘管多個月的談判中，為公投布局的其他議題耗費心血、汗水與淚水，協商的命運最終將取決於這項最具戰略意義的事務。

調解者力促雙方團隊追求「雙贏」的石油布局，好在動盪的轉變期間確保繼續生產，對於兩國皆能使價值極大化。在協商初期，有人提出一項五五均分的「財富共享」方案，意指在獨立後一段固定期間內，由南北共享南部的石油收益[2]。美國大使萊曼請求南部協商者考慮這項方案。他主張朱巴面臨艱鉅任務，禁不住在敵對鄰國身上浪費任何注意力——最好給喀土穆一點補償，然後專注在自己的事情上。這是一種務實的做法。

在獨立前後的那些年，普岡與我無數次討論石油議題，從開採技術、與中方的合約協商到運輸和煉製費用。二〇一六年，我們在丹佛連續碰面談話的第二天，我急於重新探討這一點，因為石油的政治、以及普岡協助策劃的決策，就此形塑了他的國家，影響力超乎我們兩人當時所能想像。

我開車載我們兩人到一間不起眼的郊區旅館，我們也都帶了外套，因為溫度已下降許多。

走進旅館途中，我發現我快步領先，於是慢下來等他。有時候普岡走路的樣子既放鬆且緩慢。也許是內心有禪宗大師啟迪，但是我忍不住想，這是一個敏銳察覺權力與政治視野之人學到的步履方式。總統、政要、領袖，這些大人物不需要趕時間；表演會等他們到再開場。

我們在大廳高桌旁的凳子坐下，我一開頭就問到萊曼大使。普岡流露思念的微笑。「他十分傑出，十分真誠。」他說，滿腔情感憶述美國的外交手腕，以及萊曼勸說普岡團隊妥協的那幾個月。「他偷偷摸摸，他潛入你的心靈，試圖從內部擊敗你。」普岡發自內心笑出聲來。「要拒絕他實在很難。」但是事關與喀土穆共享財富時，普岡確實拒絕了萊曼；那項方案太超過了。

「這不是主權國家的事務。」普岡說。他認為，未基於「南部對本國資源的明確所有權」的任何規劃，都將立下惡劣先例，並且延續不平等的觀感。「美國絕不會做這種事；你只會說，『你瘋了嗎？』我們在這裡有主權。」普岡稍作停頓，對於自己即將導出的論點感到滿意，我曉得接下來又是一個反問句。「那我們為什麼就該照做？」

協商雙方耗費數個月爭執費用問題，關於南部該為利用油管、煉製廠與出口碼頭付給北部多少錢。喀土穆亟於彌補分離即將打擊國內經濟造成的損失，起初就獅子大開口。一項又一項算式提出、爭論並高聲互喊，一度出現朱巴給付鉅額金錢給喀土穆的提議，當作某種國家贍養費。

「但是無論哪種方案，」萊曼大使在二〇一六年答覆我的提問時說明，「普岡都巧妙構思抵消算式，使得實際上（朱巴對喀土穆的）支付淨額為零。」萊曼放聲大笑，沮喪與欽佩交雜地回想普岡的堅定不移。「他是一位非常……強硬的……協商者，」他說，「總是盡可能斬獲更多。」但是美方再次呼籲普岡團隊。「各位聽著，這非關是否公平，或者正確，」他對他們說，「這就是和平的代價。」

普岡提出一項反駁方案，在喀土穆承認南部對石油的毋庸置疑所有權，並同意其餘讓步條件的前提下，除了支付合理的油管使用費，也對蘇丹「提供援助」。對於仍在漸漸接受拱手讓出三分之一領土與百分之六十歲入的國家來說，從小老弟手裡收受救濟的想法有如打了蘇丹協商者一巴掌。

但是普岡拒絕接受他的團隊應該過度尊重對方的想法。「因為他們有尊嚴，我們就該尊重？那我們沒有尊嚴嗎？」當其他人尋求妥協與顧全顏面，普岡則堅守原則。「你不能要我必須分享，或是我必須注意我的用語，」普岡接著說，「只因為我們是新生的弱者？」

普岡的立場不無道理，而且這種個性的優點與受到平等待遇的渴望是可以體會的。儘管如此，普岡的做法引起談判桌周遭人士的反感，而且他無疑樂於有機會打擊喀土穆的集體自尊。

普岡在座椅上挪動身體，停頓許久後，他談到自己在協商過程的態度，「我很堅定，卻能保持風度。」當我表示其他人可能會把「堅定」換成「麻煩人物」，他坦承大笑，不過堅稱他始終依循國家利益，從未為了固執而固執。

眼看無法達成協議，每一方都往他處謀求更多籌碼。作為石油領域的商業要角，中國突然發現自身處境左右為難。北京的國有石油巨擘營運油田，並向兩國買下幾乎所有的原油加以煉製。該企業還擁有蘇丹國內油管、煉油廠與出口港的多數股份——全都由中國企業建造。雙方都使中方代表承受強烈壓力，在北京引起相當程度的不安。許多人假定中國官員會更強力介入，但是關於北京具有關鍵影響力、且中方準備運用此影響力的看法並不切合現實。中方亟欲保持旁觀，與南北部繼續維繫平衡關係。

中國並非各方嘗試的唯一手段。朱巴也招搖地斟酌另一條輸油管的興建標案，使其擺脫對於北部的依賴。這一派的想法在於，假使朱巴可能有另一條出口命脈，喀土穆或許會在費用方面妥協，以免徹底被排除於石油獲利之外。一項輸油管計畫連接朱巴至肯亞海岸預定的新港口，另一項蜿蜒穿越衣索比亞至吉布地（Djibouti）海岸的現存港口。但是喀土穆並未受到愚弄。撇開技術困難不談，南蘇丹的已探明儲量不足以合理興建新的輸油管。一條新油管要好幾年才能完工，而且成本遠遠超過所有可能流經的石油。

二〇一二年一月喀土穆試圖改採強硬手段達成協議後，長達數個月的一連串事件到達危險高峰。那也是一次挑釁的嘗試。有天清晨普岡與南部協商者被緊急電話叫醒，告知運送的數批南部石油在蘇丹港被沒收。喀土穆將南部石油裝入己方油輪，實際上扣留了朱巴的數億美元收益，形同人質。當記者湧向喀土穆的石油部長求證，他確認朱巴的石油出口「會停在港口直到協議達成」[3]。稍後他補充，這批貨物是拿來「頂替」過往南蘇丹出口的據稱積欠費用。

普岡勃然大怒。南部石油產業發言人質疑此說法，並指責這樁「公然竊案」是喀土穆企圖逼他們就範。解放運動黨拒絕繼續協商，並公開威脅要讓石油業完全停工，此舉將使雙邊經濟都猛然停頓。在迄今所有的威脅層級之中，此舉的後果最為嚴重。這項所謂的「極端方案」偶爾成為耳語話題，但是少有人認為南部人真會走到這一步。

但是幾天後，朱巴兌現說過的話。在一場緊急內閣會議後，政府發言人巴拿巴·馬里爾（Barnaba Marial）出面發布驚人宣告。「部長會議今天決定，」他告訴群集的記者，由於石油被喀土穆「劫持」，石油部接獲指示開始「全面停止石油生產」[4]。

在外頭拿著筆記本飛快寫字的人們難以置信。聚集在內閣辦公室裡的人，剛剛按下了那枚紅色大按鈕。朱巴將喀土穆的勒索行徑視為挑釁，並且做出更激烈的回應——為了讓喀土穆有所損失，南蘇丹要完全放棄自己的國家收益。

「搞什麼鬼？」這是一位密切參與協商過程美國官員的反應，當時我請她描述華府對於停產的集體反應。南蘇丹最大的資助國對於這項決策完全措手不及，而且不太滿意。美國外交人員先前聽過這種威脅，但是從不認為解放運動黨會實行。「華府的人盛怒不已。」這位官員說。「這群傢伙還同時向我們尋求協助，他們什麼都跟我們要，從人道援助到武器系統，然後現在他們這麼做？」[5]她不可置信地搖搖頭。「他們扼殺自己的經濟，讓我們不得不再次餵飽他們的人民？」

石油公司的經理連忙打給石油部，擔憂停產可能對基礎設施造成無法挽救的損害。外交人員同樣占滿電話線，試圖遊說解放運動黨棄守邊緣政策。但是普岡宣示朱巴不會被擺布，告訴記者停產「攸關國家尊嚴」。他寧可「讓石油留在地底，也不願把石油讓給蘇丹……那樣更糟糕。」解放運動黨公告對於北部的要求清單，全都滿足後才會再打開石油管線。他們把這項決策描述為宣示主權及對抗舊日統治者的行動。在當時，他們恪守原則的立場在國會和整個南蘇丹贏得歡呼與國族驕傲。

但是機會成本高得驚人。南部人等了一個世代，才看到長久以來信誓旦旦的發展成果。當石油協商繼續在阿迪斯阿貝巴進行，有些人回到鄉間地區的家，依然被迫以草葉勉強維生；其他人死於可預防的疾病。談到要提供食糧和乾淨用水、教育和衛生保健、農業和經濟成長為他們紓困時，地底的財富量擁有龐大潛能。即使該國的石油儲備相對不多，價值仍比美方能合理提供的所有援助高出許多。但是現在他們利用石油當談判籌碼，而且賭上所有的石油，目的何在？

在大部分的南蘇丹友邦眼中，朱巴協商者的舉動展現對於本國人民的驚人漠視。「好啊，對於南蘇丹、獨立跟那一切有種說不清的切身感受？」美國官員繼續說道。「立刻就摔個狗吃屎。」當時的挫敗感歷歷在目，這位官員描述宣告停產不久後與解放運動黨協商代表的會面。「他談論他們的決策談個沒完，就像普岡一樣，可是他顯然並無嚴謹計畫。他們沒有，他們毫無計畫！」

萊曼大使的團隊一直忙著擬定和解方案，並敦促解放運動黨講理，同時還要安撫遠處愈來愈不安的華府。但是解放運動黨長久以來備受呵護且利益獲得維護，從更廣的層面而言，該黨與美國的歷史關係破壞了萊曼團隊的努力。解放運動黨領導者不如以往聽從美國盟友，而是秉持華府絕不會讓他們崩毀的信念繼續做決策。

「對，他們覺得我們會拯救他們。」這位美國外交官說。「是啊，你怎麼稱呼這種情況？對，就是道德風險。」

朱巴的官員宣告，停產可以在一週內完成。姆貝基與區域領袖試圖搶先扭轉決策，選在阿迪斯阿貝巴召開緊急國家元首峰會。中國官員最終也採取行動，呼籲雙邊達成和解。還有更多外交高層直接找普岡交涉，但是保齡球的行進方向未見偏移。當薩爾瓦與巴席爾總統抵達阿迪斯阿貝巴，姆貝基提出一項折衷方案，企圖化解僵局並引導協商重回互利布局。

在普岡未出席的會議中，薩爾瓦告訴姆貝基及同席的國家元首，他準備要簽署提議的和解方案。他們宣布獲得重大突破，並預計當天晚上在喜來登飯店（Sheraton Hotel）大宴會廳舉辦儀式。典禮即將開始前，薩爾瓦就站在宴會廳外，接獲己方總協商代表未與會的消息——普岡還待在飯店房裡。

普岡奉召至前廳，並且告訴他的上司，「總統先生，我不會簽署我沒參與談判的協議。」他簡述自身疑慮，並表示假使總統支持協議，他應該親自簽署，再補上沒那麼隱晦的一句話：「如果你簽了這項協議，回到朱巴時將有石頭迎接你。」

已經聚集在宴會廳裡的人潮把薩爾瓦嚇得目瞪口呆，他隨後踏進廳內並立刻違背諾言。這不是總統第一次在普岡堅持下反悔，也不是最後一次。姆貝基和全國大會黨都盛怒不已。這項舉動傷害朱巴作為誠實調停者的可信度，且讓本已看輕薩爾瓦的區域同僚失望。薩爾瓦將最近一次反悔歸咎於「我的人民」，但是阿迪斯阿貝巴的所有人只把矛頭對準一個人。

「他毀了整件事。」一位挫敗的調解者如此看待普岡，設想這位南部代表人物不只要謀求公平協議的疑慮漸增。「當時人人都相信……這傢伙有意促成喀土穆的政權更替。」

據副手所述，蘇丹總統巴席爾隨後斥責薩爾瓦。「『你的人民』是什麼意思？」他憤怒質問。「我們曉得就是這個美國的同夥普岡，是他跟美國人。」

現在把手肘擱在桌上的普岡面露微笑，享受著自己的影響力與特立獨行名聲。「他們認為我是在執行分裂蘇丹的美國陰謀……事實上，他們甚至相信我是中情局一員。」普岡解釋這種見解在協商期間幫了他的忙，對方設想如此大膽行事的人背後必定有強大靠山。這很可能是誇大其辭；無論普岡的對手是否相信上述虛幻詭計，考量到解放運動黨與華府的既有關係，多疑的觀點並非不尋常。

巴席爾再度向薩爾瓦施壓，要他換掉朱巴的傲慢代表，稱他為「無意於和平的軍閥」，對這片土地或人民皆無歸屬感。另一位蘇丹官員附和總統的鄙視，抨擊普岡「對北部與阿拉伯人抱持惡名昭彰的敵意」[6]。

普岡對於全國大會黨政權的蔑視屬實，不過這種態度在國內也很奏效。即使在與喀土穆協商者對弈的現實棋局間，普岡不斷放眼總統職位。「他一直在參與國內政治，」萊曼大使憶述，「每一步都在盤算『這項或那項協議在國內將對我有損或有益？』」

普岡身為南部公投的檯面人物，以及南部在談判桌上的強硬鬥士，他眼見自身聲勢一路抬升。說到底，他認為自己是導師加朗所開創偉大計畫的合法繼任者。在他看來，意志薄弱的薩爾瓦或叛徒里艾克都不適合接下火炬，將使命發揚光大。

南部人決心獲得平等對待，這可以理解。但是在獨立後強烈宣示主權，代表他們冒著做得太過火的風險。他們決定讓石油業停產，用意在於終止喀土穆的非法扣押並保障公平的出口交易。但是此舉也遭利用以達成更大的目標——顛覆全國大會黨政府。

有些解放運動黨人把這視為一次機會；不僅能讓南部贏得獨立，甚至還可以推翻糟蹋蘇丹超過二十年的政權。在喀土穆經濟受到重創的局面下，他們相信全國大會黨處於崩潰邊緣。只需要狠狠推一把。但是他們的分析受到情感與當下的洋洋得意所蒙蔽，黨內的審慎觀點再度遭到消音。全國大會黨無疑面臨迄今最大的挑戰，可是過去也曾安然度過經濟風暴。預測人士每隔幾年就臆測，經濟力量無以為繼勢將終結巴席爾政權，不過全國大會黨素有證明他們誤判的名聲。「各位，你們一直這麼說，」萊曼告訴普岡和他的解放運動黨同仁，「但是他們還在這裡。」

除了誤判財政情勢，解放運動黨的虛張聲勢也導致軍事評估帶有偏見。一位知情人士以「極度天真」描述朱巴內閣會議的決策階段。「諸如：『只要向蘇丹人民解放軍大舉挹注資金，我們很快就能兵臨喀土穆門下。』」[7]

南蘇丹受到新近樹立的軍力所鼓舞，在二〇一二年四月果真嘗試軍事選項。在南北軍隊間一連串敵對交火與相互指責後，解放軍北上並占領具代表意義的黑格里（Heglig）油田，地點就在阿比耶伊（Abyei，讀音 AH-be-yay）的爭議領土外圍。這是具挑釁意味且驚人的軍事勝利，在朱巴獲得歡慶並暫時驗證自以為是的想法。

「沒人預料會發生，」另一位美國官員告訴我，「這把大家嚇壞了。」[8]這樁意外在邊界引發一連串短暫卻危險的交鋒，在美國與廣泛國際社群出乎意料的明確抨擊後，解放軍被迫撤退。「我呼籲南蘇丹立刻撤退部隊。」在紐約的聯合國祕書長表示。「這是對於蘇丹主權的侵犯與明顯的違法行為。」[9]

就在雙邊險些開戰的幾個月後，這波挑釁差點引發更全面的戰爭。此舉導致兩國關係更加對立，並暫時鞏固、而非除去四面楚歌的全國大會黨政權。雙方都不無辜，但是這起事件對於南部的「好人」是一場公關形象災難，甚至引來聯合國安理會制裁的威脅。

南蘇丹的弱者光環開始消退。解放運動黨不習慣這種程度的國際譴責，並且再也無法扮演受害者。整體而言，持續支持在蘇丹的代理戰爭、攻擊黑格里及石油停產，似乎證實如今自立的朱巴一心想推翻喀土穆政權的看法。

石油停產可說是這年輕國家短暫歷史上最重大的戰略決策，而根據大多數人的說法，這是由普岡及其餘寥寥幾個人密謀策劃。凍結石油協商後，朱巴困於迄今最危險且成本高昂的膽小鬼賽局。隨著邊界地帶的敵對趨緩，一場經濟消耗戰接替上演，雙邊都希望能撐得比對方久。然而儘管朱巴寄望喀土穆投降，卻是朱巴被迫率先收手。

解放運動黨政府宣告銀行裡有充足儲備金可支撐，但是那些資金在極短時間內耗盡，導致新生的主權國家陷入嚴重財政困境。石油留在地底，未經開發利用，關於發展與政府公共服務的承諾亦然。

儘管明顯遇上麻煩，解放運動黨捍衛自身決策並宣揚熟悉的論點：「我國人民世世代代蒙受苦難，他們準備好再多吃一點苦。」但是受苦的人並非政府菁英或協商者，當然了。雖然停產決策起初贏得大眾讚賞，南部人很快開始體驗到痛苦。通貨膨脹陡升，商品變得匱乏，世界銀行發出經濟崩盤預警。政府大砍預算，削減補助，並爭相向掠奪性貸款方尋求預先支付。接著事態每況愈下。

通常從朱巴獲得州內事務治理資金的諸位州長，很快就發現信箱空空如也。打零工的人去幫家人買晚餐，卻發現自己的週薪僅及上星期的一半。加油站大排長龍，氣惱的駕駛彼此叫囂。一袋高粱的價格翻倍，接著再漲成三倍。大膽停產決策獲得的公眾支持開始煙消雲散。解放運動黨乘著隨獨立與對抗喀土穆而起的浪頭，然而其政治儲備金無法永久延續。

由於經濟惡化，朱巴又將國內財政命脈扣留地底，解放運動黨的部長展開尋求貸款之旅。西方捐贈者被他們的輕率決策激怒，拒絕繼續挹注資金，稱停產為「自我傷害」。於是解放運動黨一行人轉往歐洲、波斯灣地區與亞洲，尋找任何願意傾聽的人。

第一站是北京，他們期盼石油夥伴能提供令人瞠目結舌的高額貸款，好比中方在非洲其他地方的投資。解放運動黨覬覦「無附帶條件」的那類方案，或能資助基礎建設計畫，並興建另一條通往東非的輸油管。但是中國的國家銀行近日漸趨保守，而且北京對於身陷南北間的拉鋸戰極度不安，不願做出任何大膽舉動。穩定是中國的優先事項；其領導人寧可朱巴與喀土穆達成協議並終止僵持，不僅對於雙方都有好處，且能保障中國在兩個國家的投資。

但是這並非南蘇丹代表團想獲得的答覆。政府官員暴露漸增的絕望，以莽撞行徑企圖迫使中國就範。在薩爾瓦正式參訪北京的人民大會堂並與中國總理喝茶後，情報部長馬里爾發布驚人消息，公告中國授予南蘇丹一項八十億美元的融資方案。然而中國官員對此事保持沉默，這樁交易從未成真。一位來自北京的外交高層日後帶著困惑的輕笑透露：「那幾次會面我都在場，從未討論過這筆貸款。」[10]

解放運動黨領導階層削價販售日後的石油，確實從其他來源設法湊得較小筆的貸款：石油公司、波斯灣地區的銀行，以及最令人擔憂的非法私人借貸者。由於他們的絕望處境，鯊魚嗅到血腥味，而解放運動黨內閣對掠奪條款點頭，導致他們的國家在未來幾年陷入赤字。年輕國家沒能從自己開挖的洞脫身，反倒有如帶著鏟子跳進去繼續挖。這絕非許許多多人曾想望的繁榮開端。

對於朱巴的不當自我膨脹、災難性的國內新安全問題及經濟死亡螺旋感到失望，美國國務卿希拉蕊在二〇一二年八月飛往朱巴傳遞一些嚴厲建言。她告訴薩爾瓦總統，見好就收。石油停產正在摧毀他們的新國家，跟蘇丹的消耗戰他們必輸無疑。國家失敗將使精疲力竭的南蘇丹人民心煩意亂，也會丟失美國的顏面，導致他們創建一個國家的計畫破滅。

「獲得一些事物總比什麼都沒有好。」[11]希拉蕊在朱巴的聯合記者會上說，重申她傳達給薩爾瓦的意見。關於「你們握有你們資源的權利」，「你們已經表明立場」。現在，她告訴他們，是時候達成協議。希拉蕊到訪時國際壓力升至最高點，時逢聯合國安理會給的期限，以及雙邊若未達成協議將遭受國際制裁的進逼威脅。

雙邊在接下來幾天內談定石油協議，關於國安、邊界、債務、金融業、貿易、公民身分與阿比耶伊臨時解決方案的全面布局，則於六週後塵埃落定。歷經兩年多的邊緣政策爭鬥與苦澀的分離程序，最終是經濟生存與持續的相互依賴勝過其他一切。

「二〇一二年九月協議」絕未化解兩國間的一切事務；執行進展緩慢，且路上處處障礙。但是在中斷超過一年後，二〇一三年春天石油再度開始流動，為已接上維生系統的兩國經濟緊急灌輸關鍵養分。

普岡與北部協商者合作擬定協議的每項細目，不過也公開表達他的反對。「這是事實……協商團隊，以及包括身為總協商代表的我自己，都受到美國、英國與挪威方面的極高壓力。」他在一場新聞記者會上控訴，確保自身的強硬國族主義留下公開紀錄。「他們逼迫我們奉送南蘇丹的資源。」[12]

無論事關信念或政治姿態，普岡堅稱停產是正確選擇，而且解放運動黨應該堅持更久，利用石油發揮更多槓桿效用。「歷史證明這是一項不利的協議，」他對我說，在事件的四年後。

我的回應是向他皺眉以表達明確的質疑，並且補上相反觀點。可是普岡堅稱石油停產「達到想要的效果」，使得蘇丹協商者立即開始減少要求。

「真的嗎？」我問道。「很多人認為你最終沒能達成更好的協議——事實上有些人主張條件更差了。」他對此意見不可置信地大笑，並提出進一步反駁。

然而普岡是少數。許多觀察家及普岡的一些國人同胞，對於他的石油協商處理方式評價較不光彩。他們認為普岡的動機沒那麼高尚，並列舉停產導致的經濟傷害、名譽成本與失去的機會。「這是災難等級的點子，只有蠢可言。」二〇一六年萊曼大使毫無保留地告訴我。「是他們所能做出最愚蠢的事。」一度的南蘇丹經濟榮景飽受威脅，許多人認為，使朱巴被迫以不利的立場談判。最終朱巴並未獲得更好的協議，且事後證實，自我傷害帶來的政治與經濟後果相當深遠。

「我真的喜歡普岡，他有願景，而且在表面下有種天真感。」一位姆貝基領導的調解團隊成員，描述普岡在協商時期的立場。「但是這傢伙不明白國家運作需要什麼……他被自己的才智矇騙了，認為自己是繼加朗之後最聰明的人。如果你覺得自己聰明……就會有人把你逼到無路可走。」[13]

最具重大意義的是，南蘇丹和國外的評論者都認為，石油停產與兩年後的二〇一三年南蘇丹內戰間存在因果關係。關閉油井意味著中止獲利，他們主張，這破壞了多年來潤滑國家動力系統的恩庇網絡。國庫空虛導致個人、政治與族裔分歧惡化，最終落得全面失能。將恩庇資金短缺指為南蘇丹自相殘殺內戰的主因，不免過度簡化，但那必定是一個影響因素。

協議簽署後未滿一年，隨著焦點轉移至大後方，普岡公開批評薩爾瓦總統，並表明他有意挑戰解放運動黨黨主席與總統職位。但是他並未獲得機會。二〇一三年十二月普岡被總統的部隊拘禁，遭控為密謀推翻政府的共謀者。

如今，坐在距離南蘇丹政治場域超過八千英里外的丹佛，普岡堅稱自己對於回歸毫無計畫或興趣。「不，除非等到薩爾瓦總統下臺。沒用的。」不過我聽說的是眼前這個人還沒等到機會。普岡不顧許多人的建言，已於二〇一五年祕密策劃重返朱巴一趟，似乎一心想重新奪回黨內地位，並在混亂分歧之際發起另一次挑戰。然而被薩爾瓦的新權力圈削弱且生命再度受到威脅後，他軟化並登上返美班機。

整整兩天討論正值普岡政治影響力高峰時期的事件後，身穿卡其褲與暗紅色牛津襯衫的他，站在丹佛尋常郊區、大小適中的樓層錯落家屋前草坪上揮手道別。樹木隨夏日微風搖曳，只見一輛藍色轎車悠哉轉入隔壁街道。

從某方面來看，他似乎滿足於步調的改變，彌補沒能陪伴三個學齡孩子的時間，健康飲食，並且「省思他個人旅程的意義」，回溯至啟程的上尼羅河那片綠色田野。但是政治動物痛恨自己變得無關緊要，我無法想像他能享受這一切愉悅日常太久。

事實上，就在我們談話的兩個月後，普岡重回熟悉的新聞標題位置，從丹佛宣告他將發起「南蘇丹重生」新計畫。

Chapter 14
華爾道夫飯店

「關於背叛這回事，最悲哀處在於那絕非你的敵人所為。」

——佚名者

二〇一一年八月，我搭上聯合國機隊的其中一架前往聯合州首府班提烏，位於朱巴西北方約三百英里處。聯合州除了跟鄰國蘇丹共有動盪的邊境地帶，當時還面臨可說是南蘇丹前所未見的內部考驗大雜燴。本地動亂在經濟、社會與政治不滿夾雜中滋長，連月造成亂象。與艱難的經濟相仿，此種不安全感削弱大眾對於幾近剛剛受洗新共和國的信心。然而新政府竭力宣示主權，似乎又讓事態更加惡化。

從二〇一〇年至二〇一二年的動盪期間，目光全都聚焦在南北協商，目標是避免戰事重起並確保南部獨立。少有注意力保留給新國家的國內局勢，儘管這段關鍵年代所做的決策將形塑其體質與軌跡，就跟其他任何時候一樣。南蘇丹的國外支持者不願在能否建國的重大時刻，使該國令人憂心的國內政治與國安動向引來太多關注。但是此階段的諸多動盪事件，包括內部騷亂與世仇部落間的暴行，使危險的脆弱新國家露出真面目。

搭乘一架塞斯納（Cessna）單引擎噴射機在班提烏的赭紅泥土簡易跑道降落後，我到一間當地旅舍落腳，設施包括五、六個褪色的金屬貨櫃屋、隔成兩間的獨立木製廁所、搭在木圍籬上的塑膠水塔，以及一小頂公用帳篷。我渾身溼黏，在黃綠色絕緣電線交纏捆起的鋁床架上睡了好幾晚。每天早晨我裝滿一個小水盆，脫掉整晚被汗水浸溼的衣服，穿著靴子清洗以抵禦泥巴。晚餐我大多吃「薯片」，也就是把馬鈴薯切片，丟進放置於主帳篷外長草地上的熱油鍋裡炸。我躲進帳篷，攤開一本新的筆記本，開始打給本地聯絡人，希望掌握在此動盪邊境州造成不穩定的多種壓力源。

他們匯報的情況比我設想的嚴重。在反叛人士脫離蘇丹人民解放軍，並從不滿的社區召募年輕人後，政府派出一輛輛卡車的解放軍援兵大陣仗衝入此區域，企圖弭平反叛。血腥戰鬥隨之上演，雙方都有數十人陣亡，逼使數千平民逃往荒涼內陸，並將定居聚落整個夷平。依舊軍事化的政府不容異己、缺乏經驗且傾向動用暴力。實地走訪沒幾個小時，假設已獲證實：朱巴是自身最可怕的敵人。

「毫無疑問！不用說，國安是我們最大的問題。」一位前任縣長回想，反覆重申看法並對此挑戰的難度搖頭。不只有聯合州這次的搏鬥危及平民並傷害國家主權，軍隊本身需要再造。

將一支暴戾的游擊隊，轉型成有能力保護捍衛的專業國安組織不是一件小任務。而且規模龐大的軍隊更常是不穩定的根源，而非解藥。

暫且不論國安困境，喀土穆貿易封鎖造成的經濟震撼立刻顯而易見，我甚至不用離開旅舍的帳篷就能得知。我熱切大口喝下的橘子口味芬達汽水，溫度有如溫茶一般，因為耗盡燃油的發電機和靠它供電的冰箱閒置在旁。至於炸完一批薯片的女子才剛兩手空空從本地市場回來。從英語、努爾語和沮喪手勢的激動交雜間，我聽見他們埋怨基本主食的價格又再飆升，包括穀物、糖、食用油，甚至乾淨用水。

就在班提烏日漸匱乏的市場外圍，我發現一個住滿南部回歸者的臨時基地──像阿雁一樣滿懷希望的母親，帶著家人搭乘巴士與駁船南下。他們的家具和隨身物品散落一地，彷彿一場暴風剛剛刮過城鎮。回歸者已有近八萬五千人從蘇丹抵達此地。有些人沿途遭到阿拉伯民兵騷擾勒索，還有許多人如今在此孤立無援，沒有土地或下一程的交通工具。不安全感籠罩全城，市場空蕩，仍有更多、更多人到來。

聯合州就跟許多地區一樣，蘇丹二十年戰爭遺留的問題尚未化解，驅策的不僅有當代政治、也包括新的動亂。反叛人士讓人想起薩爾瓦總統的二〇〇六年大帳篷政策，努爾指揮官馬蒂普與數萬民兵藉此吸納進解放軍，其中許多人出身聯合州。儘管整併的用意是維護團結，新加入者卻被邊緣化，剝奪向上流動的機會。

彼得・加德特是其中一位忿忿不平者，現今在聯合州要求改變的反叛指揮官之中，他是最惡名昭彰的一位。他和其餘幾位指揮官都來自附近的馬永縣（Mayom）並非巧合，那裡是馬蒂普的故鄉。馬永縣久與解放軍對立，至今仍為國內最受排斥的心存不滿的社區。二〇一〇年宣告反對南部政府的七個群體中，加德特新成立的民兵是其中之一，並於二〇一一年持續抗爭。隨著蘇丹分裂逼近，這群強人察覺在新秩序下重寫地位的機會。

有些人受到個人利益驅使，另一些人則視反叛為宣揚不滿的唯一手段。「加德特的人」於獨立前夕發布嚴辭批評聲明，細數政府失能、猖獗貪汙，及軍隊和政府中有害的部落主義。除了其餘事項外，聲明抨擊解放運動黨「恫嚇」與「政治排外」。

南部人多年來為了群體利益壓抑不滿，如反對黨部長江森所述，選擇「不去搖晃船隻」。因此自全面和平協議以來，或多或少得以維繫脆弱的團結。但如今，當我在鎮上走動，並接著造訪外圍村莊，我聽說愈來愈多例證表明團結正在瓦解。

在加德特出身的馬永縣，本地人描述一場對戰期間，解放軍的一個師如何對判定同情叛軍的七座村莊放火，燒毀超過七千間土庫泥屋[1]。當驚恐人民零星返回，發現家園已成焦黑一片，沒毀掉的則被軍隊洗劫一空。在這裡，很難區分發生衝突的兩支部隊；加德特的「叛軍」並非一幫零亂的非法戰士，他們是有紀律的部隊，身穿解放軍制服，在軍官的指揮下行軍，手握的武力就跟任何真正軍隊一樣強大。叛軍支持者急於樹立可信度，向我展示步兵的影片，他們身上背著彈藥帶，反覆吟唱戰歌，在激昂領袖的戰吼聲中集結[2]。南蘇丹剛剛實現獨立，聯合州卻還像個戰區。

為了瞭解解放軍的反叛亂策略，我搭上計程機車到附近的解放軍第四師總部，歷經數週的手足互鬥後，此地士氣低落。剛抵達總部，我看見一群軍官在低垂的遮蔭樹下斜倚，機關槍安放在人們的膝頭。說明我的來訪目的後，位階最低的人起身，無精打采地護送我入內。

第四師指揮官的辦公室炎熱、潮溼，掛著厚重窗簾。辦公桌後方的發福男人身穿深綠色迷彩服，怒目令人敬畏。他的英語能力就跟我的努爾語一樣有限，但是從他的神色能得知，我對班提烏國安惡夢的興趣引他嚴重起疑。

在年輕傳譯官的協助下縝密查核，並保證我不是中情局特務後，指揮官朝一位小兵怒吼命令。他向上司敬禮，隨後匆匆離開辦公室。不確定我會遭到扣留或驅逐，過一陣子年輕人帶著兩根湯匙和一個盤子回來，盤上覆滿一堆淺褐色的光滑物體。指揮官遞給我一根湯匙時，他的緊皺眉頭轉成開闊笑顏，並向盤子點點頭表示邀請。於是新朋友和我配著一盤花生醬交談許久。他急於瞭解朱巴發生的事，而我想知道這裡發生的事。

由於喀土穆與朱巴間的緊張情勢不斷，蘇丹軍隊正在不到四十英里外的邊境集結。季節變遷也促成武裝牧牛人一年一度從蘇丹往南遷徙。與此同時，反叛陣營已分化指揮官的師，並策動許多本地人口對抗他的士兵。不無爭議的是，指揮官並非聽從解放軍總部的命令，而是本地州長塔邦．丁格（Taban Deng），後者是班提烏多數居民痛罵的對象。我將疑慮一一詢問指揮官，在滿口花生醬之間，他忍不住把話題轉向朱巴的高層政治。畢竟聯合州是里艾克的家鄉，因此在薩爾瓦和里艾克之間對戰中的心照不宣棋局，扮演一枚重要棋子。在已然面臨太多危險的城鎮，他們對於州內政治與軍事控制的操弄導致事態更趨複雜。

我在班提烏與周圍城鎮多待了幾天，跟居民、政治人物和當地酋長談話，隨後收拾行李回朱巴。我在旅舍結清款項，一路頂著愈來愈猛烈的風回到塵土飛揚的小型簡易跑道。背向疾風以保護雙眼不受陣陣塵土襲擊，我似乎是打算搭上兩週一次航班接駁車的唯一乘客。大多數州首府沒有機場航廈，沒有售票處，沒有機場工作人員，沒有預定的航班時間表。當飛機在航行途中，人道非政府組織接收到的無線電訊號斷斷續續；像我一樣的候機者則時時注意天空的聲音，等待聽見飛機靠近。降落前，塞斯納「旅隊」噴射機的駕駛常低空飛過簡易跑道，趕跑牛隻、野生動物和閒晃的孩童。

在我等待短程客機時，一股稱為哈布風（haboob）的季節性狂烈沙塵暴看似正在成形，威脅我的通勤行程。我聽見塞斯納單引擎噴射機飛近，防禦地舉起手肘保護雙眼，抬頭看見機身的模糊輪廓在沙塵上方盤旋。飛機試圖降落，盤旋一次、兩次、三次後，螺旋槳的隱約轟鳴聲沒入遠方，發出屈服信號。我失望垂下頭，小心翼翼咒罵了幾句。下一班離開的飛機在四天後。

隔天早上我在城鎮外圍的泥土小徑步行，雨水讓溝渠和低窪地區變成蜿蜒的運河網絡。兩個孩童泡在水池中潑水打鬧，隱身在近似螢光綠色的長草叢後。他們累了，轉而友愛地擁抱，大口喘著氣。一群少女身著鮮豔套布，人人身材高挑，髮辮緊密編結成排，坐在凳子上彎身面向沾滿泡沫的成堆衣物。她們以一種年輕女子才有的快節奏語速交談，邊洗滌邊放肆大笑。至少比她們大四十歲的一位年長婦女靜靜路過，頭上平穩頂著一大捆樹枝，汗水滾落她的臉龐。

沿小徑繼續往下走，擦身而過的一對熟人放下洗衣袋，友好地互拍對方肩膀。他們轉身向騎著不牢靠自行車的長者點頭致意，他回以一抹近乎無牙的微笑。三位少年側身坐在驢子拉的兩輪木車上，隨著車輪軸嘎吱作響、顛簸滾過堅硬不平的地面，他們和貨物有節奏地上下彈跳。男孩身穿髒兮兮藍短褲和藍襯衫從附近一條支流回來，停步驕傲高舉釣線，展示他剛剛智取的魚。

儘管班提烏蒙受種種壓力，此地依然有種間歇性的正常狀態。這種情況在國內的不穩定區域並非不常見，假使你別無選擇、只能看著辦，好吧，那你就會看著辦了。然而那個靜謐早晨的正常狀態很快就被另一波戰鬥打斷，每次事端都使得正常和反常變得更難區別。

那週隨後發生一系列回擊，其後撤退叛軍在每條通往班提烏的道路埋下地雷。地雷可說是最無差別攻擊的武器，承受苦果的當然是平民。接下來兩天，在三、四條主要聯通公路上，只見無辜步行者或巴士乘客身受重傷或被炸死，只剩下一條向西通往聯合國基地的路線，我重新安置到那裡等待回程飛機。隔天清晨我站在大門旁，往外透過搖曳長草看向鏽紅色的泥土路，回想我目睹過的可怕景象——驚魂未定、渾身浴血的巴士乘客，盯著被炸成碎片的一條腿長考。我想像青年兵在夜色掩護下，於彎路的端點挖土並埋入致命裝置。我們不能冒險去鎮上還寄望自己每次運氣都好。

有時反叛人士遭到武力鎮壓，不僅引起更多暴行，並加深大眾對於現已不受信任政府的憎惡。鎮壓失敗時朱巴加碼執行收買策略，實際上使得反叛分子獲得酬謝。這種模式在內戰期間形成，於過渡時期延續，至今變得根深柢固：不滿的指揮官煽動暴行，力量薄弱的中央政府再買回他的效忠。這位武裝生意人可能獲得軍階升遷，裝滿公事包的現金，給旗下戰士的薪水，或者提升他在當地的掌控力。收買手段換得暫時的和平，卻讓其他人有了效法的誘因。他們也確實這麼做。朱巴的政治領袖知道這種做法無法長久，可是很難破除那項政策。在如此岌岌可危的時刻也許承受不起國內動盪。

於是聯合州反叛將領加德特最終獲重新納入軍隊，再度如此，在他的漫長脫離與回歸職涯中是最近的一次。「這傢伙是內行人，」一位軍校生告訴我加德特的翻盤史，「有六次、還是七次？……我們記不清楚了。」[3]二〇一一年收買加德特必定用上了金錢，新的人事命令與其他補貼，但是他表面上為家鄉州要求的改革從未實現，聯合州的反叛陣營則在少了他之後繼續戰鬥。

兩年後，當軍隊分崩離析，加德特叛離並加入里艾克。他將再度要求正義與改革，與此同時領導數波內戰期間對平民犯下的最殘忍攻擊。

當南蘇丹在獨立之際奮力找尋立足點，它與最重要雙邊夥伴間的關係即將生變，且以華府並未預見的方式發生。

美國長期以來在蘇丹選邊站，反射性地反對喀土穆政府，意味著對於朱巴的批評遭到打壓，即使在南蘇丹獨立後仍持續如此。此種想法認為南蘇丹尚未脫離困境，廣為宣傳弱者的國內失序將間接使喀土穆得利。南北協商尚未完成，直到分裂的事務解決且南部獲得自立前，重回戰爭局面並非全無可能。

如此推論有其道理，倘若朱巴未能設法談得公平協議，一開始就會陷入困境。但是有另一個理由讓批評噤聲：闡明南蘇丹的治理不良、國安失能、貪腐等過失，也可能讓華府顯得難堪，代表其建構國家的計畫尚未開花結果。然而一直推遲朱巴亟需的重新校準，導致毫無助益的情勢長久延續。

當我置身班提烏的民眾之間，薩爾瓦正在前往紐約市途中，在那裡，一次尷尬的會面將預示美國與南蘇丹間的重大轉變。儘管雙方關係表面上依舊完好，這次事件將開始揭露冷酷現實，包括西方要角如何嚴重誤判他們在南蘇丹的地位、影響力與認定的雙方關係，以及在外交政策上依附情感的危險。

薩爾瓦總統在二〇一一年九月抵達紐約中城東區，這是他首度參與聯合國大會。當年的全球領袖年度聚會將成為世界上最新國家的初登場派對。薩爾瓦此行也包括以國家元首身分與歐巴馬總統首度正式會晤，雙方都相當看重這件事。在布希總統第二任期間，薩爾瓦多次於橢圓辦公室獲得接見，而他對於自己還沒見過歐巴馬的事實感到不滿。現在是他塑造正面印象的機會。

雙邊會晤的議程多半在表達祝賀之情與延續夥伴關係的想法，不過歐巴馬的談話主題包括一項更實質的關切，且同樣涉及聯合州的複雜國安情勢。薩爾瓦政府經由聯合州跨越如今已是國界的北方疆界，暗中供應武器給在蘇丹的叛亂弟兄。

在南蘇丹分離後遭斷絕補給且削弱，這群前戰友只好繼續與喀土穆作戰。他們從一開始就是蘇丹人民解放運動的成員；他們的聚落一直位於內戰前線，受到的破壞屬於最嚴重的等級。他們做出的犧牲最終使南部獲得自由，但是全面和平協議終究什麼都沒帶給他們。於是南部少有人能安然斷絕他們的武器供應，或者拒絕後勤支持。朱巴的解放運動黨領袖仍對喀土穆保持高度懷疑，他們也相信最好讓盟友控制蘇丹與南部油田間的領土。

剛贏得的獨立與自我認定的實力讓一些人感到飄飄然，認為喀土穆的宿敵如今因損失石油收益深受打擊，或許終於等到推翻政權的時機。獨立聖代最頂端的那顆櫻桃，將是蘇丹僅存的抗爭者終結政權。畢竟，有什麼比最重要鄰國的首都換上友好新政府更加理想？這是個大膽的想法。

對喀土穆而言，朱巴輸送槍枝給前解放運動部隊是一項嚴重問題；嚴格說來，南蘇丹人現今是在干涉一個主權鄰國的事務。這不僅有可能破壞石油、邊界、公民身分、貨幣與債務等後公投議題的微妙協商，也構成引起新一波衝突的風險。南部有些人顯得對此毫不在意，然而美方嚴肅評估風險。華府同樣少有人想斷絕這群解放運動長期鬥士的後援，但是誠如一位美國外交人員當時所評論，「那場仗必須改天再打，風險太高了。」

持續輸送武器是該區域的公開祕密。美國外交人員過去試圖要南蘇丹人約束這類舉動，卻遭忽視或拒絕。他們決定爭取美國總統的幫助，若有必要，總統可以拿出他們準備好的衛星影像，據一位在場官員所述，目的是「不留疑慮」。

當太陽滑落至曼哈頓島西邊的摩天大樓後方，薩爾瓦與隨員抵達著名的華爾道夫飯店進行會晤。興建於一九三一年，這棟上流社會的裝飾藝術風格華麗紀念性建築接待國王與皇后、黑幫與權貴，以及從瑪麗蓮·夢露（Marilyn Monroe）到穆罕默德·阿里（Muhammad Ali）的一代代頂級名流。每年九月為期數日間，紐約首要飯店的地址也成為美國總統的基地，白宮與國務院接管這棟歷史建物進行聯合國大會周邊的外交活動。在華爾道夫飯店高樓層的其中一間接待室裡，歐巴馬身邊包括當時的國務卿希拉蕊、美國駐聯合國大使萊斯、助理國務卿強尼·卡森（Johnnie Carson）與特使萊曼。

「別對總統說謊。」[4] 一位官員回想，轉述美國外交人員在會議即將開始前不斷重申的訴求。「我們懇求他們──『別對總統說謊。』」在這次重要的雙邊會晤前，美國外交人員兩度跟南蘇丹外交部長丁格和薩爾瓦辦公室官員碰面，為關鍵的初次會面預作準備。他們發現這個新國家的外交人員明顯傲慢自大；他們明目張膽的言談與「誰需要你們？」的論調，使美國同行感到擔憂。美方詳述歐巴馬聽取關於武器的情資簡報，並試著想辦法讓薩爾瓦挽回顏面。「我們甚至暗示他可以提出『不直接否認的否認』」──薩爾瓦可以指出他會查明這件事，藉此開啟關於解決方案的對話。可是他們懇求薩爾瓦的人，請他別對生性多疑的歐巴馬說謊；歐巴馬不會欣然接受迄今的公然欺騙企圖。

讓白宮記者團匆匆拍照後，兩位總統和他們的代表團坐進米色橢圓桌周圍的繁複木椅，兩個年輕國家的國旗分立兩側。會議按計畫進行，順利且氣氛融洽。歐巴馬把跨國武器運輸事項留到最後。指出情資報告相當明確後，他告訴薩爾瓦，身為一個主權國家，新政府不能干涉他國事務。在場目光全都望著戴牛仔帽的男人。經過令人屏息的停頓，薩爾瓦看向桌子另一邊。「總統先生，如果你的衛星告訴你我們把武器運過邊界，你最好檢查你的衛星。」

美方目瞪口呆。「我們差點從椅子上跌下來！」萊曼大使事隔多年重述，情緒一如事發當晚般震驚。不悅的歐巴馬立刻結束會晤，副手表示，此後他幾乎不在薩爾瓦身上浪費時間。據萊曼所述，萊斯稍後在華爾道夫的一間套房找到薩爾瓦並對他「猛烈批評」，斥責他令人費解的冒犯，此舉無疑讓身為政府裡南蘇丹頭號擁護者的她蒙羞。萊曼解釋，從此之後，與薩爾瓦相關的事「很難尋求歐巴馬的幫助」[5]，而當他確實從橢圓辦公室致電，兩人之間的交流明顯「冷淡」。

儘管與華府支持者的關係仍舊密切——他們的涉入全都早在歐巴馬以前——跟美國總統不和卻是陌生範疇。薩爾瓦曾是布希的忠實崇拜者，但現在跟擔保南蘇丹獨立並投注鉅資見證他成功之人產生裂痕。

在不愉快的對話數週後，薩爾瓦表現變卦跡象。薩爾瓦寫給白宮一封彆扭信件，提到關於此議題的「新情報」曝光。這封信是不情願的道歉。歐巴馬最親近的顧問與日後的幕僚長丹尼斯·麥克多諾（Denis McDonough）與萊曼同赴朱巴，抱持薩爾瓦政府正尋求補救的假設。然而他們抵達時，薩爾瓦表示對於自己署名的信不知情，並且再度否認武器運輸。據稱「氣急敗壞的」麥克多諾回到華府，覺得又被看似不領情的盟友欺騙一次。

看起來關係冷卻的感受是雙方共有。儘管在華府或朱巴並未廣受矚目，有些人認為，連番溝通不順是最初徵兆，預示原本友好的長期關係發生重大轉變。多年來，南部人仰賴美國保護他們不受喀土穆侵擾，仰賴美方守護他們的自決權與公民投票的神聖地位。但如今手握獨立，飛黃騰達的朱巴領導階層不再以同樣形式需要捐助者。他們處於後獨立的亢奮期，不打算聽從平輩的命令。接下來這段期間分歧將持續擴大，美國的影響力也隨之緩慢衰減。

華府將在南蘇丹有需要時持續給予協助，因為萊斯或為南部發聲的美國支持者都不允許關係毀壞。但是政府裡有些人變得較不情願伸出援手，因為獨立的滋味已變質。隨著時間流逝，這種轉變終將使朱巴的許多美國支持者感到訝異，這群人天真地相信，解放鬥士會永遠感激他們堅定不移的「友人」。

可是雙方關係一直都不對等；華府同情南部的志業，朱巴則謀求戰略利益。重要的聯繫形成了，但是這項根本的不對等受到忠實信徒忽略。萊曼援引數十年來在海外代表華府學到的教訓，認為「友好關係在外交與對外關係上至關緊要，但是它們絕對不該被誤認為『友誼』。朋友願意為了你好而做某些事，」他剖析，「不會只為他們自己。」

萊曼同意美國與解放運動黨的關係早已注定消逝，不過他認為，美國政策制定者在南部抗爭者實現獨立時「應該明白」，「這些傢伙不是我們大家期盼的那樣」。歐巴馬自身與南蘇丹並無長久來往；他不屬於數十年來與解放運動黨關係極度密切的圈子。「我們忍不住一直把他們英雄化，」萊曼省思，「第一個看出這件事的人是歐巴馬。」

在瓊萊州東南部一處偏遠村莊不遠處，一架聯合國直升機在預定降落地點上空盤旋。從直升機裡往外望，機上的貴賓乘客可以看見地平線上升起陣陣黑煙。朝下方仔細端詳，他也能瞥見人人都在談論的震懾景象。聯合國巡邏隊拍下約八千名年輕男子行軍穿越瓊萊州廣闊沼澤地的驚人空拍照後，擔憂警訊於近日傳開[6]。他們是來自瓊萊州北部的努爾青年，全副武裝朝人盡皆知的目標前進：皮博縣（Pibor），穆爾勒族人的家園。

南蘇丹領袖剛赴紐約的世界舞臺慶賀獨立，然而放眼國內，南蘇丹面積最大的瓊萊州瀕臨崩解。跟聯合州的情況相仿，政府和國軍一直竭力制止武裝叛亂。但是在這裡，每方皆利用一種影響層面更大的因子，且使此種顧慮愈形惡化：部族暴力。二〇一一年夏季，努爾與穆爾勒族群間的相互攻擊循環不斷升級，導致數百位平民身亡，激化雙方的年輕人。口吐仇恨言論並放話要「殲滅」占少數的族裔群體後，憤怒的努爾復仇者如今抵達皮博，準備履行諾言。

聯合國直升機落地停放，一位身穿短袖格紋襯衫、戴墨鏡和棕色毛氈帽的男人走出來。他以慣用的左手拿著一根拐杖。如果沒有身旁隨員與正字標記般的門牙縫，副總統里艾克很容易被誤認成其他人。里艾克獲得當地解放軍將領的接待，他們的部隊不可能阻擋重裝來襲者，人數遠遠較少的聯合國維和部隊同樣毫無勝算。於是國內最令人敬畏的努爾族「頭號人物」里艾克飛來阻攔暴徒，或說他希望如此。

瓊萊州幅員廣闊，開發程度低，州內坐落一個英格蘭那麼大的沼澤，在雨季形成大自然最可畏的對手之一。這裡的多水沼澤地與溼爛黑土，會讓四輪傳動車陷入並整部吞沒。瓊萊州神祕費解且時常難以穿越，傳奇景觀成為當地特質的一部分，不僅與遊牧族群的生活密不可分，也關乎在這片被歷史遺落土地伸張國家權威時遇上的難題。「你們國家有蠻荒西部（Wild West），」一位當地行政官員告訴我，試圖提供一些脈絡，「那麼，這裡就是蠻荒東部（Wild East）。」[7]

我在二〇〇九年初訪瓊萊州，即獨立前兩年，當時族群間的暴力循環達到令人擔憂的高峰。長期不和睦的情況並非新鮮事，由於牛在尼羅河流域生活的各層面皆處於中心位置，使牛群成為族群間衝突的成因[8]。但是那一年搶牛的循環有所不同。人們在一系列襲擊與反擊中遭殘殺，數目令人震驚，且暴行的政治化程度變得危險。

本地努爾、穆爾勒與丁卡部族間的襲擊規模更大、更有組織，且愈來愈針對平民，包括女人和小孩在內。他們不是拿著棍棒與長矛去偷牛的年輕人，想為自己的村莊補充物資或贏得尊敬，如同過往數個世紀所為。他們是武裝民兵，身穿迷彩軍裝，背著多發彈藥，用衛星電話傳遞戰略。據我所知，那些話費高昂的來電之中，有些發話對象是國內政治人物，顯然在蓄意造成動亂。

朱巴無法控制局勢，昭告世人是喀土穆宿敵挑起暴行。這項主張缺乏證據且使當地情勢變得複雜，卻說服了許多早已選邊站的外國觀察者。問題的真正根源植基於國內，綜合來看可以瞭解南蘇丹最大州的許多狀況：政治和經濟邊緣化、菁英操縱族裔張力、長久的暴力史、公路與通訊等基礎建設匱乏、土地爭議、欠缺司法機制、傳統權威崩解，以及平民握有大量武器。這群人並非執意犯下無謂暴行，他們的委屈貨真價實，即使反應的程度令人震驚，未必出於不理性。對政府與鄰近居民皆缺乏信任，意味著族群自覺有需要確保自身的安全。

瓊萊州的暴力是一扇窗，可藉此理解一個過度習於戰爭的社會。偶見阿科博縣的年輕人沒有鞋子或課本，但是有AK和G3自動步槍跟火箭推進榴彈。他們在皮博縣的同齡人時常缺乏食糧和乾淨用水，卻有口徑六十毫米的迫擊炮、反步兵地雷和高速機槍。爭端發生時，倒楣的警察多半根本無力介入；一旦插手，人數和槍枝配備都低於對方。政府面臨採取行動的壓力，通常以熟悉和反射性的方式回應，也就是動用武力。

稍早解放軍在兩處努爾聚落強迫解除武裝的殘忍行動，是催生瓊萊州暴力循環的其中一個成因。那次行動沒收三千多件武器，但是解放軍與社區保衛隊間的數週交火導致一千兩百位平民與四百位士兵身亡。努爾人覺得自己遭到不信任的政府單獨針對，接著又被來自丁卡與穆爾勒聚落的偷牛者襲擊。於是他們重新整備復仇所需的武裝。類似情節在獨立前後那幾年一再重演，每次都灌注更多憤恨，配備更多武器，帶來更多傷亡。

到了二〇一一年底里艾克銜命前去干預時，瓊萊州的暴力再度惡化到失去控制，這次受到種族屠殺言論與另一次國家殘暴回應所引發。教會主導的衝突化解活動與聯合國維和部隊的干預偶爾有助於阻擋或延緩暴行，卻無法使其終止。敘事的兩極化更甚以往，每個群體都自視為受委屈的一方：每個群體都埋怨，政府不僅未能保護他們免受敵對部族侵擾，還更廣泛地單獨針對他們。「沒有教育，沒有健康，沒有水，沒有道路，也沒有政府職位！」沮喪的穆爾勒族群領袖雙手一攤對我說，「你會做出什麼反應？」[9]

里艾克來向朝皮博縣行進的努爾同胞大軍發表演說時，戰吼呼喊聲變得更大。「羅伍努爾人會打勝仗（Boh Char Juc e Naath）！」一位情緒激昂的領軍者以富有節奏的音調高喊，手臂與手指直伸向群眾。他的數千弟兄高舉步槍過頭揮舞，齊聲回應，附和他發自過往光榮戰役的呼喊。大批穿著迷彩軍裝的瘦高身影從四面八方湧入，加入吟唱行列，積聚成令人震懾的群眾規模。里艾克站在凳子上，用努爾母語發表深沉呼籲，敦促他們別受人唆使而去打仗。里艾克的人馬地位不凡，尤其是那群位居政府高職者，通常對於他們的族群擁有龐大影響力。然而這一次，群眾選擇忽視大人物。

以德國的馬克思・韋伯（Max Weber）為例，社會科學家早已指出「暴力的壟斷（monopoly on violence）」是最能定義現代國家的單一特質，此概念於二十世紀完整確立，卻可在一六五一年湯馬斯・霍布斯（Thomas Hobbes）的標誌性著作《利維坦》（*Leviathan*）找到根源。南蘇丹政府並未享有此種壟斷。他們絕非唯一缺乏此關鍵要素的現代國家，但是這一次憤慨尤其令人震驚且預示惡兆：努爾青年昭告新共和國的副總統及國家軍隊，別想擋路。

「他們不想聽勸。」一位來自努爾族腹地的縣長告訴我。「里艾克正是解放運動黨聚焦在朱巴、聚焦於瓜分石油收益的一分子……這群領導者全都忽視了基層人民。」朱巴的統治菁英忙於分裂的重大任務。在能力上確實分身乏術，但是他們也高估自己在國內的政治資本，對於埋怨充耳不聞。

「現在里艾克來了，危機已經發生好幾個月，身邊全是鏡頭。」縣長繼續說，語速跟著加快。「人們認為他只是來這裡贏取政治成果。」他們痛恨他在最後一刻介入、「讓他們看起來像壞人」的事實。里艾克數度發出呼籲後，他的直升機飛離，越過皮博縣的行軍重新開拔。一連串的殘暴攻擊隨之展開，死亡人數估計高達一千人，足以使其成為自一九九一年波爾大屠殺以來傷亡最慘重的單一族裔暴力事件。穆爾勒青年相信解放軍若非對攻擊事件漠不關心，就是曾積極涉入，數夥人旋即往努爾村莊出發。循環持續上演。

致命的以牙還牙在整個二〇一二年不斷升溫，解放軍再度插手干預，動用一切必要手段收繳平民戰士手裡的武器，以期遏止暴行。這次他們鎖定穆爾勒人的土地，而開始流出的報告令人痛心。穆爾勒平民遭到強暴、凌虐與殺害。調查發現兒童被勒死，用蠟燙傷，頭壓入水裡模擬溺水感受。

奇怪的是，獲派領導行動的解放軍部隊以努爾人為主，似乎獲得絕對自主權向先前攻擊他們親人的穆爾勒人尋仇。國軍非但未能打破致命的暴力循環，還被利用去實行族裔復仇。外國使節開始徹查政府的手段，但是朱巴不太在乎批評。他們的回應是阻止聯合國維和部隊出入該區域，命令國際人權監督人員離境，最終於皮博縣上空擊落一架聯合國直升機，觸犯國際法的戰爭罪。

穆爾勒人與聯合州的馬永縣民相仿，因其族裔領袖在漫長蘇丹內戰期間與喀土穆結盟而遭仇視。這群長期蒙受汙名的少數族裔，由於同情另一位當地反叛人物大衛・尤・尤（David Yau Yau），在二〇一〇年激起新的怒火。尤・尤被控選舉舞弊，憤而反抗政府，接著，基於政府長久實行的收買政策，他接受誘人待遇重獲收編：軍階、房屋、車輛和金錢[10]。但是二〇一二年解放軍在穆爾勒村莊犯下暴行，驅策數千憤怒青年加入尤・尤的陣營。他們連番擊敗解放軍後，薩爾瓦總統下令展開全面反叛亂行動。當時是二〇一三年春天，共和國又一次對自己人開戰。

調整後的解放軍行動消抹了戰士與平民間的界線，似乎意在恫嚇人民，或是將他們一舉剷除。「他們封鎖這片區域，然後屠殺平民。」出身瓊萊的沮喪努爾族縣長向我坦承。解放軍提供武器、彈藥與其他後援給同為努爾族群的青年民兵，實際上是針對備受醜化的穆爾勒人發起聯合行動。朱巴的外國使節向家鄉首都發送緊急報告，擔憂由國家支持的族裔清洗行動正在發生。

數千人身亡，數十萬人流離失所，並且傳出種族屠殺的言論。在蘇丹內戰期間，因南部內鬥死亡的南部人，比跟蘇丹阿拉伯人戰死的還多。如今舊事再度重演。人們不禁揣想戰爭是否真在八年前結束，或者只是暫時停歇。難以知曉這究竟是一個國家奮力尋找立足點的陣痛期，或是預示來日更大規模崩壞的警訊。

解放軍在瓊萊州的戰事，終於在二〇一三年春天敲響華府的警鐘。到此刻以前，「那不太在我們的關注範圍內。」一位美國官員在二〇一七年對我說[11]。所有的注意力都放在防止南北再掀新戰事，且就後公投議題敲定二〇一二年九月的協議。對於大規模暴行已成常態的瓊萊州，殘酷的現實是所獲關注有限，若換在別種情況下也許會不同。

「我們曉得壞事正在發生。」同一位官員指出，卻也不乏合理化解釋。「老實說，」她繼續表明，對某些人而言，愈來愈常見的情節帶出一種愚昧觀點，認為「這裡是非洲，事情就是如此」。其他人將國內不穩定歸咎於與蘇丹的持續緊張態勢，依據是新證據顯示喀土穆已在武裝某些民兵。

儘管存在其他迫切顧慮，美國官員坦承，在認定瓊萊州問題的本質與規模時反應遲緩。「未能真正瞭解其中更廣泛的政治因素，」另一位官員表示，「或是國家鎖定自身人民為攻擊目標時扮演的角色。」[12]解放運動黨聯絡人一直在「編造」國內面臨的挑戰，他告訴我。「這群傢伙天天跟我們一起做事，他們掩飾得很好。」

前美國特使萊曼指出，當華府終於認清危機的規模，許多解放運動黨的長期友人遲遲無法接受棘手事實。在那之前，擁護者與國會成員「將關於南蘇丹的幾乎任何批評，立即指為落入兩方道德價值相等（moral equivalency）的謬誤。」這種想法認為，無論南蘇丹做什麼，永遠不可能比擬蘇丹犯下的罪行，而加以忽視就等於「背叛（美國）與南部的友誼」。

發自內心蔑視喀土穆導致南部支持者持續相信，對於南部的任何批評都將使蘇丹間接得利。但是其中也有蓄意忽視的成分；自由鬥士長久以來跟好人站在同一邊，有些人尚未準備接受，如今他們是在仿效北部壓迫者的行徑。

到了二〇一三年中，政府令人憂心的反叛亂行動，加上政治場域逐漸往專制偏移，一幅不安的景象開始浮現。「到那時候我們曉得事態嚴重，」那位美國官員說，「到那時候我們曉得，南蘇丹果真往錯誤的方向發展。」

Chapter 15

搖晃船隻

「戰爭是政治改頭換面的延續。」

——卡爾・馮・克勞薩維茲（Carl von Clausewitz），《論戰爭》（*On War*），一八三二年

朱巴，二〇一三年三月至十二月

「我，薩爾瓦・基爾・馬亞爾迪將軍，在此發布共和國命令。」廣播播音員開始朗讀總統的發言。這是一則行政命令的熟悉開頭，常涉及良善行政事務的指令。

在修車廠、教堂職員宿舍、市場攤位側耳收聽雜訊不斷收音機廣播的人，可能通常選在此時轉移注意力。今天不一樣。現在是二〇一三年七月二十三日星期二，廣播中的人即將宣告震撼消息。

播音員接著說，第四十九號命令要「解除里艾克．馬查爾博士的共和國副總統職位」。沒太專心聽的人驚訝地轉過頭來，伸手調整收音機音量旋鈕。在人們完全理解這項震愕宣告前，播音員開始朗讀下一項命令。在那天，薩爾瓦和新的顧問群不只準備發布一則事關重大的命令，而是四則。第五十號和五十一號命令解除「所有國家政府部長」及其副手的職務。播音員說明，最後一則命令薩爾瓦蘇丹人民解放運動黨主席：「暫令停職並成立委員會調查祕書長普岡．阿穆同志。」一聲令下，南蘇丹最有勢力的五十五位政府官員全被裁撤。

提問不斷湧入總統辦公室，他的助理嘗試將此舉淡化為尋常的內閣「改組」。但是在他們談話的同時，軍隊在全城擴大駐守，預防任何反抗舉動。當天的政治屠殺嚴重性無從掩蓋。

由於解放運動黨掌控權的爭奪變得白熱化，在當天的挑釁宣告前，內部分歧已連月上演。薩爾瓦以攻代守回應黨內挑戰者的反對聲浪：他取消解放運動黨的最高機關會議，撤除州長與軍隊將領職位，並基於認定不忠誠就暫令備受矚目的部長停職。他利用政府資金與職位在分裂的黨內鞏固支持，並且緊縮對於州政府的控制。反對者疾呼不公，指責世界上最新的民主體制顯得漸趨專制。

當副總統遭去職的消息傳開，憤怒的支持者聚集在他的宅邸前，急於拿起武器對抗變身成暴君的總統。已經夠了，他們主張。從遠處張望的朋友與觀察者不安屏息，擔憂才剛歡慶兩週年的南蘇丹即將爆發大事。

在華府霧谷區（Foggy Bottom），國務卿約翰．凱瑞從國務院七樓的辦公室致電薩爾瓦，請他保持冷靜。位於白宮東方六個街區處，國安官員打給里艾克傳遞相同訊息。幾個小時後，隨著首都緊張情勢升高，國務卿凱瑞發布一項帶有預言性質的聲明：「舉世在注目南蘇丹是否會踏上和平繁榮的道路，或者走回界定該國大部分歷史的悲慘暴力衝突之路。」[1]

薩爾瓦在二〇一三年七月投下的震撼彈，將解放運動黨的內部權力鬥爭首度推往公共場域。然而密切關注者心知肚明，黨內危機已醞釀近一年。二〇一二年夏天的全國之旅啟程後不久危機即見端倪，當時黨高層人物踏遍全國與南部群眾慶祝獨立、致謝並邀功。這趟旅程的本意像是某種勝利者的遊行，但是黨領導者反而聽見沮喪與不滿。平民受夠了；足足一年過去，發生的改變太少。一代代的犧牲理應結束，他們主張。獨立的好處在哪裡？

令人失望的巡禮激起黨內爭論，里艾克察覺這是一次出手機會。他終於可以利用群眾的不滿，對總統大位發動攻勢。

當時黨內派系的菁英已經開始悄悄互相打量，心思從建國的艱鉅挑戰轉往總統寶座的動人誘惑。畢竟，預定於二〇一五年舉辦的第一次全國大選已近在眼前。終於擺脫喀土穆的干涉，投票帶來機會替換意外的總統薩爾瓦，而且黨內忠貞分子相信最高領導者早該換人。里艾克和其餘潛在挑戰者痛陳政黨失去願景與方向，儘管他們也需為此敗壞負責。他們尋求改變，然而最受覬覦的是權力。現在正是他們的機會。

就在二〇一一年獨立日的數週後，薩爾瓦首度向外國密友談到對於黨內異議人士的不安，提及自己職位的三位潛在競爭者：里艾克、普岡與加朗遺孀蕾貝卡嬤嬤。他覺得黨內會議愈發瀰漫的對立態勢使人難堪，當這些意見由較魯莽、狡猾的人物提出時更是如此。到了二〇一三年初，顯然薩爾瓦受夠了政治；他向前非盟調解人姆貝基傾吐，打算在自己的任期結束時下臺。儘管這並非官方聲明，消息立即瘋傳黨內權貴間的深夜聚會，說這位大人物二〇一五年不選了。挑戰者樂得舔了舔嘴唇：薩爾瓦的位子是他們的了。

到了兩個月後的二〇一三年三月，黨機關召開會議審查解放運動黨的章程、黨規與投票程序。雖是看似尋常的舉動，黨的掌控權、以及進一步的共和國掌控權，即由這些文件授予。一場爭鬥迅速爆發，迫使黨領導權的問題正式交鋒。似乎現任總統薩爾瓦心意已改。他執意要阻止挑戰者，於是改制禁止不記名投票，並示意要握有召開黨會議與在強大中央委員會任命成員的唯一權力。

反對者憤慨不已。薩爾瓦不僅扭轉不競選的決定，現在還利用高壓的黨機器去鞏固他的職位。充滿火藥味的會議以僵局作收，不過在此之前，里艾克和普岡宣告有意挑戰薩爾瓦的解放運動黨主席職位，借此獲得總統參選提名。里艾克、普岡和其他的有志之士多年來呼籲黨內團結並效忠薩爾瓦，但是維持門面的時效已過。一場權力鬥爭如今正在上演。接著是連月局勢緊繃的拉票，使得任何一位國家領導者愈來愈沒有時間去實現早已對人民許下的承諾。

隱瞞黨內紛爭的日子過去了。這是解放運動的第一次公開政治挑戰，對於一個階級嚴明的軍事化組織、以及一位缺乏政治歷練的領袖皆為陌生領域。薩爾瓦和身邊那群人以他們唯一懂得的方式回應；他們肅清威脅，壓制反對者，並運用國家工具去維繫更廣泛的控制。諷刺的是，正是如今反對薩爾瓦的黨內知識分子，於近年致力抹消解放運動黨與國家之間的界線。現在他們被自身協助創造的貪婪男孩欺壓。

受到新近獲任權力職位者的鼓勵，薩爾瓦開始敲響戰鼓，隨著二〇一三年推展，響徹南蘇丹政治圈的鼓聲變得更急促而宏亮。

黨內協調者對紛爭深切擔憂，開始忙亂穿梭於解放運動黨的對立陣營間，期望能談成和解。但是僅於短短數週後，薩爾瓦將再度擊鼓。勢已解除一位顯要州長與至少一百位軍隊將領的職務後，薩爾瓦及其人馬移往食物鏈的上層。身為副總統，里艾克常證明自己是比上司更有能力的管理者，而這位狡猾精明人物最近開始利用受歡迎的國家計畫追求政治晉升。不過在里艾克飛得更高前，薩爾瓦就剪掉他的翅膀。二〇一三年四月，共和國第三號命令剝奪憲法賦予副總統的權力。黨內人士一直努力想達成某種和解，可是沒有一方有此打算，這項意外命令則顯示他們的失敗。

意識到風暴正在聚攏，並懷疑無法靠自己化解領導權爭端，名叫丁格·阿洛爾的黨高層人物搭上一架飛往華府的班機。

丁格相當引人注目。身高達兩百公分的他是一位溫和的巨人，削瘦身影輕巧行進時有著長頸鹿的優雅。再加上與此相襯的個性與平穩語調，也許適合為他冠上「幸運星」（the big smooth）」封號。丁格安於穿著西裝與休閒領帶，不過他的顯眼手錶也跟深藍與灰色調非洲印花布、十分寬鬆的短袖襯衫很搭。

不像某些解放運動黨同僚，這位兩任的外交部長與黨內高層既不需要、也不傾向主導談話。休息時，丁格可以保持靜止不語且動作審慎。雙眼有時瞇成一條縫，容易讓人以為他猝然入睡。他的嗓音平滑柔順，遇到起勁的話題會提高音量並加快語速。我不常看到丁格沮喪，但從未見過他發怒。

接待外國代表團時丁格廣受歡迎，他樂於握手、眼神交流，對於卑微記錄員與亮出招搖頭銜大人物都表達關注。他自信優雅卻不冷漠；他的熱情自然天成，而非練習造就。

丁格重述對話的記憶力驚人，他講的政治陰謀事蹟讓外國人聽得津津有味。重現格達費（Muammar Qaddafi）宮殿豪奢晚宴的場景，以及國是訪問中國時在密室裡的討價還價，他是一位引人著迷的說故事高手，無論杜撰與否皆然。他也愛笑。在故事結尾拋下微妙的玩笑後，接著投以慧黠且心照不宣的眼神；他暫停片刻讓人心領神會，再爆出爽朗笑聲打破沉默。跟丁格說笑是一種身臨其境的體驗；他的笑聲發自肩膀，而且說出笑點後伴隨著拍背與擊掌。

這位高挑的外交官很有說服力，他對此心知肚明。悄悄接近一位對手，理解他的關注與動機，跟他站在同一邊說話，丁格總是深諳外交事務之道。歷經抗爭歲月，他變得特別嫻熟於與來自美國和歐洲的人建立關係，也瞭解這些關係對於他的大業、以及對他自身的價值。

丁格是一位卓有成效的使節，在操控邊緣遊走，但是他小心翼翼不逾越界線。他為了促進一項利益的作為從未基於惡意。當老練的觀察者質疑丁格的策略，他會笑著認輸，承認暗盤運作而非喪失自信。丁格顯然十分討人喜歡，這一點既使他廣受外國人歡迎，也蒙蔽了他們對於更廣泛、更棘手真相的認識。

與許多同階層的南蘇丹人相仿，丁格是一位介於不同世界之間的人。「約莫一九五一年」生於名為阿比耶伊的邊疆爭議領土，他的家園久為蘇丹南北間更大抗爭的動盪縮影，在種族、文化、疆界、資源與民族分歧而起的戰爭下受盡磨難。[2]丁格的時光和他的認同，因此分割於南北之間，也分割於衣索比亞、美國與非洲的政治首都間。他屬於上述每一地，也不屬於任何一地。

阿比耶伊的面積大約與美國康乃狄克州（Connecticut）相等，既小且一般而言算是尋常。但是，如同喀什米爾（Kashmir）或加薩（Gaza），該地成為領土紛爭中心點的歷史寫也寫不盡。丁格的恩哥克（Ngok）丁卡族裔定居於此，來自蘇丹的米塞利亞（Misseriya）阿拉伯遊牧族群也會穿越這個區域，他們數百年來乾季往南獲取水資源的路線攸關生存。一九七九年發現石油讓阿比耶伊獲得全國重要性，也使該區域究竟該劃歸北部或南部的爭論再起。但是在有權決定自身未來的屢屢承諾未能兌現後，恩哥克丁卡人持續落入某種無國籍的痛苦處境。與丁格相仿，他們同時屬於兩個世界，也不屬於任何一方。

丁格還是個青少年時，他所屬的恩哥克丁卡人與比鄰的米塞利亞人間爆發爭端。許多居民被集中帶往當地一間警察局，聲稱是為了維護他們的安全，丁格的母親、姊妹和姪女也在其中。

人們被拘留於一間傳統茅草屋，此時一夥米塞利亞民兵往小屋放火，活活燒死他的母親與親人。「它……那次經歷——形塑了我對於這整件事的看法。」丁格說，意指蘇丹的複雜政治實驗，非洲黑人的邊緣化，以及暴力的歷史。

丁格在蘇丹念小學和中學，依序位於穆格拉德（Muglad）和瓦德梅達尼（Wad Medani），接著前往鄰國埃及的開羅大學（University of Cairo）繼續大學學業並參與學生政治行動。丁格與來自蘇丹優越河岸部落的阿拉伯人結友，他們之中有不少人躍升進入喀土穆的首要政治階層。十四歲就成為孤兒，這位聰慧的青少年在朋友家度過節日與假期，跟他們的家人建立長久延續聯結，並且欣然接受蘇丹的阿拉伯社會規範。多年後，南北間已歷經數十年的暴力與政治激烈爭戰，他幫一位年少時期友人之子付學費並尋得工作，那位朋友是活躍於廣受謾罵全國大會黨政府的北部人。

另一位著名的蘇丹政治人物阿罕邁德・哈朗（Ahmed Haroun），二〇〇七年在國際刑事法庭以戰爭罪被起訴。哈朗是達佛戰爭的策劃者，此前他在一九九〇年代動員殘暴民兵，鎖定攻擊包括丁格家鄉在內的南部人民，導致人們流離失所。當時他擔任蘇丹的州長，該州聲稱擁有阿比耶伊並對其兩度入侵，有次把丁格的家鄉小鎮燒成灰燼。儘管如此，丁格還是買鞋給他。哈朗生來罹患必須穿特製鞋的腳疾，由於在國際上遭到起訴，他無法出國購買。以政府部長的身分出訪歐洲後，丁格數度帶回一雙特製鞋給哈朗——他的同儕、鄰人與敵人。

丁格的人際關係反映出蘇丹北部與南部人的獨特區隔能力，能分開看待和善的社會互動與往往敵對的政治事務和歧異的世界觀。「這是蘇丹人的文化，相當奇特，」丁格說，「相當獨特，尚待研究……蘇丹人的心理。」在二〇一〇年至二〇一一年毫無保留的數輪分離協商開始前，來自喀土穆與朱巴的對立團隊先傾吐熱情且漫長的社交問候，那是蘇丹社交生活的重心。對手們以阿拉伯語交談，反覆交換祝福並問候彼此的家人，在西方外交人員看得一頭霧水下歡笑擁抱。

一九八〇年代初期，一聽聞祕密抗爭正於南部成形，丁格就從大學返鄉並加入新崛起的蘇丹人民解放軍。代號「烈火（FIRE）」的丁格與加朗變得親近，最終晉升至解放運動黨啄序階層的最高等級。他為阿迪斯阿貝巴的行動效力，當和平到來時躍升至具影響力的政府職位，在喀土穆團結政府歷任內閣與外交部長，隨後在朱巴兩度任職外交部長。

丁格在兩個蘇丹都是廣獲認可的人物，多年來在國內與國際菁英間善用他的資歷與聲譽。身處數十萬人都取這個最普遍名字的國家，丁格是他們之中的第一人。當一個人只提到「丁格」，沒人會懷疑他們談論的是誰。

「我把自己看作一位泛非主義者（Pan-Africanist）和相當開明的人。」丁格表示；據他所述，這樣的世界觀來自廣泛旅遊、他的外國妻子，以及早年閱讀世界歷史與美國民權運動的相關著作。加朗帶領他認識民權年代的美國及其多樣性，他表示這些概念是加朗政治哲學的核心；「我們能夠在蘇丹這裡建立另一個美國。」他曾告訴他們。「關於新蘇丹的一切，」丁格剖析，「源於他在美國的經驗。」於是丁格也對尚未造訪過的美國產生興趣，而那裡即將成為他的第二個家。

丁格擁有的華府人脈能讓任何有野心的遊說者感到欽佩，長久扮演美國與南蘇丹間友誼的旗手。他接待萊斯於一九九〇年代初首次到訪解放軍的勢力範圍，當時有幾位俗稱「委員會」的美國支持者成員隨行。「她跟JP、也就是約翰·普蘭德加，還有泰德（達格尼）一起來。」他輕笑回想萊斯「與丁卡族女士共舞」，還往為她來訪而宰殺的「牛隻身上一躍而過」。「在那之後我們變得十分親近，」他這麼描述萊斯，「她成為蘇丹人民解放軍非常重要的支持者。」

在後續的數十年間，丁格除了結交大批人道主義者和社會運動人士，也與三任美國總統共事，以及他們的國安顧問、國務卿和所有的七位美國特使，更別提法蘭克·沃夫議員和解放運動在國會中的兩黨支持者。他的廣泛足跡踏遍歐洲和非洲，寫下與美國相仿的會面經歷。政治對手並未忽略這一點，認為丁格與其餘「加朗子弟兵」的正當性並非來自國內選民，而是他們與美國外交政策掌權者間的往來關係。

丁格與一位名叫梅斯若克（Mesrak）的迷人衣索比亞女子結婚，生育三個兒子。梅斯若克和他們的孩子在二〇〇一年取得難民身分，重新安置至加州的沙加緬度（Sacramento）。兩人的兒子穿戴流行裝扮且舉止一派輕鬆，全是不折不扣的加州人。他們都念當地的天主教學校，接著在西岸的大學攻讀學位。

跟眾多解放運動黨菁英的情況相仿，貪汙傳聞多年來一直與丁格相伴。獨立前那幾年，許多人留意他在朱巴的房子和辦公室重新裝潢，他的昂貴鞋子，他的越野休旅車隊，皆為朱巴最高統治階級享有的配備。然而考量到集體暢飲牛奶的情況，沒人特別熱衷於查明類似指控。美方也對於解放運動黨領導者的私人財務抱持疑慮，但這是一個奮力掙脫伊斯蘭暴政的結盟區域。此外可別忘了，丁格是那麼、那麼的討人喜愛。

幸運星享有的個人與專業關係橫跨族裔、宗教、民族、意識型態與各行各業。他的信譽部分歸功於人格特質，部分來自他的特權地位。他輕易遊走各方，從北部的伊斯蘭與阿拉伯語圈子，到整個東非與南非的泛非主義者會談皆然。他在中東與阿拉伯專制統治者喝茶，在歐洲與外交人員喝瑪奇朵咖啡，在美國與福音派基督徒喝蘇打水。且唯有他與其餘少數人，能夠減少整個解放運動黨的族裔與區域分歧，能與黨內知識分子、也能與軍人融洽相處。

如同許多蘇丹南部菁英，丁格的人生是分裂的，從下述的二元對立最能理解：北部與南部，阿拉伯與非洲；地方與國家，非洲人與美國人。丁格是一位游擊隊員，也是一位內閣部長；他是阿比耶伊的村落耆老，也是踏遍世界國際菁英階層的一分子。

丁格於二〇一三年四月造訪華府的官方緣由，是關於南蘇丹危殆經濟的一系列會議，他的隨行者是財務部長、資深解放運動黨人與政治盟友科斯提．馬尼比（Kosti Manibe）。不過丁格有另一個更迫切的訊息要傳達給身在美國的友人。

在排定的國務院與白宮磋商會後，丁格將一位美國高階同僚私下拉到一旁示警。薩爾瓦日漸展現專制傾向，他訴苦道，解放運動黨內部的分裂變得危險。他希望美方介入。畢竟昔日的爭端都需要外部調解，解放運動黨也習慣寄望海外來解決國內問題。一九九三年，華府多位議員試圖在加朗與里艾克間調解，其餘有影響力的友人也在後續場合扮演中間人。

丁格是加朗的忠臣，在共同的導師死後，丁格與普岡被人們視為首要的「加朗子弟兵」。因此，他受到如今圍繞在薩爾瓦身邊的敵對派系抨擊，那也是他唯一有過摩擦的群體。丁格跟里艾克的人、也跟薩爾瓦的人進一步往來，對於後者而言，他是共享個人、家族與文化連結的丁卡同胞，這僅有其餘少數黨人能辦到。以個人的融洽關係而論，他近乎是解放運動黨內的一座橋樑。

向美方求援時，丁格心懷的是年輕國家的最佳利益。可是考量到他與華府外交政策智囊圈的過往關係，「丁格的人」也相信美方干預對他們最有助益。他們甚至有機會將西方人脈轉化為黨內競爭亟需的助力。丁格的國內對手有著相同盤算。基於丁格與普岡普遍被視為華府的金童，他們抱持疑心看待丁格的行程，擔憂他可能密謀號召支持以推翻薩爾瓦。

當丁格自美返國，另一道共和國命令即將發布，這次上面寫著他的名字。一位白宮高階官員、也是萊斯的盟友蓋爾．史密斯（Gayle Smith）應丁格之請來到朱巴。她希望促進黨內對話，但是對某些人而言，她的到訪僅僅坐實他們關於丁格與山姆大叔密切關係的懷疑。

發布於二〇一三年六月十八日，第十二號命令暫時中止丁格和科斯提的內閣職位，並撤銷他們的貪汙相關指控訴訟豁免權。擊鼓聲又再迴盪，這次比上次更響亮。貪汙普遍存在於解放運動黨高層，不過單單鎖定這兩個人似乎是政爭惡化的顯著跡象。「純粹是在人格謀殺；僅此而已，」一位清楚內幕的高層黨人如此談論丁格和科斯提的暫令停職，「薩爾瓦要削弱他的對手。」[3]丁格停止跟總統溝通，橫跨不斷擴張鴻溝的橋樑如今遭到焚毀。

派系主義回歸。儘管每道共和國命令下方都有薩爾瓦的署名，難以想像是這位總統在幕後操縱如此全面的打壓。在里艾克與加朗子弟兵的同聲抨擊下，孤獨的總統向過去支持他的幾位代理人尋求慰藉：加扎爾河地區的人。

黨內權力的鐘擺再次搖盪，看似是由加扎爾河派系重獲薩爾瓦的信任，以及總統辦公室的權柄。自稱為解放運動黨「正統繼承人」的丁格、普岡和其他主流黨巨頭，將責任歸咎於一位加扎爾河派系成員：泰拉爾．丁格（Telar Deng）。這個在府內從事幕後運作的神祕人物，成為人們嚴厲審視的對象。有些人稱呼他「惡魔」，另一人說他就是「路西法（Lucifer）本人」。泰拉爾召喚出最邪惡的形容詞。他有著不祥的笑容，扮演暗黑騎士顯得對他幾乎是種享受。他甚至印製浮凸金色文字的黑名片，似乎是這傳奇故事中新登場反派人物的完美道具。

薩爾瓦與加朗的關係於二〇〇四年生變時，泰拉爾就跟他同一陣線。於是在接下來十年間的一次黨內政變與反政變行動中，加朗子弟兵密謀將泰拉爾逐出黨外。「是丁格和普岡拿到殺薩爾瓦的刀，」同一位黨內知情人士以政治隱喻剖析，「但是他們把刀放在桌上不用，」現在輪到泰拉爾就位「轉而拿刀對付他們」。

若非南蘇丹人民對於冷酷的現實逐漸生厭，幾近莎士比亞戲劇的宮廷陰謀顯然具有娛樂效果，而當這齣劇到頭來摧毀解放運動黨，也終將由人民承受後果。

二〇〇九年被逐出解放運動黨後，泰拉爾加入全國大會黨，即蘇丹的執政黨、也是解放運動黨的死敵。無論其立論真確與否，加朗子弟兵與解放運動黨內其他許多人緊咬這項事實，譴責他是喀土穆的走狗。他們在二〇一三年向南蘇丹人與外國使節宣稱，「全國大會黨的這個在冊黨員」正在「滲透」總統辦公室，並且為了宿敵的利益去破壞新國家。

有鑑於喀土穆對此種邪惡陰謀的偏好，這項指控聽來合理。而且貼上敵人標籤是解放運動黨領導者運用的成效卓著老手法。涉及蘇丹殘暴政權的任何事，在南蘇丹皆廣獲採信；那是一種禁忌紅字。泰拉爾確實跟全國大會黨的權力掮客保持令人憂心的聯繫，而且薩爾瓦當時正尋求改善與喀土穆的關係，因為他無法同時在兩個前線應付政爭。於是解放運動黨挑戰者在某處看見煙，就宣稱有火勢。

「現在發生的是執政黨的危機。」一位公民社會運動人士當時評論，他預警這場危機正「轉移」到國家身上。「不是國家本身生病了，病灶在黨裡頭。」[4]

二〇一三年七月九日清晨時分，薩爾瓦穿戴灰西裝、亮紅領帶、牛仔帽，並別上一枚他的年輕國家國旗胸章。他在夾克左前方口袋放入一副細框老花眼鏡，助手遞來銘印金色共和國徽的黑色文件夾。裡面裝著文膽為他今天在自由廣場演說準備的言談，適逢共和國的第二個生日。

自由廣場的演講臺再度掛上繽紛的國家橫幅布條，欄杆上裝飾著花束，臺階鋪設典禮的紅地毯。蘇丹人民解放軍的軍樂隊已在暖身。雖然參加慶祝活動的人從黎明就開始擠滿全場，如同兩年前一般揮舞旗幟，國內的未明朗情勢實在難以忽視。解放運動黨最高層的緊張局面，是在民眾日益失望的背景下展開。期望仍未實現，經濟緊縮措施持續帶來痛楚。關於高層貪汙的耳語甚囂塵上。

薩爾瓦曉得黨內同僚企圖以民眾不滿來箝制自己，對著臺下站立的群眾演說。「我不是（為）自己踏入叢林。」他告訴人們，也不是為他的解放運動同志或他的內閣部長。他是為人民打了一輩子的游擊戰，他對他們說，「我親愛的人民，我沒有忘記你們。」[5] 掛在大看臺上方的橫幅布條宣告當天的主題：邁向成效卓著的建國與全民繁榮。「我曉得你們許多人無法負擔每天的餐費。」薩爾瓦繼續表示，「你們努力付房租、養育家庭、幫你們的孩子付學費，還要付醫療費。」

如同美國總統每年一月站在全體國會成員面前發表的演說，這實際上是薩爾瓦的國情咨文。總統以熟悉的無起伏單音調概述他的政府成就，列舉隔年的預算優先事項，並承諾為選民的日常關切尋求解決方案，包括乾淨用水、工作、教育、基礎建設與安全。那更像是當眾朗讀而非激昂雄辯，而且薩爾瓦頻頻打斷自己，掏出一條白色手帕擦掉臉上的汗。儘管演說表現無法激起熱情，薩爾瓦的文膽確實切中要點。

隨後總統走下演講臺肅立，兩旁是舉手敬禮的將領們，面前正有閱兵軍隊經過：行進的步兵部隊、架設重機槍的綠色迷彩吉普車、載著地對空飛彈的笨重平板運輸車，以及放置戰鬥坦克車的十八輪大貨車，戰車的長砲口以低角度揚起。然而密切觀察者並未由於這場演說或當天的盛況分心；他們反倒聚焦於細微暗示，透露如今呼之欲出的政治惡鬥。不同於二〇一一年的歡欣慶典，今天沒有里艾克的振奮演說，甚至完全沒提到他。今天沒有司儀普岡的熱烈呼喊與應答，因為他顯然缺席了。儘管薩爾瓦並未利用這個場合擊鼓，甚至未提及當時籠罩政治當權派的公開鬥爭，他只隱微暗示「我政府裡的重大變化」，就讓現下已席捲首都的傳聞顯得更可信。

然而在總統尚未採取行動前，里艾克就發下戰帖。就在獨立兩週年慶典前夕，里艾克公開指責薩爾瓦的六大過失：貪汙、部族主義、局勢不安、經濟艱難、外交關係惡劣，以及解放運動黨失去方向。裝模作樣的階段過去了。「為了避免專制與獨裁，明智的做法是改變，」里艾克告訴記者，「我曾在薩爾瓦．基爾手下做事……我認為現在是改變的時候了。」[6]

數年後，我請里艾克深思將黨爭推往公共場域的做法，他主張，「我們是一個獨立國家。我們（可以）自由討論治理事務。」他是對的，但是考量到國家及其體制的脆弱，我繼續追問。「當然，可是你和其他人是否充分考慮過在黨外討論這些事務的風險……」他打斷我，「我們有，我們確實討論過。黨內毫無容忍空間。」他說，影射薩爾瓦打壓內部對話。「沒有別的辦法。」[7]

里艾克提出的六項控訴無可置疑，但是很難把他的舉動跟他這個人分開看待。里艾克等不及要滿足當總統的渴望。預言中牙縫大開的繼承者已經收束野心長達八年。他再也無法壓抑，尤其如今宣告要繼續掌權的薩爾瓦，似乎罹患太多非洲終身總統都有的相同病症。

里艾克遊說黨幹部支持他競選，理由是自己的教育程度較高，並且自視為動員少數族裔結盟的最佳人選，將足以在新的南蘇丹挑戰「丁卡霸權」。他的努爾勢力基礎不夠；他必須贏得黨內其他權力掮客的支持，而那並不容易。雖然他們之中許多人準備離棄薩爾瓦，卻不打算加入里艾克的行列。自從一九九一年分裂事件起，一提到里艾克有意繼承衣缽，「我死了才有可能」向來是黨內主流菁英的態度。

丁格、普岡與新的反薩爾瓦聯盟把戰術與戰略分開考量：他們計畫在內部鬥爭期間利用里艾克對付薩爾瓦，接著在他坐上總統大位前擺脫他。他們不會把解放運動黨主席的位子交給最惡名昭彰的叛徒，那對已故的約翰博士不敬。

里艾克拋出公開挑戰的幾天內，廣播中宣讀撤銷他與內閣職位的共和國命令。里艾克、普岡、丁格和其餘解放運動黨當權派形同被送上斷頭臺。

他們遭到革職的消息迅速傳遍朱巴，接著傳至更遠處。手機接連響起，本地餐廳裡的客人聊著小道消息，計程機車騎士試圖互道消息，劈頭就問：「你聽說了嗎？」在相當短的時間內，數百位軍方支持者與解放運動黨高階人物出現在里艾克屋外，急於親自出馬解決問題。然而里艾克勸阻他們，他主張，任何反擊行動只是落入總統的圈套。

「請保持冷靜，」當晚里艾克在給支持者的口信中表示，「確保我們帶領這個國家邁向繁榮與穩定的想望，不被任何事嚇阻。我們選擇用政治手段處理一切事務，這也是我們將繼續採用的方式。」[8]

在華府，醒來看見黑莓機上閃現「總統革除副總統與內閣」的消息，使歐巴馬的行政官員大為震驚。他們連忙安排白宮與國務院的高層致電，希望聯繫到薩爾瓦與里艾克兩人，並懇請他們保持冷靜。美國官員意識到擊鼓聲變得急促，可是使館或情報機關報告皆未預示如此劇烈的事件。「我們沒料想到，」一位官員告訴我，「不太曉得它真正的意涵，對此除了打電話與祈禱沒有太多可做。」[9]

隔天早晨，剛失業的副總統在自家庭院召開記者會，重申呼籲冷靜的訊息。穿戴白色賈拉比亞長袍、涼鞋與方框墨鏡，一派輕鬆的馬查爾熱情歡迎出席者並握手，接著到鋪設淡粉色桌布的摺疊桌後方就座。「我希望國家能平靜，」他說，語調平和而審慎，朝面前的大群記者與電視臺攝影機說。「我希望沒有暴行發生。」

儘管大批支持者忍不住想抗爭，而且出人意表革職令背後的政治動機昭然若揭，里艾克堅持，解散內閣並革除他的副總統職位合乎憲法授予總統的權力。拒絕動武的呼聲，里艾克堅稱政治變革必須經由民主程序，他敦促軍隊保持中立。[10]

里艾克節制地呼籲冷靜，使得南蘇丹內外的許多人感到訝異，美國官員也不例外。他選擇高尚的道路，暫且讓他立足於道德制高點。在恫嚇的鼓聲中，這是一次展現政治家風範的罕見時刻。

里艾克與遭革職的內閣成員選擇不以武力對抗此挑釁決策，即使其中一些人掌握可觀的軍方支持者。但是政治解危的管道正迅速關閉。於其後數週與數月間，薩爾瓦持續展示國家機構的力量，將眾多支持者送入政府，丁格與新近失業的挑戰者則聚焦於解放運動黨內部發揮影響力。

到了九月，每個派系都在計算於解放運動黨強大中央委員會內的票數，那十九票能夠決定黨的命運。里艾克與加朗子弟兵相信他們或許能扳倒總統，薩爾瓦的人也得出相同數字，代表他會輸。於是薩爾瓦一再阻撓影響深遠的委員會召開。

挑戰者為什麼不乾脆離開解放運動黨，建立自己的政黨？里艾克和其他人以往多次被問到這個問題，而回答總是相同：「註冊商標」。在南蘇丹，唯有「SPLM」這四個字母是重要的；對許多人而言，它們是解放的同義詞，在所有領域都代表著唯一的全國組織。放棄這個標誌，等於放棄所有的勝選機會。此外，解放運動黨掌控一切國家資源，欠缺這些資源不可能發動嚴正挑戰。

丁格是跟解放運動黨淵源最深的人之一，他私下歸納薩爾瓦反對者的觀點。「解散政府是一件事，可是黨是紅線。」假使薩爾瓦再越雷池一步，丁格剖析，假使他企圖以支配國家的方式支配黨，「接著就會動用暴力……毫無疑問。」[11]

十一月中的一個寧靜早上，薩爾瓦的車隊抵達新近劃定的黨總部參加開幕儀式。命名為「蘇丹人民解放運動黨之家」的是一棟黃色方正建物，屋頂鋪設西班牙花磚，立於相同配色的黃圍牆內，正坐落於朱巴市中心一條主要幹道旁。

面對為儀式而來的忠誠群眾，薩爾瓦提出反問句：「你們覺得當今的（黨）體系仍然有繼續運作的正當性嗎？」[12]不，他自問自答，援引他們的失能與期滿的委任。薩爾瓦將留任主席，他宣告，但是黨的最高委員會將解散直到下次大會召開。紅線已遭跨越。

三週後的十二月六日，里艾克、普岡、丁格與挑戰者做出回應。他們無預警到訪同一座黃牆院落，召開即將改變這年輕國家歷史進程的記者會。

那是解放運動黨之家園區裡的一個豔陽下午，眾多黨員、記者與圍觀者喧鬧期待，看著一輛輛光潔的越野休旅車載著黨內重要人士抵達。朱巴的政治張力顯而易見，隨著薩爾瓦的批評者到來，很難不設想正在醞釀某種挑釁舉動。里艾克穿著細條紋黑西裝、白襯衫與紅領帶步出車外，旋即綻開招牌微笑。今天他跟普岡聯手，後者正在接待於場內白棚附近閒晃的群眾。丁格則漫步走向主帳篷，他們構成舉足輕重的三巨頭。

這群人的步態帶著一種心照不宣的蠻勇，因為當天的事件有意促成解放。他們要昭告世人「解放運動黨的真實情況」，以及薩爾瓦同志是如何迫使「鍾愛的共和國陷入混亂失序」。普岡率先起身，站到聚攏的一堆媒體麥克風前。環視賓客，這位天生的演說家以特有的浮誇風格為活動開場。「噢—祖國，」他開始念禱詞，以小馬丁．路德．金恩（Martin Luther King, Jr.）般的韻律語調吟誦，「我們起身高舉有著引導星的旗幟，唱—起自—由之歌——。」普岡介紹簇擁於兩旁的十多位黨內大老，在他們身後是一排排低聲交談的支持者與助手，每個人都熱切想近距離見證行動。

身為最高階成員的里艾克，隨後代表團體宣讀預先準備好的聲明。「我們，即蘇丹人民解放運動黨的諸位領導者，」他宣告時汗滴從額頭與左臉頰滑落，召開記者會是為了「向我們的人民闡述吞噬解放運動黨並癱瘓政府的內部危機」。[13]他揭露一切：黨內派系主義、失能、薩爾瓦篡奪決策權，以及加扎爾河地區說客的貪腐勢力。

里艾克代表此團體，指責薩爾瓦與他身邊的禿鷹企圖解散黨體系，並與喀土穆的敵人合作、從而背叛南蘇丹。觀眾睜大雙眼，記者在筆記本上瘋狂抄寫，因為每一道聲明都比之前的更不留情面。里艾克透過金屬框眼鏡的染色鏡片俯視，繼續表明，「薩爾瓦將解放運動黨的權力讓給機會主義者與外國代理人，」並且「導致黨與國家陷入深淵」。

挑戰者帶來各自的棒槌，輪流擊鼓。除了政治上的粗暴對待，他們暗示薩爾瓦也在集結「偽裝成總統衛隊的」私人軍隊。

多個月來，全來自加扎爾河地區的數千青年獲召募至盧里（Luri）附近的總統私人建物一事，在黨內傳開並引起擔憂。身為努爾人的軍方參謀長憤怒埋怨，他們的召募與管轄都在官方體系之外發生，可是他的抗議遭到忽視。

很快輪到丁格表達不滿，他講了二十五分鐘。對於熟識他的人而言，這位作風溫和老臣的嗓音與肢體語言帶有不常見的鄙視口吻。「昨天我們是好傢伙，為國家奮鬥，帶來獨立，並在這裡升起旗幟。」他說，挖苦自己與夥伴如今自覺的處境。「今天，我們是壞蛋。」他繼續諷刺道，引得群眾大笑。黨內的分歧並非新鮮事，丁格表示，喀土穆現已「於政府內安插人馬，他們正在貫徹（敵方的）工作」。幸運星伸出一根手指，朝他的朋友與同僚薩爾瓦失望地搖了搖：「他的任務是摧毀解放運動黨，摧毀我們所有人。」

這是事實；薩爾瓦於二〇一三年間往專制靠攏。他濫用國家權力並違背黨規，以打擊大聲疾呼的對手且削弱黨。但是很難不把視野放得更寬。今日在媒體面前表態者將自身營造為民主人士，並展現一副道德優越感的模樣。但是解放運動黨的腐化早在二〇一三年以前就開始。派系主義、貪汙、軍事化，疏遠平民並偏離民主準則，多年來這些細菌一直在侵蝕黨與國家體制，而今日高談闊論的這群人自始至終占據領導階層職位。他們不也應該為國家的腐敗狀況負責？

記者會中對總統嚴辭抨擊，類似的公開爭論在解放運動黨或南蘇丹皆前所未見。挑戰者或許是對的，可是他們也在玩火。

薩爾瓦拔擢相對不具威脅性的赤道地區人詹姆斯．瓦尼．伊加（James Wani Igga），取代里艾克擔任副總統。新任副總統個頭明顯矮小，喜好亮眼的雙排扣西裝與俗麗配件（設想亮面黃領帶搭在鮮紅襯衫上）。瓦尼是經驗豐厚的資深黨人，見證解放運動黨的高峰與低谷。

十二月一日晚上，夜色方才降臨，瓦尼與助手和保鑣一同坐進越野休旅車往家裡駛去。他看來憂心忡忡。他剛從總統辦公室一場相當令人擔憂的安全主管會議離開，現在他需要傳話給里艾克陣營。一旦危機爆發，瓦尼會變得極度固守立場，大力追隨政府的路線。但是在此之前，他的行動展現對於國家的更廣泛關切。瓦尼以往經歷過領導階層鬥爭，熟知其危險程度。他傳喚名叫朗（Lam）的助理去交付一項口信。

朗是心地和善而肢體笨拙的年輕人，過去曾為里艾克工作，是留任副總統辦公室的少數幾位努爾人之一。瓦尼知道，在里艾克羽翼下成長的朗會是一位謹慎可靠的傳訊人。他吐露，總統剛剛在「如何處置里艾克」的會議做出結論，會中談到要消滅威脅。朗盡責轉達消息，印證勢已傳到里艾克耳裡的逮捕或暗殺傳聞。但是當保鏢敦促里艾克為了自身安全離城，他加以拒絕。朗擔心長久以來提拔他的人似乎忽視這項不祥警訊。

與此同時，關於解放運動黨的哪個機關、應於何時、依據哪項條文召開會議，黨大老持續爭論不休。但是這些官僚的巴西柔術攻防掩蓋了潛藏的事實：清算正要到來。隨著擊鼓變得愈來愈急促，腦袋較冷靜者再度嘗試於解放運動黨的危險兩極化陣營間穿梭。他們跨越分歧、接觸血親和舊同僚，私下敦促他們別採取可能將黨與國家逼急的任何舉動。

三天後的十二月十四日星期六，來自朱巴與全國各地的數十位黨官員前往尼亞庫朗文化中心（Nyakuron Cultural Center）。他們接獲總統的邀請函，要參加解放運動黨的全國解放委員會，此機構已數年未召開會議。由於在人數較少的黨機構落敗，薩爾瓦自認能夠利用地位與資源，確保在較大規模的機構中獲得支持。

赴會途中，與會者留意到城市周圍出現加強的安全部署。他們抵達尼亞庫朗時，發現重裝備士兵駐守入口，會場裡的氣氛明顯充滿張力。他們列隊坐入一排排披掛綠色與紅色外罩的高背椅，會場座位區排成半圓形圍繞中央舞臺。里艾克在場，但是其他幾位重要人物顯然缺席，丁格出國了，普岡則被安全部隊禁止踏出家門。美國大使和其他外國使節受邀以觀察員身分參與黨集會，不過他們也敬謝不敏，理由是升高的緊張局勢與相關的安全風險。

群眾各就各位後，幾位南蘇丹教會領袖上臺，以一篇禱詞為全國解放委員會大會揭開序幕。不過他們也利用機會直面人們不提的棘手問題，呼籲所有出席者自我約束，甚至建議大會延後召開。儘管教會廣受尊崇，教會領袖也在過往的緊繃時刻扮演關鍵的和平使者角色，這次他們對於冷靜期的懇求蒙受忽視。

接著薩爾瓦站上講臺時，軍樂隊的法國號手們吹奏出不和諧的曲調。總統剛從南非回來，他去參加該國總統與世界知名和平締造者曼德拉的葬禮。薩爾瓦用演說首段向這位廣受尊崇的領袖致意，稱他是「對於整個非洲大陸所有受壓迫人民的巨大鼓舞……也包括南蘇丹人民。」他請與會者起立默哀片刻，深思一個人的尊嚴、克制與寬容能激勵世人。然而薩爾瓦後續的發言很難跟曼德拉的遺續取得共識。儘管黨主席提及團結與民主理想，他最引人注目的是批評分歧的段落，任一位出席者皆未忽略那些話語的含意。「有些同志背棄抗爭，有的甚至加入敵方。」他說，對於里艾克與其他黨內挑戰者展開一連串毫不含蓄的警告。僅僅一週前他們在記者會中羞辱薩爾瓦，而今日是他提醒他們誰握有掌控權的機會。

當薩爾瓦語帶貶意提及解放運動黨的一九九一年分裂事件，他所指的叛徒正垂肩坐在第一排的扶手椅裡。里艾克抱持懷疑回望總統，頭枕在手上。縱然二十四年過去了，里艾克的一九九一年分裂事件及其苦痛的族裔分歧，提起依然歷歷在目。

隱晦批評過後，薩爾瓦隨後指向丁格、普岡以及如今反對他的其餘遭免職內閣部長。「他們認為自己的權位是理所當然，他們被官職的榮華寵壞了，忘記我們是人民的公僕。」對於現今挑戰他的決策那群人，「我必須警告，」他接著說，「這項相當於違背紀律的舉動，將把我們帶回一九九一年分裂事件的時日。我們全都曉得分裂的後果……我不準備讓這種情況再度發生。」[14]

薩爾瓦發言即將結束時，群眾裡的一位女子開始用丁卡語唱起歌，總統輕笑著加入合唱。「Anguen thou wen kuan janub!」那是一首加扎爾河地區的古老戰歌，解放軍的狼營部會在解放年代高唱，表明寧可戰死也不願受辱。[15]

「這不是黨大會，」一位沮喪的與會者日後記述，「這是一次宣戰集會。」苦澀諷刺之處在於，愈發引起分歧的黨大會是在尼亞庫朗廳召開，即全國唯一的文化中心。興建於南部首次短暫自治期的一九七〇年代，原欲成為歌頌南部眾多文化的場所，也是國家凝聚的象徵。

里艾克與其餘反對者如旁觀者一般呆坐著，總統的人馬則策動違反黨程序的決議，藉此鞏固薩爾瓦對於解放運動黨的掌控。「這完全不合乎程序。」另一位與會者評論程序遭扭曲以偏袒薩爾瓦，「那次大會的一切都在脅迫下發生。」薩爾瓦的反對者大呼不公，並以缺席抵制第二天的會議。

隨著急促的鼓點交融，擊鼓已完全無法收束。鼓聲超越了所有感官；除了重重敲響的戰鼓，再無法感覺、聆聽、觸摸或品嘗其他一切事物。

政治體制的意圖是為暴力衝突提供緩衝。在此年輕國家雖有名義上的體制，卻一點也不成熟。一八三二年出版的三卷《論戰爭》中，普魯士將軍與軍事理論家克勞薩維茲寫下名句，「戰爭是政治改頭換面的延續。」誠然，南蘇丹歷經一年來的動盪後，政治似乎已走到盡頭。

十二月十五日星期日傍晚，在全國解放委員會大會的第二天、也是最後一天結束不久後，薩爾瓦與里艾克的人在朱巴總統衛隊總部交火。擊打太多次以後，繃於鼓皮表面的薄膜最終綻開裂痕。

Chapter 16
戰　爭

「即使殺害我們人民的是神明，我們都可以去與神搏鬥。我們不在乎。」

——白軍戰士

朱巴／波爾，二〇一三年十二月

十二月十五日晚上在朱巴市中心吉亞達（Giyada）的總統衛隊總部，暮色被黑暗取代。一道命令傳遍衛隊，要丁卡族隊員解除努爾族同僚的武裝。但是這項不尋常的舉動並未按計畫進行。多疑的努爾隊員反抗，軍營裡旋即喊叫聲與輕武器開火聲交雜。近身搏鬥導致雙方皆有多位士兵喪生。

撞擊金屬般的短促槍聲暫時退卻，周圍街區的人們鬆了口氣，假定這是一次個別事件。他們錯了。

戰鬥衝破吉亞達的大門並蔓延至住宅區，一群人追逐著另一群，人們身穿相同制服使得戰線混淆。隨著消息傳出，軍隊依族裔界線分裂，朱巴其餘地點的軍事設施和軍火庫旋即陷入混亂。啪—啪—啪—啪，自動步槍的連續撞擊聲彼此交疊。接著調動重武器上陣，造成震動胸口的悶聲重響與爆炸。不久後，驚愕的平民看著作戰坦克車隆隆駛過首都街道，隨後轉離道路，壓垮土庫屋與裡頭的所有人。

混亂狀態逼近時，身材矮小的努爾婦女尼亞庫葉（Nyakueth）與四個孩子縮在他們的茅草頂泥屋中。她聽得見、感覺得到士兵正在交火，爆炸撼動她腳下的土地，而且她覺得尖叫聲發自熟識的人。

尼亞庫葉的丈夫是一位解放軍士兵，他們跟四個孩子一起住在新站村。這區住的多半是努爾軍人家庭，就在畢奧帕軍事總部對街，位於城市北緣。但是丈夫離家軍演，她獨自照顧孩子，最小的是個新生嬰孩。她的思緒飛快流轉。她不清楚外面的情況，疑惑自己該不該、或能不能採取行動。

突然一陣彈雨射穿茅草與錫浪板屋頂，接著又有另一陣。聽起來像是在隔壁的屋子，現在槍戰就在他們頭頂。尼亞庫葉把孩子推伏在地，用她的瘦弱身軀盡力護住他們。「如果我死了，」她心想，「剩下的就看神的旨意。」

當尼亞庫葉蜷縮在小屋裡，全開戰火推進到第二個小時，丁格、普岡與其他解放運動黨人正瘋狂打電話，拚命試圖撲滅他們協助造成的情勢，儘管是間接導致。由於與薩爾瓦之間的橋樑已燒毀，他們致電美國與英國大使、聯合國的總代表，以及能夠聯繫上的其他任何人。他們警告，唯有薩爾瓦和里艾克立即發出明確的公開信號，才能制止一場全面的巷戰。更糟的是，「無論誰掌控朱巴，」其中一人告訴美國大使，「倘若族裔暴力擴散至鄉間就沒人能控制了。」

十五日整晚持續發生一波波打鬥，到了十六日星期一太陽升起時又重新開戰。總統衛隊裡的丁卡部隊將大部分努爾兵力逐出城外，接著開始搜索全城尋找剩下的士兵。他們認為有些人已脫下制服混入努爾社區。可是在總統衛隊和其他維安機關分頭踏遍努爾社區時，士兵與平民間的界線全被忘卻。

十六日早上九點，尼亞庫葉的電話響了。打來的是她哥哥帕特（Pot），為聯合國工作的本地職員。「立刻到基地來。」他告訴她。這幾個小時她沒聽見多少槍聲。對於昨晚發生的事、或者更大規模的暴力皆一無所知，她問帕特是不是還有必要這麼做。「現在過來，」她哥哥再說一遍，懇求如今轉為斬釘截鐵的堅持，這次他詳述了細節。

在前一個小時，數百、也可能是數千男人、女人和孩童湧入聯合國基地大門。有些人在哭泣、喊叫或受到驚嚇，其餘抵達時已遭嚴重毆打、流血，甚至失去意識。幾個人身受槍傷被抬來基地，其中大半並非士兵。帕特說明，現在聚集於基地的群眾是從新站村、曼加坦與其餘努爾社區逃出，他們回報駭人景象。

士兵闖入家中，以丁卡語質問男性居民。「Yin col nga（你叫什麼名字）？」他們問。沒通過語言測驗的人被拖出去毆打，另一些人被槍殺、或在兒女目睹下遭割開喉嚨。努爾家庭驚恐不安，他們的家園遭到洗劫。有些人描述，看見數十個努爾男子綁在一起被帶走。企圖逃跑的另一些人背部中彈。這不再是軍方敵對派系間的搏鬥，顯然是努爾人遭到追殺。

在朱巴其他地方，多數南蘇丹人仍躲在室內，國際外交人員和援助工作者也一樣。小道消息和傳聞透過手機與雙向無線電散布，可是難以掌握外面正在發生的事。無論實情為何，拼湊起來的描述顯示平民面臨重大危險。

聯合國維和特派團的總部設於朱巴，於城市兩端分立兩處基地。儘管部隊的藍頭盔士兵本身不應介入交戰，保護無辜平民是其核心授命任務。這是項知易行難的任務，而且特派團維和部隊擁有不採取行動的名聲，無論此言公平與否。雖然兩處基地由藍盔士兵守衛，維和部隊大多部署於首都外，使得聯合國基地於此特殊情況下脆弱不堪。縱然存在層層阻礙，聯合國代表們當天做出一個重大決策，命令開啟基地大門。截至十二月十六日下午，超過一萬人匆促越過柵門尋求庇護，其中多數是努爾人。二十四小時後，人數遽增至一萬六千以上。[1]

帕特令人驚恐的描述促使尼亞庫葉立即行動。彎身穿過小屋高度及腰的門走出去，緩緩站直後，她小心翼翼現身並發現一幅驚人景象。破壞的跡象到處都是，數百位鄰居若非不見蹤影、就是正要逃離社區。新浮現的迫切感瞬間使她的心臟猛跳。她將最年幼的嬰孩用套布繫於背上，手裡牽起其他孩子，連忙加入朝通平區聯合國基地走去的數千人群。架設在美國大使館園區牆上的監視器，將影像傳給在室內瞪大雙眼觀看的一群美國援助官員。「愈來愈多，先是零零星星、接著變成穩定的人流，」一位官員說明，「人們就這麼蜂擁而至。」

尼亞庫葉安全抵達聯合國基地，並試著安撫她的孩子。但是在那裡，置身新近抵達的蜂擁人群之中，她找不到食物和水，也沒有地方休息。聯合國開啟大門提供安全的避難所，卻對於安置出乎意料現身門前的龐大人數全無準備。隨著更多人擠進不斷縮水的空間，衛生條件變得惡劣至極。人們喝汙水並就地排泄，援助機構趕忙修建簡易廁所，跟脫水與腹瀉搏鬥。病人與長者奮力爭取獲得照顧，許多孩童與親生父母分散。發生在基地外圍的槍擊、強暴、綁架消息助長焦慮情緒，解放軍臥底滲透至基地內的謠言隨之而來。

「那是多麼可怕的一天。」尼亞庫葉搖著頭回想。她因痛苦而扭曲的面容，跟剛剛講述的種種細節，傳達著相等的沉重分量。現在是二〇一六年夏天，我來到其中一處位於朱巴西郊的聯合國保護營地，跟尼亞庫葉處境相仿的數萬人仍然流落在此。

尼亞庫葉的雙手合十、彷彿在禱告，描述那可怕夜晚的經過時，她的柔和雙眼從右肩上方的敞開窗戶向外望。她的頭髮緊緊編成三排辮子，鮮紅與粉紅花色的套布下露出乾裂的腳趾甲。她的雙頰凹陷，臉上沒什麼表情；嘴巴周圍有一系列間隔相等的凸起小點，那是許多努爾婦女都有的紋面（gaar）。儘管已過了兩年多，那個災難般夜晚的事件似乎如影隨形跟著她，在她胸膛裡，在喉嚨裡，在半空洞的視線裡。

尼亞庫葉的故鄉在班提烏，當丈夫調派至軍事總部任職，她也在二〇〇八年搬到朱巴。基於其位置與人口因素，新站村是在軍隊分裂成兩半後，丁卡與努爾族士兵於當晚對峙到隔晨的幾個社區之一。跟絕大多數鄰居不同，尼亞庫葉和她的孩子從災難般的最初幾個小時倖存下來。時至今日，她依然住在臨時搭建且擁擠不堪的帳篷城市裡，既厭倦這種虛假的生活，卻又不敢冒險踏出營地大門一步。

尼亞庫葉說，剛抵達營地時她跟丈夫通上電話，證實她跟孩子都好，只是不太舒適且害怕。她把那一晚的事說給他聽。她解釋，儘管他在離朱巴很遠的地方，他曉得分裂正在發生，因為他所屬的部隊已依照族裔界線劃分。丈夫告訴尼亞庫葉，他已經叛離軍隊。他不能回家找她跟孩子，而是正徒步前往瓊萊州的努爾族土地途中。這是她最後一次跟他說話。

十二月十六日下午一點剛過，薩爾瓦踏進總統府內一間擁擠的記者室。相機閃光燈大放，互換耳語的記者各自就座，國家電視臺開始直播。「這次媒體聲明的目的是要通知你們大家昨晚的事件發展。」[2]總統開口說道，但是講臺上令人震驚的畫面，使人難以聽進最初這段話。薩爾瓦身旁由他的內閣簇擁，沉浸於電視臺的亮白光線下，他並未穿著平日的西服裝束，而是一整套迷彩軍裝。他穿戴熟悉的精銳老虎部隊迷彩圖樣、相稱的帽子與紅金徽章，一如抗爭時期的打扮。這是前所未見的反常場面，也提醒人們軍、黨、國之間的界線是多麼模糊。薩爾瓦將軍在傳遞一個訊息。

指揮官隨後提出驚人指控：里艾克企圖發動政變。薩爾瓦口中的「悲觀預言家」未能推翻政府，現在他跟共謀者會被繩之以法。話鋒轉往前一晚的詳情，薩爾瓦說明，全國解放委員會在尼亞庫朗中心張力十足的大會閉幕之際，一位身分不明的槍手朝空中開槍。政府相信、或說是政府宣揚以下陳述，這幾槍是給叛變勢力的信號，要他們按照計畫在吉亞達衛隊總部及其餘解放軍據點發動攻擊。

「我要告訴你們所有人，我親愛的人民，你們的政府完全掌控朱巴的安全局勢。」薩爾瓦宣稱，試圖樹立權威並扼止任何可能的叛離者。政府勢力已將攻擊罪犯逐出城外，並繼續緊追不捨。

「敬請放心，政府正盡其所能確保人民安全無恙。」他接著表示，完全沒提當時遭到追殺的努爾平民。事實上，正在抄筆記或看電視的人們大多連已經犯下的暴行都不曉得，而那項行動將在接下來的四十八小時繼續展開。

「我將不會允許或容忍一九九一年的事件重演。」總統警告。這是他第二次語帶挑釁提及痛苦的分裂事件，那在薩爾瓦的丁卡族人與里艾克的努爾族人之間引發一整個世代的仇恨；對於許多人而言，這是在宣戰。總統在沙地畫下一條危險的線，無論本意是否如此，那是一條族裔界線。

薩爾瓦宣告，朱巴市民將於晚上六點至早上六點實施宵禁，隨後為他準備好的發言作結。「蘇丹人民解放運動黨暨蘇丹人民解放軍萬歲，我國人民的團結萬歲，南蘇丹共和國萬歲。」這段臨別宣言的諷刺之處在於，黨、全國團結與共和國本身的存續如今都打上問號。

在隨後的災禍日子裡，政府發言人在國內外散播政變的敘事。不過只有一個問題：事情似乎說不通。完全沒有企圖俘虜或殺害總統本人、或者維安隊長的行動？沒有事先謀劃的證據，也沒有失敗政變策劃者的自白？而遭控隱身政變幕後的里艾克，據說於計畫發動時穿著睡衣待在家中？

很難判斷薩爾瓦對於十二月十五日與十六日事件的真實想法。他相信那確實是企圖發動的一次政變？那是還在醞釀中的政變？或者如同證據所顯示，只是一種便利的掩飾說法，意在讓他鎮壓政治對手、終能剷除他所認定宿敵的一項計謀？

身穿紅T恤的男人坐在我對面，左臂往身前直伸，並舉起一根食指。他說話時伸出另一隻手臂，把那根食指往裡扳，接著再放開讓它輕輕彈回。一看就知道在模仿步槍射擊，那是大衛（David）講述在十二月十六日早晨目睹之事時常常做的動作。

大衛說明，政府士兵一直在挨家挨戶搜索，尋找努爾士兵。不管是接獲上級命令，或者一時衝動魯莽行事的結果，搜查隊也開始針對男人、女人、兒童等尋常平民，只因為他們是努爾人。

在大衛的社區帶領行動的是總統衛隊丁卡族成員，不過他們的人數明顯增長。傳聞中在僅五十英里外總統農場受訓的丁卡族新兵，如今顯然身在朱巴。據說他們的新稱號叫「Dot ke beny」，即丁卡語的「拯救總統」，將他們的意圖表露無遺。他們要來剷除任何一切威脅。

維安部門高官日後向調查人員作證，指出總統的非正式民兵不僅調來作為後備部隊，而是早在危機展開前就置身朱巴。消息來源聲稱，一週前盧里新兵被派往朱巴周圍執行「清理」任務。他們解釋，清除垃圾是讓新兵進行偵察並於地圖標定努爾區域的藉口，以便日後列為目標。[3]

大衛四十四歲，身形削瘦雙肩凹陷。他談話時，字句似乎從他嘴巴的左邊說出。跟尼亞庫葉一樣，他依然待在一處聯合國保護營地裡。大衛朝我弓身，雙肘擱在膝上，描述士兵衝進土庫裡，命令居民到屋外並攻擊他們。身穿迷彩服的男人們，起初憤怒質問屋內的人並索要金錢。可是很快他們就用槍托毆打他的鄰居，命令他們臉朝下趴在地上，用穿黑膠靴的腳踢尖叫的受害者，接著，大衛又一次射擊他的食指步槍，從背後射殺他們。這一切不像真的，全都發生在穿越他家社區那條泥土小徑的正中央，在陽光普照之下。

「每個人都開始逃到城外的叢林裡。」大衛也跑進叢林尋找比較安全的地帶時，他跟另外幾個人被一群士兵攔截，下令趴下。他想到剛剛目睹的場景，卻別無選擇，只能服從。他慢慢往地面蹲低，臉頰貼著碎石地趴下。他的肌肉繃緊。子彈射進旁邊的身體時他猛然縮了一下。可是當攻擊者離去，大衛發現自己不知為何逃過一劫。

他爬起來以最快的速度奔跑。當他向西行，又發現那夥士兵在朝一位孱弱的老人大吼，逼迫他坐到一堆血淋淋的屍體上。他對這幅景象感到絕望，希望自己能插手，卻不敢再次試探命運。

大衛不斷奔跑直到發現一間空屋，他從一扇敞開的窗戶爬進去，靜靜等待好幾個小時。突然間有人打破沉默，「搜查，搜查，他們在搜查。」一個聲音說，嚇了他一跳。「你會被殺掉。

出來，出來！」大衛說著，模仿那聲音的急促低語。聲音來自住在附近的一位赤道地區男子，陌生人把大衛帶進他家。

「他們給我一頂帽子，」大衛描述，然後告訴他「你坐在這裡，跟老嬤嬤一起。」那頂帽子有助於遮蓋他額頭上的凸起紋面，臨時東道主將他安置於背對底牆而坐的年長婦女身旁。大衛假扮成她的年長男伴。赤道地區的少數族裔成員不太關注四處晃盪、尋找如大衛一般努爾人的部隊。安全部隊搜完這一區繼續推進後，這個赤道地區家庭隨即幫忙安排大衛安然通往聯合國基地。

「你覺得赤道地區的男人為什麼幫你？」我問大衛。我無需明言以下共識：好心的撒馬利亞人★收容一位有紋面標記的男人，會讓他自己和家人面臨極度危險的處境。大衛當時沒時間細想這件事，並且表示他現在也不清楚原因；他只說那家人明白他不是戰士、而是一位無辜平民同胞，就像他們一樣，完全不想介入這場爭端。因為大衛依然待在聯合國保護營地，他此後沒再見過那個男人，也沒過問名字。但是大衛非常明確表示，有一天想要找到他並表達感激。「我知道地方……我知道是誰。」

大衛說完他的故事，我看著他身後一排排白色帳篷和塑膠屋頂的土屋，明白這個故事毫不獨特。這處營地充滿故事同樣殘酷的倖存者。我在一個專業組織的指導下，安排與尼亞庫葉、大衛和此地其他人的談話，該團體在像這樣的營地從事創傷諮商。此種訪談必須對倖存者的體驗、環境、掌控感，以及可能再度引發創傷的潛在因子擁有敏感度。在問到一個人的暴力經驗，以及倖存者為何選擇吐露故事的多重原因時，也必須思考道德問題。這裡有許多人渴望訴說，也渴望被傾聽。

另一位努爾族中年男性麥可（Michael），描述那天下午他、堂弟跟其他十幾個人被抓，用一輛重型卡車載往古德爾監獄。交出錢跟身分證後，麥可跟堂弟被命令脫掉鞋子，堆到已經放在那裡的鞋子頂端。「那堆鞋跟我一樣高。」他說，把手水平舉起顯示高度。他的堂弟開始啜泣。解放軍士兵把這兩人關進一個大房間，地板滿是腐爛的屍體，許多具屍身就躺在他們昨晚橫死處。遺體腐化的汙水流淌地板，帶來沖天惡臭。麥可說完故事，安靜下來。「滿滿的屍體。」隔一陣子後他說。我問有多少時他搖搖手指；「我沒辦法，我沒辦法，」他重複兩遍，「多到數不清。」

加魯亞克（Gatluak）在另一處努爾社區經營小店鋪，他關店一天回家照顧久病的妹妹。跟其他許多人一樣，他被迫於十六日逃亡，別無選擇只能把妹妹留下。躲藏一晚後，煎熬中他做了極其冒險的決定，要回去找她。「假如我讓她獨自死在那裡，我會受詛咒一輩子。」加魯亞克告訴自己。

巡邏士兵很快就發現為妹妹煮飯的加魯亞克，命令他到屋外。「娃娃臉」那人把自動步槍槍管「指著我的臉」，加魯亞克描述。「你現在抬頭看太陽，」士兵說，「這是你最後一次看

★典出新約《路加福音》，描述一位撒馬利亞人救助路旁受傷的猶太人，現泛指見義勇為者。

到它。」過了緊張而漫長的幾秒鐘，另一位士兵把槍管推向空中時加魯亞克顫動了一下，他告訴夥伴讓這個人照顧他妹妹，補上一句，「我們可以晚點回來找他。」

到了十二月十八日，尼亞庫葉急切需要餵飽孩子。她想到聯合國基地圍牆外的危險就渾身發抖，卻認定那是唯一的辦法。「假如妳不去，」她告訴自己，「妳的孩子將會死去，就跟已經死掉的這些人一樣。」只要熬過這一天，她心想，然後就能感謝神自己無需再到外面去。陣陣槍聲放緩時，她跟其他四個女人往外衝，打算到附近的曼加坦社區查看能找到的一切。

在圍牆外她發現一處交戰區。她小心翼翼保持距離，卻看見身穿軍隊、國安衛隊與警察制服的士兵在遠處移動，有些人步行，其餘開著軍用卡車和搶來的汽車四處巡邏。前往曼加坦區途中，她經過五具排在路旁的死屍，每具都有明顯槍傷。快跑一百步後，又有三具屍體。接著是另一具，扭曲且毫無生氣地躺在荒廢的曼加坦市場。在別處，政府士兵開始蒐集屍體並丟棄到未做標記的亂葬崗，他們的上級想掩蓋這波殺人事件的規模與凶殘程度。

尼亞庫葉和其他人發現市場已遭洗劫，生鏽錫棚下的貨架幾乎全空。於是她們分頭行動，開始挨家挨戶尋查，希望能找到穀物、豆子、奶粉，有熱量、能帶回去給孩童的任何食物。尼亞庫葉從一間屋子空手出來，左轉往隔壁間走去時，一輛以綠色、褐色和黑色漆成迷彩圖樣的豐田貨卡車朝她前方呼嘯而來。五個士兵跳下車，槍枝上膛。他們朝女人大吼，其中一人把尼亞庫葉扛起放上後車斗，再去扛其他女生。沿著崎嶇道路上下跳動，士兵將俘虜載往另一區，接著命令她們下車。

「我們無力反抗。」她說，神情無可奈何。「我覺得他們要殺了我。」

尼亞庫葉和其他女子被槍指著、示意進入一間土庫屋，她們一個個低頭走進去。屋裡有一具嚴重燒傷的屍體。尼亞庫葉對這一刻沒分享什麼，只說死者燒得幾乎無法辨識，甚至連性別也看不出來。屍體可以是任何人，也誰都不是。似乎受到腎上腺素刺激，士兵開始用阿拉伯語互相爭論，隨後其中一人挑釁地宣告商量結果。尼亞庫葉和其他女人有一個選擇：吃掉她們腳下的焦屍或是被強暴。

正當士兵提高音量、揮動突擊步槍並下最後通牒要求答覆，另一個男人走進土庫屋。尼亞庫葉不知道此人如何或為何到來，但是一回想到他的碰巧出現，她就面露喜色，在椅子上坐直身子。她認得他，一位名叫丁格的丁卡族軍官，是她丈夫的熟人。丁格也認出了尼亞庫葉，這位上級軍官強硬堅持要同夥士兵停手並回去巡邏。

他們疾駛離開後，尼亞庫葉和其他人匆匆空手跑回聯合國基地。「我再也沒出去過。」

在美國大使館，職員接獲本地線人不斷打來的電話。難以拼湊過去四十八小時究竟發生什麼事，可是不同來源的通報如今已增加兩、三倍。士兵設立檢查哨，把乘客拖到路上，並且處決有努爾名字或臉部疤痕的任何人。努爾社區的居民遭到肅清，通報細節既殘暴至極且有明顯的恫嚇意圖。載滿屍體的重型卡車開往城郊，車上貨物棄置於未標明的地點。

當暴行減退，國際觀察者的首批評估報告中，其一發現有些努爾社區「人跡全無」。政府部隊禁止他們造訪某些社區，士兵尚未「清理」那些區域的證據。在別處，他們發現家屋遭洗劫，地上布滿發射後的彈殼，以及「餐食完好無缺留在家中」等突然逃走的證據[4]。有個男人手腳遭綁、胸口中彈，似乎被擺在一處努爾社區入口作為展示。

數個月後，聯合國與非洲聯盟的正式調查證實了最嚴重報告的證詞：有些努爾平民被綑綁在家中活活燒死；其他人被迫喝下遭謀害家人的血[5]。女性不分年齡遭到輪暴，昏迷、流血而無人聞問。有些人在祕密地點被凌虐數日，其他人徹底失蹤。沒人知道在最初三天中有多少人遇害，或是所有死者埋於何處。

你不禁試著想像種種暴力的場景，個人的行動。在依舊空蕩的街區中望著赭紅色泥土路，至今已過了兩年，我想起聽說過在這裡發生的所有故事。難以想像那些故事。或許並非如此；試著將眼前轉瞬即逝的印象，與暴力至極行徑的嚴重性相提並論，或許顯得困難、或根本是錯誤的。不知何故，想像本身顯得不公正，而天生的好奇心令人汗顏。但是忽視發生過的現實，將其鋪陳為千篇一律或沒那麼恐怖的面貌，甚至又更糟糕。

在暴行的深切痛苦本質之外，還有責任的問題。是否有高層命令蓄意以努爾人為目標，例如來自薩爾瓦或其他政治和軍事高官？

證據顯示存在「系統性」政策導致觸犯滔天罪行，一直是大屠殺與種族滅絕的核心問題，從一九四〇年代的納粹德國，到一九七〇年代赤柬（Khmer Rouge）統治下的柬埔寨，以及一九九四年盧安達的圖西族（Tutsis）大屠殺皆然。「系統性」計畫是國際法判定「危害人類罪」的門檻。

一九六三年，政治理論家漢娜・鄂蘭（Hannah Arendt）在著名的納粹戰犯阿道夫・艾希曼（Adolf Eichmann）審判報導中提出「邪惡的平庸性」概念，引發長久的爭論[6]。她主張，艾希曼既非一位思想倡導者，亦非基於對猶太人的特定仇恨，才驅使他成為滅絕猶太人的助力。他並不特殊，反而是機器裡一枚不加思索的齒輪，在將難以想像之事正常化的系統中聽從上級命令。

半個世紀後，在南蘇丹，這個艱難的問題同樣適用：犯下如此撼動良知行徑的個別丁卡族士兵（以及隨後的努爾族敵軍），是否受到根深柢固的族裔仇恨感驅使？或者他們是遵守命令、聽命行事，因此責任歸屬他們的上司？

這些命令鮮少以書面寫就，且難以確立最高權責機關。然而二〇一四年非洲聯盟的調查判定，朱巴的犯罪確實具有「普遍或系統的性質」，並且是「為了推動國家政策」而執行[7]。聯合國得出相同結論，兩項調查皆斷定存在事前的計畫與合作。證據確鑿，不過種種罪行的個人責任將留待來日的法庭裁決。毫無疑問的是，所觸犯行徑的本質令人震驚，及其具有助長普遍恐懼感與復仇渴望的力量。

「我自己，我不想要薩爾瓦當總統。」坐在淺紫色塑膠椅上的可爾（Ker，讀音KAIR）表示，他是二十多歲的「白軍（White Army）」成員。明亮午後陽光朝瓦阿特原本昏暗的土庫屋斜斜射入光束，這裡是努爾族腹地深處相對具有規模的村莊。距離我們坐的地方僅僅五英里處，是十九世紀最著名努爾先知的傳奇山崗；他在這片神聖土地舉行祭典儀式，提出忠告，並且吟唱據說預言了南蘇丹暴力清算的歌謠[8]。

光線將可爾稜角分明的身形刻劃出強烈剪影，我們面前是一張跟椅子成套的淺紫色塑膠桌，上面擺的空盆，直到不久前還裝滿豐盛米飯、帶軟骨羊肉塊和燉野菜泥。戰事在名義上結束後，我回到南蘇丹與如可爾一般的親身參與者談話。

「我們大多數人，我們以前覺得，薩爾瓦可以當我們的總統。」可爾看著我的眼睛說。「但是我們不知道他做得出這些事。」他厭惡地搖搖頭。「我們無法忍受他對我們做過的事。」但是可爾指的不僅是在他族人間造成莫大痛苦與憤怒的屠殺。「我們是努爾人，我們被邊緣化了。」想獲得工作、教育、醫療，或者實現任何一絲安全感，可爾解釋，你在努爾鄉間這裡無法得到。「我們沒有道路、設施、醫院、教育、一切、一切、一切——什麼都必須去（首都）拿。」

除了母語努爾語和阿拉伯語，可爾的英語說得比同儕流利，只是有些常見的怪癖；他的「p」一律換成「f」，因此描述戰爭中的「經驗」說成「今驗（exferience）」，以及他的羅伍努爾人聚落為何有那麼多人依然非常「不壞樂（unhaffy）」。可爾以一種為強調而起伏的韻律語調，自信提出關於政治、部族主義與戰爭本身的想法，期間始終保持直接的眼神接觸，即使講訴他所參與針對丁卡平民的幾樁殘殺攻擊時亦然。屋外的兩隻公雞以雄壯音量啼叫，偶爾昂首闊步走進門口，聆聽可爾版本的事件。

交戰展開時，可爾在瓊萊州的首府波爾念書。從十二月十六日清晨時分一直到隔天，他的手機響個不停。可爾的妻子當時帶著兩個小孩住在朱巴，她語速加快描述那時籠罩首都的混亂局面。其餘朋友和親人也打來，詳細描述努爾社區遭搜查及共同朋友的死訊。設法判定多方消息時，可爾感到憤怒從體內升起。「我甚至無法描述那種感覺。」他說道，回想那個痛苦夜晚時，他的聲音放慢，手臂肌肉緊繃。

當他透過手機，跟波爾及更北邊努爾區域的同儕互通消息與人們的反應，一股無助感滋長。「我們怎麼辦，我們怎麼辦？」他張開手掌拍打大腿並低下頭，重演當時的憤怒感受。

總統身穿軍服上臺、召喚舊日的陰魂時，可爾和他的同學看著電視。「我將不會允許或容忍一九九一年的事件發生……」可爾幾乎一字不差地引述薩爾瓦的話後，聲音愈來愈弱。顯然十分沮喪，他解釋一九九一年波爾大屠殺的遺續以及接下來的動盪歲月，如何仍舊於波爾迴盪，連當年只是幼童的人也是如此。「我們總是聽見本地人說，『你們努爾人現在住在波爾這裡，可是你們忘了你們在一九九一年對我們做了什麼。』」可爾搖搖頭，如今音調沮喪，「現在是二〇〇幾年，不是一九九一年。我們為什麼要提這件事？」

到了十七日晚上，可爾說明有種風聲如何在波爾流傳，指出「所有朱巴的努爾人都被殺了，其餘分頭躲入營地與叢林」。由於家裡沒有電，大多數人到設於當地市場的充電站為手機電池充飽電力。但是交戰兩天後，蟄伏於朱巴的人民無法替手機充電，要那麼做必須踏出屋外。如此一來，大多數手機電力耗盡使得首都外的人更加擔憂，可爾和其他許多人認為那代表「所有努爾人都死了」。他說，在波爾，這層認識幫助催化了針對丁卡人的報復攻擊。

十二月十七日，政府發言人在朱巴告知公眾，十位高階政治人物「涉及企圖政變未遂」而被捕。遭拘禁者當中有「加朗子弟兵」丁格和普岡，以及十二月六日於解放運動黨之家參與記者會的其他所有人。

所有遭拘禁者皆為黨內重要人物，大部分剛被拔除職位。但是以族裔而言，他們是異質的組成——波爾和加扎爾河地區的丁卡人、羅伍和吉卡尼努爾人、什魯克人和赤道地區人。他們的部族多元性揭示了危機根源的政治性質，而非族裔。由於政府的政變敘事早有疑慮，他們被逮捕的背後很難找到政治以外的動機。許多人擔心，備受關注的這群人可能遭到暗殺，畢竟如今位高權重的眾多政敵樂見他們被剷除。

其他幾位遭通緝者仍未緝捕到案，以據稱的幕後首腦里艾克本人最受矚目。對於政府和解放軍強硬派而言，長久以來，這個國家最惡名昭彰的叛徒一直是個人敵視與族裔仇恨的對象。二〇〇三年他們反對里艾克重回解放軍，不打算容忍他高枕無憂。這是一種發自內心的恨意，他們要他死。他們也要里艾克的人死——那些忠心的士兵、保鏢、家人與不知名的支持者。

十七日早上，一群軍方高官號召可觀兵力去突襲里艾克的房屋。解放軍突擊隊包圍他家，有的披掛彈藥帶，有的位於坦克車頂，有的操控架設機關槍的武裝改裝車。沒時間再去協商，再去搞政治，再去妥協。

兩架陸軍 T-72 坦克車撞垮建物圍牆，朝磚屋發射高爆彈。數十名突擊隊員猛衝進院子，跟屋內的人交火。有些里艾克的衛兵在槍戰中身亡，然而塵埃落定後，到處都找不到里艾克。

同樣沒人能透過電話聯繫他。黨內盟友、聯合國首長、美國大使，以及打給里艾克或其副手的任何人都發現他們關掉手機。里艾克熟知他的年輕政府握有的手機追蹤能力，這項手段如今必定會用來對付頭號公敵。

關於里艾克藏身處的謠言開始流傳，其中一種說法迅速交頭接耳傳遍全城：「里艾克獲得美國大使館的庇護。」受挫的政府官員質問美方，但是里艾克不在他們館內。他也不在聯合國基地。事實是，遭免職的副總統家被毀時，他躲在西北方數英里處的一間土庫屋，只有最受信任的護衛才知道地點，他們在黑夜掩護下開一輛不起眼的車載他過去。

房屋遭毀數小時後，里艾克和隨扈決定不能繼續待下去。他們逃出朱巴往北走，突破重圍登上一艘雇來的駁船，在蒙加拉（Mongalla）越過尼羅河。加德特將軍的部隊在對岸長草叢中等待，他是解放軍第八師指揮官，也是率先叛離的第一位努爾軍官。

加德特已經殺了他的丁卡族副官，並控制波爾以南的軍事設施。在場的一位士兵告訴我，加德特出乎意料從皮套掏出手槍，在沒人來得及反應前，就直接走向副官並近距離射殺他[9]。隨後加德特的部隊拿下波爾，在那裡跟一心想復仇的可爾和數千努爾青年會合。

兩天後的十二月十九日，里艾克首次公開發言。他譴責薩爾瓦，否認遭指控的政變，說那只是意圖摧毀政敵的謊言。但是他接著進逼一步，「我們要他下臺，沒得談。」里艾克談論薩爾瓦的煽動殺人與族裔對立計畫，宣告已呼籲國軍「解除薩爾瓦的國家領導人職位」。

精靈已放出瓶外，沒有回頭路可走。一開始的反抗剛剛正式成為叛亂。實現獨立兩年後，南蘇丹跟自己人開戰。

可爾在額頭綁上紅布條，左手肘繫著小塊白布，他的數百位努爾弟兄也是如此。他們得知戰鬥即將在波爾展開。這群步兵是所謂的「白軍」，隨後擊敗本地維安部隊，並且開始對鎮上丁卡人占多數的社區尋仇。

可爾說明，白軍是幾代前設立的非正規社區保衛機制，「由我們的曾祖父（所創），守護家族與牛隻」。白軍的故事與傳統自此代代相傳，他說，當你年滿十五歲成人，你會拿到一把槍，並且有義務維護白軍的神聖責任。對於可爾和同齡男人而言，戰場上的強悍是一種身分認同。「如果你上前線作戰，而你沒對某個人開槍，你就不是男人。」

從歷史上看來，可爾歸屬的努爾族人對於自我保護的需求特別強烈；出身於此偏遠區域的「羅伍」努爾人，比鄰居享有更少取水管道，可是他們同樣需要照料牛隻與生計。但是在一九九〇年代蘇丹內戰期間，白軍展現全新的面貌。一九九一年分裂事件後，他們在里艾克動員下變成更明確的戰鬥群體，且於南部的內戰中扮演要角。在日後所稱的「波爾大屠殺」期間，可爾的叔叔和堂兄獲得槍枝，加入里艾克的背離部隊犯下殘暴行徑。

努爾平民在朱巴被屠殺後數日，同樣慘烈的事件在波爾重演，這次情況相反。努爾攻擊者挨家挨戶搜尋，射殺男女老幼。士兵與綁紅頭帶的削瘦年輕人洗劫市場，焚毀家屋，嘲弄本地平民。數千丁卡人逃往波爾的聯合國基地，另外數萬人逃往河對岸。有些人跑向河畔時背後中彈，另一些人為了躲避槍火，跳下船後被強勁水流沖走溺死。

不久後，數十具腐爛的屍體橫陳波爾街道，還見到更多隨河飄向下游。一切過去後，倖存者在亂葬崗掩埋數百位家人和鄰居[10]。肅清城鎮後，士兵與白軍成員不僅拿走武器，還竊取財物和牛隻。這波攻擊令人想起約莫二十二年前惡名昭彰的屠殺，至於不懂危機核心政治角力的那群人，他們協助鞏固了戰爭初期暴行的族裔敘事。

「為什麼波爾人民該成為朱巴努爾人蒙受同等惡劣暴行的攻擊目標？」我問道。可爾預料到這個問題並打斷我：「他們該殺。」我請可爾解釋他的邏輯，他擺盪在自己族群遭受不公對待的陣陣沮喪感，以及從容闡述眾多南蘇丹人共有的復仇準則之間。「我們（跟丁卡人）生活在一起，我們共同分享許多事物，突然之間——他們開始殺我們的人？我們的母親，我們的兄弟，我們的孩子——毫無原因？」他解釋，他的職責是確保正義伸張。「假如我母親被你殺了，我不能讓你母親活著。不可能。」可爾表示，應得的懲罰源於道義責任，沒有例外。「即使殺害我們人民的是神明，我們都可以去與神搏鬥。」

在努爾戰士二度占領波爾期間，他們殺害躲在聖安德魯主教座堂（St. Andrew's Episcopal Church）裡的十四位年長女性[11]。有些報告指出這些女人遭受性暴力。當我把這樁悲慘事件的報告實情拿給可爾看，他反射性回答，「不是真的。」可爾堅稱自己是真正的基督徒，並表示這是越界的行為：「即使你燒掉鎮上所有的土庫屋，你不能燒教堂。」我分享目擊者與調查人員證實的一些細節，卻被可爾又一次打斷，「不是真的。」

可爾並不迴避許多丁卡平民被殺的事實。但是在面對這樁恐怖且無可辯解的事件時，尋仇行為的正義與純粹性質似乎備受質疑。可爾否認在這段無法紀期間最惡劣的其他幾宗事件，彷彿不願去想，因為那些事使得他口口聲聲為死者復仇的明確正當理由變得模糊。他轉開話題。

在朱巴針對無辜努爾人的殘忍殺戮引發暴力循環。但是在接下來的幾天、幾週和幾個月裡，迅速蔓延的戰事與難以言表的罪行導致各方受害——丁卡族、努爾族和其他許多族裔社群的無辜者。沒有族群倖免，也沒有一個族群的手沒弄髒。

「發生的事使我們所有人都不快樂。」可爾說，反思這整段期間與自己國家的情況。「我們全都傷心。連薩爾瓦也是，如果你遇到他自己一個人的時候。」可是就在同一次談話的片刻後，可爾再度重提報復殺戮，且讓一句注腳鄭重懸於空中。「我們盡了分內責任。」他說。彷彿他試圖用這句話說服我，也說服自己。我請他說明這句話，他又講了一遍，「我們盡了分內責任。復仇。」

朱巴和波爾的事件過後，戰爭擴散開來。陸軍八師之中的六個師沿著族裔界線分裂，以努爾人為主的數萬名士兵叛離。全國城鎮與軍事據點爆發激烈打鬥。暴力以前所未見的速度倍增，隨之而來的是衝突的不尋常族裔敘事。

在仍處於分裂狀態的解放軍成員裡，由於努爾人的占比多達百分之六十五，如今於南蘇丹大部分地區準備對戰的兩軍之中，這支臨時組成的反抗軍成為勢力較大的一方。而且他們並不孤單。數萬名如可爾一般的白軍戰士已動員加入他們，反覆高唱戰歌。丁卡族群同樣蒙受暴力且如今畏懼「其他人」，他們的總統也號召要採取行動。不僅每一方都覺得有義務為犯行復仇，這場戰鬥也愈來愈被描繪成生死之爭。人們聽說這是一場族裔仇恨的零和賽局。殺人，否則被殺。

渴求權力與主導地位的菁英階層無法藉由政治手段化解歧見，於是全國人民代表他們打一場仗。透過訴諸薩爾瓦和里艾克他們的族裔基礎，他們最應為政治紛爭轉成族裔衝突負責。然而關於族裔戰爭的廣泛報導也幫助鞏固轉型，並重新界定暴力。

接下來兩週裡，各方爭奪大上尼羅區域的三個州首府。在班提烏，少將詹姆斯·克安（James Koang）叛離所屬的第四師部隊後，激烈打鬥籠罩首府，他將現任州長趕出城，且於十二月二十一日宣告掌控全城。三天後的十二月二十四日，國內首要產油州的首府馬拉卡爾，落入解放軍第七師叛軍及其白軍同志手裡。與此同時，加德特的部隊撤離波爾，又於一週後重新奪回這座城並繼續他們的復仇行動。

每座城鎮的控制權易手多達十數次，每次反擊都造成更嚴重的破壞。無論你看向何方，全是暴力破壞的跡象：遭縱火市場攤位的悶燒支架，家屋的焦黑地基，詭異的空蕩街區，更別提散布街道的腫脹屍體。灰燼之中沒留下什麼，只見金屬床架、盆子鍋子、變黑的衣物碎片，生活的殘存物。以前在這裡的常態，直到轉瞬間，就不在了。

四處皆情景相仿：煙塵滿天，汽車燒毀傾覆，衣衫破舊的成群士兵與青年拿取戰利品。食物、燃料、椅子、床墊、衣服、工具、機車、牛隻，全都跟能用手、推車、汽車載走的任何物品一同消失。某種地獄情景依舊，每一絲生命與希望都被抽乾。沒有聲音，沒有買賣，沒有色彩，什麼都沒有。剩下的只有目無法紀與恐懼，以及揮之不去的死亡氣味。

一如朱巴，驚恐倖存者塞滿三州首府的聯合國基地。聯合國官員變得焦慮，因為打鬥就在基地大門外激烈交鋒。對於想摧毀敵族成員的任何人而言，這些基地現在是高度集中的族裔飛地，裡頭的數千人只能坐以待斃。即使有維和部隊駐守於圍牆與鐵絲網路障，他們的防備無法抵禦全面進攻。此外，儘管在鐵絲網外提供些許安全，裡頭的食物、水或隱私匱乏。這裡只有泥巴、汙水、憤怒與不確定感。

在朱巴的總統府，薩爾瓦與他信任的將領擬定了作戰計畫。他們企圖擊垮里艾克和他的新叛軍。身為政治人物的薩爾瓦總是難以勝任，不過身為將軍的薩爾瓦自在地研讀戰場地圖。他的國家在他看管下被撕裂，而他作為團結者的名聲迅速從史書上抹去。但是就實務面而言，如今他身處熟悉的領域。

與此同時，里艾克在深入努爾鄉間、位於加迪安（Gadiang）的新總部備戰。歷史彷彿重演。年歲漸長的政治人物與總統夢懷抱者，幾乎不可能想像過要回頭再打一場叢林戰，用另一場戰爭對抗他想取而代之的丁卡集權者。但是他人已在此，坐在塑膠椅上使用衛星電話與雙向無線電，在臨時反抗基地的一棵樹下。他沒什麼時間沉溺於既視感。他不僅忙著將努爾民兵拼湊成具有凝聚力的反抗軍，還要獲取武器、彈藥和補給品，所以他正打去國外尋找資助者。

隨著戰事擴散到愈來愈多地點，軍事結盟逐步形成，叛離持續上演，外國行為者被引入這場鬥爭。聯合州油田供應的珍貴原油完全停產，使得本已艱困的經濟又遇阻礙。薩爾瓦希望遏止反抗浪潮，恢復退役的軍方盟友職位，並討好尚未選邊站的努爾將領，想預先制止他們及其支持者加入快速茁壯的抗軍。里艾克與同一批努爾重要人物建立關係，也親近具有影響力的努爾先知，他們掌握數千名白軍青年。不過他也放眼努爾領土之外，向南蘇丹其他心懷不滿的族裔求援，希望將他的族裔抗爭轉變成全國抗爭。

在各方爭奪利益下，族群受到籠絡或被迫加入戰鬥，包括上尼羅地區的什魯克人、聯合州的布爾努爾人、瓊萊州的穆爾勒人。許多赤道地區群體卡在他們不想干涉的戰事中間左右為難。有些與抗軍聯手，悄悄控制朱巴周圍的戰略地點，其餘繼續支持政府方，心想或能以忠誠作為籌碼、獲取更大程度的地方自治。還有另外一些人厭倦又再打仗，只想保持旁觀。

僅於戰鬥的兩週內，約二十萬平民遭驅離家園；再過兩週後，數字是五十萬人。似乎無止境的人龍長途跋涉以逃離暴力，目的地無法確知。數萬人跨越邊界逃往鄰國，包括重回蘇丹的龐大人口。跟從喀土穆帶著六個孩子來的母親阿雁相仿的「回歸者」中，許多才剛「返鄉」至南部獨立共和國，如今又逃回蘇丹。他們竟然選擇回到南部人早已被視為二等公民的蘇丹，這不啻是承諾落空的酸楚象徵。

儘管存在顯而易見的要角，這不僅僅是薩爾瓦與里艾克之間、或解放軍世仇派系間的鬥爭。隨著時間過去，這場鬥爭也超越丁卡與努爾族裔的軸線。蔓延開來的戰爭激起地方不滿，加劇潛在衝突，摧毀經濟，並導致數百萬人面臨饑饉危機。這場戰爭粉碎本已脆弱的社會結構，使得南部人重拾只圖求生存的心態，在五十年的戰爭過後，他們原以為終於可以把那拋在腦後。南蘇丹崩解了。

Chapter 17

警鐘

「南蘇丹站在懸崖邊。近日的戰鬥威脅使南蘇丹陷入過往的黑暗時光……已潑灑了太多鮮血，喪失太多生命，全為了讓南蘇丹獲得片刻希望與輕率丟失的機會。」

——歐巴馬總統，二〇一三年十二月十九日

華府／朱巴／波爾，二〇一三年十二月

在紐約洛克斐勒中心3B攝影棚的燈光照射下，全國廣播公司（NBC）夜間新聞主播布萊恩．威廉斯（Brian Williams）登臺播報。「今晚世界上多了一個新的危機現場，」十二月二十三日他向數百萬黃金時間電視觀眾宣告，「而那代表（對於）美國也是如此……南蘇丹被未停息的暴力籠罩，愈來愈多人擔憂會有一場全面戰爭。」[1]

在危機的第一週，外界少有人察覺南蘇丹正在發生的事。然而到了耶誕節，有線電視新聞網（CNN）、全國廣播公司、英國廣播公司、半島電視臺和全球的新聞媒體，全都播出世上最新國家的駭人屠殺畫面。戰鬥坦克車呼嘯穿越首都，一波波平民塞滿聯合國基地，殘缺屍體橫陳街頭；這所有一切發生的地點，上次獲得國際新聞報導是在關注一個國家的欣喜誕生。

國際社群震驚於突然迸發的暴力，爭相加以阻止。對許多人而言，盧安達的陰霾仍然歷歷在目，一九九四年規模驚人的種族滅絕以慢動作開展時，全世界袖手旁觀。在這裡，盧安達往北僅四百英里的另一個人跡罕至地點，另一場種族滅絕似乎正在成形。即使是已察覺南蘇丹沸騰暗流的人，仍難以理解這個國家崩解的速度。「我們曉得局勢緊張，」聯合國駐地最高外交官宣告，「但是其速度、嚴重性與規模……我想沒人能預料。」[2]

在紐約，美國駐聯合國大使莎曼瑟·鮑爾參與聯合國安理會的緊急會議，會員表達憤慨並投票通過加派五千名維和部隊赴南蘇丹。「我要把話說得萬分明白。世人都在關注南蘇丹的所有陣營。」聯合國祕書長表示[3]。「停止暴力……拯救你們自豪且剛獨立的國家。沒時間好再浪費。」[4]

來自非洲和西方的外交人員搭上飛往朱巴的班機，希望阻止一場人道主義災難。全球領袖發出克制的呼籲，薩爾瓦辦公室湧入非洲各國總統、華府的萊斯和凱瑞、倫敦的大衛·柯麥隆（David Cameron）首相致電。前總統卡特和布希也在接下來幾週撥打朱巴時好時壞的電話網絡，期望自己的地位及與薩爾瓦的私人關係或能發揮影響力。連教宗也極力干涉。

「我們為南蘇丹的社會和諧祈禱，」教宗方濟各（Pope Francis）從高處向耶誕節聚集於梵蒂岡聖彼得廣場的群眾宣告，「那裡當前的緊張局勢已經造成太多犧牲者。」聖父已與交戰陣營溝通並派遣一位使節前往朱巴，對於「那年輕國家的和平共存」[5]受到威脅而深感憂慮。

與此同時，如聖經所述的出走已展開。平民徒步、搭巴士或以任何可行的方式逃離朱巴。外國國民從空中撤離，有管道或人脈的南部人也湧入機場，不顧一切在任何有機翼的交通工具上占一個位子。

高解析度電視螢幕分割成兩個畫面，接著變成三個、四個和五個方框。如同眾多諸如此類的危機狀況，當白宮戰情室連接緊急「首長會議」的影像訊號時，美國國安顧問萊斯出現在一個方框，國務卿凱瑞在另一個，接著是國防部長查克．海格（Chuck Hagel）與其他的歐巴馬國安理事會成員。政府最高層級的決策機關因應危機召開會議，他們正將持續演變的評估簡報給總統歐巴馬[6]。

華府聚焦於迅速惡化的局勢及有助於延緩暴力的外交選項。然而其優先考量是當地美國政府人員和其他美國公民的安全。此刻是二〇一三年十二月，一年前位於利比亞班加西（Benghazi）美國大使館遭到攻擊的回憶猶新，當時大使與三位美國職員遇害。在哀痛的傷亡之外，那樁意外受到嚴格審視，且在華府被用來當作爭議的政治分化工具，白宮不打算讓那種情況重演。威脅評估與使館撤離的緊急方案經詳考並時時更新。

朱巴的美國大使館已經暫停正常運作，並撤離近七百位美國人和其他外國國民[7]。數架美國C-130軍用運輸機飛抵朱巴機場要載走撤離者：美國職員優先，接著是親近的外國盟友，然後是有辦法把名字擠上名單的任何人。來自英國、德國和東非鄰國的軍機如法炮製。離境者排隊登機時，朱巴的國安特務潛伏於停機坪，決心攔截任何企圖逃離的努爾人。接下來數週內，這些特務監控所有飛航乘客名單，有時攔停滑行中的飛機，把努爾族政治人物和商人拖下離境班機。

與此同時的首都北方，政府與同盟部隊轟炸波爾附近的叛軍據點時，數十位美國援助工作者依然受困。十二月二十一日，美國特種部隊獲命展開救援行動。三架美軍V-22魚鷹式傾斜旋翼機（Osprey）在吉布地的美國空軍基地起飛，從這個東非小國飛往南蘇丹。空軍少校萊恩·米特爾斯戴（Ryan Mittelstet）駕駛「雄雞七三（Rooster 73）」，也就是帶隊的魚鷹機。在雄雞及尾隨的兩架直升機後座，海豹特戰隊隊員們正檢查裝備，打算救出受困的美國人[8]。

南蘇丹遠遠不及美國部隊在伊拉克或阿富汗等戰區面臨的威脅，美國人也從未成為攻擊目標。但是波爾發生的戰鬥，使得狀況不如特種部隊得知的那般和緩。當米特爾斯戴少校帶領魚鷹機隊轉最後一個彎、朝波爾的簡易跑道飛去，他們的龐大雙旋翼直升機引來地面上的加德特抗軍注意力。

可爾也在現場，他抬頭看見外觀陌生的飛行器逼近時大吃一驚。「某種飛機，非常快，非常快！」他說，並解釋這些身分不明的直升機，就在解放軍麾下直升機發動連串攻擊後飛抵波爾。由於通訊中斷，代表加德特的部隊未得知計畫中的救援任務，因此認定如今喧囂劃過頭頂的逼近魚鷹機隊帶有敵意。

「中彈！」幾秒後米特爾斯戴朝無線電大吼，「調頭！調頭！」魚鷹機隊的機身遭超過一百發AK-47自動步槍與點五〇口徑步槍射中，雄雞七三的後方冒出黑煙。在米特爾斯戴的魚鷹機內，座艙血跡斑斑，突如其來的連串火網擊傷四位海豹隊員[9]。魚鷹機隊中止任務並轉往南方，未載運預期中貨物就迅速飛往烏干達。

行動失敗在華府造成重大影響，那裡的官員也必須考量，究竟該讓朱巴的大使館繼續運作或是整裝離城。對於熟知情勢的人而言，大使館受到的威脅似乎低微，但是保守避險是後班加西攻擊時期的現實。

決定關閉使館帶來的可能影響，不僅在於確保館內人員安全。離開代表不與政府或抗軍進行強硬的外交交涉，也不見證接下來發生的一切。假使身為南蘇丹最重要外國夥伴的美國降下國旗並撤退，大半其他國家將追隨在後。

幾位歐巴馬的最高層級官員曾於二十年前參與關於盧安達的類似決策。在一九九四年種族滅絕的初期，美國外交人員撤離，位於基加利（Kigali）的大使館關閉。留下來未必能改變歷史進程，然而很難把這件事跟後來的發展分開看待。後續的一百天裡，七十五萬盧安達人遭殘忍殺戮，釀成現代歷史上最血腥的大屠殺之一。

經過晝夜商討，歐巴馬的國安團隊決定縮減使館人員數量，但是讓據點維持運作。只有大使和最基本的職員留下，一支緊急維安隊將飛去保護他們[10]。國旗將持續飛揚，南蘇丹最重要的夥伴未變，留守的外交人員敦促薩爾瓦在他的國家崩解前改變路線。

儘管延緩戰鬥的持續外交介入與努力有時帶來徒勞感受，相反的情況卻難以想像。「在當地毫無眼線？」一位歐洲官員當時反問，暗示暴力愈演愈烈的可能性。「這些傢伙，兩邊都是，將會完全失去控制。」

魚鷹機隊中彈的同時，美國特使唐納·布思與我正在前往南蘇丹途中。數小時前，我們從華盛頓霧谷區國務院內的一連串危機會議抽身，打包三天行程的行李，再於杜勒斯國際機場（Dulles International Airport）碰頭。登上班機後，我們商討如何敦促薩爾瓦和里艾克坐上談判桌的策略。

考量到美國之於南蘇丹創建所扮演的角色，持續給予的政治與財務支持，以及該國厭倦戰火的人民如今面臨的巨大風險，華府相信自身必須適時採取行動並試圖控制局勢，其他許多人也這麼認為。布思是美國總統任命的第六位「美國駐蘇丹與南蘇丹特使」，這個職位正是為了此種高層交涉而存在。這樣的特使在美國外交領域占有獨特地位，分派給被視為外交政策優先事項的少數職務。

布思三十六年的外交工作職涯於近期告終，歷任賴比瑞亞（Liberia）、尚比亞（Zambia）與衣索比亞大使。他行事作風謹慎，先傾聽後發言，並重視實質內容勝過一時的虛榮。由於最後派駐於鄰國衣索比亞（二〇一〇年至二〇一三年），他逐漸熟知蘇丹的棘手政治與南部的動盪建國。他接受蘇丹與南蘇丹的職位時，由於南北已為分裂後的布局簽訂藍圖，有些人質疑特使職務是否仍有必要。他們或布思都不可能預知，南蘇丹有多快就被強推回聚光燈下，特使的角色又再度彰顯高度壓力、晝夜不分的危機外交。

儘管已發生的所有一切，仍有機會防止南蘇丹的敵對派系使其人民陷入暴力深淵。然而要做到這一點，需要任何擁有關係、影響力或創新點子的人一次又一次介入。

我們首先停留於衣索比亞，與憂心忡忡的區域政府商討，並為停火協商擬定計畫。來自非盟與鄰國的外交人員已緊急造訪朱巴，但是據聞他們與薩爾瓦的交涉「影響不大」。停止流血並防止國家崩解是所有南蘇丹外國夥伴的共同利益，然而局勢不穩、難民潮、經濟崩潰等潛在深遠影響，將嚴重風險帶給鄰近的衣索比亞、肯亞、烏干達和蘇丹。

接獲南蘇丹國家機場於關閉數日後重新開放的消息後，我們登上衣索比亞航空（Ethiopian Airlines）飛往朱巴的班機。爬上登機梯並俯身踏進熟悉的龐巴迪奔馳八號（Bombardier Dash-8）機型，布思與我發現，通常擠滿七十位乘客的班機內單單只有一個人。飛行四十五分鐘後，當雙引擎渦輪飛機發出單調的轟鳴聲，我在腦海裡的地圖繪製飛行路徑，隨即擔心起來。從阿迪斯阿貝巴直飛至朱巴，意味著將飛越叛軍占領的波爾以南領土，那裡是南蘇丹戰爭的中心點。

地面通訊相當差，情勢又快速演變，加上關於領空管制的傳聞不斷，皆構成不確定性。四十八小時前的魚鷹機事件也是一次嚴厲警訊，身分不明飛行器遭到射擊的情況並不罕見。我走向飛機後方，找到一位空服員。「妳有我們的飛行圖嗎？」我問道。她聳聳肩膀，透過座艙通話器呼叫駕駛艙中的機長，接著，出乎意料地把聽筒遞給我。

我對機長重述關於飛航路線的疑問。他開始向我描述路徑，隨即領悟我為什麼發問並打斷自己的話。「噢，別擔心，沒事的。」他說，機上通話器劈啪作響。「我聽說他們簽了和平協議。」並非如此，我告訴他。倘若那是真的，我們就不會搭上這班飛機了，而且他的飛機可能一如往常被出賣。「噢……好，我明白了。」他語帶停頓地說，然後掛斷。

我們開始朝朱巴下降時，我想起駕駛在敵區常採取的盤旋降落。我也注意到我們孤單的同機乘客不安地望向窗外。所幸並無抗爭人士誤把我們當成敵機。

然而在航程末段，我確實注意到有些不尋常。底下平常人來人往的街區變得空盪盪。街道空無一人，成排街道上坐落的數百間家屋中毫無動靜，徹底淨空。

我們落地後，大使蘇珊．佩吉（Susan Page）在停機坪迎接我們，她的維安小組立於四周。我們躍上大使的越野休旅車，高速直駛向總統府。

布思特使向薩爾瓦施壓，在暴力將他的國家撕碎前加以控制。布思敦促他宣告準備協商停火，上電視平息正在升高的族裔張力，並釋放他關押的十一位備受矚目政治人物。你耽擱得愈久，他告訴總統，將有愈多平民死於「他們不想涉入的無意義衝突」。

「你讓我淪於被脅迫的處境。」薩爾瓦回答。「這就像是某個人被刑求逼問情報。你不會希望那發生在你身上。」布思反駁說，他和歐巴馬總統只想阻止一場內戰全面開打。要付諸實現，南蘇丹的領袖必須採取行動。

我們也利用這次會面，對於薩爾瓦身邊的強硬派是否給他有益建言表達疑問，然而傳遞最後這項訊息有其難度。身為討論對象的這群強硬派不請自來，盤踞薩爾瓦身旁的黑色皮沙發。他們時而插話，僵化總統的姿態。對於我們不願接受他們協助羅織的政變敘事，他們也表明不滿。在漫長且有時發生爭論的交流過後，總統同意考量我們的請求。「我準備好要跟你們合作。」他說。但是他立即轉而吐露對於里艾克的蔑視。他主張，悲觀預言家沒有資格協商停火。「他無法控制如今在全國戰鬥的努爾勢力。」

向具影響力的其他政府官員重申訊息後，我們飛離南蘇丹，這次是到奈洛比跟肯亞的領導階層磋商。在奈洛比的喬莫・肯亞塔國際機場（Jomo Kenyatta International Airport）轉機時，布思接到國務卿凱瑞打來的電話。「回去。」國務卿告訴他。凱瑞剛從華府的另一場緊急會議離開，在場高官討論我們來自朱巴的最新評估及新的情報。每過一個小時，近期事件的嚴重性就逐漸明朗，同時愈發憂慮一場全面戰爭。過幾個小時凱瑞會再打給薩爾瓦，但是與此同時，我們要儘快趕回朱巴持續施壓。

布思和我回到美國是在九個星期後。

我們離開朱巴不久後，政府對民營航空關閉機場。國務院雇了一架八人座雙螺旋槳小飛機載我們飛回去。隔週我們又見了薩爾瓦三次，每次會面都有國務卿凱瑞的致電背書[11]。我們施壓要求停火、和談並確保日益絕望的平民能獲得緊急人道救援。薩爾瓦埋怨我們經常去「刑求」

他，「早上、中午和晚上……接著再用電話。」他描述有次通話爭論不休，凱瑞結束談話時向薩爾瓦道別，希望他能在惡劣情勢下多少睡一會兒。但是挫敗且暴躁的薩爾瓦打斷他。「我肯定睡不好，」總統說，「我知道你早上會再打來跟我爭論！」

除了警告美國和其他國家將考慮制裁薩爾瓦、里艾克及帶領暴行的任何人，我們也傳達華府的訊息，表示美國正在重新評估與南蘇丹的關係。布思告知薩爾瓦和他的顧問群，歐巴馬總統不會跟向本國人民無謂興戰的政府繼續合作，我們也表明縮減大使館至最低限度的規劃。首先這是安全上的預防措施，不過從政治面而言，這也是朱巴最長久友邦投下明顯的不信任票。薩爾瓦政府迫切想展現其正當性，然而毫無疑問，華府的外交立場將影響其他外國首都與聯合國安理會所做的決策。

局勢的嚴重性使得嚴厲的訊息成為必要，但是我們也認為缺乏信心、受到威脅且總是尋求庇護的薩爾瓦總統，或許會對支持與慰藉的提議有所回應。所以我們也表達準備好幫助危機四伏的領導者形塑和平解決方案。我們投注多個小時腦力激盪從危機脫身的方法。「如果你能施展領導能力，克服激烈戰火，並且制止暴力，你將獲得華府的堅定支持，以及區域的堅定支持。」布思告訴他，一遍、一遍又一遍。里艾克將失去繼續交戰的理由。但是一味搪塞的總統已陷入他無法應付的局面，他並未、或無法抓住友好國家合力試圖扔向他的救生索。

薩爾瓦一再說他「準備好」停火並「原則上」開放對話，但是他缺乏行動。有時他刻意拖延，企圖用他熟悉的那種方式平息抗爭。但是總統也明白情勢已失控，某部分的他只希望逆轉自己塑造的爛攤子，以完全不同的方式再試一次。薩爾瓦作為團結者、作為帶領南蘇丹跨越獨立歷史門檻的領導者，這些名聲正迅速蒸發。我們反覆訴諸他的名聲，訴諸他的基督教價值觀，訴諸他的父親角色責任感，訴諸一切他在乎的事，卻全都落空。他陷入困境，突然面臨四面八方施加的龐大壓力，他顯得無能領導他的政府脫離現今置身的戰爭。

在這決定性的時刻，證實薩爾瓦的搖擺不定具有毀滅性後果，他身邊那群更堅定的人則訴諸他最糟的本能。隨著政府承受甚至更大的壓力，且其政變指控幾乎普遍不被採信，其領導者與強硬派內閣轉而向內。薩爾瓦身邊那群人面臨最大的損失，於局勢惡化時愈發緊抓不放，他們的遭圍困心態與偏執影響易受左右的總統。

數日後另一次艱難的通電中，國務卿凱瑞不斷敦促薩爾瓦釋放十一位遭拘禁的政治人物並談定停火，這些行動能防止狀況進一步惡化。國務卿主張，假使他現在無法展現些許領導能力，「人民的處境將十分艱難，不得不論斷你做了選擇……錯誤的選擇。」薩爾瓦打斷並回嘴，「不，是你們已經做出決策；你們選擇支持軍事政變！」

幾天後對國會演說時，總統呼籲克制與對話，也向已犯下的「卑劣暴行」致哀。但是他隨即轉換方向，譴責「權力飢渴」的政變策劃者摧毀國家。[12]正如總統在我們私下會面時所流露，被自己的解放運動黨同僚挑戰似乎確實傷害了他。但是他顯然從接受他們的政治挑戰，跳躍一大步到擔憂以軍事力量推翻在位者，而他的政府並未提出這一大步的確鑿證據。

接下來幾天薩爾瓦又一次改變策略，這次是在聖德蘭大教堂耶誕節彌撒時發表和解言論。

「以支持我之名……殺害或洗劫人民的任何人，（要知道）你們是在毀了我。」他告訴會眾及透過電視觀看的人。他呼籲療傷、團結與回歸秩序。然而與此同時，軍事行動持續。數萬驚恐平民躲在聯合國營地或叢林中度過耶誕節。

薩爾瓦政府精神分裂般的語無倫次令人不忍卒睹，只是更進一步暴露其敘事的破產。彷彿在看一場拔河比賽，薩爾瓦在好天使與壞天使之間拉扯。他轉換策略、混雜訊息，顯然再次被起草講稿、以及最後一位附耳的無論何人影響。壞天使正占得上風。政府持續其軍事攻擊，拒絕釋放十一位政治拘禁者，並且拒絕和談。

憤恨情緒於總統陣營內部膨脹，再重新導向國內外任何質疑政府的敘事、權威或解決方案之人。他們推測不挺己方的任何人必屬敵對，並以攻擊作為防守。因此曾幫助朱巴獲得自由的國際社群，如今也淪為不信任與懷疑的對象。聯合國南蘇丹特派團首長希爾德·強森（Hilde Johnson）、美國大使佩吉和其他顯要人物的手機、行動與會晤皆受監控。聯合國維和特派團本身被視為敵對團體；政府強硬派策動反聯合國示威，提出聯合國官員援助里艾克反對勢力的無根據主張，並聲稱擴展的聯合國難民營地成為叛軍安全庇護所而試圖強行闖入。

薩爾瓦的壞天使主張西方企圖「奪走他們新建立的主權國家」，同時私下告訴他，勢力強大無邊的美國人要他下臺。其中一次我們與總統會面結束時，身為加扎爾河地區丁卡人與頭號主戰派的內務部長阿列尤·阿列尤（Aleu Aleu）發表評論，不僅點明強硬派看待美方的觀點，也包括提供薩爾瓦別種建言的任何人。「你知道，布思是努爾族的名字。」他說，這句話的挑釁暗示沒被在場的任何人遺漏。

然而，事實是美國、區域與其他夥伴對里艾克施加同等的壓力。里艾克藏身叢林深處指揮反政府勢力時，國務卿凱瑞與白宮官員一直在跟他打類似的電話戰。他也獲知，關於努爾士兵對丁卡平民實行的惡劣懲罰，他會被追究責任。他也獲知，除了坐下協商別無選擇。不過一貫好爭論的里艾克每次都打斷對方，抱怨政府的攻擊與薩爾瓦的殘殺。

里艾克在賭博。這位經驗豐富的反抗者，想在對政府維繫軍事壓力的同時要求協商先決要件，每次都讓撥打他衛星電話的國際外交大軍受挫。「這傢伙做得太過火了。」一位外國使節氣惱憶述，說那毫不退縮的挑釁態度激怒打來調停和平的人。「他幾乎快把國際社群推向政府那一邊。」另一人回想。事實上，里艾克數度幾乎激得鄰國對他發起軍事行動。

里艾克最主要的要求是釋放十一位遭拘禁者，這是他參與和平協商的前提條件。他需要幫助。他知道十二月六日在解放運動黨之家召開記者會的普岡、丁格及其他盟友，能幫助他在談判桌上對抗薩爾瓦，無論其結盟是多麼謀略。

薩爾瓦屈從國務卿凱瑞的不斷請求後，我們在十二月二十三日首度訪視十一位遭拘禁者。這群人被隔絕在朱巴市中心一處圍牆院落裡的政府房舍中。平常穿西裝打領帶的他們如今樣貌邋遢，穿著髒T恤、運動褲和涼鞋。不過總體而言他們受到良好照顧，只不過窮極無聊。除了藉助一位有同情心的警衛偷運偶爾使用的手機進來，否則他們跟外界任何人都沒什麼聯絡。他們坐在高聳遮蔭樹下的塑膠椅上，揣測外界發展來打發時間。

當我們接近這處院落，無法忽視在周圍戒備的不可思議大批火力，這說明裡頭關押者的影響力，以及他們在薩爾瓦親信圈引起的顧慮。我們的白色越野休旅車駛入大門時，椅子上的人不安起身，並不知曉訪客的身分。當車門打開、看見熟悉的臉後，他們的肩膀放軟也鬆了一口氣。他們十分清楚，外國人訪視是他們不被暗殺的最佳保證，美國人更是如此。

遭拘禁者對於里艾克的宿怨跟任何解放運動黨人一樣強烈，但是他們跟他建立策略聯姻，以挑戰總統和他新安插的顧問群。薩爾瓦的人擔憂，假如這群人獲釋，可能幫助反政府陣營扭轉局勢。

這群被扣留人士幾乎全都是昔日的解放軍高層指揮官，日後擔任內閣、州長或黨領導職務。他們受過教育、有國際觀，且在外國首都人脈通達。他們之中許多人與加朗親近，且為中央委員會高階成員。少數幾位在所屬州坐擁強大勢力；其餘是受人尊敬的軍官，在軍隊仍然掌握廣泛忠誠度。有些人富裕至極，藉助他們具影響力的地位從中獲利。倘若獲釋，他們必定加入宣揚異議的一方。更糟的是，總統的人擔心他們可能加入戰事，策動更多叛逃者並使戰場上情勢驟變。其中最大的顧慮是有志競逐總統寶座的普岡，他對他們發自內心的鄙視並非祕密。我們數度訪視這群人，希望促使他們獲釋，但也寄望他們或能縮減兩極化族裔陣營之間的漸增鴻溝。

「你們也要替危機承擔責任。」我們擺明告訴他們。事實是他們的手並不乾淨。不，他們並未拿起武器，也沒有企圖發動政變。他們在薩爾瓦過去六個月的專制行事期間受到不公對待，但是危機的根源需要用更寬廣的視角來看。這群人屬於新國家最具影響力的人物；他們位居黨的權力鬥爭中心，他們也明白鬥爭對於穩定所構成的威脅。人們可以主張、而我們也在多次訪視時指出，這群人跟薩爾瓦、里艾克或其他任何人一樣，必須對國家的破裂肩負同等責任。

這群解放運動黨高層及其他領導人物明白體制薄弱、貧窮、人口軍事化、社會平衡微妙而脆弱，對南蘇丹公民負有責任。相反地，黨菁英一齊陶醉於權力，罔顧其志業的價值，並與他們聲稱代表的人民失去聯繫。他們對於危機的共同責任並非始於二〇一三年的動亂，而是始自二〇〇五年解放運動黨取得新南部政府的掌控權。最終，遭拘禁的前部長約翰·路克（John Luk）在這群人面前坦承，「我們真可恥；我們沒能從先前那些非洲解放運動學到教訓，真是可恥。」

對於這十一人的關注是把雙面刃，我擔心這件事在危機最初幾週聚集了多少注意力。假若任何事發生在這群備受矚目的人物身上，當時尚未釀成內戰的危機可能加劇。然而，由於許多位遭拘禁者與華府擁有長久聯繫，認為這十一人自然是美國優先考量的觀念，在總統與他身邊的人心目中起了助長猜疑的作用。「因為他們跟你們這麼親近，」被激怒的薩爾瓦曾告訴凱瑞，「你們可以把他們帶走。」

南蘇丹人、其他非洲人、歐洲人和我們美國人持續施壓後，薩爾瓦心存釋放他們的想法。但是他想以某種方式使他們扮演中立角色，或者對他們保有影響力，而他的顧問泰拉爾·丁格為此目的發想多種方案。薩爾瓦和里艾克為了控制這群遭拘禁者所付出的努力彰顯他們的顧慮程度，以及南蘇丹爭奪戰的危險局勢。

我們持續穿梭在朱巴與區域首都之間，跟具影響力的領袖合作逼迫薩爾瓦和里艾克坐上談判桌。沒有一方想做出任何讓步，他們也對協商不感興趣，只想在戰場上決生死。危機的頭兩週發生一波波屠殺；數千人喪失生命，許多人失去朋友或家人。群情激憤。

十二月二十七日，東非各國總統召開一場緊急峰會。與會領導者重提南蘇丹人民在歡欣獨立日表達「對於自由、正義與繁榮的希望」[13]，譴責族裔宗派主義的「破產與機會主義的意識型態」，並要求在九十六小時內停戰並展開停火協商。

隨著期限逼近，衣索比亞、肯亞、烏干達、歐洲、美國、非盟和聯合國的外交人員聯手向薩爾瓦和里艾克施壓。而在十二月三十一日，兩人屈服了。他們同意派代表團赴鄰國的阿迪斯阿貝巴進行和平協商。由於戰事迅捷多變，每一方都有意徹底擊垮另一方，南蘇丹的衝突完全不適合以協商化解。但是衝突造成的人員傷亡必須有所回應。立即終止敵對，是讓如今身陷嚴峻險境數百萬人民倖免於難的唯一方式。

在二〇一三年的最後一天，也就是薩爾瓦與里艾克勉強首肯和談的那天，爭奪朱巴此最終獎賞的交戰加劇。這群人擁有數十年的打仗和協商經驗，他們太清楚該在坐下來談之前，盡可能試著掌控最大範圍的領土。里艾克寄望，更好的狀況是他乾脆奪下朱巴並推翻薩爾瓦政府。

可爾移師波爾南方投身這場戰爭中最關鍵的戰役，而他並不孤單。加德特將軍的第八師部隊帶領這波攻擊，如今側翼獲數千名白軍戰士加入。報告指出，多達二萬五千名努爾男子近日聚集在里艾克實際上位於加迪安的總部。他們是由努爾指揮官、族群領袖、努爾先知所組織，其中後者最值得關注。他的祝福是一種神聖認可，據信可保護人們不受傷害。「瓦阿特，皮里（Piri）、約艾伊（Yuai）、朗基恩（Lankien）、阿科博，」可爾快速念出努爾族的各個中心地，「我們來了，我們是一體的。」

瘦長的白軍志願兵身高相仿，此外卻是衣衫凌亂的一幫人。他們身穿短褲、T恤，混搭迷彩服、籃球衫、綁頭巾、夾腳拖鞋和紅色頭帶。儘管絲毫沒有「軍隊」的樣子且連水這般基本的補給品都缺，他們通常武裝得十分齊全。與如今為里艾克戰鬥的陸軍投誠部隊一同行軍，這群混和勢力往南推進到距離都城少於三十五英里處。

與此同時，朱巴北邊隆隆作響，駛出被派去攔截進軍反抗者的一列軍事坦克車、迷彩貨卡車、砲兵隊和其他重裝武器。另兩支步兵營乘船北上，獲得從加扎爾河地區動員召募的丁卡族年輕人增援，他們拿到了制服，然而事實上不比將與其交鋒的南下勢力來得熟練或有紀律。

儘管戰爭蔓延全國，十天以來，所有目光都聚焦在都城以北這一段赭紅公路。這不是巷戰，不是某個重點鄉間地區的戰術推進。爭奪南蘇丹的重量級戰役已登場，輸贏就在這條軸線上。

交戰小集團你來我往，攻擊與反擊，每方都承受嚴重傷亡。正當反抗軍夢想奪下朱巴，他們遭逢異乎尋常難纏的抵抗。在頭頂上，可爾和他的同伴看見塗著迷彩的巨大機械朝自己猛衝而來。它們看起來像大黃蜂，他心想，聲響震耳欲聾。「砲艇？我這輩子從沒見過一架直升機砲艇。」可爾回想時雙眼圓睜。當武裝的烏干達攻擊直升機呼嘯越過頭頂並從空中投下炸彈，這群臨時組成的抗軍迅速領悟，這場仗不只在跟薩爾瓦的政府軍打。

在邊界另一邊的鄰國烏干達，總統穆塞維尼興致昂然地關切情勢。十天前的十二月二十日，薩爾瓦邀請穆塞維尼的軍隊、也就是烏干達人民國防軍（Ugandan Peoples’ Defense Forces, UPDF），開拔至南蘇丹拯救他的政府。日後未獲證明的報導指出，基於薩爾瓦對於緊張局勢升溫的顧慮，事實上烏干達部隊早在危機前幾天就位於南蘇丹境內。

無論實情為何，爭取這位區域強人的支持無需花費太多力氣。穆塞維尼於一九九〇年代曾派部隊赴蘇丹、盧安達和剛果共和國參戰，並非不熟悉外國干預之人。他自稱為「非洲的俾斯麥」，毫不掩飾去影響鄰國的戰果。此外，他鄙視里艾克。在薩爾瓦的邀請下，烏干達戰鬥機飛入南蘇丹領空，呼嘯駛向北方轟炸波爾周遭的抗軍據點及白軍援兵的龐大列隊。烏干達的Mi-24直升機砲艇跟隨在後，旋即帶領解放軍往北推進以收復失土。

十二月三十日穆塞維尼到訪朱巴，此次公開露面使反政府人士群情激憤，最終動員了更多努爾青年戰士。穆塞維尼與薩爾瓦握手，宣告倘若里艾克不同意立即停火，「我們就必須攻擊他，我們所有人一起……擊敗他。」[14]區域領導者明白里艾克的反抗軍有憤怒的正當理由。但是他們也向里艾克表明，他們不會袖手旁觀看著他攻陷首都。穆塞維尼更進一步，他到訪的觀感消除了他的國家是否中立的任何疑慮。烏干達選擇與南蘇丹站在一起。

反抗勢力在抵達首都前遭到阻擋。但是在捍衛朱巴之外，該區域其他政府對於穆塞維尼的侵略干預感到惱怒。他們與我們有共同的顧慮，擔心穆塞維尼誓言捍衛朱巴將為薩爾瓦政府壯膽，增強其尋求軍事解決方案的把握，並且妨礙停戰協商。

就像幾乎每一位努爾戰士，可爾相信若非烏干達干預，他們的大軍會奪下朱巴。不過他們也懷疑在朱巴針對努爾族裔的攻擊實為更廣泛滅絕計畫的一部分，如今正蔓延至努爾人的中心地帶。而烏干達基於政府利益所做的閃電干預，證實了上述擔憂。「事情發生得好快，」一位努爾戰士描述，「烏干達的飛機和炸彈……在我們看來這是對於努爾人的聯合攻擊，事先計畫好的。」[15]烏干達介入並非蓄意或預謀種族清洗計畫的一部分。可是在交戰時分，人們的看法至上，而傷害已造成。

衝突的前兩週局勢多變而混亂，擴大成區域戰爭的可能性變得愈來愈真實。但是在暴力的立即衝擊之外，在聚焦於最關鍵的戰役之外，這場戰爭導致人們更深切退守區域與地方認同，而且不僅限於軍隊士兵。一位南蘇丹知識分子日後提出的證詞，有助於理解何以陷入更大規模的戰爭：

> 雖然今日席捲國家的衝突基本上是中央政軍菁英間的權力鬥爭，這群領導者之所以有辦法把每一個人拉進他們的無謂戰爭，端賴本國人民長久以來極度缺乏基本必需品，並沿著族裔界線相互激烈鬥爭，導致普羅大眾認為他們的生存唯有仰賴以軍事和其他方式支持其族裔領袖。[16]

共同的獨立經驗，是國族意識長期發展成形的第一步。但是僅於二〇一三年十二月的短短兩週內，最初國族記憶的那股狂喜之情全被抹滅。

Part 3

拼湊碎片

Picking Up the Pieces

Chapter 18

引爆點

「有一重大問題，在所有時代困擾著人類並帶給他們最多危害……即，並非世界上是否存在權力，也不是權力何時生成，而是誰該握有權力。」

——約翰・洛克（John Locke），《政府論上篇》（*First Treatise of Government*），一六八九年

阿迪斯阿貝巴，衣索比亞，二〇一四年一月

二〇一四年一月二日，代表交戰雙方的兩個團隊抵達阿迪斯阿貝巴的喜來登大飯店，在壓力下協商停火。少有人能預見，這將是在都城最顯要位址好幾日交涉的首天，接著延續好幾週，然後是好幾個月[1]。喜來登是首都最奢華宏偉的建築，也許在整個衣索比亞皆然。飯店的光亮陽台、恢宏旗幟、茂盛花園及隨交響曲同步噴湧的噴泉，跟牆外緊鄰的貧窮形成鮮明對比。一牆

之隔處，貧民窟住屋的髒汙褐灰色調融入腳下的泥濘土地。

顯眼的飯店一直是整個非洲大多地區後殖民歷史上的獨特存在；如同作者米契拉・朗（Michela Wrong）所述，它們常是「該國動盪歷史的縮影」[2]。興建於一九六〇年代晚期與一九七〇年代初期，大飯店為政治、革命、金錢、暴力與權力的真實戲劇場面搭好舞臺。它們在動盪的變遷時期體現連貫性，並發展出熟悉的性格。它們是傳說和神話的儲藏庫，為新的戲劇場面注入關於過往的明顯聯想。

該區域的多數國家都有一間大飯店，諸如奈洛比的潘納弗里克飯店（Panafric），基加利的米勒・柯林斯飯店（Mille Collines），阿迪斯阿貝巴的希爾頓酒店（Hilton）。在坎帕拉的老阿波羅飯店（Apolo），伊迪・阿敏（Idi Amin）的鬼魂依然左擁右抱女伴，昂首漫步在天藍色調的橢圓型游泳池周圍。這些飯店的家具和裝潢看得出時代感，並飄蕩著專屬氣味，或臭或香皆已隨著時間滲入而漂洗不去。提供完善服務的住宿房間喚起逝去的時代，噴泉、音樂廳、迷你高爾夫球場等更恢宏而多餘的設施於今則褪色閒置。大廳裡擠滿政府部長、新聞記者、情報人員和天真的遊客。還有圖謀不軌的商人、退役軍事將領和衣著暴露的妓女，在地勢較低的酒吧裡攪動調酒、互送秋波。

為了替和談揭開序幕，布思特使與我也住進喜來登飯店；這間飯店最近取代希爾頓（一九六九年由海爾・薩拉希國王〔Haile Selassie〕舉辦落成儀式）成為衣索比亞的頭號政治劇場。這裡是新世代頂級飯店的佼佼者之一，且已上演過許多戲劇場面，包括南蘇丹初創時期的製作。阿迪斯阿貝巴的上流階層在此享受國際料理、雞尾酒和現場音樂演出，其餐廳和酒吧的索價是城中多數食肆的三倍。飯店奢華而乏味的裝潢，跟南蘇丹的焦土和煙硝村莊形成莫大對比。這裡的瑪奇朵咖啡和鮮奶油泡芙糕點，並未供應在班提烏、波爾和馬拉卡爾過度擁擠的庇護營地。

和平協商隨後移往麗笙酒店（Radisson Blu），非洲政要、外國使節與足跡遍布整個大陸企業家相互競逐的另一場所。（毫不令人意外，廣泛認為衣索比亞情報單位徹底監聽這兩個地點。）

喜來登和麗笙都曾扮演二〇一一年蘇丹分裂期間南北協商的場所，也都是南蘇丹菁英旅行時常造訪的地點。是以剛抵達的與會代表已然熟悉這兩間飯店、它們的職員，甚至是餐廳的菜單，詭異地提醒了該國的短暫歷史大多由衝突與協商、而非治理所定義。令人不安的並非飯店本身或協商在此舉辦的事實，畢竟無論走到哪裡，政治都是菁英之事。反而是該國諸位交戰菁英安頓於舒適的日常慣例，領取每日差旅津貼並雄辯敵對言辭，同時他們的國家焚燒殆盡。

於一月展開的和平進程將歷時兩年多。儘管喜來登和麗笙是主要地點，十一輪協商共於三座衣索比亞城市的五個地點進行。區域國家於非洲和西方外交人員列隊支持下推動和平進程。布思特使與我待在衣索比亞數週支持協商，隨後在多輪協商間來回穿梭於朱巴、其他區域首都和華府。主要區域組織召開七次國家元首峰會，美國又再主辦兩次。非盟和聯合國安理會在資源和政治資本方面做出承諾，美國及其他國際捐助者則投注數十億美元供緊急人道救援。

賭注高昂。整個進程提供修正方向的機會，指明一條路以挽回南蘇丹的承諾並避免新國家分裂。這是一趟情緒的雲霄飛車；既有興喜的高峰也有頹喪的低谷，密集的幾天與充滿活力的進程後，跟著連月的平凡瑣事與延宕。大膽動議為協商注入生氣，卻又看著氧氣被敵意和迷糊仗耗盡。區域分歧、調解不力及非洲與西方間的棘手情勢，使得本已不易取勝的一手牌更形複雜。

但是和平進程的故事最終屬於南蘇丹人自己，屬於發聲者與無發言權者之間的對比。這主要是一個關於權力的故事。強人與自大狂在會議室和飯店大廳碰面，不只決定誰握有權力及權力應如何運用，還有苦難將持續多久。儘管不斷努力在談判桌囊括更多席位，邀集長者、女人、反對黨、青年代表與宗教領袖，自始至終仍由交戰雙方陣營主導和談。而往往故事著重於這群領導者，對於其宣稱代表的人民困境的漠視。

有鑑於國界上新戰事的衍生影響，南蘇丹的鄰國想直接參與調解工作。畢竟，每一個鄰國都曾密切涉入蘇丹內戰、二〇〇五年告終的和談並支持南部實現獨立。如今他們最可能受到戰爭的潛在影響。

二〇一三年年關將盡時，外交官群迅速採取行動、由政府間發展管理局（Intergovernmental Authority on Development, IGAD）負責和談，因為讓國際社群共同支持單一的調解工作至關緊要。政府間發展管理局是一個區域組織，合作事項涉及一系列共同利益，包括和平與安全事務在內，會員國包括衣索比亞、烏干達、肯亞和蘇丹。

作為發展管理局主席的衣索比亞，任命國內傳奇的政治家和外交官塞尤姆．梅斯芬（Seyoum Mesfin）擔任總調解人。塞尤姆深諳區域政治，擔任該國外交部長二十年。他不僅是執政黨中央委員會成員，也是提格利尼亞人★核心（Tigrayan core）的創始成員，此北部少數族裔選區自聯合反抗勢力推翻冷戰時代的軍政府後，一直主導衣索比亞政府。

塞尤姆當時擔任衣索比亞駐中國大使。考量到「革命民主」的共同理念與雙方擴大經濟合作，北京的職位在他的政府中至關緊要。塞尤姆的主要任務之一，是確保數十億美元的「超級基礎建設」計畫能繼續推動國家的現代化；而在其迅速轉型中的首都，現代化跡象已十分明顯。

但是塞尤姆也渴望返鄉。他想再度參與他相當看重的區域政治，也更加貼近即將到來的衣索比亞全國大選活動，他自身的政治野心尚未熄滅。可是東非的政治情勢已非本來面貌，隨著時間過去，和平進程與區域分歧會逼得塞尤姆一籌莫展。

塞尤姆於蘇丹內戰與全面和平協議期間一直擔任外交部長，深諳美國扮演的關鍵角色，特別是在上述事件的後期。考量到這一點，塞尤姆跟布思特使與我在和談開始前見面。在喜來登四樓的一處安靜酒吧，他表明自己接下發展管理局的調解人職務，將仰賴「與華府的堅定合作，及華府的支持」。我們同意盡己所能協助。

★提格利尼亞人亦譯作提格雷人，為了不與生活在蘇丹及厄利垂亞的另一族裔「Tigre people」混淆，本書譯文統一稱衣索比亞的「Tigrayan」為提格利尼亞人，「Tigre people」則為提格雷人。

塞尤姆頭頂全禿，頭兩側猶存的短髮變得灰白，鬍子也一樣。他面無表情時也許看來嚴肅，在那副表情下卻藏著開懷微笑。他是一位討人喜歡的長者，對笑話很快就心領神會，提早一步大笑。塞尤姆個性老派，成長於嚴守紀律的馬克思列寧反抗勢力成員，以及他與同志掌權後建立的高度中央集權執政黨間。他要求忠誠，並以專業精神著稱。他精通恭維的外交本領，並主張拋下自我、樂於採納值得信任顧問的好點子。這位外交老手投身於吃力不討好的和平進程，精神令人感佩。但是關鍵點在於，塞尤姆縱有國內外資歷，很快就看出他的調解才能比許多人認定得薄弱。

在蘇丹二〇〇五年的全面和平協議協商過程中，由於肯亞政府擔任東道主的歷史角色，使得該國希望照樣主辦新一次和談。當和談改在衣索比亞進行，奈洛比氣惱不已。這兩個「亦敵亦友」的鄰國有時合作、有時則否，雙方關係由潛在的張力所界定。兩國間的競爭與毫不掩飾的對立，加上區域權力局勢，將於日後癱瘓調解，且幾乎破壞和平進程。

肯亞人不想被排除在外，確保拉薩魯斯．宋貝渥（Lazarus Sumbeiywo）也成為發展管理局協商團隊一分子，身為跟前肯亞總統丹尼爾．阿勒普．莫伊（Daniel Arap Moi）關係密切的前軍事將領，宋貝渥在蘇丹的全面和平協議期間擔任總調解人。十多年後，將軍依舊得以善用職涯中最重要的任務，並展現他自稱「不說廢話，我不是外交官」的形象。由於華府在背後支持全面和平協議，對於現今在歐巴馬政府中主導非洲政策的資深官員來說，宋貝渥同樣是他們熟悉且樂於見到的臉孔。

在衝突爆發前的十二月初，我曾赴奈洛比拜訪宋貝渥。陽光明媚的午後，在其中一間奈洛比隨處可見的爪哇屋（Java House）咖啡連鎖店喝茶時，我問他假使內部分歧未能迅速自行化解，是否會考慮在解放運動黨派系間進行非正式調解。宋貝渥並未掌握即時情勢，於是尋求我的分析；我們討論黨內的腐敗，該黨的缺乏計畫，以及填補上述空白的權力鬥爭細節。原則上，他說，他對調解保持開放態度，我們講定在接下來幾週保持聯絡。然而在此不久後撼動朱巴的醜惡事件，需要的遠超過一張熟悉臉孔的私下交涉。

宋貝渥得到效命機會，獲任命為塞尤姆的副手。當時尚未明朗、且將於日後使老練觀察者震驚且失望的是，此人於十年間竟有如此劇烈改變。

「倘若你無法在頭兩週控制住，」對於任何新衝突的緊急和談，一位經驗豐富的非洲外交官如此看待，「將會延續好幾個月或好幾年……中間地帶通常不存在。」考量到此引爆點，當務之急是立即停火。當代表團獲召集至喜來登一樓的會議室初步磋商，戰鬥繼續在班提烏、馬拉卡爾和波爾交手，朱巴─波爾軸線的火力全開戰役亦然，雙方都在試探對方的防線。

假使進逼的努爾民兵突破防線，一場恐怖的城市爭奪戰必定隨之展開，可能帶來迄今破壞程度最大的平民損失。里艾克為無意攻入朱巴私下做出保證，但是很少人相信若機會降臨他會收手。外國政府密切關注，連番以高層致電與施壓滋擾雙方，同時準備在戰鬥逼近得令人不安時撤出該國外交人員。停火是當務之急，可是若未釋放遭拘禁的政治人物並達成某種政治協議，停火不可能有共識或長久延續。即使在當時，人們都懷疑如今於阿迪斯阿貝巴列席的那群人能否遏止蔓延的暴力，或者其規模已大到無法控制。

政府代表團抵達阿迪斯阿貝巴宣揚官方版本的敘事，甚至發送紅色亮面小手冊，標題為「夭折政變的真相」。不過沒人買帳，集體駁斥至關緊要，因為偏袒政府的和平進程既得不到足夠信任，也無法產生長久的解決方案。

最初幾天相當緊湊。調解人與各代表團私下磋商，接著召集與會者齊聚一堂，再分開重複上述循環。於休會期間，美國、聯合國和歐洲外交人員各與雙邊陣營坐在飯店走廊和接待室，施加壓力並試圖縮減隔閡。如此循環將延續至凌晨，通常以調解人和外交官夥伴在布思特使的狹小飯店套房中匯報作結。我們隨即開始跟華府和朱巴的美方大使館開語音與視訊會議，他們不分晝夜監控情勢、完成撤離、評估選項，並讓歐巴馬總統得知最新情況。

由於南蘇丹都城的命運懸而未決，迫切感昭然若揭。

希艾爾·丁格率領政府代表團參與和平協商。他是解放運動黨的一線人物，也是可得的最富經驗協商者，一頭理得短短的銀白頭髮提醒較年輕對手這項事實。衣著總是剪裁得宜的高官個性漠然、菁英主義且博學，讓一些人感覺他更像是英國貴族而非加扎爾河地區的丁卡人。希艾爾快人快語、注重法律條文、熱衷拆解敵方論點，你可以輕易想像他在任何談判桌上如魚得水。

由於希艾爾的過往效忠與感知較貼近十一位遭拘禁的解放運動黨人，他決定繼續跟政府站在一起令人意外，更別提扮演政府的官方代表。一位密友告訴我，希艾爾曾私下吐露他的矛盾同情：既對薩爾瓦「失望」，卻也對解放運動黨挑戰者感到憤怒，因為他們將不滿公開、而非「讓黨內事務留在黨內，它們理應歸屬之處」。

若說這是希艾爾藏在腦袋裡的想法堪稱合理，儘管我從未見過他在公開場合流露半點不確定。一度是有希望的總統人選，擁有此職位的理想區域與家族血統，我揣測他是否謀求重振自己的尊貴地位，靜候繼位的示意。無論實情為何，希艾爾的交雜感觸必定能因兩千美元的每日津貼而軟化，這筆官方高額酬付使人民憤慨，最終讓希艾爾在政府薪水外賺得數十萬美元[3]。

希艾爾兩旁有十多位部長與高官，其中多位是在二〇一三年薩爾瓦肅清解放運動黨一線對手後獲得晉升，或取得新的職權。他的副手由情報部長和世界級的好戰分子麥可・馬可威（Michael Makwei）擔任。這位戴眼鏡的波爾地區丁卡人是黨內少數受過法律訓練的知識分子，近幾個月對於總統的積極效忠，意味著他的聲勢隨之上升。總是在否定的馬可威善辯、富有操控欲與才能，在所有的意見裡他似乎最看重自己發表的貶抑評論。他享受獲得拉抬的重要性，並且不打算放棄；他時常隨口編造政府政策，即使那違背總統的看法。

相較之下，里艾克的反抗勢力代表團像是一群校隊小老弟，隊上的解放運動黨一線人物唯有塔邦・丁格。由於反方擁有政治名望的典型人物較少，而且其中有些人還留在叢林裡指揮軍隊，他們之外的人經驗與才能急遽下滑。一架衣索比亞軍方直升機把塔邦從戰場接走、載往阿迪斯阿貝巴後，他直奔當地一處市場，把身上滿是泥汙的迷彩軍裝升級成西裝和正式皮鞋。跟任何一位游擊隊員兼政府官員相仿，塔邦一人就是全南蘇丹矛盾點的化身：該國的希望與憤世嫉俗，交疊的族裔與區域認同，經濟不平等，短期與長期記憶，及其反抗、團結與放下的仇恨。

塔邦生於聯合州，擁有努爾族母親與出身蘇丹北部阿拉伯部落的父親。他由表妹安潔莉娜的家庭撫養長大，而她碰巧成為里艾克的第一任妻子。此後開展的故事純屬肥皂劇。

獨立前薩爾瓦安排塔邦擔任聯合州州長，部分原因是要限縮里艾克在家鄉州的勢力。不過塔邦被視為解放運動黨菁英與丁卡人主導政府的傀儡，遭到該州選民鄙視。有意利用對手的低人氣，安潔莉娜挑戰表弟塔邦，在二〇一〇年的激烈、極度分歧選戰中爭奪州長席位。這場選舉漏洞百出，可是當安潔莉娜埋怨不公，她的選舉舞弊控訴遭忽視，解放運動黨高層宣布塔邦勝選。

薩爾瓦與塔邦一直是同床異夢的盟友，他們拆夥只是遲早的問題。二〇一三年解放運動黨開始出現裂痕時，總統解除他的州長職位。機會主義者塔邦最終加入里艾克，從最初期就跟他的抗軍合作，落實一百八十度的變節。儘管存有敵意，里艾克、安潔莉娜和塔邦將嫌隙放在一旁，於阿迪斯阿貝巴並肩齊坐，扮演努爾人占多數的抗軍三巨頭。「只有在蘇丹才會發生。」老練的觀察者會這麼說。

塔邦將成為整場戰爭的關鍵及爭議人物。他身為抗軍的主要締造者、出資者與行動指揮官之一，卻也受到許多基層成員謾罵。不過他臉皮厚且務實，總把目光放在政治層面。他顯然對於設法接近朱巴的權力槓桿最感興趣。要用什麼手段、找誰搭檔來辦到這件事似乎是次要考量。

塔邦懂得變通，跟所有陣營的中間人都有聯繫，並證實是里艾克一方的溫和勢力。他跟政府方同僚希艾爾締結有建設性的合作關係，同時加強與宿敵喀土穆的聯繫。但是八面玲瓏的塔邦並未就此停手，我疑惑他為何偶爾迴避協商會議，退到聽力範圍外接電話，或有時完全消失數日。我們得知，塔邦也是抗軍祕密採購武器與彈藥的主要掮客，且據信為抗軍安排來自波斯灣及更遠處盟友的金錢與物資援助。傳言指出，他是在擔任富產石油的聯合州州長期間培養上述關係，當地普遍相信國內沒人比他搜刮更多油水。

二〇一一年我待在聯合州相當長的時間撰寫報告，剖析不穩定局勢導致塔邦的州成為危險引爆點。塔邦不僅是公認的叛徒，還是個無情的獨裁者，他的嚴酷統治在我出版的報告中獲得顯眼描述。一本報告送抵塔邦的辦公桌後，我成為聯合州的不受歡迎人物，且於日後得知塔邦曾懇求總統將我驅逐出境。兩年後，隨著和談開始，我對於以美國外交人員的新角色與他初次見面感到擔憂。然而出乎我的意料之外，塔邦快步進門並熱烈跟我打招呼，以他的母語努爾語送上熟悉的問候與堅定的擁抱。只有在蘇丹才會發生。

在十九天的不間斷協商中，戰事持續蔓延，城鎮被占領與奪回，愈來愈多南蘇丹人遭捲入戰鬥。阿雁困於她在朱巴的鄰里，尼亞庫葉苦守聯合國的臨時營地，她們最煩惱的事是餵飽家人。與此同時，尼亞庫葉的丈夫加入可爾的人馬，即在波爾尋仇的白軍戰士。可爾的人馬又再跟來自賽門村莊的年輕人合流。數萬戰士在城鎮與村落發動報復戰爭，跟他們家人相仿的當地家庭則奮力求生。

喜來登的連日協商看似無止境，調解人與西方外交官穿梭於區域首都間，也走訪朱巴的薩爾瓦家與深入抗軍占據領土的里艾克基地。停止流血，他們對雙方說，並且在為時已晚前約束族裔的政治宣傳。

一月二十三日晚間，塞尤姆邀請一群喧鬧的記者、精疲力竭的外交人員和協商代表到喜來登的一間會議室。希艾爾和塔邦在主桌落座，兩旁坐著調解人。這對昔日的同志、今日的敵手雙雙戴上老花眼鏡，拿起筆，翻到各自的簽署頁。當他們在停火協議及釋放遭拘禁十一人的副約簽下自己的名字時，相機閃光燈大作。

「尊貴的女士和先生們，」塞尤姆開場，用嘶啞嗓音朗讀準備好的講稿，「簽署協定是一個重要里程碑。」不過他請所有人勿忘往後實現長久和平的任務。「我們只達成通往那項目標的成功開端。可是中國人說，千里之行，始於足下。」[4]

塞尤姆流露明顯疲態，卻因進展感到振奮。「我們認識到南蘇丹仍是一個年輕和新生的國家，」他接著說，「仍處於建國的過程，而那無法在一夜之間完成。」但是得來不易的停火，他主張，是一個轉捩點，可以保護他們的神聖工程。人們打從心底歡欣鼓舞，對於參與激烈協商和消耗穿梭外交的任何人而言，這是最好的一刻。

在白宮，歐巴馬總統樂見「邁向建立長久和平的關鍵第一步」。他附和我們立即往下一項議題前進的期盼，敦促雙方即刻「展開政治對話以化解衝突的隱含成因」[5]。

局勢依然極度不穩；混亂與反應作用盛行，立場尚未固著，我想起那位非洲老外交官言及在引爆點前遏止衝突的評論。停火是第一步，必要卻不足夠。許多人相信，協議至少讓沸騰局勢降溫到南蘇丹人能展開建設性政治對話的地步。

我們錯了。停火也許防止戰火再擴大，但打鬥很快就重起。所謂的引爆點似乎已越過。

Chapter 19

一切照舊

「因為火會吞噬縱火者以外的一切。」

——渥雷．索因卡（Wole Soyinka）

阿迪斯阿貝巴／朱巴／坎帕拉，二〇一四年一月至四月

儘管有其侷限，就名義上而言，一月二十三日簽署的停火協議提供展開對話的基礎，探討衝突的潛藏原因而不只限於其表面狀況。這場危機暴露一項艱難事實：南蘇丹並非失敗國家，她在還未真正成為一個國家前就失敗了。

國內外許多南蘇丹人高呼不滿，他們要的不只是薩爾瓦與里艾克間的利益分贓。他們要為既成事實討公道。他們想要有人負起責任，以及一個更好的政府。他們想晚上睡覺時無需擔憂

孩子、家園或牛隻。他們想要學校和醫療保健，並且有機會把食物端上桌。他們想看見國家收入用於興建一條道路通往他們的村莊。他們厭倦了待在外圍，看著一小群自命不凡的領導者只在彼此間分配戰利品，決定國家方向，並傷害表達反對的任何人。

我們認同他們的信念，理想上是透過一場包容各方的政治協商，認為對話的「第二階段」能作為切入點並帶來更多顛覆性變革。我在寫給塞尤姆和宋貝渥的備忘錄中，傳達我們對於日後方向的理解：

> 位居衝突核心的解放運動黨派系，不能只是重回十二月十四日的現狀；權宜的菁英調解只是在塑造可能條件，讓該國近日的分裂重演。下一階段協商的構成必須足以處理立即的政治與軍事顧慮，同時在過程中廣邀更多區域的南蘇丹人參與。

和平協商的參與者僅包括交戰雙方及其權力飢渴的領袖，其決議將無法贏得大眾支持或帶來長久和平。但是這任務並不容易。備忘錄提出幾項行動供塞尤姆和宋貝渥在南蘇丹國內著手，以促成更廣泛的參與。

巡迴全國，並與社群、教會和公民團體進行市鎮廳和圓桌會議，也許能廣邀人民參與此一過程，並於談判桌放入更多席次。調解人可藉此表明協商並非僅是外國人的進程，而是由南蘇丹人參與、且為了南蘇丹人實施的進程。專設的廣播節目可以提供來自阿迪斯阿貝巴的最新進展，也可以建立將輿論帶回談判桌的網絡。直接跟南蘇丹平民對話，或許也能給調解人正當理由去推動改革，否則會受到該國困頓政府的抗拒。

我們也提議出資雇用一位協助調解人的專門祕書。塞尤姆可以親自挑選進程規劃、法律、策略溝通、治理、國安與金融方面的顧問，協助和平進程的運作與解決方案的告知。

布思特使與我跟調解團隊在頭幾個月建立密切的合作關係；我們在背後提供想法和支持，常是深夜時分在塞尤姆的飯店套房裡，調解人挑選他們認為適合的點子去用。我們有意提供上述想法，但是從未強迫他們。我們對於和平的共同利益自然允許此種「配角」布局，塞尤姆規模既小又缺乏資源的團隊樂見有此分工。

縱然仰賴我們的諸多想法，塞尤姆和宋貝渥選擇不去南蘇丹社區巡迴，也不增聘一位具有技術專業的祕書。他們就是不覺得有必要。他們作風老派，有著不同的文化與政治經驗養成，並且對於放棄任何一點控制權抱持懷疑。他們自己的政府力量強大且體制高度中央集權，他們也習於跟彷彿照鏡子一般的政治強人交涉。然而他們也在相當嚴格的管控下行事，區域元首們給他們的運作空間有限。塞尤姆還必須克服自己政府內部的難關，那裡的政治與軍事官員關切和談、協商結果及其對於衣索比亞在此區域地位的可能影響。

他們對於這些提議說「不，謝謝你」，事後證實開啟了一系列的錯誤決策，不利於調解並限縮促成長久和平的機會。和平進程的運作並無非唯一方式，然而此決策得以反映更廣泛的哲學差異，及最終看待成功的歧異概念。

「非洲國家與西方在終止衝突方面擁有共同利益，」布思日後在一場演講裡省思，提出在這片大陸其他地方有效終止戰爭的合作方式。但是，他解釋，「平衡時而歧異的方法與不同的優先順序，產生出持續的挑戰；假使未能謹慎處理，可能使和平進程變得複雜或損害成果。」[1]

布思在影射過程中遭遇的諸多實例：協商該容納多元意見，或僅限交戰雙方？調解人該提議改革並建議和解方案，或僅僅促成對話？協商該對南蘇丹大眾保密或公開？最後，在擬定解決方案或付諸實行方面，外界人士應扮演何種角色？在某些人眼中是平凡無奇的程序事務，但事實上，這些問題關乎南蘇丹的改造——世界上最新且最動盪的國家將有何新面目，又是誰來帶領重塑？

「現在就是一個承諾的破滅，部長先生。」一位異常直白的電視新聞主播向坐在對面的政府發言人說[2]。政府曾允諾一個和平的南蘇丹，這位年輕記者探問，那麼為何如今有數千人被迫逃離一場新的戰爭？身為官方政治化妝師與二號協商代表的馬可威，意欲利用這次在國家電視臺的訪談營造一切如常的感覺。不過現在他緊皺眉頭。在他還沒來得及回答前，訪問者再度進逼。「不管是你代表的政府或反抗組織造成，你在人民眼裡沒喪失可信度嗎？」

馬可威深呼吸，吸足氧氣準備施展他典型的辛辣回擊。開頭就批評里艾克企圖推翻「人民選出的政府」，馬可威的語速愈來愈快。人民「深知問題並不在於政府，問題出在這群權力飢渴的人身上。」

政府已經開始兌現承諾，他說明，「但是在我們能夠定案任何事以前，我們被這不幸的情況打斷。」這正是在二〇一四年頭幾個月間，馬可威和政府推銷員反覆宣揚的「一切照舊」敘事：薩爾瓦政府是穩定的，具有憲法正當性，並且掌控大局。在其遵守道德原則的領導下，只要一等這群惹麻煩又愚蠢的叛亂分子受到鎮壓，為人民服務的工作就會繼續。但那純屬虛構。數萬人民已經逃離他們的新國家，軍隊崩解，主要城鎮焚毀，且近半數人口相信政府要把他們趕盡殺絕。

政府部長銜命旋風出訪全球首都及紐約的聯合國各部會，任務是營造正當性與一切照舊的敘事，正如於阿迪斯阿貝巴所為。他們忽視反抗者的深切顧慮，將他們描繪成不過是一群嗜血的政變謀反者，以此角色設定辯護對他們發起的軍事行動。然而事實是薩爾瓦政府既不穩定且未能控制國安局勢。衝突前的威權主義轉向已使政府喪失部分正當性，接著在衝突最初數日犯下的暴行又喪失另一部分。隨著連月的戰爭與苦難沓拖，政府官員卻佯裝不知情，剩餘的正當性持續消失。

淡化危機也許暫時提高國內某些閱聽大眾的支持，並對於國外一些人成功蒙蔽真相。但是此種政治宣傳激怒了謀求真正改變的人民，也導致政府走上牴觸調解人、華府與其他外國首都的道路。上述每一方都支持和平進程，企圖預防真正的風險：徹底解體。

和談中，希艾爾和他的政府協商團隊在每一輪談判都蓄意混淆，反對每一項提案，有時乾脆拒絕出席。他們不認為有政治對話、或者邀其他任何公民參與進程的必要。「我們只需要協商有限度的停火，而且只跟武裝反抗分子談。」他們向問起的任何人這麼說。任何政治顧慮都可以日後再考量，等回到朱巴再說。對於由剛退役解放軍抗爭者組成的政府而言，這個姿態相當諷刺，在他們自己跟喀土穆作戰期間，若未手握協商談成的政治解決方案絕無可能同意停火、放下武器或前往喀土穆。

里艾克的反方代表團言辭尖刻且立場絕對，同樣使得調解人受挫；「在薩爾瓦下臺以前，我們不討論任何解決方案」，他的人在幾乎所有談話中補上這一句。同樣以好鬥著稱，里艾克的代表團有時蓄意刁難，拒絕出席、糾纏次要議題或者在媒體上反應過度，好讓己方獲得跟政府同等的對待。感覺像是一場比爛的競賽。但無論如何，是反抗者與其他非政府組織在尋求變革。強硬路線歸薩爾瓦政府所有，很快就讓在喜來登各廳堂間工作的幾乎每一位外交官發怒。

快節奏且沒日沒夜的協商讓暫時停火於三週內達成，跟許多戰爭相比是了不起的速度。但是和談正在失去這項優勢。相互矛盾的敘事意味著雙方對於衝突根源有不同看法，於是也以不同觀點看待解決方案。如此一來，阿迪斯阿貝巴和談結果的素質與速度正迅速下降。代表團與調解人都落入較為既定的例行公事，讓福祉取決於更緊迫成果之受苦的人們失望。

與此同時，數萬人困在汙穢的保護營地，包括來自曼加坦區的學生賽門，和新站村的年輕母親尼亞庫葉。不久後數百萬人將面臨饑荒處境。但是阿迪斯阿貝巴的協商代表團不打算中斷一餐，或在週日付出心力。

「所以，你是在說要獲得我的政府關注，唯一的方式是舉起一把槍？」這位憤怒的年輕女子，來自一個以朱巴為根據地的公民社會團體。她和其他參與者獲得調解人邀請參與和談，但是他們抵達麗笙酒店時，發現自己必須為了在談判桌上獲得席次而大力爭取。當他們試著向政府協商代表提出訴求，其中有些人斷然拒絕跟他們說話。「這是一種權利。」她氣憤說道。「我們不應該還要請求允許。國家不屬於你或任一特定個體。」

我們盡力推動「多方利害關係人（multi-stakeholder）」的協商形式，並跟塞尤姆和其他南蘇丹人攜手合作，確保談判桌上不只限於薩爾瓦和里艾克的交戰派系，還能有政黨、遭拘禁的十一人、公民社會團體、婦女組織、教會和長者的席位。但是政府拒絕接受。數週以來，日益沮喪的塞尤姆試著僅僅就和談組成與規章取得共識，希艾爾和他的團隊則竭力限縮協商範圍與參與者名單。

塞尤姆最終宣布多方利害關係人進程的首場正式會議，並架起一張巨大的七邊形桌以容納所有參與者。可是當一位南蘇丹牧師開始念禱文揭開序幕，七邊形的一邊依然空蕩得醒目。每張空椅旁的名牌上都寫著「南蘇丹政府」。塞尤姆生著悶氣，他平常的撲克臉被明顯怒意遮蓋。

為了打破僵局，擔任政府間發展管理局主席的衣索比亞總理海爾馬利亞姆・德沙列恩（Hailemariam Desalegn）召開組織國家元首的緊急峰會，並發布決議聲明對話的包容性與多方利害關係人形式。薩爾瓦政府宣告抵制並拒絕回到阿迪斯阿貝巴，幾乎瓦解了尚未嚴正展開的和平進程。希艾爾會見海爾馬利亞姆主席說明政府的要求，主張「那群遭拘禁者、或其他任何人都不能參與協商」。發展管理局的國家元首盛怒不已，他們為南蘇丹在其後院造成亂象投注的時間和政治資本不計其數。

「他們在測試你，」我們告訴塞尤姆和海爾馬利亞姆。「假使調解人向脅迫進程的企圖低頭，或者拒絕包容，一切就完了。」前例將立下，減損謀求真正政治改革的任何機會。海爾馬利亞姆展現決心。「政府間發展管理局不會被矇騙。」他告訴薩爾瓦，「我期待你的代表團會準時回到阿迪斯阿貝巴。」倘若薩爾瓦讓和談失敗，而他的國家陷入徹底混亂，海爾馬利亞姆對他說，「沒人能理解這樣的決定。」

薩爾瓦的代表團夾著尾巴回來了。然而不久後，他們跟反抗方代表團將以更多令人洩氣的手段，更多延宕，更多枝微末節的爭辯導致進程陷入停頓。發展管理局的國家元首們定期會面、試圖打破僵局，儘管他們的公開發言全都義正辭嚴，他們並未使協商雙方負起責任，亦未授權給託付調解任務之人。一等這群大人物飛回各自的首都，他們的空洞威脅隨即遭到忽視，失能再度稱王。

協商雙方都有責任，但是希艾爾、馬可威和好鬥代表團的其他人將破壞對話視為自身存在的理由。在事態有所改變前，政府強硬派持續發號施令，真正的談判則持續於戰場上交鋒。

里艾克在阿迪斯阿貝巴的校隊小老弟落居下風。他需要更多政治力量，因此他大力聲援遭拘禁的十一人。寄望跟這群具影響力黨大老結盟，或能使他的反抗運動得到全國關注，而不僅止於努爾人的反抗運動。正如里艾克於危機前幾日跟他們合作，他希望他們能幫他扳倒總統，並認定他們遭關押的時間只會激起對薩爾瓦的反感。因此他將釋放十一人列為主要訴求，寄望他們日後會加入他的陣營。

這腳本只有一個問題，里艾克縱然協商釋放十一人，實際上他們並未尋求他的協助。戰爭在被拘禁期間變得醜惡，遭拘禁者領悟最好保持中立。他們不僅能扮演交戰派系的可能橋樑，也認為在雙方彼此抹黑時保持距離是政治上的審慎之舉。遭拘禁者最終重獲自由，並宣告他們將以「獨立第三方」參與和談時，里艾克大怒。他剛幫助他們獲釋並期望獲得回報。潛在盟友間的關係迅速變質。

「我們覺得我們可以有所貢獻，」丁格．阿洛爾初抵阿迪斯阿貝巴時告訴滿室的記者。「我們希望我們可以幫助我們的人民。」他說，因為這場「完全無意義，毫無正當理由」的戰爭，人民已承受太多苦難。由於政治動機遭監禁數週後，他也利用這次機會導正視聽。「人民談論著軍事政變，並無政變發生。那只是一場假政變。為了擺脫政治對手而羅織……而那正是我們在這裡的原因。」[3]

調解人塞尤姆和海爾馬利亞姆跟十一人非常熟識，同樣認為他們有助於撼動停滯的和談。普岡、丁格和其他熟面孔不僅是經驗豐富的協商者，族裔多元，而且跟衝突各方都擁有關係。他們抵達時，我們向十一人重重施壓：扮演建設性角色，提倡多方利害關係人進程，避免被人視為只為了你們自身而參與。

政府和反抗陣營都籠絡這十一人，但是當他們拒絕加入任一方，希艾爾和塔邦密謀使其邊緣化。兩位協商總代表避開耳目，在喜來登的一間套房舉行深夜會議並達成共識：假使十一人不打算支持任何一方，最好徹底排除他們，由雙方瓜分戰利品。

遭拘禁者的抵達一度提供開放進程的機會，不僅為他們自身、也為了其他方面的意見表達。但是我們支持更廣泛參與的持續外交努力，激起西方又一次偏袒這十一人的懷疑。許多人長久不滿加朗及其子弟兵在西方的聲望，他們跟國會議員和勢力強大外交代表人物的關係。此外，十一人也沒能自助，而是立即向美國和歐洲的老盟友請求資源與支持，甚至要求西方友人資助他們的個人支出，及一間英國遊說公司為他們效力的費用。

長期的解放運動黨批評者江森加入里艾克的代表團擔任協商員，他嘲笑外國使節「相信南蘇丹的曼德拉將出自這群人」。政府強硬派也利用遭拘禁者的抵達，進一步激化關於外力促使政權更替的陰謀論，每一次都使薩爾瓦更與外界隔絕，也離得出解決方案更遙遠。

事實上，華府與十一人的密切關係已不再，至少在政府內部是如此，因為他們日益讓人失望。他們不僅是導致國家崩解的一分子，抵達阿迪斯阿貝巴後也未能扮演建設性角色。

「我們很高興你們在這裡。」十一人剛抵達阿迪斯阿貝巴時，一位滿懷希望的歐洲外交官表示。「我們相信你們有機會做出關鍵貢獻。」然而他也對這群人的反應感到失望。據信十一人之中有一些利用政府高職汙錢或以別種方式獲利，而且他們在參與和平進程期間領取一筆每日津貼。可是，非但未關切挽救國家的急迫任務，「他們首先想討論的第一件事是找個人來付他們的乾洗帳單！」這位外交官搖著頭譴責，「真是令人震驚。」[4]隨著時間過去，對這群人寄予厚望者發現他們懶惰又守舊。隨著遭拘禁者的空間縮減，其中幾位退出或乾脆離開阿迪斯阿貝巴。

二〇一四年頭幾個月，當塞尤姆、他的國際支持者和南蘇丹支持者極力爭取包容性進程，另一項與之牴觸的和平倡議突然出現，破壞了上述努力。思慮不周的「阿魯夏進程（Arusha process）」以召開地的坦尚尼亞城市命名，在該國尋求調停解放運動黨的競爭派系以協商和平。其形成反映出對於衝突本質及其理想對策皆缺乏共識，也反映對於阿迪斯阿貝巴和談的失望與日俱增。但是阿魯夏進程單單聚焦於黨高層，似乎是在公開認可南蘇丹危機核心的菁英主義、而非分權。

阿魯夏進程由坦尚尼亞和南非的執政黨領頭，並由聘雇的顧問促成，為本已糾纏的區域政治網絡新織入一條線。儘管多方一再強力警示兩項彼此牴觸和平進程的風險，阿魯夏的籌劃者繼續進行，他們既天真又急於揚名立萬。失能的情況加劇。

這是一個新國家的最壞可能，成功撕裂國家的那群菁英要角互相陷害。讓這幫人全都回歸原位，只會使現狀重獲確立。這麼做不僅忽視他們迄今的貪腐、不當管理與成效不彰領導表現，更讓國家面臨再度崩解的風險。

理論上，真正的互補進程可以深具價值，得以促使解放運動黨內部的嚴正自省、反思已鑄成的錯誤，並研擬一條更富民主精神的路徑。但是人們不該招來老狗卻期待新把戲。阿魯夏邀集的菁英對於真誠從事政黨改革興趣不大，多數人只想重新奪回下金蛋的鵝。政府間發展管理局的調解人及其支持者奮力爭取包容性進程，以及或能分權並鞏固體制的變革，阿魯夏的手段則明顯集中在一小群菁英身上，其籌劃者對於南蘇丹政治的認識似乎膚淺得危險。

阿魯夏打破調停的基本規則，提供「選購法院（forum shopping）」的機會。假使一方不喜歡其中一個進程（政府間發展管理局），他們可以到另一處碰運氣（阿魯夏）。此外他們可以策動兩種進程對立，讓雙方都受到削弱。而那正是他們日後所為。

經驗豐富的觀察者看出，解放運動黨的三群人全都受到狹隘的私利驅使，包括薩爾瓦的人、里艾克的人和十一人皆然。薩爾瓦政府不滿於其捏造的政變說辭遭排除，日益提防政府間發展管理局進程會迫使自身讓出某種程度的權力，跟里艾克的反抗代表團處於對等地位也讓他們惱怒。於是坦尚尼亞人「應解放運動黨主席薩爾瓦‧基爾總統之請」[5]設立另一進程，儘管薩爾瓦並未宣揚此舉將破壞阿迪斯阿貝巴和談的盼望。

與此同時，里艾克在計算數字。他深知以努爾人為主的選票永遠無法讓他贏得總統大位。他需要解放運動黨的標誌，因為成為該黨候選人幾乎保證了勝選。（里艾克甚至將這波計畫外的反抗命名為「蘇丹人民解放運動黨反對派（SPLM-In-Opposition）」，讓許多抗爭成員懊惱。）重獲該黨副主席地位是最可能繼任的方式，阿魯夏則是他重回黨內的戳印。他能否獲提名為該黨下一任總統候選人尚在未定之天，但是二號人物的地位將使他得以掌控黨統治階層與國家資源，對潛在挑戰者構成棘手屏障。不過這是里艾克個人的議題；他帶領的反抗勢力怪罪解放運動黨高層引起戰爭，因此公開敵視阿魯夏進程。里艾克的參與導致與麾下指揮官們本已脆弱的關係變得緊繃，並暴露他將自己的野心視為第一要務。

第三個解放運動黨群體是十一位曾遭拘禁者，到了二〇一四年中，他們實際上已被排除於政府間發展管理局進程之外。這群人亟欲尋找另一條重返權力的路徑，並且相信阿魯夏會是門票。他們過往的內閣職務反映的並非公眾正當性，而是其日益與南蘇丹社會脫勾的貴族俱樂部成員資格。在強大的解放運動黨內部再度發揮影響力，能讓他們重獲主導權。

但是促成阿魯夏進程的那群人顯然遺漏、或忽視了解放運動黨三大派系的不可告人動機。他們的牴觸進程不僅使政府間發展管理局的調解人受挫，還包括不想把國家再次拱手奉送給解放運動黨的眾多南蘇丹人。「一群被寵壞的搗蛋鬼。」一位年輕女子如此描述阿魯夏的與會者，她認為這群人最該為南蘇丹的失敗負責。「一切總是聚焦在他們身上，彷彿我們沒什麼可奉獻★？」[6]

解放運動黨顯要人士為阿魯夏辯護時，大多並非主張一黨專政國家或解放運動黨真正革新的好處。他們反而更常警告最壞的情況：「唯有解放運動黨才能成為防止族裔政治與暴力的手

★這句話的後半段出自英國首相邱吉爾的名言：「我沒什麼可奉獻，只有熱血、苦幹、淚水與汗水。」以此來看，後半句的奉獻對象或為國家，指南蘇丹人民也為了建國犧牲奉獻，不只有解放運動黨高層在付出。

段。」有人這麼主張。然而如此警告顯然否定了當地的現實，族裔暴力才剛導致這個國家分裂，並非欠缺解放運動黨的介入，而是解放運動黨所造成。

「是不是它該退出的時候到了？」在麗笙酒店的非正式深夜談話時，我問一位資深黨員。「也許是時候把蘇丹人民解放運動黨送進博物館？」這場運動可以就歷史上的地位獲得應有榮耀，我提出，但它也必然停留在那裡，即歷史之中。新的政黨可以成立，而考量到對於舊時標誌的持續爭奪，沒有新政黨能獲授權使用「蘇丹人民解放運動」這八個字。

這場運動曾是南蘇丹長期爭取獨立的背後驅力，如今卻成空殼。「南蘇丹難道不必放眼未來，而非看著過去？」但是對於透過解放形塑認同的那群人而言，放手談何容易。

當每個群體皆未能利用進程擴展其狹隘私利，阿魯夏的戲碼最終消失無蹤。許多人緊抓住「蘇丹人民解放運動」這幾個字，但是運動的領導人物不會再次團結於共同的信仰下。

衣索比亞與坦尚尼亞的和談雙雙失敗同時，戰爭正把南蘇丹撕裂粉碎。實際上撕毀停火協議後，雙方發動新一波攻擊。政府軍橫掃里艾克的出生地里爾，夷平整個住宅區後，他們追趕數千人直入叢林。奔逃的其中一人是狄安（Diang），這位優雅女士有著修剪得很短的斑白頭髮，我在一處聯合國保護營地遇見她。

狄安是照顧九個孩童的祖母，她住的家屋已成灰燼。狄安憶述，逃跑好幾英里後，她和孩子涉水進沼澤地躲藏。從早到晚她都躲在那裡，讓最小的孩子抱住身體。士兵搜索這一區時，好幾次她和孩子讓水淹到頸間，以免被發現。這並非她的第一次、也不會是最後一次在里爾逃離戰事。

大上尼羅區域的三個州全都重燃激烈戰火，也擴散至其他區域，引起當地不滿並使衝突增添愈來愈多層次。鎖定平民攻擊成為常態，到了二〇一四年四月，罪行的醜惡本質又一次敲響國際警鐘，關注全面種族滅絕的風險。當月反抗軍重新奪回班提烏時，努爾族指揮官透過無線電波昭告丁卡平民他們會被找出來，並號召支持者強暴丁卡族女性。[7]

有些鎮民離家到宗教場所避難，他們以為那裡比較安全。但是抗軍在接下來兩天搜索醫院、教堂和清真寺，挑出丁卡人和其他認定的敵人並加以處決。在班提烏的一間清真寺，抗軍士兵打開門並朝蜷縮在裡頭的群眾發射一輪子彈。深夜裡，約莫二百五十具屍體被搬出城外棄置於排水溝。[8]多輛黃色曳引機隨後運走剩下的屍體，死者的手腳滿出鏟斗。

「我們非常震驚。」白宮新聞祕書傑．卡尼（Jay Carney）在華府接獲消息時宣告。他的聲明表達歐巴馬政府對此「深痛惡絕之事」的憤慨，指出「攻擊的影像與記述撼動良知」[9]。在眾議院，議員沃夫站上講臺時，一位助理將班提烏的放大照片展示於他身旁的畫架。照片裡，一堆面目模糊的無名屍擺在太陽下腐爛，它們的肚皮腫脹，手腳以詭異的角度折曲。「歐巴馬總統！」他喊了兩次，中間以戲劇性停頓間隔。「拜登副總統！」他又喊道，彷彿這兩人就在眾議院裡。「你們看著這一切發生！」[10]

沃夫譴責由「美國協助創建」國家的失敗與不作為，情緒瞬間暴衝。「南蘇丹正朝盧安達的方向前進。」他警告，激起仍迴盪於華府的難忘羞愧。「我們要到為時已晚才看報告內容嗎？」他揚聲反問。「等到有魄力的電影製作者和寫作者翻出文件，疑惑為什麼沒人下定決心採取行動？」

這麼多年來為南蘇丹志業號召他人的眾議員，如今急著試圖挽救她。「我站在你們面前，一如往常般關切南蘇丹情勢及近日暴力惡化成種族滅絕的可能。」

回到南蘇丹，里艾克的反抗軍正冒險逼近上尼羅地區的油田。未能奪下朱巴後，他們將目光投向次佳的獎賞。占領油田可以截斷朱巴的所有收益，並加速其崩解。

隨著南蘇丹溫和派的空間縮減，顯然政府軍事行動並非由解放軍參謀長指揮，即一位保持中立的努爾人。是丁卡將領在發號施令，尤以保羅．馬隆為最，這位冷酷無情的強人來自薩爾瓦家鄉，毫不在乎中立的觀念。到了四月底，公告由馬隆新任軍隊統帥。或說如今成丁卡人占絕大多數的剩下部隊，從他出身的加扎爾河地區募來新兵。

由於國家資源與注意力幾乎全都投注於戰爭，治理事務幾近完全中止。石油產量暴跌意味著經濟一塌糊塗。每打一場仗、每一座城鎮遭毀，每一位父親、姊妹和親人在暴力中送命，南蘇丹隨之愈發墜入深淵。挽救共和國的可能正迅速消失。

交戰雙方激辯是可預期的，理應交涉和平那群人發生爭論卻非如此。不過進程開展僅數月，顯然各區域鄰國自身導致原已艱難的談和任務更形複雜，在戰場和阿迪斯阿貝巴的談判桌上皆然。相互牴觸的利益與自我交織得令人眼花撩亂，全在南蘇丹的畫布上演出，該國受苦人民有時迷失於你來我往間。烏干達軍隊增兵支援政府攻勢，在長期敵對的蘇丹引起強烈反應，他們並不情願烏干達人民國防軍戰鬥機飛近其南方疆界。衣索比亞被烏干達的介入激怒，武器與彈藥則持續從肯亞和蘇丹流入該國。區域角力意味著埃及和厄利垂亞（Eritrea）也對此密切關注，並涉嫌派遣武裝分子涉入。與此同時，非洲大陸其餘地區、及整個世界，一想到區域戰爭就發顫。

各國競逐利益也傷害了和談。肯亞仍無法釋懷協商場地落入衣索比亞，肯亞總統數度嘗試祕密召集各派系且於肯亞土地上談成協議。奈洛比的統治階級也以看重財政收益、勝過任何的一貫外交政策著稱，因此肯亞的干預也有私人商業利益的影子。該國金融大亨不僅在朱巴做生意，也協助將南蘇丹的如山貪汙贓款藏在奈洛比。每一次國際社群威脅經濟制裁朱巴，肯亞外交官總是公開嘴上說說，同時私下動搖制裁決定。畢竟，假使調查人員開始追查南蘇丹官員的非法資產，他們不只將在肯亞發現貪汙資產，也會察覺奈洛比政治與金融界菁英的共謀。

與此同時，蘇丹樂見有機會再度插手南方事務。該國領導者公開表達支持政府，私下則供給抗軍足以維繫的彈藥。他們在兩方陣營都插一腳，以防日後有需要為了自身利益策動一方對付另一方。衣索比亞是進程中最可靠的參與者，行事準則主要依據期盼在危機四伏的環境維繫區域穩定。然而由於在團結區域或達成和平協議方面力有未逮，受挫之下，衣索比亞被身為政府間發展管理局主席應有的威信所囿。塞尤姆與平日脾氣溫和的海爾馬利亞姆嫌惡肯亞的古怪舉止，且私下對於烏干達總統穆塞維尼及其軍隊的躁進勃然大怒。幾個月來，我們每次跟他們私下談話必定發洩關於穆塞維尼的怨言，很難對此責怪他們。

烏干達在這場內戰中毫不羞怯地選邊站，扮演最關鍵的角色。為了薩爾瓦政府實行軍事干預與單方面決策對和平進程構成持續壓力，此未知數使得本已複雜的線頭變得更難拆解。除了傷害政府間發展管理局作為調解人的中立地位，在不合作的穆塞維尼總統跟他眼中的衣索比亞和肯亞「小老弟」之間，緊張關係妨害區域共識於最需要的時刻凝聚。

一月的停火協議要求「各方邀集的同盟部隊撤軍」，顯然在指涉烏干達軍隊。但是他們寸步未移。在火光照亮的飯店庭院中，觀察者聚於深夜沙龍揣測穆塞維尼的動機。「他要保護他在南蘇丹的經濟利益。」有人主張。「不，他鄙視里艾克，他將不計手段阻止他掌權。」另一人反駁。還有其他人出聲猜想，穆塞維尼是否企圖將安全緩衝區往北推，進一步拓展他的過時計畫以遏止阿拉伯—伊斯蘭勢力擴張至「真正的非洲」。

烏干達自陳的原因有其道理，即其軍隊防止朱巴潰敗及隨之而來的又一波族裔屠殺。但那絕非全部實情。烏干達人民國防軍的現身也加劇緊張局勢，激起努爾人的憤恨，並給予政府一種不容侵犯的自大感。薩爾瓦仰賴烏干達軍隊維繫自身存續，事實上是政府的明確脆弱跡象，不過朱巴口若懸河的諸位部長顯然並未採信，他們不斷宣揚「一切照舊」。許多人相信，穆塞維尼提供的安全保證耽擱了有意義的協商，並使戰事拖延。他是唯一擁有確實影響力的角色；唯有他能戳穿幻象並迫使薩爾瓦妥協。但是穆塞維尼選擇不打這張牌，讓政府間發展管理局成員、國際盟友與反政府勢力失望。

危機最初幾週，傳出謠言指涉華府曾請求烏干達人民國防軍干預，甚至提供物資支援，並暗中支持烏干達對抗軍的攻擊。在那四十八小時期間，喜來登大廳裡每一位啜飲瑪奇雅朵咖啡的外交人員和南蘇丹的代表都在談論這件事。華府與坎帕拉的長期區域安全關係讓這項理論獲得可信度。然而生煙處未必總是起火。不僅傳聞不實，而且美國高官一再與穆塞維尼和他的安全顧問交涉，敦促他們約束軍隊。保護機場安全與防止朱巴崩解是一件事，選邊站並朝抗軍占領領土投下大批炸彈完全是另一回事[11]。

華府原本可以釐清這項謠言，藉著對烏干達採取較強勢立場或可改變戰爭局勢。但是考量到在區域其餘戰亂地點的合作關係，以及關於朱巴脆弱地位的長久顧慮，美國官員不願與穆塞維尼公開交惡。凡是公開示意皆遭到堅定反駁。二月國務院發布的一項聲明中，我們警告「任何一絲衝突區域化可能導致嚴重後果」，並重申「外國部隊撤離」的必要[12]。這說法並不算含蓄，烏干達軍方發言人帕迪・安昆達（Paddy Ankunda）立即在推特上回擊，「倘若烏干達人民國防軍撤退後暴行再起、席捲波爾和朱巴，美國會到場幫忙嗎？」[13]

布思特使與我前往烏干達私下碰碰運氣，跟穆塞維尼聊聊他對於不斷演變局勢的看法，並鼓吹他將軍隊撤離。我們在一個宜人下午抵達他的坎帕拉莊園，金黃色明亮陽光映照如茵綠草與悉心維護的花園。想法雷同的英國和挪威外交官也在場，這場會面將呈現這位以怪異聞名的總統，以及他對於南蘇丹戰爭愛莫能助姿態的縮影。

接獲傳喚時我們穿越草坪走向一座戶外涼亭迎接七十歲的總統，關於這位難以捉摸的人物，人人都有一個古怪故事可說。西方人於非正式場合稱為「M7」的穆塞維尼（Museveni）身穿背心、迷彩軍褲、靴子和註冊商標般的遮陽圓帽，束繩在他的下巴底部擺盪。他禮貌婉拒跟我們握手，提到關於細菌的顧慮，轉而登上涼亭裡的專屬寶座。他從我們頭頂一英尺處的較高平臺不算巧妙地主持會議，表明當下聚集在他花園庭院裡的人之間並不平等。

M7有時說話冗長且缺乏條理，有時又極銳利而充滿自覺。今天也不例外。一開場要把關於衝突的問題帶開時，他敏捷地轉入一段名聞遐邇的獨白，從馬塞爾．普魯斯特（Marcel Proust）到溫斯頓．邱吉爾（Winston Churchill），再到二十世紀歐洲殖民主義的弊端。我的心神遊盪。我端詳他的笨重身軀，思量一項普遍傳聞，即曾幫助推翻前兩任烏干達總統的這位前反叛人士，無時不刻身穿防彈背心。

度過似乎永無休止的一段時間，直到突然間滿意自己的包羅萬象長篇大論，M7把話題轉往南蘇丹。涼亭裡其他幾位眼神呆滯的外國使節不再維持半僵直狀態。「他們不關心人民，毫無綱領，」總統談論解放運動黨領導階層，「他們只有對高位的渴望。」這是一個空洞的政黨，他輕蔑說道，表達他的失望，認為當前這幫人沒有一個比得上他的老盟友加朗。「只有『我想當總統』，當總統不是一種政治綱領。」

M7也毫不掩飾對於里艾克的具體厭惡。他提及一九九一年分裂事件，表示這位「犯錯老手」不可信任。他以嘲諷語調描述里艾克是一個投機分子，曾「背叛南蘇丹黑人的志業，跑去替喀土穆做事」。

當M7終於把發言權交還給我們這群人，布思和他的特使同僚連番詢問總統關於戰爭、薩爾瓦的立場、烏干達干預的負面後果等問題。但是總統佯裝不知情，說他「並未（密切）關注（局勢）」。即使撇開他的淵博知識與跟對方素有往來的顧問不談，如此說法還是難以置信。在危機前，M7曾與解放運動黨關鍵要角親自談話，數度讓他們飛來他的農場並向他匯報黨內最新發展。戰爭開打時，他所做的爭議性軍事投入帶來可觀的政治經濟影響。最重要的是他想維繫在區域安全事務上的宰制地位，這番渴望不證自明。

再度追問到烏干達人民國防軍出現在南蘇丹的負面影響時，穆塞維尼拒絕談論。「我只有很簡單的一個職責：不讓朱巴被任何拿槍的人占領。」當我們鼓吹他考量分階段撤兵，他說只要薩爾瓦要求，烏干達部隊會馬上撤離。

我們把話題轉向政治，敦促M7勸薩爾瓦接受協商的解決方案。穆塞維尼的答覆強調了這次會面的虛應本質，宣稱自己「一直不情願涉入他國政治」。這句話還懸在空中，我掃視身旁的外交官同僚，心想他們有多少人可能會跌下椅子。穆塞維尼不僅直接干預以拯救薩爾瓦政府，光是在一九九〇年代，他的事績包括培養卡加米並支持他的圖西族抗軍奪取盧安達，協助策劃入侵並推翻兩任剛果總統，並且以加朗的解放軍之名直接赴蘇丹作戰。他的軍隊也派往區域內四處掠奪木材、鈳鉭鐵礦、鑽石和其他寶貴資源[14]。這一切都讓他對於不干預主義的原則認同顯得格外荒謬。

隨後非洲、美國、歐洲和聯合國官員跟M7有過不少次類似會面，內容皆為老調重彈。不過尚需近兩年的時間與日益加深的國際監督，才能等到老大爺改變立場。

二〇一四年四月三日，歐巴馬總統簽署第一三六六四號行政命令確立針對南蘇丹交戰人士的制裁制度。華府曾希望連同南蘇丹菁英往來藏匿金錢的區域國家，施加更廣泛的多邊制裁以期最大程度的效果。然而區域外交人員空口談論懲罰威脅，仍舊不願開槍。

歷經連月遊說，華府決定盡其所能自行揮出同時帶有實質與象徵性質的重擊。歐巴馬的命令授權對破壞和談、觸犯暴行或妨害拯救性命人道救援的任何對象實施旅行禁令與資產凍結[15]。「美國不會袖手旁觀肩負南蘇丹領導權之人使自身利益凌駕國內人民的利益。」白宮的聲明寫道。南蘇丹公民「期許他們的領導者扮演政治家，而非強人」[16]。

此時布思特使與我在當地為五月初國務卿凱瑞的出訪做準備。國務卿已透過電話努力多個月，可是薩爾瓦代表團持續拒絕協商的同時，南蘇丹正在燃燒。是時候讓凱瑞親自致上嚴厲教誨。目標何在？說服薩爾瓦協商一項政治變革方案，以新政府和重大變革挽救國家，並重建某種國家正當性的表象。

布思特使與我飛往朱巴會見薩爾瓦。雖然從我們初次施壓要他和談以來，四個月間發生許多事，我卻有鮮明的既視感。薩爾瓦再一次嫻熟談論軍事情勢，他的欠缺政治遠見也又一次強烈展現。至於和平協商，他說得彷彿談判是獨立於朱巴和他的領導權之外發生。彷彿他根本不是進程的參與方，而是他的政府將等待協商結果並遵照行事。「總統扮演政治的被動接受者，」我在筆記裡寫下，「而非國家的主要政治行為者。」

國務卿凱瑞搭乘的波音七五七客機於數日後降落衣索比亞，是非洲四國出訪行程的第一站。凱瑞在繼續飛往朱巴前來跟區域領袖磋商，如今他深知區域共識是任何南蘇丹對策的必要因素。「假如他們不是解決方案的一部分，」布思曾闡述，「他們就會成為問題的一部分。」隔天早晨跟政府間發展管理局、非盟、聯合國閉門會談時，他詢問該群體如何能聯手使南蘇丹雙方踏上「變革」的道路，並表明有意設法讓薩爾瓦親自參與協商。他也跟該群體合作公開支持增派維和部隊的計畫，並獲其承諾在未能取得立即進展時施加制裁。[17]

隔天的五月二日下午，國務卿代表團步行穿越機場停機坪，攀入一頭灰色巨獸的肚腹。國務卿的七五七客機不負責飛下一段前往朱巴的行程，而是換成一架 C-17 美軍運輸機，機上配備能抵消攻擊的那種先進反制武器。平常用來運輸軍隊和重貨物，機身的四組巨大渦輪和飽滿機型塑造威武不凡的觀感。凱瑞如常身穿海軍藍西裝，在無窗的龐大洞穴中四處攀談並與機組人員和職員握手，隨後登上階梯坐入駕駛艙內的貴賓席[18]。身為國務卿的事務永無休止，他在為朱巴行準備的前後還卡著一本利比亞最新情況簡報，以及與德國總理安格拉・梅克爾（Angela Merkel）通話談論歐債危機的演變。

九十分鐘後，飛行巨獸在朱巴落地。這雖是凱瑞初訪此獨立共和國，卻非他第一次踏足南蘇丹。三年前，打著鮭紅色領帶的參議員凱瑞在約翰加朗紀念公園（John Garang Memorial park）的擁擠遮陽棚下走晃，與克隆尼聊天，並和興高采烈的南蘇丹選務人員擺各種姿勢合照。親眼見證薩爾瓦投下二〇一一年獨立公投票後，他致贈薩爾瓦一頂新的黑色牛仔帽以紀念這個重大日子，此舉旨在延續喬治・W・布希開創的傳統。如今凱瑞回來了，而雙方關係變化之大實在難以置信。凱瑞搭乘軍機來傳遞一項異於往常的訊息，這次將不會上演交換禮物的場景。

我方代表團與前來迎接的一群南蘇丹人依序握手後，白色 Land Cruiser 裝甲越野休旅車隊將他們迅速載離，首站趕赴總統府。平時擠滿汽車、小巴、計程機車、兜售儲值電話卡的男孩、牛群和其他粗野旅人的熱鬧街道顯得空蕩，是我所見過的最徹底交通封鎖。效率之高難以置信，不過眼前情景也令人不安，閃閃發光的越野休旅車隊揭示美方的優先通行權無庸置疑。

凱瑞小跑步登上莊嚴總統府內的紅毯樓梯，進入日光燈照得明亮的會議室並於薩爾瓦對面坐下，兩位首長身旁都簇擁著兩排顧問群[19]。勉強的客套寒暄暴露斬釘截鐵的張力。一度堅定的雙邊關係如今岌岌可危，人人都知道即將上演的會談將令人不快。薩爾瓦開場時不自然地朗誦準備好的講稿，內容反映如今占據他兩側黑色高背椅的強硬派意見。空調機組送出冰涼空氣並發出巨大轟鳴，幾乎蓋過總統的輕聲細語。

國務卿凱瑞耐心等他說完，不過隨即切入正題。「我以朋友的身分前來，」他開場說道，接著卻話鋒一轉並強力施壓，主張終止爭戰必須伴隨具有包容性的過渡政府治理。凱瑞往桌前傾身，說明美國會支持他的總統職位與憲政秩序，但前提是薩爾瓦行使領導權，而且要快。凱瑞再度訴諸薩爾瓦的團結者歷史名聲，認為他必須「把握時機」挽救國家免於災難。

薩爾瓦試圖以半吊子措施反駁時，凱瑞打斷他。一個重生的南蘇丹需要更果敢的行動，他主張。光是停火協議不夠，他必須發送政府承諾改革的明顯訊號。不情願的總統隨後點點頭，含糊附和。他會去衣索比亞，並且依照凱瑞的要求，會晤馬查爾並試圖推動陷入停滯的和平進程。

會議散場時，兩人走向陽臺廊道。凱瑞意識到那群人關切著不情願的總統，在他們兩人單獨並行時私下跟薩爾瓦談話。凱瑞邀請總統發表一項聯合聲明宣告他的承諾。薩爾瓦不自然地拒絕，並提議凱瑞可以幫他發表聲明。凱瑞也這麼做了。

「我剛與基爾總統完成一場深入、非常坦誠且全面的討論。」凱瑞以此開場，站在一片深藍色背景與美國大使館徽前。「我告訴基爾總統，他和（反抗人士）面臨的抉擇同樣簡單而明確，過去數月間我們目睹難以言明的人員傷亡……對全球社群而言無法接受。」凱瑞隨即宣告薩爾瓦承諾協商政治變革，並準備親自參與阿迪斯阿貝巴的下一輪談判時，滿室記者匆匆抄寫。「在南蘇丹未來的承諾浸滿更多鮮血前，」他接著說，雙方必須採取行動終止暴行，以免他們「將他們爭奪來繼承的徹底摧毀」[20]。

此行完成所能預期的一切。南蘇丹政府不能再拒絕嚴肅且實質的政治對話，取得重大進展的談判桌已設立。

Chapter 20 從叢林到皇宮

「如果你們想要和平，那就把我們想要的給我們！」

——南蘇丹協商代表

朱巴／納夕爾／阿迪斯阿貝巴／華府，二〇一四年五月至二〇一五年六月

一九五五年皇帝海爾・薩拉希興建衣索比亞的新禧宮（Jubilee Palace），當成君王在位二十五週年的豪奢獻禮。薩拉希對於慶典或奢侈並不陌生，他的輝煌宮殿與對稱式花園無疑具備帝國氣息。沿臺階步上三座宏偉柱廊的其中之一，人們眼見的紅地毯與絨布門框不僅扮演實質門欄，更是遁入另一個時光的入口。少有雄偉建物能像此處一般給人深附於歷史的感受，之

於牆外熙攘的當代衣索比亞，其富麗堂皇不僅使人驚嘆、也很格格不入。

宮殿裡，華麗家具、牆上吊燈與挑高三十英尺的天花板打造出氣勢不凡的門廳。金邊木質牆板高高聳立於雙色鑲木地板，其設計和材質喚起一九六〇年代的特有氛圍。在恢宏的宴會廳中，巨幅掛毯輝映牆面，覲見室則放置這位無畏皇帝的加冕禮袍與寶石王冠。

皇帝有個適切的稱號叫「猶大之獅（Lion of Judah）」，此外他也愛好貓科動物。象徵性的石獅裝飾宮殿的柱廊並守護大門，較小版本的金獅子則綴於宮殿內的王座。薩拉希也在宮內養真正的獅子和獵豹。一張著名照片顯示已故領導者身著軍禮服和毛帽，在宮殿階梯上照料馴服的野獸。另一張照片是兩隻姿態莊嚴的獵豹跟隨於他身側，守護著帝王的過分自傲。這幾隻貓科動物現在成了往昔自我的標本，於今在宮殿中展示，成為逝去時代最引人注目的遺跡。人們圍繞在立於數間宮殿房間中央的獅子標本周遭，獵豹、羚羊和其他寵物標本則棲息在大理石桌和古董餐具櫃上。

家具是原有的，感覺起來也像是。磨損的皇家地毯從階梯上鬆脫，褐色水漬使老舊天花板顯得斑駁。缺乏修繕經費釀成時光膠囊的氛圍。瞇起眼睛用力看，你幾乎能瞥見皇帝搭乘他的勞斯萊斯抵達，在非洲貴族、英國女王或一心想當美國總統的波比．甘迺迪（Bobby Kennedy）★組成的當權者代表團陪同下穿越門廳，上述只是其中一些前來致上敬意的顯要。無論是與蘇聯結盟的德爾格軍政府（Derg），或者在薩拉希之後的馬克思列寧主義農民起義，皆未大力復興這座宮殿，此地同時令人想起皇帝的豪奢無度與繼之而來的騷亂時期。

在二〇一四年五月九日，里艾克藏身努爾族中心地帶臨時營地指揮抗軍的五個月後，他從叢林獲空中運輸至薩拉希的皇宮所在地，跟他的死對頭薩爾瓦進行一次密談。里艾克和薩爾瓦在國務卿凱瑞及其他許多人的不斷呼籲下屈服，於海爾馬利亞姆總理支持下首度展開會談，事後證實這是迄今為了終止戰爭最受矚目的嘗試。

衣索比亞與西邊鄰國共享一千多英里長的疆界，對於蘇丹和南蘇丹的動盪歷史不陌生。衣國也並非旁觀者。四十年前，薩拉希就在這座宮殿親自召集蘇丹政府與南部的蛇毒反抗人士，力圖終止該國的第一次內戰。一九七二年的阿迪斯阿貝巴協議在政治與安全方面獲致和解，那跟朱巴與新近南部反抗人士目前的仲裁事項並不截然相異。協議也讓南部初嘗自治滋味，分離主義者基於此前例朝獨立發展。而今，衣索比亞主導的調解呼籲南蘇丹各方重返新禧宮，希望促成嚴正的和平對話，並且給予獨立第二次機會。

選擇這麼一個聲譽卓著的地點並非偶然。用意是想營造一種特殊場合的盛大感，喚起人們的歷史感；值此時刻，在足以匹配的恢宏地點施展偉大的領導能力。和平調停人期盼此種莊嚴感能引介壓力與問責等要素。可是就像對街宛如宮殿的喜來登，這座真正的皇宮也跟數百萬南蘇丹人的危急處境形成刺眼反差。

許多人的視角認為，應為這波愚蠢危機負責的人在奢華環境會談時，死亡人數升高且更多

★波比是他名字羅伯特（Robert）的暱稱。

平民被迫跨越國界尋求食物與庇護。他們是正確的：似乎人人都滋生一股急迫感，唯有衝突的主事者除外。

從戰爭開打後少有人見過里艾克。他抵達時，南蘇丹實驗的矛盾性體現於他的外表：一套剪裁合身的倫敦西裝，配上反抗指揮官的雜亂鬍鬚。這是衝突爆發以來他第一次離國。現身於此符合他的利益，但是他也擔心能否再越過國境回到自己的國家。

數日前，政府軍隊向抗軍占領的土地發動多路攻擊，包括努爾族領域深處的索巴特河畔城鎮納夕爾。納夕爾不僅是里艾克叢林營地的最新位址，還具有象徵性意義。二十年前，在惡名昭彰的一九九一年分裂事件後，這裡曾是里艾克的總部所在地。

就在三十六小時前，薩爾瓦告訴凱瑞他會停止一切軍事進攻。於五月九日峰會前攻擊，嚴重違反停火承諾無法多加偽裝。但是朱巴也許認為值得一搏，因為趁和談前夕奪下戰略地點是在談判桌上為自身增加籌碼的方式。薩爾瓦面臨遭受美國制裁的風險，但他也被國內的壓力包圍，並無餘裕顧及國際譴責。在未派作戰部隊進行干預下，外國施壓的限制逐漸變得明朗。

華府擔憂以制裁打擊薩爾瓦或里艾克或許會使事端更加複雜，於是做出懲處兩位高層級指揮官的對應，衝突雙方各一位。制裁禁止兩人赴美，並准許美國財務部凍結其管轄範圍內的任何資產。然而此舉的主要意圖屬於政治性質，由山姆大叔蓋下印記，表明犯罪者站在歷史的錯誤一邊，並引來全球強權的怒火。儘管制裁公告在朱巴備受注目，兩位指揮官在體系中的位階並不足以促成改變指令。此外，大部分南蘇丹人的旅行與資產主要限於周圍區域，美方制裁無法觸及。直到華府與區域首都決意針對領導者前，薩爾瓦及其同夥將持續挑戰他們。

當政府部隊逼近納夕爾，里艾克向東撤退，越過國界進入衣索比亞。一架衣索比亞軍方直升機從那裡接走他並載往阿迪斯阿貝巴，就跟他的總協商代表一樣。儘管反抗軍如今明顯比反抗初期弱，他們距離潰敗還很遠。

薩爾瓦的專機飛入衣索比亞領空時，布思與我正和塞尤姆跟海爾馬利亞姆研擬議程，討論策略，並蒐集各方的最後意見。直到入夜，我們就用一部筆記型電腦打下草擬的協議要點，藍色螢幕在喜來登本已變暗的大廳裡發光。當太陽升起，海爾馬利亞姆把兩位領導者都召來好幾次，耗費數個小時協商歧見，疏通他們各自的怒氣，並懇請他們做正確的事。目標是讓這兩個人具體敲定新的停火條款，確保國務卿凱瑞承諾的包容性過渡政府治理，並授權給他們的代表團去協商細節。

這是決定成敗的時刻，每過一個鐘頭，就覺得急迫感和後果嚴重性又再增加。雙方堅不讓步都造成和談破裂的威脅；再一次從頭開始並不容易，也會讓連月肆無忌憚的戰爭於此期間肆虐。南蘇丹的協商代表和外交人員在各廳室來回踱步，每個人都在巧妙回應從朱巴和各自首都打來問最新情況的焦慮電話。接著到了傍晚，海爾馬利亞姆的總理辦公室傳話給外國使節團：「請到新禧宮來。」

一列車隊駛向皇宮大門，儘管還有諸多事項需協商，細節仍遠未確定。薩爾瓦和里艾克尚未如預期面對面會見，使得今晚的前景產生疑慮。反倒是調解人在兩個陣營間穿梭，現在他們占據宮殿的兩翼遙遙相對。當太陽落下、溫度急降，涼爽空氣和規律的蟋蟀唧唧叫聲從門廳的開敞門扉流入。外交人員和記者沒頭緒地亂竄，從事這一行熟悉的「匆促與等待」。他們交換流言並對當晚的結果下注來打發時間。每次塞尤姆和宋貝渥穿越門廳前往對面的宮殿側翼，圍觀者從他們的肢體語言尋找線索並低語推測。

約莫晚上八點，雙方接近達成協議，可是里艾克對於最後幾個條目堅不讓步。塞尤姆請我們再一次向他的代表團施壓。隨後在我們微調草擬協議的幾行文字時發生艱辛的你來我往，這裡換一個字，那裡商榷一個措辭。布思要我朗讀最後一個爭議段落的修正提議，接著里艾克的代表團集體屏住呼吸，等待老大點頭。「查克……如果你這麼說，」里艾克說，語音暫歇，接著呼出一口氣，「那好吧。」

布思同意把上述編修提給調解人，卻也警告里艾克別將這變成曠日廢時的協商。我們提醒他，在戰場上他正節節敗退，失利的速度很快。這項協議朝終止戰爭並將其他南蘇丹觀點帶上談判桌邁出重大一步，其中大多數人贊同反抗人士的改革訴求。協議將使薩爾瓦表態從事重大改革，審閱憲法，並為已犯下的罪行建立究責機制。「你們應該同意這項協議，」布思告訴他們，「你們不會看到任何比這更好的了。」

回到門廳，我趴到鑲木地板上以雙肘撐起，用筆記型電腦打出修改處。塞尤姆的團隊印出協議的最終版本，趕忙送往雙方陣營。等待時塞尤姆和他的工作人員焦慮踱步，用那種擺明綳緊神經的閒聊填補緊張的幾分鐘。晚上十一點左右，大批筋疲力竭的外交官、協商代表團和賓客受邀赴大禮堂觀看簽署儀式。協議尚未定案，不過海爾馬利亞姆似乎想營造一種無可迴避的氣氛。他不打算讓交戰雙方在未簽下協議前離開這棟建築。

接下來又是一輪令人胃酸逆流的協議文字角力，這次似乎執著於微不足道的讓步。也許這兩人想爭取最後幾分鐘思索，權衡就此簽署協議、或反悔並尋找皇宮後方逃跑路徑的利弊得失。然而在二十分鐘後，十多位西裝革履的衣索比亞禮賓人員突然現身，護送里艾克、接著是薩爾瓦進入擁擠的廳堂。成排低聲耳語的外交賓客，現在兩側有大批群聚的電視攝影機，迅捷拍照的平面攝影師和抓著筆記本的記者。

隨著午夜時分將近，所有人的目光聚焦在兩位主角身上。兩位南蘇丹宗教領袖伸手帶領兩人禱告時相機閃光燈爍亮，他們在迴避眼神接觸下複誦禱辭。退往一張長桌並在海爾馬利亞姆兩側的鍍金椅子就座，兩人隨即以墨水簽名，薩爾瓦用右手而里艾克用左手。他們並未微笑或握手，只是站立並不自在地交換「五月九日協議」文件。群眾鼓掌並集體呼出寬慰的嘆息，但是緊張關係顯而易見。這兩人最終共處一室，但是他們甚至不曾直視彼此的眼睛。

接著兩人應邀向在場人士發言。「我沒理由讓南蘇丹重回戰爭。」里艾克告訴群眾，他的雙手緊抓住講臺兩邊。終於來到一個公共平臺，里艾克不會放過機會一舉駁斥針對他的指控。儘管廳裡擠滿記者、外交官和政界大人物，現場安靜到你連一枚大頭針掉落都能聽見。「南蘇丹並無政變圖謀，」他對單支麥克風說，發言滿懷特有的力道。「我希望薩爾瓦總統也獲致相同的結論。」

澄清事實後，他把話題轉往眼前之事。「藉由我今天的簽署……我是在發出信號表示這場衝突必須和平結束。我希望另一方將同樣嚴肅以對。」

為了回應對手，薩爾瓦站上講臺卻擱棄放在他面前的預備講稿。「我不想談論究竟有政變或沒有政變。」但是他忍不住補上一句：「一把槍不會自己發射。」薩爾瓦試圖超越宿敵的氣度，後者現正坐在他右方寥寥幾公尺處，他吹噓自己的維護和平資歷，並保證他自己、他的政黨和他的軍隊將信守承諾。「這場流血將止息。沒人會再對另一個人開火。」不過最多人記得的是他的最末一句話。「我是南蘇丹總統，我必須一直留任原職……當那國家的領袖。」

握手也許能向他們各自的支持者發送強而有力的信號，但是連這最低限度的表態都未實現。他們的肢體語言反而透露赤裸裸的相互鄙視。然而協議已成。

回到飯店，午夜過後空蕩的大廳酒吧裡，協商代表和外交人員在難得的歡慶時刻彼此擁抱。整體感覺像在宣洩；關於可能性、關於希望的思索，讓死硬的懷疑論者也走出角落。

過程中的磨難令人心力交瘁，那些延宕、等待、深夜交鋒、尖銳言辭，著眼於枝微末節而丟失遠大意義。日日夜夜足以建立重要基礎的工作，一塊磚疊上一塊磚，只為了讓某個人在最後一刻提出要求下摧毀。還沒摻入數十位協商代表的行事作風、自負與各自看重的議題前，變數就已經數不清。

總協商代表塔邦和希艾爾靈活的片刻被深植積怨所限縮；閃現的氣度被不信任與零和賽局思考所消耗。有時塞尤姆召集各方前來對話，有時則否；時光漫長，靈魂不分晝夜困守會議室。高低起伏消磨個體，也消磨關係。慣性成為愈來愈強大的力量，例行公事是讓人遲鈍的手段。每一方和每一個人都對經過發展出一種敘事，他們是如何受到錯待，那些錯誤必須如何補償。和談延續愈久，敘事就愈分歧。

但是在日常苦差事中反射性的挖苦言辭，於五月十日凌晨那幾個小時暫時擱下，由取得突破的短暫感覺所取代。幾位南蘇丹協商代表笨拙地試著不透露這種情緒，但是他們也在思考可能性。他們之中有些人在近幾個月的對話中不曾拿出信任；白天他們審閱和平進程的提議，只為了在晚上活絡更熟悉的筋骨：策劃拖延戰術，採購彈藥，並籠絡國內戰場上的叛逃者。

可是在今晚有那麼一刻，他們有幾個人變得不再自信滿滿。他們談論自己新國家的遠大目標，並省思另一版更有道德準則的自己。他們年事已高，對於自己至今踏上的路產生別種念頭。這場暴行，以及麗笙酒店論戰的漫長尖刻言辭，都值得嗎？或者，也許妥協會是更讓人心滿意足的路？當飯店大廳這群人超脫了敵對拉鋸戰與長久對立，他們想到自己家鄉的鄰里。他們猜想自己將得到何種評價，以及他們利用新獲的自由做了什麼。這是多年解放抗爭企圖達成的嗎……或是他們有能耐做到更多？

氣氛暫時輕盈了些，警衛鬆懈下來。現在容許講故事、彼此道賀與輕笑。希艾爾被發現在微笑，塔邦見人就抱。政敵間存在一座橋樑，無論多麼短暫，他們共享這一刻的體驗。黨派擁護者被滿室的南蘇丹人取代。

雖然是突破的一刻，五月九日並不美好。除了暫時的解脫感，深夜儀式的基調和肢體語言預示著前方的路還很長。情緒依舊憤慨。戰鬥將緩和下來，可是雙方的軍事能量皆未力竭。戰爭沒打算一舉結束，五月九日協議就跟先前的停火協議相仿，無法終止戰鬥。

然而這一晚改變和談的軌跡，將使更多南蘇丹人參與進程，並確認協商政治改革的目標。畢竟這不僅事關讓槍枝停止發射。這是一個重新開始的機會，為南蘇丹的創建打造更穩固的基礎。

數日後，一小群西方外交官正與塞尤姆擬定策略時，有支手機響起。他中斷我們的會議去接電話。我目睹他得知消息，表情氣餒，隨即肩膀垂下。首起停火違反事件剛剛通報。五月九日協議的墨跡乍乾，雙方就互相指責。模式再熟悉不過，在皇宮的突破高峰後迎來令人沮喪的低點。塞尤姆、他的政府和政府間發展管理局官員同僚全都憤怒不已。在投入那麼多時間、精力與政治資本後，交戰雙方無視自己做出的承諾，對他們造成沉痛打擊。「我記得他的臉變得非常、非常紅。」塞尤姆的一位顧問說。「他覺得自己受到背叛。」

華府和其他西方首都的電話旋即響個沒停。衣索比亞官員為區域軍事干預行動請求資源和政治支持。鄰國政府多次威脅要派軍越過邊界，但是他們拿不出付諸行動的軍力或金錢。隨著時間過去，虛張聲勢的恫嚇進一步削弱政府間發展管理局的可信度。然而衣索比亞人的挫敗情緒加深，自尊與聲譽受到質疑，他們想以武力作為回應。衣索比亞人真心期望停止殺戮，可是身為政府間發展管理局主席及和平進程的實際主事者，他們也擔心被視為軟弱一方。

此種思維認為，假使薩爾瓦和里艾克的部隊不打算嚴肅看待和平，也許有必要動用他們無法忽視的強力刺激。如果讓幾個人的鼻子染血能傳遞訊息，那就這樣吧。聯合國部隊不打算親自介入南蘇丹的交戰派系，他們也未獲授權這麼做，可是區域軍隊就沒有這些遲疑。這是個冒險的提議。

強烈呼籲動用武力的人有另一個背後原因：實力充足中立勢力的干預，也能提供理由讓烏干達部隊終將退出戰場。

回到南蘇丹國內，戰爭開始深化。機會主義的軍事指揮官使國家淪為更孤立、更軍事化的族裔壁壘。薩爾瓦和里艾克都企圖收買這些自由主體以壯大勢力。地方軍閥若能展現價值，諸如奪取領土、運送武器或控制社群，將獲得金錢、職位與地方管轄權加以籠絡。這場競價買賣遠遠超過原本的丁卡—努爾界線。來自較小規模邊緣化族群（什魯克人和穆爾勒人）的武裝生意人，或是依然不願選邊站者（赤道地區人）尤為爭取對象。

軍閥想在權力遊戲中分一杯羹，也想控制地方社群利益。薩爾瓦與里艾克建立敵對結盟的目標很簡單：壯大聲勢，打破戰場上的平衡，並趕在對手之前買下忠誠。難以應付的指揮官擁有討價還價能力，正如同他們在南北戰爭後被收買，過渡時期又是如此，遊戲規則依然適用。

事實上，對軍閥而言如今市道特別好，因為薩爾瓦和里艾克都在為忠誠拍賣出價。

但是每完成一次收買，薩爾瓦和里艾克都在把權力讓給地方強人，並且破壞人人如此奮力才贏得的民族國家。等到戰爭結束時，他們任一人能從遙遠首都將權威延伸到地方嗎？兩人之一能享有任何正當性嗎？此種巴爾幹化（Balkanization）★對於建構國家認同有何影響？上述都是關鍵問題，可是似乎沒有一方傾向於思索，他們把這視為一場生存之戰。

隨著火力買賣愈演愈烈，擁有生意頭腦的人哄抬價格。強森．歐羅尼（Johnson Olony）正是這麼一位富有創業思維的指揮官。歐羅尼是出身什魯克族群的前抗爭分子，身材高大，曾在一次公眾集會自稱擁有「作戰的博士學位」[1]。歐羅尼起初參戰時依附政府，他在開戰僅僅六個月前接受薩爾瓦的收買。他的忠誠及於具戰略意義什魯克人土地的戰場勝績，促使蘇丹人民解放軍供應他更多武器彈藥去跟反抗陣營作戰。但是當政府給什魯克族群的承諾證明為虛假後，歐羅尼乾脆攻擊政府方。他奪下馬拉卡爾並揮軍北上，強力攻擊政府僅存的油田。

受到歐羅尼的戰略勝利與手中的大批武器所吸引，里艾克猛然出手。在達成維護歐羅尼的地方利益，使他和他的夥伴在運動中獲得高位，且必定用現金加強安撫的協議後，指揮官宣布新的效忠對象。此後他將用政府供輸的同一批武器與政府作戰。儘管歐羅尼變卦對於改變南蘇丹棋局無疑最具影響力，相同局面也在其他族群上演，換成昔日的抗爭者與政敵反被政府收買。

此種倒退狀態很可能在南蘇丹衝突結束後仍可長久察覺。在空洞的國家裡，「民族」的概念恰需仰賴建立跨越族裔與區域界線的連結，無論國家的體系為何。這些界線正當開始消退時又再度變得更明確，因為社群與個體都退縮到所屬部族的安全地帶，身心皆然。

此種退縮在鄉間和同部族區域最為明顯，卻不僅止於那些地方。即使是努爾族的年輕人賽門，在都市度過的青年時期與所受教育幫助他超越了部族主義，對此也無法免疫。二〇一六年某個下午我跟他同車穿越朱巴的交通尖峰時刻，一架計程機車駕駛換車道時不顧危險切到我們的車前。這在朱巴的混亂交通競賽裡是相對輕微的違法行為，可是我聽見賽門的輕聲咕噥從車後座傳來，「沒錯，這些丁卡人……只不過是動物。」

儘管在五月九日協議後遇挫，塞尤姆於三週後的六月初推動政治協商。雖然有些交戰菁英只想重新奪回國家，另一些南蘇丹人表明渴求真正的改革。於是我們跟他們及塞尤姆的人員合作擬定五項商談方向：過渡政府治理、國家安全、經濟與財政管理、正義與和解、憲法制定。

我們研擬問題供雙方就每個領域辯論，邀請國際專家飛來協助討論，並召開為期兩天的研討會讓與會者探討世上其他地方採用的一系列後衝突布局。突然間，與會者卸下派系擁護者的職責並開始辯論想法。會議廳裡喧騰著陌生的活力，連月來幾未交談的政敵，如今富創造性地談論重建自己國家時或能採用的模式。這是多個月猜疑對立間令人驚嘆的喘息。

但是這種精神的消逝就跟來時一樣迅速。抽象談論是一件事，可是真要為更大的福祉而放

★指從一個國家或地區，分化成許多小國或小區域的彼此敵對複雜狀態，如同二十世紀初年的巴爾幹半島。

棄既有利益？研討會結束的幾個小時後，希艾爾和塔邦的團隊回頭談論赤裸的權力——如何得到、緊守與行使權力。他們用盡一切方式淡化進程，找調解人麻煩，並限制其他任何人參與權力遊戲。

解放運動黨的主要批評者江森曾言之鑿鑿，談論將利害關係人排除在和平協商之外的危險。他長久主張全面和平協議是一項狹隘的進程，最終幫助催生南蘇丹當前的戰爭，正是因為包括他自己在內的重要意見被排除在外。可是現在，身為里艾克協商團隊的其中一位代表，他同樣試圖將其他所有利害關係人拒於門外。

我當面質問長久以來相互抬槓的老友，說他顯得偽善，這引來不只一次的激昂深夜爭論，數度音量提高、相互指責與憤而離去。江森表示，他想防止解放運動黨重新確立主導地位，那在他看來是國家災難的根源。他相信薩爾瓦政府與抗軍（其中許多人同樣鄙視解放運動黨）間的協議是唯一能保留那機會的方式。江森願意排除其他所有人，一如他自身曾遭排除，只為達成目標。他的邏輯顯得扭曲，凸顯和平進程的本質依舊群龍無首，及擺盪回南蘇丹強人間利益分贓的可能。

雖然我們合力推動改革議程，對話一次又一次回到薩爾瓦和里艾克身上。不包括這兩人在內的治理布局提案全都不被採納；這場賽局只關心他們要如何共享權力。討論了十多個選項，一種方案包含兩位副總統，另一種設置一位總理，第三種則描繪有時限的繼位安排，讓薩爾瓦最終將統治權交棒給里艾克。政府間發展管理局的各國元首兩度集會，試圖協調出一種安排，可是嘗試連番失敗，迎來幻滅與延宕。

和平進程之初存在萬丈雄心。區域與世界各地的盟友相信，值得為了南蘇丹得來不易的獨立奮戰；不能容許發展初期的諸多困難將疲於戰爭的人民再度陷入衝突，也不能毀壞全球數十年來對此正義志業的支持。但是隨著時間過去，這些情緒因對立雙方的互鬥言辭而變質，他們似乎漠視本國人民的嚴重苦難，缺乏將國家看得比自身重要的能力。

「如果你們想要和平，」在曠日廢時的一輪協商尾聲，有位暴躁的協商代表對著一群調解人與和平進程支持者說，「那你們就把我們想要的給我們！」談判桌對面的人沉默端坐，對這角色顛倒的情況感到驚愕。許多時候，似乎外界人士比南蘇丹代表自己還想要和平。「只有在蘇丹才會發生。」挫敗的外交官含糊低語。這必定是多疑的成因，但事實上，同樣情況在世上這處角落並不罕見。人們不禁猜想是什麼樣的經驗、環境與盤算，會讓協商代表陷入此種顯得漠然的地步。

我坐下草擬關於協商情況的非正式筆記，開頭是：「雙方未嚴肅看待和平；進程面臨失敗風險。」在一系列主張政府間發展管理局進程無法成功的公函之中，這是第一封，至少無法以目前的形式達成目標。那些施壓、持續不斷的外交活動、制裁、峰會與談成的協議皆未能創造包容性進程，或促使雙方踏上協商解決方案之路。

此時的朱巴成為一個壓力鍋。低迷至極的經濟前景引發耳語，談論一場貨真價實的政變，這次是從薩爾瓦政府的內部發動。戰事摧毀重要油田並迫使別處油田斷線後，石油產量減半。與此同時，全球油價於二〇一四年六月開始下跌，旋即如自由落體般驟降。到了當年底，油價已下跌百分之五十，從每桶超過一百一十美元降至五十五美元左右。一年後，油價暴跌至每桶低於四十美元。[2]儘管朱巴的國庫空虛，與蘇丹的分離協議條款意味著每從地底抽出一桶石油，仍須給付喀土穆二十四美元的費用。

對於一個完全依賴石油的國家，如今經濟崩潰成為相當真實的前景。政府已將絕大多數預算轉用於戰事，削減公衛、教育與人道救援預算並扣發公務員薪資。政府非但沒有為人民提供公共服務，反倒採購彈藥來攻打人民。

與此同時，薩爾瓦政府以危險的速度抵押國家的未來。只關注眼前的生存，以巨幅折扣賣出未來的石油銷售合約，同意國外不正當金融家的掠奪性貸款，並累積數億美元的債務。由於國民長久習於自力更生，理論上南蘇丹政府能比已開發國家支撐得更久，可是後果必須償還。

隨著宏觀經濟的穩定搖搖欲墜，總統身邊的人盡其所能撈錢。他們故技重施操控匯率，開立可疑的合約與信用狀給自己，並且收受軍購回扣。撇開破壞體制發展不談，這是在榨乾勢已處於危急關頭經濟的生命力。

「沒有一個人曉得這個國家的負債情況。」當我詢問洞挖得多深時，阿格瑞・提沙・薩布尼（Aggrey Tisa Sabuni）告訴我。這位身材結實、個性親切的赤道地區人把右腿翹在左膝上，雙手掌心下壓陷入棕沙發，身體往後靠的姿態表現出他的沮喪。「到期未付的欠款大致是一百六十億美元，我是說，那是約莫的數量，我不曉得確切數字。」

「這些是帳外債務，沒反映在預算裡？」我問道。「沒反映在預算裡。」他複述我的話當作回答，暗示債務大洞比任何人設想得更深。

阿格瑞於二〇一三年八月獲任朱巴的財務部長，就在與喀土穆達成協議、石油營收重新流入的不久後。來自卡約卡吉（Kajo Keji）城鎮，阿格瑞是一位訓練有素的經濟學家，也是堅守財政管理原則的盡忠官僚。在短暫而動盪的任期內，他受到來自強大利益群體的沉重壓力，反對他所構思的標準化管制與緊縮政策。

「我深思良久，」他說，此後決心展開工作，嘗試控制駭人的支出行為、膨脹的債務，以及與戰爭相關的新一波貪汙。他曉得這會是一場艱難戰役。

那是二〇一六年夏天，我來朱巴拜訪阿格瑞，商討是哪些政績使他就任僅僅十七個月就遭解職。驅車前往他的辦公室途中，大規模燃料短缺的跡象處處可見：閒置的發電機、加油站大排長龍，因空油槍而起的爭執演變成互毆。我們途經朱巴醫院，病人躺著等待維生治療，因為缺乏電力使設備發動。我的司機靠邊停下，他看見有個男孩在兜售用舊水瓶裝的石油。那是往常賣九蘇丹鎊的量。「多少錢？」他問年幼的黑人商販。「兩百四十鎊。」

阿格瑞的辦公室裡一片漆黑，一架平面電視在他身後不斷循環播放新聞。轉開的是半島電視英語臺，刺耳聲響大到我幾乎聽不見阿格瑞的聲音。辦公室位於總統府對面的一處空沙地。

阿格瑞被降職為「總統顧問」，頭銜高尚不過通常不具實質意義。他仍對能力所及的事務做出重要貢獻，可是此種總統顧問職務歷來被視為酬庸分派，當權者鮮少徵求顧問的建言。

他很沮喪，他說，因為那些「領導階層、國會甚至公民社會在管理一個主權國家事務時犯的錯，諸如經濟與外交政策。」他把「錯」這個字的開頭拉得很長。阿格瑞穿一套深色西裝、漿過的白襯衫、條紋領帶和南蘇丹國旗的胸針。可是在這身典型裝扮下，他心力交瘁。噘起雙唇並於特定字眼加戲劇化的重音強調，他述說，「當我拒絕，當我拒絕」擺在他桌上的眾多非法付款要求，「接著話就傳開了——『這個難搞的傢伙。』」加重式發音是阿格瑞常用的演說特點，他會在串連的幾乎每個句子指出主要論點。「沒—有—人了解阿格瑞為什麼想處理逾期欠款。」他用第三人稱說。確實瞭解他提議對策的那些人不願冒險挺身支持。阿格瑞一直在面對強大的潮流。他帶領國家經濟遠離礁岩的努力最終成空，被貪汙和專業技術官僚的匱乏削弱。

阿格瑞回想多年來在南蘇丹財政體系炸出大洞的貪汙陰謀，不過隨即提到二〇一三年底衝突爆發後才開始的暴取豪奪。暴取的有權有勢者主要是加扎爾河地區的人，這群幽暗耆老構成有影響力的網絡，於戰爭開展之際積極封閉總統身邊的圈子。他們在關鍵產業和獲利豐厚的計畫牢牢掌握族裔—區域控制權，只打算能吃就吃、愈久愈好，直到一切崩盤。當阿格瑞拒絕為他們超出預算的支出付錢，或是不接受他們的非法合約，這群人去找阿格瑞。「你撐不久的，」他們警告，「無論如何，你撐不久。」回想起這件事他笑了，是很容易轉化成淚水的那種笑。

然而前財務首長面臨根源甚至比貪汙還深的一個問題：經驗的匱乏。為了闡明這一點，他提及看中政府裡某些人能力有限而來到南蘇丹掠奪的禿鷹。「你身邊有這些人來大搖大擺展示提供資金的可能性，騙子！」他提出一種假設。「如果你是公路部長。有個中國人、印度人、阿拉伯人或奈及利亞人來，提議要幫你修路，他告訴你，『假如你說服財務部長，我可以給你五十億美元。』」接著公路部長把提案帶給阿格瑞，並主張，「我們沒有錢，這傢伙準備好帶幾十億美元來。我們就這麼做吧。」阿格瑞搖搖頭，解釋只要用 Google 搜尋就曉得這群金融家是騙子，有時他們代表的企業根本不存在。「隔天換教育部長，接著是衛生部長，然後是州長。」

問題不僅在於前解放軍游擊隊員獲得他們不適任的新政府職位。從一九五〇年代一直到現在，阿格瑞闡述有幸從大學畢業、且在蘇丹國家機構獲得技術官僚職位的每一位南部人皆需面臨的挑戰。他們在喀土穆的「中央銀行、財政部和有的沒的機關」找到工作，他說明。「但是！」阿格瑞主動中斷描述，「他們從來沒有派任到這些機構的政策部門。」因為南部人在蘇丹如此公然被邊緣化，他們分到文書、出納或副手等職務，幾乎從未派往制定財務與貨幣政策的部門。所以當獨立實現，這群官僚來到南部，為朱巴的新設機構召募人員。「沒人對於宏觀經濟的運作有半點概念……你懂我意思嗎？」

面臨惡性通貨膨脹與外匯儲備不斷減少，阿格瑞建議採取緊急措施，可是政府只繼續挖洞。二〇一五年一月石油部長史蒂芬．迪耶烏（Stephen Dhieu）致電喀土穆，懇求重新協商石油運輸約定。由於產量受到抑制，且油價下探十年最低點，如今喀土穆從每桶南蘇丹石油收取的費用比朱巴賺得還多。抗軍密切觀察，希望政府自身的疏忽與經濟困境會導致政府崩潰。中方主導的財團很快不再從南蘇丹石油開採中獲利。事實上，他們開始虧錢。中國官員私下承認，他們抗拒抽身單純基於政治因素——「我們（對於穩定及和平進程）的貢獻」，一位官員解釋。

取代阿格瑞接掌財政部的大衛．丁格（David Deng）跳上飛機前往歐洲首都與世界銀行請求預算支持，卻遭斷然拒絕。外國使節以愈來愈高的強度盤問兩方陣營，認為他們已迫使國家踏上不歸路，很快就會再也沒剩什麼好爭。朱巴的經濟死亡螺旋在整個二〇一五年間繼續穩定惡化，最終迫使政府改變談判桌上的算計。

經濟危機的擴大、對於衝突的沮喪情緒加劇與缺乏明確的領導能力，也使得一些高層人士考慮親自管事。儘管在二〇一三年十二月並無政變，高階國安人物開始悄悄思量，如今是否有必要發動一場真正的政變來挽救殘存的國家。這群有著開創精神的發問者包括遭廢黜的軍隊參謀長和其他軍方高層，正是策劃政變所需的那種圈子。

他們之中的幾位展開區域之旅，祕會區域情報人員和軍事首長試水溫，也包括西方外交人員。他們使用委婉措辭詢問與下面類似的問題：「你們對於『穩定的國安接管』會有什麼反應？」被這問題嚇到且一想到更無法掌控的亂象就發顫，西方外交官多半回以明確的勸阻。

政變陰謀的傳聞從二〇一四年一直延續至二〇一五年，因為政府內部某些人顯然加入其中，最引人注目的是新任軍事統帥保羅．馬隆。在壓低聲音的密室會商中，口耳相傳著哪號人物能領導有秩序的政權轉移。然而這是無法擔保之事，也有許多人想到是如馬隆一般更無情、更偏向派系的惡棍取代薩爾瓦的位置就感到畏縮。

最終並未上演相仿的意外行動，但是薩爾瓦的生命與地位仍不斷飽受威脅。

里艾克留在阿迪斯阿貝巴，有他自己的內部異議待處理。身為衣索比亞政府的客人，前副總統起初住進奢華的喜來登別墅，隨後遷往城裡另一頭住宅區的兩層樓平房。每到一處都有來回奔走的警衛、協商代表、家屬、跑腿小弟、侍茶的女士、來訪的指揮官和首長。

里艾克並未直接參與和平協商，而是由副手向他稟報最新進展，再帶著他的指示回去。這讓調解人及其外交援軍能在必要時與他直接交涉。可是這也導致塔邦及其協商團隊的自由度減少，因為再小的決策都要請示老大。隨著時間過去，里艾克抱怨不休的態度激怒塞尤姆和他的衣索比亞東道主，畢竟他們已經盡力給他方便。

里艾克難搞的部分原因出自他企圖馴化一群不受教的貓，這項任務的不可能實現，從布思特使與我剛抵達阿迪斯阿貝巴初次見他時就昭然若揭。我們前往他的喜來登別墅，發現里艾克在後院戶外桌旁跟約莫十位協商團隊成員在一起。里艾克身旁那群人代表著組成他鬆散反抗聯盟的紛雜個體與利益。有些人在乎談成協議，其他人只想追求軍事勝利。他們全都想替努爾人民在朱巴遭到屠殺討回公道。縱然沒幾個人關心里艾克自身的政治前景，他們全都有意利用他達成目的。

里艾克企圖竭力兼顧他們和自己的目標，於是進行一場表演。當他回應我們的外交請求，顯然他並非對我們說話，而是透過我們向桌邊那群人喊話。他們需要他的政治影響力，而他需要他們的戰場武力。長遠來看，事實將證明他們的強硬立場不可行，可是現在他必須將他們的要求闡述得頭頭是道，以免脆弱的「運動」在他面前粉碎。這是一場如履薄冰的賽局。

幾輪表演過後，我向里艾克提議，我們認為日後會議採取二對二的形式更具建設性。里艾克放心把會議規模縮減怪在我們頭上，他完全變了一個人，發言具建設性、放鬆又講道理。我們找到方法徵詢抗爭群體陣營的意見，不過是以里艾克的公共劇場未受邀的形式。

里艾克之妻安潔莉娜不再參與較小規模的會商後，轉而慷慨地為我們供茶。她絕非一位「傳統」妻子，卻很快接手這項傳統職責。「你要牛奶嗎？加幾顆糖？」我們跟她丈夫爭論政治與國安議題時，安潔莉娜以慢到離奇的方式進房倒茶。有時她隔沒多久就回來加茶，另外有些時候她倒完茶靜靜坐下，隨後在討論中插嘴說出自己的看法。這個微小暗示表明她將發揮愈來愈重要的功能，形塑反抗陣營的政治樣貌。日後她將成為其中一位最敢言的強硬派人物。

另外六個月的和談產生更多高潮與低谷，可是二〇一四年最終無甚進展。進程的公信力日漸削弱，由於雙方反覆試探調解人，卻一再收到些微的反作用力或毫無反應。儘管對於選定的兩位調解人寄予厚望，技術或策略失誤幾乎日日上演，人人都看在眼裡。塞尤姆被批評對於強硬的南蘇丹協商代表太有彈性。外國使節、甚至有些南蘇丹協商代表也埋怨，塞尤姆必須更有骨氣，在必要時畫清不可踰越的界線。

宋貝渥的過失與易怒舉止，讓經驗豐富的觀察家懷疑以往共事過的人究竟發生什麼事。儘管起初展現欣然同意與支持態度，他變得對於塞尤姆的領導風格憤憤不平，進程的複雜程度也對他下降的精力構成挑戰。偶爾宋貝渥的果斷和黑白分明的做法，能與塞尤姆的風格形成有益的對比，可是宋貝渥更常強烈體現肯亞—衣索比亞間的張力。他漸漸對於衣索比亞人心生不耐，接著是美國人和其他西方支持者，然後是南蘇丹代表團。最糟的是進程展開的幾個月後，有人臆測宋貝渥祕密勾結薩爾瓦政府；同僚擔心他一直在洩漏文件，提供內部情報，並設法削弱反抗陣營[3]。

事後證明，兩位調解人間的緊張態勢也帶來不利影響，個人的敵意妨礙了必要的規劃，使工作人員分歧與進程混亂。雖然我們和其他外交人員一度透過建設性管道提供支持，兩位調解人的失和與宋貝渥的固執導致那條管道幾乎關閉。

可是不能只怪調解人。他們的上司、即政府間發展管理局國家元首，未能給予充分的政治後援或轉圜餘地。和平進程期間，政府間發展管理局領袖為南蘇丹危機召開七次峰會。每次峰會的亂象都是進程的更大體現。諸位國家元首跟他們派任的調解人自相矛盾，重啟歷經連月苦心協商已化解的議題，並鮮少對於已議定的事形成共識。

然而事後看來，他們的強硬言論最具毀滅性。這群領袖五度以懲罰行動威脅，卻沒有一次執行。政府間發展管理局峰會的大廳旋即滿是關於紙老虎的挖苦笑話。由於缺乏可信威脅，交戰雙方繼續打仗，忽視自己的承諾，並在沒有後果的情況下延宕和平進程。

就算存在種種的區域失能，交戰雙方自身的責任最大。希艾爾或塔邦的團隊皆未提出一種政治願景或最終談判階段，才會都指望政府間發展管理局去界定要點再交給他們。此外，每一方都有數不清的機會取得政治敘事控制權，提升國內外的地位，並將此轉化為談判桌上的優勢。可是雙方都一再錯過機會。每過一週，就又多數千人受傷、遭逐離家園或遇害。

希艾爾和塔邦最終確實成功執行一項聯合行動：在談判桌上排除其他人。政府威嚇或籠絡某些受邀出席者，同時甚至公然阻止其他人搭上飛往阿迪斯阿貝巴的班機。但是調解人選擇繼續進行協商。其後，公民社會代表團領袖丁格·阿圖伊（Deng Athui）批評解放運動黨及政府代表團的菁英主義和缺乏同情心，要求他們之中親生子女還留在南蘇丹的任何人舉起手。（沒人舉手。）巧的是一回到朱巴，阿圖伊就被身分不明的殺手槍擊。雖然他活下來了，他再也不曾重返協商。不過和談照樣繼續進行。

塞尤姆和宋貝渥迫切想維繫進程，他們似乎並未意識到，自身的一再讓步導致任何一絲成功機會都被沒收。統籌多方利害關係人進程的任務受挫，必要的敢作敢當又被其上司剝奪，調解人只好默許。宋貝渥日漸易怒並缺乏想像力，於二〇一四年底為失敗辯護時，私下承認「包容性進程」根本就「太困難」。

到了二〇一四年底，多方利害關係人和平進程已淪為解放運動黨三大派系的家務事。南蘇丹的重建似乎專屬於薩爾瓦的人和里艾克的人，加上十一位遭拘禁者扮演次要角色。那群被推往邊緣的人一點一滴失去希望。

該是開始認真考慮「B計畫」的時候了。隨著衝突日程逼近整整一年，政府間發展管理局的協商顯然不會成功。假使此進程未徹底瓦解，我們擔心結果會一樣糟糕，即戰爭與平行的協商就這麼無限期拖延下去。在布思特使的指示下，我擬定初步計畫讓美國在進程中發揮更大功能，包括將協商遷往華盛頓特區。

改變地點有助於撼動停滯的進程。此外，在美國的土地主辦和談，將迫使華府投入更多政治資本追求和談成功。「主導者」會更傾向於見證進程成功，而且讓美國的南蘇丹長期支持者獲得有助於導正過往錯誤的第二次機會，也許能加強上述效果。

前幾個月，不只幾位區域外交官和南蘇丹協商代表私下敦促我們接手主導權，提及區域分歧與美國在南蘇丹的歷史角色為佐證。B計畫或許為重新設定變調進程提供一次機會。但是我們無意單打獨鬥，或是違背原則供人「選購法院」。強力的區域涉入仍為必要因素。假使政府間發展管理局反對我們主辦和談，B計畫及其任何成果都會就此湮沒。需要外交上的前期工作，讓所有區域與國際夥伴對一個明確的行動計畫通力合作。考量到只在薩爾瓦、里艾克與解放運動黨菁英間達成協議的風險，我們也邀請更廣泛的南蘇丹群體參與。

我們在大華盛頓地區確立幾處合適地點，每個地點都夠偏遠以避免干擾，需要號召重要人物時又夠近，包括總統歐巴馬、國務卿凱瑞、萊斯與國會議員。我們也邀請一位高階的美國協商總代表，並擬定一個利用所有外交夥伴的支持架構，包含塞尤姆和宋貝渥在內。調解的後援小組將協調技術資源，也監督條約、傳播與後勤團隊。

二十年前，美國外交官理查·侯布魯克（Richard Holbrooke）促成「戴頓協定（Dayton Accords）」，終止三年來在波士尼亞人（Bosniaks）、克羅埃西亞人（Croats）與塞爾維亞人（Serbs）間的波士尼亞戰爭。侯布魯克代表柯林頓政府，將各方隔離於俄亥俄州（Ohio）戴頓市郊的一處偏遠美軍基地以尋求改變局勢。一九五五年的戴頓進程同樣仰賴先前未竟努力的基礎，也將更廣泛的國際群體帶上談判桌。波士尼亞戰爭具有獨特性質，發生在獨特的地緣政治時間點，且較南蘇丹吸引更多國際關注。不過這是一個可以從中學習的熟悉模式。

萊斯與凱瑞於二〇一四年底名義上為B計畫背書後，我們需要在推動計畫前私下評估區域支持度。儘管獲得區域官員的鼓勵，他們沒有一個人會挺身公開請求華府接管失敗的進程。區域共同主導B計畫將提升其成功機率，且讓區域有一個顧及顏面的方式擺脫內部爭執。

政府間發展管理局協商曾數度轉變方向，使各方困惑，並妨礙南蘇丹人或國際夥伴對於和平協議的核心原則達成共識。B計畫並非從零開始，反而能夠統整九個月以來南蘇丹各方的討論、想法與意見投入，並就一份草擬文件建立共識。和談有時間限制，聚焦於將一項進步計畫推過終點線。

這項計畫不保證能成功；南蘇丹的內部分歧與貧弱領導是無可迴避的現實。可是很難想像這番重整旗鼓的努力，結果會比敗壞的政府間發展管理局進程更糟糕。合理設想，B計畫可以制止一場無謂的戰爭，確立過渡政府的條件，且讓更廣泛的南蘇丹人和國際要角參與以確保其成功。此外，能夠長久維繫且和平的南蘇丹是整代人的奮力追求，而且必須從內部推動。國際友人可以提供大量幫助，然而他們無需深究蘇丹的歷史，就能瞭解從外部強制推行的限制。

可是當下一輪協商於阿迪斯阿貝巴展開，B 計畫就被擱置。華府有些人質疑獲得區域支持的可能性，另一些人不願「主導」問題，認為美國應該保持距離。這是一個重大決定，因為機會不再重現。很難說 B 計畫會有什麼結果。然而選擇退縮避開大膽舉動，事後證明讓憂心和談注定失敗的人們失望。

Chapter 21

內部分歧

「不安降臨戴王冠的頭顱。」

——威廉・莎士比亞（William Shakespeare），《亨利四世》（*Henry IV*），第二部

阿迪斯阿貝巴／朱巴／帕加克（Pagak），二〇一五年一月至八月

「如果你們逼我這麼做，」薩爾瓦告訴跟他平起平坐的人，「你們就得讓我一直留在這裡。」鄰國總統們不知是第幾次坐在薩爾瓦身旁，施壓要他跟里艾克和解。這場戰爭從內部侵蝕南蘇丹，歷經多月的和談卻毫無成果。必須做出某種大膽舉動，逃脫似乎永無休止的毀滅循環。但是總統不曉得他要如何達成協議。他咽下自尊，表情嚴肅地說：「假使我這麼做，我回

去後，他們會殺了我。」

薩爾瓦的懇求是方便的託辭，他不只一次對國家元首同伴這麼說。但是那不代表他的話不是真的。對於薩爾瓦和里艾克來說，最大挑戰來自他們自身陣營內部的分歧。儘管外界存在種種威脅，在二〇一五年夏季期間兩人承受的己方陣營壓力，似乎比外國要角所能施加的任何事物來得更切身、更有存在感。

外界壓力必定使薩爾瓦不安：全球強權的持續不斷請求，在海外嚴重喪失正當性，未來可能遭到刑事起訴，旅行禁令與資產凍結，經濟崩潰的警訊，更別提他一直疑心的外力推動政權變革議題。全加在一起構成令人憂懼的組合。可是沒有任何事物比國內威脅更讓薩爾瓦深有所感，像繩圈一樣緊緊綁住他。生存是第一要務。

勢力強大的丁卡族耆老要求他採取實際措施，延續加扎爾河地區對於權力的掌控。強硬派施壓要他落實甚至更堅不讓步的政策。政權內部的強人也再度考量暗殺他。此外薩爾瓦擔心，倘若把權力拱手讓給里艾克會損害他自己的歷史名聲，在太多人看來那是完全不能接受的結果。

在對的條件下，薩爾瓦或許會樂於徹底擺脫這些重擔。要是有這麼一條路能放棄他的職責，脫身到一處安靜農場，把這難以置信的壓力留給另外某個人就好了。意外的總統必定曾揣想，倘若於南蘇丹的獨立實現後，他在二〇一一年把棒子交給一位繼任者，生活可能會有什麼樣的差異。他原本能以備受尊崇的國父身分退休。但如今這只是幻想，消失於後照鏡中的另一條路。相反地，薩爾瓦現在處於漩渦中心，找不到出路。

與此同時，在許多外國人不知情的狀況下，一場激烈戰役持續於里艾克的反抗聯盟內上演。預言之子對於以努爾人為主的抗軍控制力薄弱，他與夢想已破滅副手之間的鴻溝正在擴大。「也許是換新領導者的時候了。」他旗下有些指揮官埋怨道，公開打算要罷黜他。

當和談緩慢進展，軍事風向不利於反方，里艾克曉得是時候達成協議。他長久期盼薩爾瓦政府或許會從內部瓦解，但如今這般命運似乎反倒降臨自身。他盤算著，自己有一個職位且能操縱權力槓桿的權力共享政府，是他保留深切覬覦、通往總統之路的最後良機。

但這是里艾克個人的要務，他的抗軍基層並不感興趣。許多人不僅厭惡他的非民主領導方式，而且也心懷更加強硬的要求。他們痛恨里艾克與解放運動黨高層交好，並堅持稱反抗運動為「解放運動黨反對派」。他們對於從未代表自己的黨不感興趣，該黨菁英自私地使國家再度陷入戰爭。

里艾克需要這個難應付的聯盟，而儘管心懷種種失望，他們也需要他。儘管努爾族耆老有時對於領導者不滿，他們知道內部分歧可能削弱整體地位，使他們進一步邊緣化並遠離中央政府權力。基於謹記過往的失敗及努爾人易陷入內鬥和分歧的難堪成見，對於氏族團結的傾向使得公開決裂緩和下來。至少就某部分而言，這是一次利益聯姻。唯有里艾克能夠團結努爾各氏族。唯有他身懷挑戰政府的全國影響力和政治才能，也唯有他擁有建立更廣泛反政府聯盟的人脈。唯有里艾克能與海外的非洲政府一同用餐，也唯有他能獲取維繫戰鬥所需的金錢與武器。

衝突初期，里艾克和他的人為了動員以努爾族為主的抗軍，他們召喚族裔仇恨並激起對於種族滅絕的恐懼。他誇大最初朱巴屠殺的相關事實，並助長本已刻骨銘心的復仇敘事。回應民眾討回正義的要求時，他把追究責任當成群眾集會口號，並呼籲要求薩爾瓦下臺。

然而到了二〇一五年夏天，里艾克準備好達成協議時，絕大部分的反抗勢力想繼續作戰。里艾克攀上一棵樹，承諾討回正義並盛盤奉上薩爾瓦的頭，現在要下樹很難。在連表面上停戰都辦不到的和平協議簽下他的名字，難以使他廣受歡迎。事實上，有些反抗人士或許會乾脆在他缺陣的情況下繼續作戰。

組織運作也是一個爭議點，抗軍指揮官們不滿里艾克自視至高無上與由上而下的管理方式。儘管表面上有指揮體系與商討式領導的安排，現實是決策與資源依然單獨掌握在兩個人手裡。里艾克和他的副手塔邦控制彈藥供應鏈，繞過指揮鏈直接操控部屬，藉此維繫穩固的控制[1]。里艾克的領導風格存在某種諷刺之處，關於他的怨言，聽來跟三十八歲里艾克對當時抗軍指揮官加朗的譴責有著詭異的神似。

期望紓解運動內部高張的情緒，里艾克在二〇一四年十二月和二〇一五年三月召開抗軍大會。這兩次叢林集會吸引數百位努爾族戰士、酋長、部落耆老和協商代表齊聚帕加克，那是橫跨南蘇丹—衣索比亞邊界的一處鄉村據點。與會代表從各個努爾族腹地徒步前往，從區域首府搭巴士前往，另有一些人從歐洲、澳洲和美國搭機前往。另有數百位努爾普通人到場，只為了看努爾族的彌賽亞里艾克一眼。但是他們必須等待，因為里艾克赴會遲到了。

由於帕加克的第二次大會人數暴增，這處偏遠村莊很快就無法負荷[2]。重裝武器充足，有著東歐集團製造商戳記的彈藥箱也是，食糧和飲用水卻不然。住宿空間也很稀少，厚厚一層棕色汙泥和巨大的雨水窪使得地勢愈來愈不平整。漫漫雨日耗費在等待他們遲到的領導者抵達。一間茅草頂小屋外，身穿迷彩軍服的青少年在擦亮塔邦的靴子並準備他的餐點。另一間小屋裡，里艾克之妻安潔莉娜正在思考策略，如今她被批評者戲稱為「第一夫人」。軍方高階指揮官聚在一起討論對於里艾克和他那群政客的集體失望。連穿著運動服的努爾先知達克．古葉也來了，向眾多睜大雙眼的追隨者打招呼。

一週後里艾克抵達並在帕加克周遭漫步，向歡呼的戰士揮手，且於貨卡車後廂與眾人大合唱。然而廣受歡迎的號角齊鳴，掩蓋了與之等量的反面怨恨暗流。

指揮官們穿戴迷彩軍服和綠色貝雷帽，跟身著西裝外套和非洲式印花衫的人一齊擠進臨時帳棚下，每個人都迫切想主張自己的重要性與想法。年輕代表站在泥濘的邊緣地帶，拚命想聆聽當日講者透過手持擴音器向群眾演說。較大規模的集會散去後，接著換成小圈子對於爭議點的辯論，指揮官吐露怨言，不滿里艾克和塔邦的領導方式與相對溫和的目標。帕加克的某些代表仍然希望征服朱巴並升起己方的旗幟，無論這種展望在二〇一五年有多麼不切實際。討論如此激烈，以至於惡名昭彰的指揮官加德特揚言殺了塔邦後，他決定在保鏢簇擁下出入會議場地。

里艾克成功度過每一場群情激憤的會議，守住自己的立場，以及對於協商停戰的策略性支持。但是反抗陣營大會反映出深刻的內部分歧。對里艾克而言，在己方陣營內部協商會一直跟與政府協商至少同樣困難，他的繼續生存尚在未定之天。

如同薩爾瓦一般，里艾克的身體也承受龐大壓力。折磨明顯表現在兩人的外觀、肢體語言與尋求的醫療照顧上。（薩爾瓦不只一次出國就醫，里艾克則動過眼睛手術並與持續膨脹的腰圍奮戰。）儘管兩人皆未經歷其決策強加於普羅大眾的肉體與情感磨難，置身極度針對個人的戰爭核心，他們之中任一人並未送命仍屬驚人之事。

薩爾瓦和里艾克最終在二〇一五年三月面對面談判。他們的議題如下：如何共享權力，如何打造新政府，如何組織國安部隊。閉於阿迪斯阿貝巴寬敞會議廳的上鎖房間裡，雙方談判時，協商代表、外交官、調解人和記者在外來回踱步。事態變得明朗，唯有這兩個人有權達成協議，然而矛盾的是兩人都承擔不起讓步。當房門開啟，兩人一無所獲地現身，政府間發展管理局調解人明白沒戲唱了。精神緊繃一年多後，和平進程不得不向極限低頭。

在一份寫給政府間發展管理局領袖的異常坦誠備忘錄裡，塞尤姆描述遭違背的協議、錯過的期限，以及兩人淪為「自身支持者的囚犯」[3]。他哀嘆南蘇丹協商代表傾向「把責任怪罪於自身以外的所有人」，及其「不負責任地忽視他們帶給同胞的人道災難」。阿迪斯阿貝巴談判桌上的許多代表，「其利益——資產、家庭、宅邸」不限於南蘇丹。假如他們協商失敗，塞尤姆寫道，他們有餘裕乾脆「到其他地方開展生活」。

塞尤姆的嚴厲備忘錄也沒放過自我批評。他坦承，政府間發展管理局的處境形同「癱瘓」。薩爾瓦和里艾克的派系察覺肯亞、烏干達、衣索比亞和蘇丹的利益競爭、空洞威脅並各自發送矛盾信號，這意味著他們未必需要達成協議。他們「揭穿政府間發展管理局的虛張聲勢」。

通常情緒平穩的衣索比亞總理海爾馬利亞姆流露我從未見過的沮喪。對於宣告和平進程失敗做過審慎思考後，他重拾冷靜，另行發布公開的「致南蘇丹人民訊息」作為回應。

「我很遺憾要通知你們，協商並未取得應有的重大進展。」這封訊息寫道。「不行動的後果是你們、即南蘇丹人民的持續苦難，以及一場無謂的戰爭在你們國家繼續延宕。這一點無法接受，在道德與政治上皆然。」他代表區域致歉並請求人民別失去希望。「我親愛的兄弟姊妹們……領導向來不容易，」他承認，接著暗示薩爾瓦和里艾克別無選擇、只能克服「雙邊持續敲響戰鼓的個人」。他表示，讓衝突繼續等於「背棄了領導者對於你們、即人民最神聖的責任：實現和平、繁榮與穩定。」[4]

數日後在華府，白宮官員宣布歐巴馬總統將於七月第四度、也是最後一次出訪非洲。停留地點包括衣索比亞與他父親的家鄉肯亞。這次訪問有機會運用美國總統的力量來幫助終止戰爭。經過十八個月挫敗的計畫不周、幾乎全在讓步的區域和平進程，許多人相信，廣泛認為主要幫助創建南蘇丹的美國，是時候主張更高的外交領導地位。將和談移往美國領土的「B計畫」未曾實現，不過現在美方政府有另一次機會撼動現況。

對於雙邊的失望相當普遍，衝突的極度個人化到達頂點。兩位南蘇丹領導者都無法使國家脫離他們共同創造的亂象，準備商討創造性解決方案的南蘇丹人則受到排擠。因此華府對待交戰雙方的語氣日益強硬，尤其是南蘇丹政府。

三月初，我們為國務卿凱瑞執筆一紙聲明，在朱巴引起相當多關注。「正當性並非任何政府推定擁有的權利，」聲明寫道，「而是由人民賦予，且唯有在發揮領導能力以保護、服務所有國民時才能維繫——這些責任遭到政府忽視。」[5]由於歐巴馬之行的計畫敲定，萊斯在七月強調此一強硬訊息：「過去十九個月間，政府背棄職責，未能保護國民，並揮霍其正當性。」[6]美方堅定支持朱巴人馬的日子已成歷史。

與此同時，華府的輪子急轉；歐巴馬總統該如何重振陷入困境的進程，並促成有意義的進展？從其他後衝突國家及眾多南蘇丹行為者身上汲取教訓，所有的選項都交付討論。專家、外交官和南蘇丹人在當時商討一系列的替代治理模式，每種模式涉及的變革程度，都比協商中的權力共享方案更廣泛，諸如：由技術官僚組成的看守政府，族裔多元的「智者會議（council of the wise）」，甚至是聯合國或非洲聯盟當局下的偽保護國（pseudo-protectorate）。每種選項都在想像沒有薩爾瓦和里艾克的政治未來。

畢竟，任何關注者都在問相同的問題：在這兩根避雷針之間的權力共享夥伴關係，能否切實促成有意義的變革，或者只是在為重蹈覆轍設局？鼓勵或強迫能讓他們退讓嗎？不只一些南蘇丹人敦促政府間發展管理局和美方考量該選項，不過需要審慎檢驗。他們退場會留餘地給更穩定的未來，或只是創造真空而導致進一步分歧？南蘇丹人能否對繼任者達成共識，或者由強硬派填補空缺？即使這個想法廣獲南蘇丹人支持，又要如何迫使兩位強人退出？

這些問題並非南蘇丹獨有，在政權更迭棘手後果所形塑的地緣政治年代，上述問題承載更廣泛的意義。由於在伊拉克一敗塗地導致美國的世界地位嚴重受損，歐巴馬是在承諾縮減前任總統的好高騖遠下當選。他對於美國重建其他國家的能力抱持懷疑，看重關於意想不到後果的審慎考量，並且反對一開始讓美國跟南蘇丹如此深繫的那種意識型態與熱誠。

立即要求薩爾瓦和里艾克退出，可能使歐巴馬總統暴露於再熟悉不過的風險。二〇一一年對敘利亞內戰做出回應時，世人目睹歐巴馬宣告該國總統巴沙爾・阿薩德（Bashar al-Assad）該下臺了。但是挑釁的阿薩德逃過一劫，損害美國在全球舞臺的可信度，相關事件也構成白宮外交政策的重大差錯。南蘇丹背景的獨特情況，包括美國作為主要捐助國的角色，能讓類似的聲明在此情況下有所不同嗎？華府會否、又能否投注政治資本以鞏固此一聲明？

敘利亞並非歐巴馬的白宮唯一需要考量的近期回憶。二〇一一年歐巴馬批准軍事干預利比亞，推翻長年擔任總統的格達費並最終導致他的殘忍死亡。這項行動或許拯救了生命瀕臨危險的數千人民，對於歐巴馬而言是「正確的事」。但是當後續的混亂使利比亞陷入派系戰爭，歐巴馬稱「未能為此後做規劃」是他總統任期內「最嚴重的過失」[7]。

總統歐巴馬在南蘇丹採取任何大膽行動的成功指望，端視區域支持與責任分攤。但即使如此也無法擔保會奏效。

美國總統同意在阿迪斯阿貝巴停留期間主辦一場區域國家元首峰會。其目標有二：首先，面對房間裡的大象，處理視而不見的問題：破壞和平進程的區域分歧，也可能妨礙協議的達成。

第二，為低落的進程帶來能見度，並創造一些新動能。南蘇丹的交戰雙方不會受邀。儘管無意在南蘇丹缺席下決定該國的未來，將他們排除在外的會議必定引起某些焦慮，並傳達美國對所有陣營不悅的清楚信號。

七月二十七日午後，諸位國家元首漸次抵達喜來登飯店，安排了一間大宴會廳來接待某種意義上的東非圓桌騎士團。數十位維安人員、幕僚與顧問穿過鋪紅地毯的鑲木走廊緩緩走進來，隨後一位接著一位入場，有總統肯亞塔、總理海爾馬利亞姆、非洲聯盟主席德拉米尼—祖瑪（Dlamini-Zuma）和蘇丹外交部長伊布拉辛·甘多（Ibrahim Ghandour）。烏干達總統穆塞維尼在典型作風下最後抵達，微妙點出這位年長政治家的資歷。

接著穆塞維尼又再延後會議，邀總統肯亞塔跟他一起到廳外，兩人沿著走廊退往五十步外的接待室。等著向歐巴馬示意的白宮禮賓人員不習慣「非洲時間」，看起來彷彿焦慮到要扯頭髮。儘管肯亞和烏干達總統位於聽力範圍外，穆塞維尼似乎在告訴「小老弟」，他對於即將展開的會議期望什麼結果。

所有的總統就座後，歐巴馬為會議揭開序幕，國安顧問萊斯和特使布思位於兩旁。視線越過白桌布及飾於中央的紅色與粉色玫瑰花束，歐巴馬感謝每一方迄今的貢獻，並說出他立定的會議目標。「作為這次商議的結果，我們的期望是，我們能真正將南蘇丹人民如此迫切需要的和平帶給他們。」[8]隨後他進入正題。

他指出，直到區域克服分歧並對共同的路線達成共識前，南蘇丹不會有和平。暗示坎帕拉與喀土穆皆有武裝分子涉入，他邀請政府間發展管理局領袖轉而運用影響力去終止無謂的戰爭。歐巴馬隨即將注意力轉往南蘇丹的交戰雙方、或能改變他們盤算的具體措施，以及調解人提出的和平協議最新期限八月十七日。假使又再錯過一次期限，事態必須有所改變。為了達成目的，歐巴馬暗示他願意支持薩爾瓦和里艾克不在內的過渡政府治理。若有必要，他準備好孤立這兩人，然而該決策需要當下坐在桌邊的人組成聯合陣線。

海爾馬利亞姆在理論上為此想法背書，其餘的總統則猶豫不決，表達不定程度的支持與遲疑。儘管不太可能達成整體共識，美國總統的呼籲並未白費。這項訊息不僅向在場者傳達明確信號，而且也會想辦法傳回薩爾瓦和里艾克的陣營[9]。

毫不令人意外，穆塞維尼是最不積極的參與者，使得厭倦他的反常行徑及武裝干預南蘇丹之人感到挫敗。為了限縮討論並維護對於情勢的影響力，M7向區域領袖提議，與其在美方面前暴露家醜，他們應該自行再召開一次會議以弭平歧見並議定日後方向。歐巴馬表示同意，可是堅持他們不能放任進程毫無結論。於是各國領導者宣布，他們期盼雙方在三週內談妥和平協議，倘若錯過期限，後續將採取懲罰措施在內的聯合國安理會行動[10]。

隔天歐巴馬在雄偉的非盟新總部發表一場歷史性演說，其人的身分既是美國總統，也是一位非洲之子。他談論非洲的廣泛主題與戰略優先事項，卻也將特別關注保留給南蘇丹。「我在現場，」他對於二〇一一年表示感嘆，「當時我們高舉南蘇丹，視之為新開始的承諾。」[11]看向體育場一般的禮堂，非洲領導者與外交官坐滿三層樓，他隨即轉而談論當下。「基爾先生和馬查爾先生皆未對於使人民免於苦難或達成政治解決方案流露任何興趣。」考量到局勢的急迫性，歐巴馬宣告他與政府間發展管理局主張八月十七日為和平協議的最後期限。倘若這兩人未能如期做到，他補充，「我認為國際社群必須提高他們冥頑不靈的代價。」

近兩年來，和平進程航向一個又一個方向，有時失去動力、只能隨風漂流。而今曾幫助該國實現獨立之人，對國內最有勢力的兩個人提出警告。迄今外界威脅未能動搖交戰陣營或其領導者，然而事後證明，要忽視歐巴馬的干預難度較高。一位美國總統來到了非洲，表明他願意支持不包括兩位強人在內的政治重建。

峰會結束後不久，塞尤姆提給薩爾瓦、里艾克及其他南蘇丹代表一份全面和平計畫草案供其審閱。七十二頁的文件再度題為「南蘇丹衝突化解協議（Agreement on the Resolution of the Conflict in South Sudan）」，借鑑兩年來的協商，並設法橋接迄今談判陷入停頓處。該計畫提出由薩爾瓦和里艾克共享權力的新政府：薩爾瓦獲得百分之五十三的政府職位，里艾克擔任副總統並獲得百分之三十三的職位。其餘職位分給解放運動黨先前遭拘禁者和其他政黨。協議明定永久停火、經濟改革與新的制憲進程，委任真相委員會和法院去調查戰爭罪並審判應負責任之人，包括薩爾瓦和里艾克在內。

儘管該協議的本質具有全面性，我們對此持嚴正疑慮。它部分基於我們為「B計畫」拼湊的協議草案，卻有一些基本差異：仍舊是過於狹隘的治理布局，且缺乏夠強大的監督機制以確保執行。在總統穆塞維尼進行最後一次有問題的干預後，它在國安與戰後復員（de-mobilization）事務方面也過於含糊。但是現在要全面修改已太遲。儘管存在顯著瑕疵，該協議仍勾勒計畫以終止戰爭、架構過渡政府並推動關鍵改革。任何協議的造就或破壞，端視領導能力與雙邊締造和平的意願。

上述情況體現經典的政策兩難——在不完美的選項間做出抉擇。這也反映華府勢力範圍的限制。對於「主導」進程有些不安，美國決定不在較早的階段主控和平進程。除非如今美國願意在此區域一意孤行，並拿出更多政治、經濟、或許再加上軍事投資致力於重建南蘇丹，否則唯有選擇支持其非洲鄰國提出的解決方案。迄今美國最大膽的表態、即歐巴馬要薩爾瓦和里艾克下臺的提議，未能廣獲區域支持。因此華府加入歐洲、中國和非洲國家，共同敦促交戰雙方致力於目前提出的協議。

對於南蘇丹的關注，在接下來三週間超越戰爭開打後的任何時間點。隨著歐巴馬的期限逼近，如此機會顯然不會再有。朱巴與區域首都充滿忙亂的電話鈴聲，祕密管道的商討，全天候往來穿梭的外交斡旋，全都為了消除隔閡並於八月十七日前兌現協議。

作為最後努力的區域元首峰會安排於期限日，理想上是要目睹進程終點。隨著時間流逝，外交官爭搶著幫助調解人修補問題點，納入政府間發展管理局國家的要求，並周旋最終的和解。雖然這次行動依舊屬於區域，歐巴馬的干預幫助促成步往協議的最後一推。

薩爾瓦和里艾克的陣營皆展開激烈的戲劇化場面。隨著達成協議的前景逼近，雙方都因內部分歧承受難以置信的壓力。在期限的僅僅一週前，反方陣營的歧見終於表露。「我們譴責並聲明與里艾克．馬查爾博士斷絕關係，」加德特和一群不滿的努爾指揮官於八月十日的公函寫道[12]。他們表示薩爾瓦和里艾克都已成為「仇恨的象徵」。里艾克不再是他們的領導者，他們宣告，並且拒絕接受他簽署的任何和平協議。

里艾克開除叛變者，他與失望努爾耆老間的緊急對話未能修補事態。里艾克仍保持掌控大部分的反抗運動，可是政府聞到血腥味。他們派出特務執行祕密任務，以裝現金的手提箱和職位承諾拉攏抗軍指揮官。假使他們能促成里艾克的反抗陣營瓦解，就沒有理由簽署協議，也沒有對手要共享權力。

當十七日的計畫敲定時，又一張反方的骨牌倒下。江森再一次宣布退出並組成他自己的反政府派系。江森及其脫離同夥明白這決定的重要性：離開可能在整體上傷害努爾族群，也或許無法帶給他們更好的結果。可是他相信，這項和平協議無法改善努爾群眾的生活景況。

江森和我通電話，他以特有的熱烈語調主張，他無法贊同一項滿足里艾克個人野心卻未能顧及努爾人基本不滿的協議，尤其是把如此多權力交還解放運動黨老兵手裡。江森的退出使情勢進一步升溫，政府強硬派成群擁往媒體，語帶諷刺考量為什麼總統還應該在期限日現身：「我們要跟誰協商？」里艾克被裂痕削弱，不過就像多年來的許許多多事件，他挺了過來。至少在當下如此。

與此同時，薩爾瓦陣營的激辯程度也不亞於對方。當總統準備在期限日前往阿迪斯阿貝巴，他內閣中最受和解威脅那群人使出渾身解數。他們發動一波恐懼、威脅與誤導的作戰行動，試圖阻止協議。某次內閣會議期間，有位出席者描述強硬派「煽動反對狂熱，導致任何人都不可能發言支持和平」。一位部長主張，假使薩爾瓦前往衣索比亞會被「留作人質」，他宣稱該精心陰謀受到華府支持。另一位部長捏造美國海軍陸戰隊「準備入侵」南蘇丹的報告。國務卿凱瑞是其中一位嘗試聯絡薩爾瓦並給予鼓勵的人，但是總統辦公室拒絕接聽電話。

這群政治人物希望勸阻總統連去阿迪斯阿貝巴的班機都別坐上，當他們得知軍隊統帥馬隆插手時信心大增；馬隆表示：「如果薩爾瓦去阿迪斯，他不該計畫回程。」總統辦公室在八月十五日放出試探風聲，表示由薩爾瓦的代表團出席，但是他本人不現身。然而此折衷做法引來堅定回應：未露面會引發對他政府的國際制裁行動。隔天，對於薩爾瓦政府內部考量的揣測陡增，外國使節安排眼線到機場回報決定。他會上飛機，還是不會？

薩爾瓦的車隊最終抵達停機坪。總統登上他那班飛機的階梯，竭力應付來自區域、國際社群和國內兩個群體的對立壓力：內閣中的鷹派，以及如今在他耳邊低語的一群新支持者，他們希望薩爾瓦簽署協議。任何人都說不準意外的總統會聽誰的。

在阿迪斯阿貝巴會議中心的一間僻靜接待室裡，肯亞塔、海爾馬利亞姆、穆塞維尼和巴席爾坐著等薩爾瓦抵達。房裡安靜無聲，空氣悶濁。天花板日光燈的嗡嗡聲顯得巨大。現在是最後期限的前夕，這群人渴望終結南蘇丹的災難。

薩爾瓦抵達時，他們向他說明協議要點，並鼓勵他簽署。總統點頭示意他願意，隨口表示要徵求內閣對此決策的意見，明天再回來簽約。里艾克在中心另一側的類似接待室裡等待，身旁圍繞十多位顧問。他已暗示有意簽署，體認到這是他仍有的最佳、也或許是唯一選項。

隔天早晨，薩爾瓦回到會場參與眾人期盼已久的峰會與簽約儀式。在大廳裡，南蘇丹代表群和愉快的外國使節帶著罕見的樂觀輕鬆交談，因為他們意識到長達二十個月的一連串艱辛事件即將結束。然而在接待室裡再度集會時，區域國家元首得知總是心口不一的薩爾瓦在一夜間轉變心意。

塞尤姆從密室會商走出來，他的疲憊與不可置信兩相結合，產生片刻明顯的漠然。「這個薩爾瓦．基爾，」他說話時面無表情，來回踱步，「這個薩爾瓦．基爾不是有能力下決斷的人。」這些話就這麼脫口而出，更像是某種沮喪情緒的反射性言語表達，而非神智清明的聲明。不過這件事捕捉到整個和平進程核心的其中一個根本挑戰。強硬派再度影響了薩爾瓦，而且一如既往，他同意房間裡最後一個人的意見。

隨後是數小時的哄勸，如今心急如焚的政府間發展委員會元首終於手段一致。連薩爾瓦的老敵人、蘇丹總統巴席爾都語帶鼓勵談論克服國內反對聲浪的領導風範。但是薩爾瓦並未動搖。身旁圍繞著他的最高層級協商代表，以及只有總統和A級名流周遭才會覆蓋的那種人形流動保護層，薩爾瓦踏出會議中心入口的落地玻璃門，坐進他的黑色越野休旅車後加速離去，據說開往機場。剛在幾小時前印製的數份和平計畫看似仍然會是未簽署的草案，成為可能發生之事的歷史注腳。

總統巴席爾和穆塞維尼離開衣索比亞，肯亞塔和海爾馬利亞姆則留下來，試圖打破僵局。他們在薩爾瓦離境前聯絡到他，千方百計勸他再次回到會場。薩爾瓦回歸的戲劇性場面構成整個和平進程最令人震驚的意象，具體呈現他所面對的廣泛挑戰。

當薩爾瓦的黑色武裝越野休旅車停在不久前駛離的相同位置，一群政府支持者擁向那台車。副手幫總統開啟後座乘客門，對於他們的最高屈服者一旦二度踏入會場可能答應什麼感到慌張。總統下車時，政府代表團的幾位高階成員試圖用身體阻擋他再度入內。車門外隨之上演激烈交鋒，人形保護層在車輛與入口處間來回擺盪，其力道體現中心點對話的激烈情緒。

政府部長們實際上擋住薩爾瓦通往入口的路，懇請總統別再入場、改去機場。在落地玻璃門內，好幾張嘴巴張得大開。幾位驚愕的旁觀者呆呆站立，不太能理解眼前上演的奇觀。

總統將獲勝，但是他顯然被這奇異片刻的強度撼動。然而他最後一次跟海爾馬利亞姆和肯亞塔的交談短暫且徒勞，很快他就在全無進展下再度離開。

接著是九十分鐘的混亂，國家元首、調解人、外交官、協商代表和助手在走廊上不斷來回，試圖挽回最後期限，或者在許多情況下只是想釐清究竟發生什麼事。沒有明確的啄序階層也沒有明確的計畫，肯亞和衣索比亞的部長、調解人和行政人員匆忙來去，執行彼此矛盾的指令，或是尋求能下權威性指令的某個人。在接待室跑進跑出，有位調解人提出一種解決方案，同時隔壁房間的另一個人想出不同的計畫。明顯惱怒的肯亞塔一度從另一個房間探出頭來，雙眼凸起，大喊要手下拿一份協議副本給他。沮喪、疲憊又擔憂的海爾馬利亞姆再次考慮宣告和平進程告終。

其餘的外交使節團保持沉默坐在大廳等待簽約儀式，渾然不知鄰近走廊的混亂狀態。當他們接獲警告，政府總協商代表希艾爾．丁格正提出折衷辦法以迴避國際譴責，這群外交人員衝過大廳奔入走廊。他們敦促塞尤姆和宋貝渥別再坐視不管。「你們不能讓政府又一次輕易脫身。」

特使布思與我敦促調解人繼續簽約儀式，讓已經聚集在大廳的其他所有當事者與見證者簽署文件，並且公開孤立政府。這麼做將確立薩爾瓦政府是阻撓的一方。當這項計畫在重新編排時，一位政府間發展管理局人員衝進房裡，宣告海爾馬利亞姆和肯亞塔已修訂他們自己的計畫，正前往臺上進行簽約儀式。

我們匆忙回到大廳，低語和毫不掩飾的目光表明普遍的困惑。協議副本送交臺上端坐者；里艾克代表反抗方簽署，普岡代表曾遭拘禁的十一人簽署，接著是其餘利害關係人，這一切是在興奮、淚水與嚎叫聲迸發中完成。有些人臨時起意帶頭向政府抗議，身為唯一未妥協的一方，政府代表在前排尷尬旁觀。

策劃這次的公開示意後，壓力如今落在薩爾瓦和他的人身上。然而總統肯亞塔使廳中幾乎所有人失望，他宣布薩爾瓦政府獲得額外十五天回到朱巴，內部協商後簽署文件。更多人投以錯愕的目光。「為什麼！」某個人大喊，那是群眾裡眾多的反對意見之一。沒人曉得肯亞塔確切的意思為何：為什麼給更多時間？這項協議是否「完成」，或者他們是指政府還能協商後續的修改？場面令人困惑至極，導致相互矛盾的媒體報導出現在網路上，由並肩坐在同一間禮堂中的記者所發。

薩爾瓦回到朱巴面對他迄今最艱難的遊說。他一在國內降落，政府裡的鴿派懇求該是講和的時候了，鷹派則號召新一波的仇恨對立。

在紐約，美國外交人員分發一項決議草案給聯合國安理會成員[13]。是時候落實總統歐巴馬的諾言，「提高冥頑不靈的代價」。在南蘇丹、該區域與西方的許多老盟友一再嘗試幫助薩爾瓦修正路線，但是當那一切證實徒勞無功，他們訴諸於施壓。聯合國決議草案授權對南蘇丹武器禁運，且於新的十五日期限若未達到時制裁政府失職者。盛傳薩爾瓦和他的最高層級部長皆列入決議所附的一份祕密制裁名單。歷經連月來的空洞警告與不具約束力的最後通牒，此舉使朱巴某些人大驚失色。顯然他們如今面臨貨真價實的威脅。

新任美國駐南蘇丹大使莫莉・菲（Molly Phee）僅於一個月前赴朱巴敘職。這是一次火的洗禮，包含在前排座位近距離觀察薩爾瓦政府內部的異常混亂。在這段期間她跟薩爾瓦有過一連串單獨對話，他日益增加的猜疑也展露無遺。「這傢伙對於我們支持里艾克的想法感到歇斯底里。」她回想[14]。

「你知道的，總統先生，我聽說許多關於美國政策的揣測，」她對他說，「我想我可以跟你討論這些謠言並告知你事實。」菲釐清了美國地面部隊入侵朱巴、推翻他並扶植里艾克的毫無根據說法。她試圖勸他別採信如此不合乎常情的想法，安撫他自己是來這裡跟他共事，並鼓勵他簽署協議。「我聽從歐巴馬，他說不派地面部隊，我相信那一點。」薩爾瓦回應。「但是他將會用無人機逮到我。」

政府辯論九天後，大使菲突然接獲總統辦公室的邀請。信函宣稱簽約儀式將於隔天早上在朱巴舉行，也就是八月二十六日早上十點。標示「非常緊急」的邀請函表示區域國家元首將參與儀式，屆時政府「預計簽署所提的協議」。

反對者連日來一直在遊說抵制協議並動員輿論，包括制定計畫召開群眾集會，反對他們所謂的國際社群「陰謀再度殖民南蘇丹」。政府內部人士轉達最後三十六個小時上演的「惡鬥」細節，但是在儀式當天早晨，街頭傳言是薩爾瓦已選擇簽署的一方。衣索比亞、肯亞與烏干達領導者抵達朱巴，前往稱為自由廳（Freedom Hall）的白色四方長形帳棚。

早上十點已到，不見薩爾瓦的人影。在廳內，菲跟政府部長、外國使節、記者和受邀民眾一起坐著等。天氣炎熱，風扇和冷氣機組在隆隆作響間奮力運轉。過了一個小時後，大使菲接到一位緊張政府部長的電話。「鷹派」火力全開，又累又氣的致電者告訴她。「一切都在分崩離析。」馬隆將軍和其他人一直向總統施壓直到今早凌晨，再度說服他別去簽署。日出時消息傳開，支持和平陣營的鴿派匆匆趕往總統府要挽救協議。

隨後上演緊繃的五小時拉鋸戰。菲在深廣的帳棚後方踱步，用手機打給政府知情人士與區域官員，期望他們的總統或許能將薩爾瓦拉出泥沼。菲表示，他的搖擺不定顯示「政府內部正廣泛上演的實情。政府癱瘓了……好人在這一邊，厭倦了這場鬥爭，而在另一邊，那些拚搏堅守立場的人繼續在飼料槽裡爭食。」

最終，下午四點薩爾瓦的車隊抵達自由廳，爆滿群眾在不安中度過漫長的幾個小時。薩爾瓦入場並坐進臺上中央的椅子，背後是紅色、綠色、藍色、黑色和黃色相間的布幕。區域國家元首位於他左右兩側，對於奉送整整一天感到惱火，卻也樂見終點線如今（但願）近在眼前。

里艾克依然留在阿迪斯阿貝巴，不過他在朱巴的眼線拿著手機坐在會場，電池滿格，準備從自由廳轉達消息。當儀式開始，或許包括薩爾瓦在內的每一個人都在想，究竟他會使用擺在面前的儀式簽名筆，或是宣告拒絕接受協議。

近一百萬難民逃出國，數千人喪失生命，南蘇丹社群比動盪歷史中的任何一個時間點都更分化。聯合國保護營地內的惡劣生活條件使得尼亞庫葉的孩子生病，她的丈夫也死了。賽門同樣繼續留在那裡；他兩年多沒見過自己的母親。阿雁從蘇丹「返鄉」後還是沒有工作，她的家人仍占居於朱巴的西側，被多月未支薪的警察騷擾。他們的命運，以及他們年輕國家的命運，歸因於薩爾瓦與這一刻。

薩爾瓦站上講臺。「我們的選項只有強加的和平，或選擇繼續戰爭。」他開始宣讀準備好的聲明。他的演說如常緩慢，有段時間，群眾中許多人無法判別他究竟是否在宣告接受協議。

局勢逐漸明朗，他將簽署協議，最後他請坐在臺上的區域領導者支持協議落實。但是，他補充，「我們有我方深切且實為嚴正的保留，」接著開始列舉具體的限制條件名單。群眾裡的外交人員轉頭看向彼此並低聲交談，試著釐清這詭異的轉折。似乎薩爾瓦政府將簽署協議，只是附加一系列詳盡的反對意見。

由於政府中有一派人拒絕屈服，薩爾瓦答應至少納入他們的保留意見。這是奇特的花招，因為附加條款矛盾地要求，薩爾瓦即將公開背書的協議，有部分應於日後刪除或修改。一旦國際關注減弱，反對者或許會利用這項漏洞徹底忽視部分協議。

薩爾瓦的演說結束後，政府助手隨即請區域領導者為保留意見背書。他們表示拒絕，強硬派的馬可威、即「保留條款」的認定起草者衝出廳外。「他就這麼站起來，從後面大步走出去。」大使菲憶述，認為馬可威是在明白表達他的蔑視。「在我們國家，從你的總統面前離席，你會被開除。」考量到保留條款有可能破壞不穩固的和平，萊斯隨後發表聲明強化區域共識，表示美國「不承認協議的任何保留或附加條款」[15]。

區域元首隨即挺身而出，直面廳內的混雜情緒並表達對於和平計畫的無條件支持。「你們不能活在過去。」總統肯亞塔對群眾說，他的話是有意對政府強硬派說的。「我知道這對你們而言是艱難時期，」他說，但是對於「完美」協議的渴求不能跟延宕的和平為敵。接下來穆塞維尼站上講臺。他的發言更加費解，引述前美國將領奧瑪·布萊德利（Omar Bradley）的話，指稱南蘇丹的衝突是「錯的戰爭發生在錯的時間和錯的地點」。他做出結論，「簽吧。締結和平。我們將會支持你們。」

下午近五點時，當薩爾瓦拿起筆並翻開文件，站在他身後的國家元首們看來明顯疲憊不堪。他們在薩爾瓦周圍站成半圓形，彷彿要擋下其他任何干預。薩爾瓦在協議的每一頁簽名，終於，程序完成了。

臺上的心情變得輕鬆，互相道賀，發出憂煩過後的寬慰笑聲。落實會是另一場戰役，雙方的不安也很難忽視。不過現在，似乎有了終止戰爭的藍圖。和平進程終於完成。

Chapter 22
失去的愛

「你可以跟某個人變得親近，但是仍然扮演嚴厲的朋友……我們從來不是嚴厲的朋友。」

——蘇丹人民解放運動黨的長期美國支持者

朱巴／華府，二〇一六年六月

越過我們面前由右至左流動的寬廣和緩水道，對岸的樹木與茂盛綠草全染成黃金色調。直到一小時前，午後日頭的刺眼白光洗滌我們眼前的景致，奪走場景和人物的差異、細節與深度。然而隨著下垂映在我們身上的芒果樹影愈拉愈長，從河畔平臺往外看的景觀變得銳利鮮明。光與影攜手合作，展現獨木舟上男子持槳划出的每一個周密動作。更往下游去的淺水處，高瘦身影依循例行公事抹肥皂，另一些人蹲伏在水盆上。

每日此刻下午微妙地演變至傍晚，戶外溫度變得可以忍受，坐著談天時無需不斷擦去額頭的汗。女侍者單手把酒從托盤放到我們桌上時，兩罐綠色啤酒瓶碰在一起。她打開瓶蓋，阿利額（Alier，讀音 AH-LEE-ehr）灌了一大口。解渴後呼了一口氣，阿利額看向我說，「我來拋。」

身穿短袖格子衫、略顯侷促的男子站起來，抓起釣竿，將掛餌魚鉤直直拋入昏黃光線下，他的頭跟隨魚鉤的飛行路徑，直到它沒發出聲音墜入底下的深色水流。這裡是阿利額最愛的釣魚地點，過往多年來我們數度在此碰面談天。他為人友善、風度翩翩、不囿於任何特定的政治議題，一直是思慮周詳且熟知事務的人。阿利額是丁卡人與一位中階政府官員；他擁有能力與人脈，可是如果你讓他選，他往往選下午去釣魚而非政治事務。

而今情況不同了。南蘇丹變得分化，在戰爭驅使下，即使最溫和親切的國民也傾向兩個極端。依據二〇一五年八月和平協議的條款，里艾克在他的協商代表與議定數量的部隊陪伴下，於近日回歸就任副總統職位。緊張態勢高昂，依舊憤怒困窘的雙邊陣營都在試圖摸清對方底細。因此我們才交談十五分鐘，當陌生的語氣出現，很難相信坐在桌子對面的人就是我認識多年的阿利額。

如同置身這場戰爭的其他許多人，阿利額認為責任幾乎完全落在另一方。他否認或淡化政府的行動，同時主張戰爭、城鎮的破壞與無差別殺戮全都是「抗軍的作為」。聽見他說朱巴的努爾人民遭屠殺實際上是某種精心策劃的詭計，由努爾士兵犯下然後「怪罪給政府」，我幾乎無法置信。

我朝阿利額深深蹙眉。「在我看來難以理解，一場這麼激烈的戰爭……這種種殺戮，種種暴力……竟會只發生在一方。」我說道。可是阿利額並未退卻。

他起身察看釣竿，我利用機會把話題轉移到現已完成的和平進程，以及幫助制止戰爭的廣泛國際努力。對於魚餌所在的位置感到滿意，他倒回椅子裡。「顯然有陰謀。」他說，附和著影響政府的重重猜疑。「從一開始就很明顯。」美國、聯合國和區域國家，他剖析，全都跟抗軍合作要推翻薩爾瓦和他的政府。「他們寧可跟里艾克交涉、而非薩爾瓦。」他說，複誦深植於欲指控國際社群人們心中的眾多口號之一。

阿利額含糊地說，「整件事的幕後策劃者」要為政變指控不被相信負責，並且塑造刻意對其政府不利的和平進程。他指的幕後策劃者是美國政府。儘管迄今措辭委婉，愈來愈清楚阿利額認為華府該負責，嗯，所有一切。

我問道在推動和談並施壓要他的政府締造和平時區域扮演的角色。「出錢的人說了算。」阿利額回應，暗示衣索比亞、肯亞和烏干達人只是在按照美國的吩咐辦事。「歐巴馬利用這些人為他要辦的事效忠。」連談到里艾克動員努爾族戰士時，他也暗示有不為人知的外國干預。「（利用）族裔去動員的想法，一開始也不是源自於抗軍。」他說，總算朝我的方向瞥了一眼。

隨著阿利額的合理化解釋變得愈來愈荒謬，我盡力壓抑衝動別告訴我信任的老線人這一切聽來多麼可笑。我試著用希望是更尊重他的帶風向方式，提問能暴露他所詳述不實言辭漏洞的問題，並引介經獨立來源證實的資訊。但是我也克制別使出全力嘗試改變他的想法，因為我想瞭解他的觀點，他的政府充斥此觀點、一路到最高層級。阿利額在跟外國人、而且還是美國人及前美國外交人員談話時必定會掩飾說辭，但他不是來把我弄迷糊的。如同許許多多政府同僚，他已然相信自己方才闡述敘事的核心要素。

徹底對立的敘事在衝突最初幾個月出現，且於戰爭期間日益鞏固。到了二〇一六年，與任一方交談都會撞上堅硬的花崗石。雙方都照本宣科己方敘事，在各自陣營內上下傳遞，時常造成相同的用語和口號在一次又一次討論、一場又一場爭論中浮現。不過那種現象、或者與美國的固著關係，皆非阿利額和他的政府所獨有。

「美國應該做得更好。美國不該讓我們重回薩爾瓦．基爾治理的政府。」法南（Vanang）說得毫無保留或附帶條件。這是我跟阿利額談話的隔天。帶著我逐漸在許多南蘇丹人身上體會到的常見直率，不久前晃到我桌旁並開啟對話的男子，現在毫不掩飾地分享他的政治觀點。我是坐在朱巴這間飯店後院唯一的卡瓦賈（白人），我的膚色是引起高於尋常關注的新奇事物。法南自我介紹，我邀請他拉開另一張塑膠椅坐下。他有一張瘦長的臉和山羊鬍，身穿牛仔褲、T恤和塑膠涼鞋。我幫我們各點一瓶水。

當他察覺我是誰以及我曾參與和平進程，他立刻改聊政治活動內幕。法南是里艾克反抗陣營的一員，職業是記者並受過大學教育，最後這項事實也許讓他跟打這場仗百分之九十九的人有所區別。跟阿利額一樣，他訴諸陳腐的牢騷敘事，重點不在國內問題或解決方案，而是華府和更廣泛的國際社群為何該為戰爭負責。阿利額昨天告訴我美國在幕後策劃政變，法南相信的完全相反。他說美方資助烏干達的干預，攻擊他的抗軍並支持薩爾瓦政府。

「美國應該讓我們一路攻進朱巴。」他說，意指二〇一四年一月抗軍進攻至距離首都極近處。他堅稱，倘若里艾克和抗軍趕走薩爾瓦並掌權，「國內就會有和平。」

「真的嗎？」我帶著明顯懷疑的口吻詢問。「我覺得可能再發生另一場屠殺。」我主張，就像其他地方一樣，各派系輪流主掌朱巴後將上演暴力循環，且由於半開發的都會中心橫遭殺戮，雙方人民都要受苦。他不願考慮這一點，身體前傾並伸出食指，準備發動反駁。「國內會有和平。」他複述，接著再度將當前事態怪罪給美國。

「我能不能問，為什麼你認為決定這些事是美國的職責？」我第二次詢問。他也第二度沒思考這個問題，反而進一步表示美國該派軍隊趕薩爾瓦下臺。「假如他不想派自己的部隊，可以透過區域來做這件事。美國給錢。所以當他們說『你去做這件事』，事情就會辦好。」

又來了，我心裡想。「我希望如此，法南。」我說道，打消他的錯誤幻想，並解釋美國外交活動在該區域的諸多限制。「相信我，華府那群人不是天天一早醒來，就開祕密會議去決定世界的命運。」

我的同桌夥伴也跟阿利額相仿，堅信美國的目標一定是獲得他們國家的石油。「你曉得北達柯塔石油熱潮嗎？」我問道，試著暗示美國能源布局的革命性改變來戳破他的陰謀論。法南迴避這個議題，反倒轉向非洲大陸的地緣政治。「美國的目標是對抗中國。」

每一方都將他們認為不公正的結果歸咎於美國。當然這是全球強權在世界許多角落的遭遇。然而這在南蘇丹尤其明顯，即近三十年間美國進行具重大意義干預的遺續。長久以來，南部領導者寄望美國、歐洲及區域友人保護解放運動的利益並推動南部志業。首先是人道支持與政治倡議，接著要武器和財政資源，再向喀土穆施壓以終結戰爭，最後實現自決與獨立的公投。而今許多南蘇丹人依舊將美國掛在嘴邊，不過現在他們說的是美方如何辜負他們。

南蘇丹和平進程與二〇一五年夏天簽署的協議招致相當多批評，也應當如此。協議還有很大的改進空間。有些批評正確地指向美國。然而這基本上屬於區域進程，許多人對於美國的角色及其策動理想結果的能力抱有誇大認知。考量到十年前華府在全面和平進程扮演的主導角色，及其催生南部獨立，這種觀點可以理解。不過局勢已改變。

總統歐巴馬在二〇〇九年史無前例的經濟危機中就任。一位白宮顧問表示，那場全球創傷「徹底撼動世界秩序，比九一一事件還嚴重。」[1]

美國外交政策的本質同時也在演變；隨著華府竭力應付敘利亞、伊拉克、阿富汗、埃及、烏克蘭和利比亞的衝突，關於美國影響力限制的艱困問題也經重新考量。俗稱阿拉伯之春的動盪事件尚未遠離，中東的遜尼派與什葉派冷戰正快速加溫，總統歐巴馬則投注全力與伊朗達成核問題協議。與古巴的歷史性開端正在醞釀當中，俄羅斯的擴張主義則讓戰略家夜不成眠。與此同時，就在南蘇丹開始分崩離析時，俗稱的伊斯蘭國（Islamic State, ISIS）突然躍居國際舞臺，使人們對於「反恐戰爭」產生新的認識，且讓錯愕的政府官員慌忙討論最新情勢。

總統歐巴馬曾於第一個任期幫助催生南蘇丹獨立，達致二十年來美國兩黨支持的頂點。但是歐巴馬既無對於南蘇丹的長久投入，亦無意識型態上的世界觀去再次促成異乎尋常的美方強力涉入。浩大建國概念是一種風尚的時代已經過去。眼前這位總統當選的部分原因出自他拒斥美國在伊拉克的失敗，以及他深切懷疑華府有重建海外國家的能力。因此在該國發生內戰之後，歐巴馬的目標一如往常審慎。停火是一件事，建構民主或重建國家是完全另一回事。

長串外交政策挑戰導致華府蒙受消耗並非新鮮事，不過另有兩個因素限縮美國的涉入。首先，令人難以招架的全球危機議程，占掉跟南蘇丹抗爭最具歷史關連那群官員的注意力。國家安全顧問萊斯和其他長期支持者如今在歐巴馬的白宮擔任要角。儘管他們盡力制止暴力並挽救他們協助寫就的歷史遺產，他們也忙於處理遠遠更具國安顧慮的事務，無法投入與過往相當的資源和注意力。由於區域戰爭擴大會造成可觀的漣漪效應，蘇丹內戰與南北緊張關係一度具有相當的戰略意涵。可是一場在南蘇丹境內的內戰？幾乎沒有。（這也有助於解釋在南蘇丹的後獨立初期，何以獲得的關注相對稀少。）

其次，獨立志業不再是「大受歡迎之事」。華府的解放運動黨寵兒們收下包裝精美的機會，然後立即揮霍掉。這不再是一場爭取自由與解放受壓迫人民的正義之戰，而成為、或顯得是關於貪婪、掠奪與失敗的愚蠢故事。南蘇丹變成一個損害控制的案例，對於如何加以修補並無明確答案。現在就是要「減少投入其『重建』的時間與政治資本」，一位美國官員坦承[2]。至於美國聯盟中的其他人，對於自己曾如此熱烈支持的志業蒙受失敗感到震驚，選擇退避一旁。

與此同時，一開始促成美國涉入的宗教與社運團體已繼續前進，為其他人道志業發聲。援助團體在減輕戰爭日常衝擊方面有著英勇表現，然而世界各地有許許多多嚴重危機，始終難以替此種人為災難爭取支持。

就某方面而言，美國對於創建南蘇丹的投入屬前所未見。在歷史上，美國的涉入是植基於價值觀的美方外交政策思潮產物，而非更實際的國安利益盤算。在幾位擁有非洲與人權資歷的政策制定者、一群利益團體與兩黨聯盟的推動下，這項志業值得支持。儘管一路上跌跌撞撞，上述群體產生異乎尋常的影響，幫助終止蘇丹的戰爭且將獨立交到南部手中。可是當新的共和國崩塌，全球情勢已改變，支持者已展開新的活動，捍衛者如今忙於其他事務。美國將投入數十億美元從事人道救援，並延續可觀的外交努力以重建和平，但不會再去挑戰不可能的移山使命。

就在我跟阿利額和法南談話的兩週後，一系列的暴力事件，象徵著美國與南蘇丹間的關係已有多麼根本的改變。世界上最新的國家不僅退出美國的優先事項清單，在殘暴的戰爭期間關係惡化，而且一度顯得牢不可破的羈絆，於二〇一六年七月粉碎殆盡。

七月七日星期四入夜後，七位年紀大多三十歲出頭的美國外交官，從朱巴一間本地餐廳的同事歡送會離開回家。然而外面街道上的氣氛截然不同。里艾克回到朱巴。可是他的士兵與薩爾瓦政府人士間的張力於近日升高。

兩輛載著美國人的武裝豐田越野休旅車，在鄰近總統宅邸的一處檢查哨被解放軍士兵攔下。一位士兵敲了敲防彈玻璃窗，但是美國人示意，按照正常外交禮儀他們不會開門。不滿意的士兵還是拉住門把企圖開門。大使館的司機踏下油門，越野休旅車飛快駛離。「我的腎上腺素飆升。」其中一位美國人憶述[3]。士兵和他的同僚瞄準武器並開火，把大批AK-47子彈連發射向加速中的車輛。「該死，真的很嚇人。」美國人繼續說，「我是說，如果他把我們的車門打開會發生什麼事？」

當車輛掉頭並高速開往大使館，又有兩群士兵向疾駛的越野休旅車開火。大使館的無線電高聲傳出車輛與美國使館內人員之間的發狂對話。一支美軍陸戰隊快速反應小組出動，帶這群人回到大使館。雖然無人受傷，安全人員在看見車輛駛入時目瞪口呆，共遭到近一百發子彈紋身。

美國大使菲憤怒不已，隔天早上拍下滿布彈孔的車輛照片傳給總統薩爾瓦和解放軍將領，並對他們發出嚴厲警告。這起事件既非預謀也不是由高層下令，但那並未帶來安慰。有些人認為薩爾瓦對於欠缺紀律的士兵掌控力不足，其他人堅信這反映當時瀰漫政府階層的危險反美情緒。僅僅在四天後，第二樁事件使得後一種更令人擔憂的解釋更加可信。

里艾克在二〇一六年四月重返首都，然而三個月後，和平協議的實施落後了。里艾克抵達總統府，他與薩爾瓦原本打算共同協商過渡政府的運作細節。不過兩人坐在府內時，他們各自的部隊間爆發槍戰。

接著上演四天的巷戰，重演格外痛苦的似曾相識情節。數百人被殺，數萬平民再度逃往聯合國基地，解放軍的砲艇直升機盤旋城市上空，朝里艾克部隊開火。

七月十一日，政府部隊將最近回歸的里艾克抗軍趕出城外，歡欣鼓舞的士兵把槍轉向一處受歡迎的外籍人士院落。近一百位穿軍服的人破壞大門後湧入樓房，開始毆打、嘲諷、強暴裡面的人，他們大多是外國人。美聯社（Associated Press）隨後發布四小時攻擊事件的詳細描述，包括幾位美國倖存者的令人震驚敘述。有位女性援助工作者被卡拉什尼科夫自動步槍指著，其中一個攻擊者給她最後通牒。「要不妳跟我性交，否則我們讓這裡每個人強暴妳，然後我們拿槍射爆妳的頭。」

她並非單一個案。「他一直拿AK-47打我。」另一位美國人在士兵強迫她進房間後舉報。「張開妳的腿，」他對她大吼，「如果不張開妳的腿我就殺了妳。」一位本地記者在這群人面前遭到處決，至少其他兩位援助工作者被輪暴，另外十多人則擠進一間浴室並鎖上門。他們最後也被拖出來。

根據受害者的陳述，士兵們似乎把美國人當成目標，他們之中有些明顯喝醉。一些人表達對於外國人的蔑視，特別聚焦在美國，「你們害這個國家一團亂，你們在幫助叛軍。」他們怒叱。用皮帶和槍托毆打一個美國人後，他們要他帶著一條口信離開：「你告訴你們大使館我們是怎麼對你的。」[4]

就像數日前針對美國政府職員的襲擊，這樁殘暴攻擊不可能由南蘇丹當局授權。但是這群士兵的反美態度必定是從上涓滴而下。他們的總司令拒絕會見美國大使，也不接華府打來的電話。與此同時，他的部長不斷公開宣言反美言論，且於私下挑釁對待美國官員。危機爆發之際，美國海軍海豹部隊（SEALs）在直升機撤離的救援任務中受重傷，美國大使館再度處於高度戒備，如今充滿加派的維安人員。

獨立時兩國間的友誼到達顛峰，僅於五年後，美國人如今在首都遭到無情攻擊，由美國幫助創建的政府所為。接連兩起事件震驚美國行政官員、國會與眾多友人，顯示出關係變質得多嚴重。戰爭本身、日益不友善的互動、政府的修辭與忽視美方外交訴求，導致華府許多人詫異且失望。但是鎖定攻擊美國人是完全另一回事，在如此長久以來擁護南部志業的人身上多扎一根分外痛苦的刺。這絕非二〇一一年所設想的童話故事結局。

「我不知道。」問及二〇一六年七月是否代表美國與南蘇丹間關係的低點時，美國大使菲說道。「有那麼多低點。真的很難挑出一個。」於一度緊密的關係近乎被撕成碎片後，菲才上任。她對華府與解放運動黨理想化關係的危險有著難得的見解，經歷也不同於幾位前任。「要在我們雙邊關係瓦解時掌控全局非常困難。考量到我們（美國）對此投入多少，這相當令人氣餒。我們那麼努力……現在他們把一切都怪在我們頭上。」

「太興奮，也太激動了。」法蘭克・沃夫的職員回想時露出自豪微笑。「你知道嗎，那裡每個人都認得他。」在二〇一一年一月的南蘇丹公投日，美國眾議員沃夫與兩位職員離開國會山莊的辦公室，驅車前往維吉尼亞州北部的一處投票所，那是為了讓離散在美的南蘇丹人能投票所設立的其中一處。

沃夫與數十位興奮的選民握手，有些他以前見過，他們聽過他在國會聽證會的激昂演說。六個月後，他的長期夥伴佩恩將與大批美國代表團赴朱巴參與獨立日慶典。儘管沃夫無法成行，你能想像超過二十年的努力以值得紀念的一天告終。

但是在該國創建滿一年前，沃夫說，他「開始感到擔憂」。當時他並未採取行動，卻承認「那時候就該吹響警報」。

與華府僅有波多馬克河一水之隔處，在沃夫的維吉尼亞州三樓辦公室會議桌另一頭，這位長年鬥士往後靠在他的椅子上。我們在二〇一六年八月的這個悶熱下午已經談了一小時。當話題從與南蘇丹的歷史關係轉到該國近年的分裂，退休的議員變得沮喪。「我不曉得，我不曉得我能否回答那些。」當我詢問與抗爭者的深厚情感，是否導致美國支持者對於南蘇丹令人憂心的走向視而不見，他防衛性地模糊回應。

一陣緊繃的停頓後，沃夫轉移話題，就像他已經迴避過一次那樣，改談似乎是他對於分裂的主要論點。「我依然相信要是（加朗）沒死，局勢會完全不同。」沃夫是會見加朗的首位國會議員，在二〇〇五年聽聞這位抗爭領袖直升機墜毀的消息時震驚不已。沃夫是對的；若是國家具有遠見、廣受歡迎的人物活著，事態也許會大為改觀，然而這無法釐清或確保，南蘇丹要如何躲過二〇一三年的崩解。在許多人心目中，魅力非凡的抗爭者是一位無比重要的人物，可是用他的死去搪塞發生的事，或者用來為美國對於南部抗爭者的深厚、盲目情感辯護，都是太過輕易的合理化。

我問及當年是什麼讓沃夫掛念加朗的蘇丹人民解放運動志業，他毫不遲疑回答，「那些貧窮，那些苦難……我的心思飛到南部人民身上。」不過他主動中斷，並以錯置的方式轉換路線。把焦點轉往相較之下喀土穆有多糟糕，他說，「在西方發生的這一切恐怖分子活動？真正的起源在蘇丹。」這種說法過於誇大，反映解放運動代表四處拜訪華府友人間，變得嫻熟於宣傳有時顯得誇張的敘事。然而正值朱巴傳出進一步惡化的近期消息，攻擊美國外交人員與援助工作者就發生在我們會面的幾週前，沃夫的轉移焦點嘗試顯得難堪，還想為二十年來堅定支持如今在新國家作亂那群人辯護。他在區分朱巴的惡行，以及喀土穆的更惡劣行徑。

「有沒有可能美國的擁護者跟解放運動黨走得太近，」我再度提問，「誤把利益當成友誼？」沃夫不情願地承認，卻再度改變路線，這次怪罪民主黨人。自戰爭開打起，他數度建議前布希政府官員應該干預。但是，他補充：「我不認為他們想聽一個共和黨人的意見。」這番轉移焦點似乎找錯地方，並且背離真正的挫敗點，即美國影響力的流失。派任不同政治黨派的官員也無法重拾影響力。「你會想起，總統布希在危機初期致電總統薩爾瓦．基爾。」我提醒他，當時冷漠的薩爾瓦提早結束一度與他志同道合者的來電。我又試著強調華府與南蘇丹領導階層的長期友誼，本質上擁有兩黨的支持，但是沃夫打斷我。「你知道的，賓·拉登在那裡住過一段時間。」

批判性反思二十五年來堅守的政策並非這位退休眾議員打算做的，至少不是跟我分享。沃夫察覺談話愈來愈不快，打算收尾，在走向門口時拋出最後一句話。「我關心人民，我一開始是為了受苦的人民才涉入。」我相信他，不過很難曉得他是想用他的正確意圖說服我，或他自己。我闔上筆記本，謝謝他和他的職員，回到停車場苦苦思索剛剛聽到的內容。

我打開車門鎖，把筆記本丟到後座，旁邊是我那本沃夫的書《良知的囚徒》。把手放上方向盤，我回頭凝視剛剛走出的那棟辦公大樓。我無法判別，究竟沃夫是只想為出問題計畫推卸責任的政客，或者他是一位真誠的行善者，幻滅於三十年來被灌輸光明正大、真實、正義的簡明敘事——直到再也不是。

不只一位外交官用「狂熱」一詞來形容沃夫對於蘇丹問題的投入。縱然狂熱，沃夫絕非帶著惡意。他對此議題的關注很真誠，儘管熱烈奔走也許鞏固他身為道德鬥士的聲譽，這在華府政界不太可能是對於職涯的追求。考量到沃夫有時過度簡化政界要角及其動機，不禁讓人懷疑他對於蘇丹局勢的掌握，是否比他掛名執筆的許多信函和決議書內容更加淺薄。天真是他的短處嗎？或是擁有正義的熱誠與堅定進取的政策訴求，卻缺乏相等的理解能力？

成功招來許多親朋，失敗卻會落得孤零零。雖然華府許多人樂於搭上獨立的順風車，而今少有人願意投身、或與眾人眼中失敗的計畫有關連。值得稱許的是，沃夫一直在尋求如何終止南蘇丹暴力的點子。但是他的努力欠缺過往的熱情；即使是沃夫，理想主義似乎也因失落的願景而洩氣。

在南蘇丹的二〇一一年自決公投前，歐巴馬政府內外的解放運動黨長期支持者變得完全聚焦於確保南部獨立與和平的分離。他們的情況也無可非議。然而許多人堅定站在「好人」的一邊，刻意忽視已於南蘇丹新興首都生根的令人深切擔憂走向。

「並沒有很多批判性思考。」一位美國官員表示，省思二〇一一年當地複雜性與華府固有政策環境的對比。「你只是彷彿曉得事情就是這樣，並且假定環境不會改變。這種荒謬的敘事無可動搖。」[5]骰子已擲下，無法回頭。

許多解放運動黨支持者未能理解，以此種非凡投入與熱誠從事其志業的後果[6]。隨著時間過去，抗爭先鋒變得並非對南蘇丹人民、而是一群西方支持者負責，後者顯然願意不計代價支持他們。超過二十年間，這種不加批判的擁抱、簡化的道德敘事與感情用事造就了道德風險。

「我們喪失了客觀性。」上述夥伴關係的一位懊悔擁護者在二〇一六年告訴我。「你可以跟某個人變得親近，但是仍然扮演嚴厲的朋友……我們從來不是嚴厲的朋友。」[7]

Chapter 23

康的兩難

「最強大的心是能原諒的心……這樣沒完沒了。在某個地方，某個人必須做出最艱難的決定。」

——康・朗班

瓦阿特，二〇一六年六月

嗖……嗖—嗖。烏克蘭製 Mi-8 直升機的巨大旋翼在頭頂轉動得愈來愈快，直到嗖嗖聲變成高頻的嗡嗡作響。身穿褐色連身飛行裝的白髮男子遞給我一副降噪耳機。跟機組其他成員一樣，他理平頭、戴金項鍊，制服乾淨且合身。他的動作冷靜，不過他們毫不掩飾做這份工作的嚴肅與榮譽。在這群人的家鄉烏克蘭，飛行是受敬重的職業，而他們一直都從事這一行。來自前蘇聯的飛行機組人員與飛行器，數十年來飛遍整個非洲，構成冷戰期間莫斯科在軍事航空投注鉅資的遺續。

Mi-8的用途是軍事運輸直升機。機內的簡陋金屬長椅和笨重的安全帶扣意欲容納二十多位士兵，後貨艙還能停一輛小型汽車。但是這架直升機被漆成白色，並噴上「UN（聯合國）」這兩個巨大黑字，在南蘇丹的任務包括運送平民乘客與聯合國貨物。靜止時，旋翼從一端到另一端橫跨七十英尺，幾乎半垂至停機坪。如今它們筆直升起並劃穿天空，在機艙內製造閃燈的效果。從機上其中一個圓形舷窗往外費力望向跑道另一邊，我看見由聯合國、紅十字會和西方援助組織雇用的無數列人道救援飛機。單螺旋槳的「旅隊」定翼噴射機同樣是世上這個角落的常客。

我感覺旋翼達到極速，戴上耳機的同時空氣從舷窗猛然湧入。Mi-8往上拉抬，從停機坪輕巧起飛。駕駛隨即將機鼻深潛再往前上推。我們把朱巴機場拋在身後，往北前進，飛行巨獸愈爬愈高。街道的熱氣、塵土和味道逐漸消散，好比垃圾的爛熟臭味、油炸的曼達支（mandazi）麵團、嗆人的汽車廢氣。隨著我們上升，柴油發電機的隆隆聲、鳴響的喇叭聲和計程機車男孩的喊叫聲也消失無蹤。

僅存於都市生活的擾攘與汗水讓位給大自然，給覆蓋這國家的開闊、未受破壞廣大土地。米色、棕色和黑色被綠色光譜所取代：翠綠、暗綠、萊姆綠色。如同寫書法般，一支巨大羽毛筆在無垠綠色羊皮紙上刻畫尼羅河，蜿蜒水流向遠方無盡延伸。閃閃發光的支流於平行處彎折，被穿透空中遮蔽雲層的太陽光束照亮。

底下沒有建築物，沒有居地，沒有道路。堅硬土壤讓位給沼澤地。圓型水池與橢圓型湖映射上方天空，每座湖中皆點綴墨點般的島。更多條季節性支流相連構成水道網絡，看似寫進茂盛綠毯中的古老語言。兩隻大白鳥沿對角線飛越底下的色彩環。而在我們左方，巧克力色澤的山在午後霧氣裡浮現輪廓。

像這樣攀升永不使人厭倦。我旁邊的兩位南蘇丹人把額頭貼近窗，也看著底下的驚人美景動彈不得。同樣消褪的是衝突的棘手權術，籠罩著我們身後首都的煩憂、爭論與分歧。我們沿著河東岸隆隆作響往北飛向瓦阿特，離朱巴的扭曲政治圈愈來愈遠，而那常被誤認為代表整個南蘇丹。

我決定去拜訪康．朗班（Koang Rambeng，讀音 KONG），他是我在七年前認識的年輕人，當時我們的年紀都在二十歲的尾段。從那之後我不曾跟他說過話，並對於我們的交談相當期待。在這段期間康已「變得成熟」，我有信心他將提出不同觀點說明自己國家的當下處境，以及將前往何方。

直升機旋翼的規律嗡嗡聲幾乎讓我睡去，把頭往後靠上金屬機身，我閉上眼。我回想初見康之時，地點在上尼羅州的首府馬拉卡爾。那是二〇〇九年，我從事關於當地武裝衝突的研究報告。他做的事是受過最多教育、能力最好的年輕人所為，替某個聯合國機構或國際非政府組織工作。「他是一顆待琢磨的原鑽，」他的聯合國上司曾告訴我，「去跟他聊聊吧。」

一天傍晚，康與我在當地的棚屋餐廳碰面，且於落日降到一叢荊棘後方時點了汽水。他慢慢開始談論群體間的暴力，關於傳統權威的瓦解，武器的擴散，以及年輕男性如何思考自身在社群中的角色。他用稜角分明的手勢帶動分析，把這些議題放到更大的脈絡來看，談論他認為哪些社會變遷能促使他的社群克服過去，並準備好面對獨立的未來。

我在破舊的皮革筆記本上盡可能快速抄寫。天色暗到我已看不見坐在對面塑膠摺疊椅上的康，或是我的筆記本橫線頁面，但是我繼續寫，盼望明早看得懂我的筆記。康的談話是我在近幾週遇過最有創造力、涵蓋範圍最廣的一次，而其他談話對象的年紀多半是康的兩、三倍。我拿起筆只為了拍打該死的小腿前方，因為我也在被蚊子猛咬。然而受到談話對象的深深吸引，我壓抑住移動的衝動以及我沒服用瘧疾藥物的記憶。

在更多杯汽水與更多頁筆記後，我問康他要如何將這些想法轉化成政治行動。「何不競選縣長或州議會的席次？」他面露有點苦澀的微笑，在我問完之前就否定這個想法。「還輪不到我。」對於俗稱「解放世代」不容質疑的敬意，似乎突然澆熄兩小時的想法與熱情。薩爾瓦、里艾克及帶領對抗喀土穆的戰鬥、後於二〇〇五年獲取和平的解放軍指揮官們，是受到敬重的一群人。許多人接受他們有資格掌權並獲得政府津貼，作為「抗爭」的回報。然而當某些解放時代的指揮官成功轉換身分至部長、州長或縣長，其他許多人則否。他們將選區當成軍事化的私人勢力範圍管理，或者做事漫不經心。

對於未來的強烈期待，意味著南蘇丹無法只靠過往的煙霧延續下去。對於軍事菁英的敬重是一種可理解的遺續，局外人無法完全領會。但是這也在削弱國家。擁有才能卻沒上過前線的人遭到浪費，像康一樣的新貴階級受到限縮，而他們的想法與進取心也許更適合面對前方的任務。「他們被當成小孩一樣對待。」康的前上司嗤之以鼻，描述那群退役軍人對具發展潛力青年不時展現的輕視態度。「康呢，他是絕佳範例，體現一整個世代的希望與浪費掉的機會。」[1]

康比大多數人更堅定且有自信，可是連他都把上述敬意看作既定事實。這是不容爭論之事。因此唯一的憑藉是等待世代變遷，當年邁的指揮官死去或自行選擇退出。在接下來幾年，我有幸會見多位這樣的年輕新星並有所學習，他們表彰抗爭，其心智鍛鍊卻關乎下一輪的挑戰。你能想像這群人在關鍵的成形時期工作、辯論與建立體制，除了那些權利與虧欠的複雜看法以外。

在蚊蟲侵擾那一夜的五年後，我結束研究分析員的工作並開始擔任美國外交官時，欣喜得知康在家鄉阿科博獲任縣長。他的某些選民樂於見到這麼一位年輕人上任，因為許多縣長的年紀是康的兩倍。我心想，究竟是後續的機會把康推上這個位置，或是他當晚一直不動聲色，意識到不把野心昭告天下最有成功機會。

可是到了二〇一四年，即使最有前途與遠見的領導者也捲入一場分裂戰爭，他們的社區被迫選邊站。無論是自己的意願，或者受到阿科博縣選民的壓力，康支持里艾克的抗爭。在那不久後，薩爾瓦解除他的縣長職位。儘管他在二〇一六年中並無官方職位，康仍於附近的瓦阿特擔任非正式領導者。大片努爾領土仍在朱巴的掌控之外，其人民疏遠他們並不信任的政府。獲里艾克任命的康依舊是他們的代表。

我們的直升機鎖定一小塊無遮蔽的紅褐色土地，此外的廣袤大地皆覆蓋綠意。我們正在接近瓦阿特。一場臨時歡迎會已在底下的擺動草叢中形成，幾十個孩童熱切想見到這架烏克蘭飛行器的每週到訪。其他三位乘客與我拿起背包下機，旋翼還在我們頭頂轉動，把一陣陣涼空氣往上抽並往外送，似乎讓我們浮起、腳趾頭幾乎離地。

抵達的人與一整列年幼的東道主排成一條大蜈蚣，在雨水窪和黑色爛泥坑間穿行，頭頂著袋子與物品。每隻腳都在找周圍抓住些許有韌性泥土的小草堆。當直升機在我們身後升空，女孩們的衣裙和套布在風中飛動。現在是瓦阿特的雨季，適宜溫度不致令人難受，比朱巴涼爽許多。天空呈現雙色調，淡灰刷上一層輕淺的薄荷藍，意味著陣雨即將來臨。我把新鮮的涼空氣深深吸進肺裡，直入城市空氣從未探進的深處。

「我來這裡見康。」我抵達一處當地非政府組織院落時表示。「你能告訴我要去哪裡找他嗎？」在這個國家的所有城鎮都一樣，只要提供以上資訊就足夠。人人都曉得領導者的名字，以及去哪裡找他。幾位年輕男子十分自豪能承擔這項要務，斷言會帶我去見他。「我叫麥可。」一人說，有些莊重地跟我握手，並在一張尺寸與A4相近★的黃紙寫下名字給我看。他介紹自己在社區裡的角色，並向我確保他適合擔任去見康的使者。向他道謝後我們徒步出發，其餘的人尾隨。

我的護送者並非唯一樂於與康有所連結的人。得知那麼多本地人變得尊敬他相當令人振奮，就跟在阿科博的人一樣。我想到賽門，在朱巴的暴行中逃生、還發現親哥哥屍體的那位年輕學生。他也是阿科博本地人，最近拜訪賽門時我提到康的名字，他的神色一亮。「你認識康？」他問道，流露對於自己人的驕傲感。

我們穿越一處處由二、三或四間土庫屋組成的迷你「院落」，屋頂的棕色茅草編織得巧妙且對稱。越過一塊泥濘地後踏上塵土飛揚的主要小徑，我們步入一座冷清的市場。男男女女閒聊著，山羊和流浪狗在垃圾間挑揀，孩童在一輛兩噸重傾覆黃卡車的外露引擎汽缸上玩耍，裡頭的活塞少說十年沒發動過。這是瓦阿特一帶數輛廢棄汽車的其中之一，輪胎和其他可用的零件被拆走，顯眼地躺著長眠。

與我們錯身而過的是幾位徒步女子，年紀二十出頭，身穿電光藍、桃紅、圖樣繁複的翡翠色等惹眼色彩。人人都把背打直，頭頂著大量貨物：象牙色的樹枝、棕色長草和巨大的空心葫蘆。葫蘆嘴上掛著咖啡杯，隨時能讓飢餓旅人在路邊喝一杯裡頭的溫熱牛奶。

我們向右轉，跳躍幾個水坑並穿過更多土庫屋，我向那裡的幾家人點頭並用努爾語問好。我說「Mah-lay」，他們也回應「Mahlay mi goa」。在磨高粱的兩位少女停下，像鵝一樣咯咯笑著卡瓦賈白人的怪口音。我們繞過有樹枝圍籬的大院落，我的嚮導朝大門後方喊叫。一位身穿

★原文用的「legal paper」在歐洲和其他地方指A4大小的紙，在美國略有不同，指八點五乘十四英寸的紙。

短褲T恤、肩膀背著一把AK-47自動步槍的微笑青少年，拉開大門歡迎我們入內。裡面有一間大茅草屋，直徑可能是五十英尺，以及另外兩架正在腐朽的廢棄車輛。

我向坐在巨大錐型屋下的五位男女打招呼，同時有位警衛步入一間較小的屋子，通知裡頭的人我們來了。我們閒聊著天氣，因為此時冰涼雨滴開始咚咚落往屋外的堅硬土地。

「解克。」小屋內傳來的聲音說道。我認得喊我名字的這種方式，跟正確發音十分接近，還有嗓音裡夾帶著沙啞鼻音。「我的朋友，解克。」男人又喊了一次。彎腰穿過土庫屋門，稜角分明的大骨架現身直立，頂著一張英俊臉龐。康的身型挺拔，肩膀寬闊手臂細長，身高六英尺八英寸。他有著濃密眉毛，笑容開得能跨越尼羅河。他看起來像從豪華轎車後座現身的電影或運動明星。我們熱烈互拍肩膀，接著輪到手，以蘇丹的方式打招呼，而後擁抱。

「有多久了，七年嗎？」我說。

「是的，好久不見，解克。」他笑著說。「我們以前在馬—拉—卡—爾碰面。」他說道，用只有本地人能做到的飛快速度念那座城鎮的名字。他又擊掌說：「你徹底消失了。」這是南蘇丹常用來描述你好久沒見到某個人的說法。「不過現在你被找到了。」

康處理完那天的工作，我也回到非政府組織的院落安排好住宿後，我們到他的臨時住家重聚。他的小泥屋很堅固，可是高度不夠讓他在屋裡站直，也沒比我的臂展寬多少。康倚著土庫屋的底部坐，光線從敞開的門口映入，在他身後的牆形成美妙影子。在屋外，婦女準備食物並將衣物掛上曬衣繩。一個眼神充滿好奇的孩子，約莫十二歲，看顧背在她臀上的家中幼童。康的保鏢群拿著卡拉什尼科夫步槍坐在地上，手肘靠向彎曲的膝蓋，傳遞一個裝水的扁汽油桶。他們後方有一架覆滿乾泥的越野自行車，上面有張貼紙：「由美國國際開發署購置」。

康幫自己在錫杯裡倒約翰走路威士忌。他給我一杯，可是我不怎麼喜歡威士忌。上次我們碰面時康也沒喝時髦的威士忌，我這趟造訪期間反覆想起此事。喝約翰走路是朱巴「大人物」做的事。就像世界上任何地方的俗豔配件與昂貴烈酒，威士忌是地位和權力的象徵。我忍不住想，這代表康也是一位當權人物，至少在這一帶如此。

我們有許多進度要趕。我們談論戰爭、和平進程以及該何去何從。不過我們也以同儕的身分聊康自己，他的未來，以及如今讓他擔憂的決策。

康說他在「一九七八年的某個時候」出生於阿科博，位於此地以東約六十英里。他是家中六個小孩的長子，意味著在父親於一九九三年蘇丹內戰期間身亡後，他的家庭責任變重。在解放軍青年團受過幾年童兵訓練後，康幸運地接觸往南去肯亞難民營的一群人。他拋下了軍旅生涯。

他繼續前往奈洛比，在那裡攻讀法律，並獲得人道主義活動與專案策劃的課程認證。一路走來，康讓蘇丹南部的發展專業人士與國際援助工作者留下深刻印象，當他回國時，有人給他位於馬拉卡爾的聯合國專案工作。「我震驚於他在這年紀有多麼成熟，」曾招攬他的前聯合國官員表示，「多麼善於表達且態度沉著。他很特別。」

康花了六年替聯合國工作，賺取高於國內大多數人的薪水。他也娶了出身當地望族的一位丁卡族女子，育有兩個孩子。二〇〇九年，有人推舉康擔任阿科博縣長——人們不會拒絕的那種機會。然而康剛滿三十歲，對於這個職位來說十分年輕，他也拒絕了。「對，某種程度上我想參與政治，成為決策的一分子，幫助導正事物。」他說。可是屬於他的時候未到。

「如果你處於權力高位，你簡直宛若神明。」康說道，往前傾並暫時離題談論國內特權人士的扭曲政治活動。「你相信你不必為自己努力工作，人們也相信一切都是你的。」他怒視這種觀念，抱怨貪婪、裙帶關係與「依賴症候群」正在拖垮國家。「如果我處於權力高位，你知道的，我能夠改變那種信念。」

康的叔叔是一位有權力的國家部長，這位來自朱巴的政治家常插手本地政治。他擁有能讓康獲任縣長職位的那種影響力，但是康拿不定主意，而且考量到其後的高度政治化衝撞，或許他被略過是幸運的。「我在財務上還沒站住腳。」康說，表達他在原則方面的顧慮。他想先見到自己的弟弟妹妹「教育有成」。聯合國的工作薪資較高，或許可以讓他成為未來的縣長可能人選。「如果我沒先安定下來，在經濟與家庭責任方面，我會落得用政府薪水、奪取公共資源去安頓我自己。」

我們都知道沒其他幾個人有這種洞察力。「為什麼你不一樣？為什麼你跟多數人想的不一樣？」我問道。康說他在國外受的教育給他一種強烈的責任感，跨越被戰爭撕裂的社會度過年少後，他在離國時期找到自己的道德準則。可是以我認識的那麼多丁卡族和努爾族男女，還有第二個更根本的答案：接觸。在康接受童兵訓練，以及隨後拿獎學金念書的階段，他跟丁卡人、赤道地區人和來自整個南蘇丹的其他許多人共同生活。「我們變成一個大家庭。而我發現我們全都一樣……那是讓我對政治產生興趣的第一件事。我堅信我們回到家鄉也能這麼做。」

我花了近一個小時向康說明政府間發展管理局和平進程的起落，他專心傾聽。即使是康，既精明且人脈通達，也只曉得阿迪斯阿貝巴發生之事的概略輪廓。我們交換關於談判桌旁沒有足夠南蘇丹人的共同顧慮。就像他許多受過良好教育且於政治領域活躍的同儕，康希望和談帶來一個「技術官僚政府」。

「你看這裡的人，他們眼前沒有基礎教育，沒有基本醫療體系。似乎沒人在談論那一點。」他說，裝出四下張望找尋的模樣。「我們只談論政治地位與權力分享。」他擔憂的不僅限於協議條款，還包括那所廣泛傳達的信號。「如果我們只想讓自己當上政治人物致富，然後放任大眾繼續面對現有處境……」他的聲音漸弱到不可聞，並搖搖頭。缺乏更根本的改變，他說，語速再度加快，「人人必須一直拚搏，直到獲得地位。」我總結他所描述的權位遊戲：「人人都想有輛Ｖ８。」我意指配備八汽缸引擎的豪華越野休旅車，已經成為政府菁英的地位象徵。「人人都想有輛Ｖ８。」他對我複述這句話作為覆議。停頓許久後，他補充，「無法長久。」

院落外附近有聲槍響，康毫不在意。「在這裡，」他繼續說，指涉像這裡的鄉間聚落，「人們仍然受到忽視。如果我們要發展某個地方，就有需要讓整個國家徹底改觀。」當工作壓倒性地透過家庭和部族關連派任，康特別擔憂裙帶關係及所需能力的欠缺。

「聽著，我們需要變革所有的公務部門。」他說。「而那需要由過去一片空白的人……中立的人來做。」他把手肘靠在塑膠椅上，十指交疊。「金融領域的專門人員，司法領域的專門人員，還有其他領域，他們來篩選從局長到最基層的一位公僕。」

康告退去接聽又從大努爾區域某處打來的一連串電話。他用母語連珠炮地吐出幾句話時，我專注在那天下午的背景配樂：土庫屋內不斷進犯的蒼蠅嗡嗡聲，以男中音哞叫的牛，屋外男人交談的高低起伏，以及偶爾現身門口一隻堅持不懈公雞的啼鳴聲。康放下電話。「嘿，卡央加（Kayanga）！」他用刺耳高音呼喊屋外的助理，一位年輕男子盡責地入屋並行禮。康吩咐指令給助理，讓他出去，隨即重拾我們的談話。地方準政府的工作永無止息。

戰爭在二〇一三年開打時，康正在州首府波爾出席一場會議，距離一百五十英里外的阿科博要跨越整個瓊萊州。軍隊和全體人民突然間分崩離析。他跟政府同僚齊力合作試圖控制局勢，丁卡人與努爾人都包括在內，然而精靈已放出瓶外，大勢無可挽回。

總統命令瓊萊州官員立即前往朱巴報到，但是康得知針對性的屠殺已經在那裡發生。他擔心倘若自己去朱巴，可能被拘留或以其他方式被迫保持中立，直覺告訴他，反而要回到阿科博選區。「我應該去我的人民在的地方。」他記得自己這麼想，「這麼一來，假使我要做決策，我是在知悉我的族群情感下做出決策。」當一架政府直升機從朱巴飛來接他跟其他人，康並未登機。

「那感覺是個重大決定嗎？」我問道。康往後靠上椅子呼了一口氣，目光穿越屋門凝視不遠處。經過漫長停頓，「是！」他放聲說，彷彿要驅除某些徘徊的不安。康相當掙扎，而今依然如此。他想保護他的族群，可是也希望留在政府裡、從內部幫助協調解決方案，而非成為體制崩塌的一分子。可是康被迫做出選擇。

「他承受難以置信的壓力。」康的前主管與人生導師表示，他在康做決策的前幾個小時跟康談過話。「他把這視為前景曲折的兔子洞。他看出其中的利害關係，想參與促成解決方案，而不只是參與只有努爾人的抗爭。」然而中間立場不存在。抗軍後撤至努爾腹地時，康跟里艾克的隨員會面，並告知里艾克他會加入新一波抗爭。

康用略帶防衛的語氣，想讓我知道做那項抉擇有多麼困難。「來自我家鄉阿科博的牧師，就在朱巴被殺的第一批人裡頭。」他說，並補充：「被殺的時候戴著他的牧師領。碰，就這樣。」除此之外，康說他跟里艾克毫無政治關連，而是自我反問：「我自己的人民被我所代表的同一個政府殺害？我沒辦法接受。」

不過對於此後在他自己族群發生的事，康也感到不安，他的努爾同胞在那裡報復無辜的丁卡人，親手討回正義。「任何復仇都不適當。」他說，聲音明顯透露著沮喪。「我譴責對於丁卡人的殺戮。」康當時仍然置身波爾，且說若是自己及時回到阿科博，殺戮就不會發生。這句斷言並無定論，飄忽在希望與事實之間。

他盼望還留在朱巴政府裡的少數幾位努爾族高層公開譴責朱巴的殺戮。那樣的聲明能提供空間讓跟康相仿的地方領導者效法，或許甚至繼續替政府工作。但是中間地帶並不存在，而康的地位尚不足以自行這麼做。

雖然這次必定不同，康所屬努爾部族與其他部族間的暴力並非新鮮事。在他面前的分歧道路，長久以來皆為緊張局勢的根源。一位聯合國官員剖析，縱然康比多數人好，在跟丁卡族關係緊張的時期，他依舊「稱不上客觀」。二〇〇七年有一次，康在替多項聯合國和平建設倡議效力時，他的族群與試圖強迫他們解除武裝的解放軍間爆發打鬥。「他身穿軍服現身辦公室，」他的上司帶著驚訝與失望回想，「我心想，你到底在幹嘛啊？」

康仍然在尋找他的方向，不過他現在對於自己的觀點更有信心。「最強大的心是能原諒的心。」他說，談及暴力循環與復仇殺戮困擾他的家鄉州境多年，如今已席捲全國。「這樣沒完沒了。在某個地方，某個人必須做出最艱難的決定。」

話題移往南蘇丹的更廣泛困境，康說他堅信「首先需要的，是能促成和解的領導能力。」不是口頭說說，而要付諸行動。然而他並不確定，深深界定國家分歧的兩人是否為這項任務的正確人選。「倘若薩爾瓦和里艾克無法在朱巴會面，我要如何調停普羅大眾？」部長呢？好不到哪裡去。「麥可．馬可威說這樣，塔邦．丁格又說那樣？」康反問，翻轉他的掌心朝上。

「訊號必須來自高層。」康接著談，薩爾瓦和里艾克「必須走遍全國說：『我們殺了你們的人，毫無理由。我很抱歉……原諒我們。我們是兄弟，必須一起努力。』」如果這兩人能做到那樣，康說，並向人民展示他們能將國家帶往何處的規劃？「他們會得到原諒。」康現在說話加快許多，是信念帶來的速度。「不過我告訴你，」他舉起一根手指頭說，「只要薩爾瓦身邊有個小圈子在促成丁卡族利益，里艾克身邊永遠也會有個小圈子在做同樣的事。」

康的觀點基於經驗，他曾試圖促成地方層級的族裔間對話。為和解發聲的嘗試引來敵意，而且是來自他自己的族群。當年稍早在社群媒體遭到惡意攻擊後，康被迫發布聲明確立自己的善意，並反駁說他是薩爾瓦政府特務的宣稱[2]。

「讓我傷心的是，」康的友人與前主管告訴我，「他可以說：『現在我想找一條中間路線。』可是他一嘗試，回應是『你是叛徒，你想出賣我們。』」如果他去找政府談，或者找他家鄉州境的丁卡族，他說明：「回應是，『回來這裡證明你的忠誠，否則你對我們來說形同死人。』」

康對於自己參與抗爭的決定感到沉重，不僅關乎政治、也關乎私人層面。當他選擇回到阿科博，他的妻子十分清楚那代表什麼。他們爭吵。「如果你去哪裡，你就是在反叛。」她心煩意亂地告訴他。他不想要反叛，他告訴她：「可是我想抵抗對於努爾人的殺戮。」他說話的速度放慢，音量變小，偶爾顫抖。我知道那種感覺，他不必明說。阿科博的明日之星心碎了。

「她做了一個決定，開始從我們的關係抽身。」他說，繼續說完故事。他們的狀況更複雜，因為他當時人在朱巴的妻子出身丁卡望族。可是對於康而言，更痛苦的是，儘管身處族裔與政治日益加深鴻溝的對立面，妻子的家人仍然支持他們在一起。我問為什麼她決定離開。

「嗯，也許她……我想她看不到這件事的盡頭。她不覺得這會很快結束。而她不想卡在……像那樣的黑暗之中，過著丈夫不在身邊的生活，不曉得我能不能在戰爭中倖存。」他再度停頓。康在哀悼失去妻子，不過這象徵著某種更廣泛的事；關於他年輕國家的高尚理想與滿懷希望的未來，此刻被部族主義與不信任的現實所吞噬。然而抱持樂觀主義的康話鋒一轉，在愈陷愈深之前把自己拉回來。他強調自己跟妻子的家人維持良好關係，堅守著希望，有一天這對伴侶或能再度團聚。接著他清了清喉嚨並談回政治。

「我不為里艾克．馬查爾而戰。」他說，用隱喻的方式表明效忠對象，「我為了一個目標而戰。」他相信殺戮必須停止，政府必須轉型。「假若里艾克能回去並落實這些改變，那好。假若他不能，我也必須設法改變他。但不是藉由槍管。」這一切聽起來都很好，不過我繼續進逼。「這些傢伙掌控大權。新的協議要怎麼跟二〇一三年十二月的有任何不同之處？你怎麼避免重蹈覆轍？」

我重提康與我七年前喝著汽水展開的對話，談論世代交替。「你會等嗎？你、以及像你一樣的人，會等嗎？」我列出感覺已經在他心中的選項：「第一，你會退出。第二，你會被籠絡進貪腐的體系。或者第三，你會尋找第三條路。去改變它。」康又替自己倒了一杯約翰走路，插話說，「沒錯，就是這樣，你說得對。」他承認如果自己留任，而且什麼都不做，很快他就會變成自己所闡明的問題一分子。我說笑打斷他：「畢竟你已經在喝約翰走路了。」我們一同大笑，在歷經幾個小時的緊繃談話以來暫歇。

我們把兩張塑膠椅搬到屋外後，康重啟談話。「南蘇丹有著其他年輕人，如今對於他們的群體擁有影響力。這群人也覺得事情必須徹底改觀。」他說明，這個世代想法相近的人必須找到聯繫、合作的方式。「這是可以做到的。可是我現在獨自一人坐在這裡，在瓊萊州，想著各種計畫，埋頭苦思。」他繼續說，做出抓頭的模樣。「我想認識那些在度克（Duk）、在瓦拉普（Warrap）、在朱巴的，跟我有類似想法的人。」

康是對的，有其餘跟他相仿的人。而且他認為他們的數量也許在增長，因為戰爭終於在世代的天花板打出裂縫。康模仿著他想像中跟他們的對話：「那麼，南蘇丹的年輕人們，什麼是向前的路？我們要做什麼？我們如何籌備選舉？我們是否要組成爭取改革的人民群眾運動？我們該如何遊說我們的想法？」

又一個小時過去，儘管一臂之隔的康沒從座椅移動分毫，我們現在完全籠罩在黑暗中。只剩下我們兩個人的聲音，加上群湧蒼蠅的兇猛嗡嗡聲。我們結束這一天的談話，他退回土庫屋，請我稍等並補上一句：「我想要自在一些。」等到康再度現身我才理解這句話，他把襯衫、長褲、鞋襪換成涼鞋和傳統的賈拉比亞白長袍。

康又打了幾通電話，隨後堅持送我回去非政府組織院落，我要在那裡過夜。實際上由他幾位朋友、兄弟組成的鬆散保安人員，踩著塑膠涼鞋帶路。我們往回穿越城鎮，走過村莊邊緣的泥濘道路。幾乎是滿月的光輝照亮下，眼前是一幅滑稽畫面，這群背著槍的男人踮著腳尖小心跨越泥濘溝渠，人人時不時滑倒並陷入深及膝蓋的泥巴裡。康一手拉著賈拉比亞、另一手維持身體平衡，一邊跟其他人用母語逗著爭論最佳的跨越路徑。

他們其中一個人回頭幫我從泥坑脫身時，我們開懷大笑。我拔出一條沾滿泥巴的腿，卻在繼續行走之前，暫歇凝視頭頂的星星。這裡的星象跟北半球家鄉不同，置身零光害汙染的村落，群星光燦無比。

康和他的同伴在院落跟我告別，我用手電筒找路回到分派給我的土庫屋，並掛起蚊帳，接著去外屋取回曬衣繩上早先手洗的襯衫和襪子。穿越營地時，接待我的年輕女子提醒我注意蛇和蠍子。她也邀我加入幾位當地援助工作者，他們聚在主帳篷消磨夜間時光。

我在主帳篷盛了一些豆子和米飯，找個位子坐下，並出聲趕走正接近我晚餐盤的一隻蜥蜴。突然間人們爆出一陣歡呼，整座帳篷沉浸在藍色螢光中。「嘿——呦！」失去電力的電視機就在剛剛重獲生機，一場廣受喜愛的歐洲足球賽由衛星訊號傳送到帳篷裡。

營地的柴油發電機從今天早上就故障，不過剛剛修好的人現在成了英雄。WiFi 無線網路也重新出現，我開始透過網路跟一位朋友互傳文字訊息，他搭乘的歐洲之星（Eurostar）列車正在倫敦與布魯塞爾間高速奔馳。其他人用手機查看臉書。這裡沒有鋪設道路、沒有廁所、沒有電力、沒有自來水。可是我手上這支 iPhone，無線網路速度似乎跟矽谷的任何連線一樣快。

在朱巴與油田以外，如這處一般的聯合國機構和非政府組織，有時是唯一在從事任何正經事的實體。樂施會（Oxfam）、拯救兒童人道組織、施達基金會（Tearfund）、關懷世人（Concern Worldwide）、無國界醫生（Doctors Without Borders）與眾多援助團體挖掘水井和簡易廁所，接種疫苗，整平道路並培訓教師。它們的鄉間據點備有柴油、電池、發電機、四輪傳動車輛、電信設備、工具、醫療備品和網際網路路由器。它們的專案計畫常為當地人帶來最光鮮亮麗的工作機會。這些援助團體的T恤、帽子、背心和其他裝備在南蘇丹隨處可見，樣樣都印著組織的商標與使命宣言。

援助機構出現在受戰爭蹂躪的國家，提供亟需的緊急救援，理論上它們是暫時停留。然而歷經數十年的戰爭、饑饉與低度開發，援助機構已經成為南蘇丹社會的固有元素。它們的資源、職員、安全人員與地方政府當局和社區融為一體。我在全國各地做研究的日子裡，仰賴他們之中太多人的慷慨相助。援助機構定期空運自己的補給品，完全無需仰賴國家；事實上，國家時常仰賴它們。康要是聽說網路恢復會很高興。他每隔幾天就來這處院落收電子郵件，也打網路電話到朱巴。

在朱巴，人們很容易將南蘇丹想成是一個「國家」。密集的政府機構、商業活動和穿藍色警察制服的人營造出可信表象。不過在遙遠的此地，幾乎不見一個國家的跡象。偶見一輛四輪傳動汽車，暗示著有位當地政府官員在場，可是他或許沒有辦公室，預算方面也捉襟見肘。一位身穿解放軍迷彩服的士兵，暗示著國家安全機構的存在，可是他並非時時領到薪水，而他的分裂部隊中有一半依然在跟政府作戰。教師天天上課，可是他們也連月沒領薪水，或者藉由教會網絡與慈善機構彌補收入。你在這裡無法寄送郵件，也不能申請駕照，或到正式的司法機關聽審。

就字面與比喻意義上而言，天高地遠的此地遠離朱巴，甚至更加遠離阿迪斯阿貝巴與南蘇丹的重建。即使薩爾瓦與里艾克的對立派系設法共處且能落實和平協議，問題依舊存在：還要多久正面效益才能涓滴至像瓦阿特這樣的地方？

南蘇丹的嶄新民主實驗才邁入兩年，政治已惡化成暴力。南蘇丹人及其國際友伴面臨的迫切挑戰，是讓競爭回歸政治場域。

終止此地、或其他任何地方的恐怖屠殺是一種道德義務。此舉也是一種政治義務，因為國際行為者面對此種暴行無法再「旁觀」。然而此種動機的迫切性，有時會妨礙長久和平所需的那種徹底變革。如同埃柏特．愛因斯坦（Albert Einstein）曾言：「和平不僅是沒有戰爭，還要有正義、法律與秩序。」

南蘇丹二〇一五年和平協議的基礎概念是薩爾瓦與里艾克共享權力——有些人認為此一前景從開頭就注定失敗。這兩個人最有能力制止暴行，可是如同康的公開質疑，這群老傢伙是否能使人民和解，並讓他們的破碎國家轉型成一個擁有「正義、法律與秩序」的國度？

這一點本身就很值得討論，且在兩年的火爆和平協商期間熱烈爭辯。然而你不得不揣想，一個更基本的問題是否受到忽視：南蘇丹人及其國際友人企圖重建的究竟是什麼？

如同當今全球的諸多和平協議，南蘇丹的重整企圖是基於「自由民主國家」的模式，有著規範政治活動的機制、權力分立、普選與市場經濟。但是對於像康所在村落的眾多人民而言，一項更基本的要素蕩然無存，即社會契約。多數南蘇丹人鮮少或不曾經歷過一個提供公共服務、保障安全或提升大眾福祉的政府。對他們來說，那是陌生的事。

十九世紀末的「瓜分非洲（Scramble for Africa）」期間，歐洲殖民強權於一八八四年在柏林召開會議，制定一張瓜分這片大陸的地圖。他們在有興趣的領土周圍任意劃定邊界，往往鮮少顧及生活在那裡的人民及其歷史遺產或利益。他們強加的歐洲體系與制度，既不受到平民的廣泛支持，亦未促進大眾福祉。

到了一九五〇年代晚期，醜事無以為繼。民族主義運動與變化中的國際環境共同促成非洲的去殖民化。英國、法國、比利時和其他歐洲殖民國家撤出這片大陸，獨立慶典宣告數十個新主權國家誕生。許多新國家面臨共同的挑戰，其通往國家權力形構之路顛簸且充滿暴力。對某些國家而言，艱辛搏鬥依舊，但是到了二十世紀末，非洲及其帶頭國家在全球舞臺展現驚人的成長與動能。

相比之下，南蘇丹的獨立在半世紀後到來，是一個歷史的異數。該國二〇一一年才脫離高壓統治，面臨鄰國在去殖民化時遇到的諸多相同陷阱，而這些只存在於久未往前邁進的區域與世界。解放的語言已威信耗盡，冷戰時代的恩庇與現實政治告終。現在是一個更小、更開放、更相連的世界，更有意提升普世價值的自由開放國際秩序。在「人權」、「發展」與「治理」方面出現新的全球規範與標準，加以衡量的條約、報告與機構也暴增。世上最新的國家熱切想加入其他國家的行列。可是南蘇丹需要彌補的範圍更多，實現的時間更少。

問題不在於制定反映人類進步的普世規範，而是期望的問題。把自由民主國家禮盒送給南蘇丹人，再補上必要的指南與工具就期待他們能輕易組裝起來，未免不切實際。

隔天早晨康與我再度碰面，展開我們的第二次也是最後一次討論。謝過我的非政府組織東道主，再把蚊帳留給營地經理，她欣然替換掉自己的，那頂已經開始散發類似瑞士起司的味道。稍後我將搭便車前往隔壁村莊，約一小時車程外，那裡有架聯合國直升機會短暫停留。我時時注意天空，因為我必須在將臨大雨把附近道路變成河流前趕到目的地。聯合國直升機每週只來一次。

康與我又回頭談和平協商，他詢問某幾位大人物在談判桌上的具體貢獻。他熱切想瞭解他們的表現及獲得的評價。不過很快他就重提想法，要徹底翻轉南蘇丹由上而下的權力結構。

「現在我們等著朱巴送錢來，代表我們依賴朱巴，受朱巴指揮，聽命於朱巴。」他說道，語速再度加快。從生產力誘因到稅收到本地資源管理，他勾勒一套體制，相信這套體制能使對於首都的過度聚焦回歸一部分至各州。「這麼一來，當分派本地資源到朱巴的人是我，朱巴就必須聽我的意見。」少有阿迪斯阿貝巴的大人物曾提出這種想法。

我們談到向朱巴保守派直接提出變革想法的風險，以及在戰爭後持續瀰漫的不信任氛圍。康點點頭。「他們會想：『他為什麼那樣說，他跟誰有關係……他是不是有外國的支持？他想反叛嗎？』」

像康一樣企圖衝破藩籬的年輕人處於危險位置。在政府以外少有生計、發展機會或公民參與的平臺。假使他推動議題挑戰現狀，當權者就會用計把他趕出政府。因此他的世代之中，許多人就這麼受制於當權者。

「這很艱難，是一種犧牲，你知道嗎？你將住在像這樣的土庫裡，」他說，挑眉指著他的簡陋泥屋，「而你有些同僚正在替他們家加蓋樓層。」他有些政府裡的朋友受到籠絡。他們選擇對於明知錯誤的事壓抑感受，康說道，以此交換個人利益。

康無疑動過出賣自己的念頭。開一輛光鮮亮麗的V8引擎汽車四處逛，享受給「大人物」的無比尊崇與特權，他必定懷抱上述幻想。他說明，來自一個人所屬群體的期望使得誘惑加深。「你能付我祖父的手術費嗎？還有我女兒的學費呢？」現行恩庇體制意味著康將承受提供金錢和其他機會的壓力，源頭包括當地酋長、叔伯、表親、同事、朋友，基本上是群體中需要幫助的任何人。在一個沒有國家的社會，當萬物分崩離析，家族與部落成為僅存的一切。

他現在對於這項抉擇侃侃而談像是一種自我肯證的方式，或許藉由向另一個人訴說，以塑造某種負責任的感受。「這是你所擁有的一切，」他又指著那間土庫屋，「但是你真心相信自己。這給予你說真話的空間……那就值得了。」

「瞧，他面對現狀做到了不起的事。」康的前主管告訴我。但是她希望他能讀完法學院，同時避開從二〇一三年迄今嚴重惡化的低劣政治氛圍。雖然康十分重視原則，他還是日益被捲入派系亂局。「我想看看如果他沒被迫選邊站，如果他沒被拖回叢林裡會發生什麼事。」這位上司與康保持聯絡超過十年，儘管依然對他懷抱希望，她也相信「他的故事完美體現了這地方是如何讓人傷得體無完膚」。

康與我繼續交談時，他游移於守原則的政府官員與尋找傳聲筒的同儕間。「我被夾在兩者之間，」他表示，不自覺地摸了摸肚子，胃裡的翻騰體現他的處境。留下來幫忙包紮祖國的傷口，或是乾脆起身毅然離開？他說出自己的疑惑。如果即將成立的過渡政府給他一個有用的角色，一個「我能有所貢獻的位置，那麼我必定會留下來。」不過他對於那種可能性抱持可理解的懷疑。「也許我會離開，轉而繼續我的學業。」他說，放聲設想到肯亞、衣索比亞或看起來更遠的地方再待一陣子。他可以等這一代的領導者退場，隨後以甚至更高的資歷重返全國政治場域。這樣的計畫有其道理。但是他也知道，有些離開的人永遠不會回來。

如同他在我們數小時談話中所概述，領導能力也許是他的年輕國家最重要成功因素。假使他現在起身離開，那麼他又是誰？這是認同的問題。他認為，離開形同背棄他的人民與理想。「可是，」他不自在地承認，「我內心的拉扯告訴自己我正在放棄……我在認輸。」

儘管康在這裡的同輩支持者願意為他做任何事，沒人擁有同樣的教育、經驗或寬廣視野。他不能跟他們進行像這樣的對話，至少無法充分討論。我試著站在康的處境思考。很難想像我只是順道造訪，再過幾小時又要跟我抵達時一樣輕鬆離去。我離開後，康將繼續留在這裡，此地生活步調緩慢，機會有限，所做決定比我面臨的任何選項更加重大。

我想要康留下來，但是我幾乎沒有立場說服他。我們探討他或能盡情發揮潛能的種種方式，我也盡可能給予他最大的鼓勵。可是我們的時間用完了。靜靜坐著一會兒後，我摸索著嘗試說一些有意義的結語。「我……我只能想像你的內心掙扎必定是多麼艱難。我敬佩你的投入，也希望你要堅強。」

「你記得你上次說的話，」康立即回應，「我們在馬拉卡爾碰面的時候？」已經七年了。「你告訴我，『你一定要以某種方式參與政治。』」

「對，」我回答，「我告訴你我會投票給你。」我記得在那趟旅程後跟同事提起康，以及像他這樣的明日之星，如何可能意味著南蘇丹的更光明未來。

「當時，在我看來你只是說說而已，」他說，強調那次交談的隨興性質，「只是……只是在預測未來。可是幾年後，那些話成真了。所以如果你現在告訴我『要堅強』，這句話可能成真。」

他停頓片刻，再度對自己說：「可能會成真。」

結語

「我們的國家只留存於言辭，不具任何實體。我們失去了一切。我們只能責怪自己。」

——西塞羅（Cicero），〈陷落的國家〉（The Fallen State），西元前五十二至四十三年

「我們什麼都沒有。我們什麼都不是，南蘇丹人……我們沒有驕傲、沒有尊嚴、沒有榮耀。我們以前不是這樣子。全都沒了。」

——南蘇丹女性社會運動者，二〇一五年

當南蘇丹內戰的步伐從二〇一四年初的開端顛峰緩和下來，漫長的協商取代占據新聞頭條的暴力，是時候開始進行更廣泛的理解：廣受國際慶賀的國家誕生，不到三年內淪為世界上最糟糕的災難之一。批判檢討南蘇丹的創建與崩解有其必要，需嚴格檢視國家與國際要角在哪裡犯錯，因為他們必定錯了。

但是有些批評者與評論家推論得踰越分際。他們除了批判失敗，還主張衝突證明南蘇丹從一開始就絕不該獨立。這是一種懶惰的論點，且未能理解歷史、脈絡與二〇一一年分裂的可能替代方案。

蘇丹南部早已是地表上最受忽視之處，好幾代以來遭到剝奪政治代表權、經濟機會與社會正義。它曾抵抗強迫植入純粹伊斯蘭國家文化認同的企圖，並在戰爭、饑饉與逃亡中失去數百萬人民。對許多南部人而言，自決是獨立的婉轉說法，而這並非新的問題，在一九五六年倫敦將國家交給北部人前就有過爭論。接著是長達五十年的騷亂，直到二〇〇五年和平協議確保他們的自決權。

要是蘇丹南部人民艱辛贏來的二〇一一年公投遭到剝奪，相當可能隨之展開與喀土穆間更浩大的新戰爭。在兩軍皆高度戒備下，雙方都比十年前擁有更好的軍備，再打一場內戰會帶來可怕的人員傷亡。而且這次很可能讓鄰國捲入曠日廢時的戰役，對整個區域造成毀滅性後果。

然而除了二〇一一年的當前處境，還有許多方面需要考量。更廣泛地看，難道南部獨立不代表修正明顯的歷史錯誤？國際社會將各民族「決定他們自身命運」的權利奉若神明。歷經數代的政治排斥與暴力鎮壓，蘇丹南部似乎成為最明顯的例證，代表一個民族被剝奪選擇自身政治命運的機會。

很難找到強迫南部人繼續跟他們的壓迫者同留於一個動盪不斷龐大國家的根本道理。二次世界大戰以來，國際疆界多半被視為神聖不可侵犯，成為約束侵略與維繫秩序的手段。可是在舊蘇丹，疆界的首要地位破壞了國內與區域穩定，而非維繫穩定。南蘇丹的自治過渡之路注定顛簸，國家的長久存續問題獲得太少關注。儘管如此，跟留在從未視南部人為公民的國家再承受五十年暴行相比，分裂似乎提供更好的機會。基於上述緣由，國際對於南蘇丹獨立的支持有其合理性。

南蘇丹解放階級是否未能把握大好機會，揮霍國際善意與許多國家求之不可得的石油收入？是。非洲與西方支持者是否需要嚴正反省，幫助南蘇丹實現獨立後，卻放任這項脆弱計畫面臨危險的未化解分歧？是。然而主張南蘇丹繼續留在未改革的蘇丹會比較好？或者主張南蘇丹的暴力崩解無可避免？這些都是狹隘的觀點。

獨立並非天生就錯了。更切中要點是關於期望與執行面的批評。由於高度聚焦於確保主權本身，這片領土的領導階層及其國際支持者，在為一個長久存續國家奠定政治、社會與經濟基礎方面做得太少。

政治理論學者數世紀以來爭論「國家權力形構」的根源，大致說來，即中央政府對於一片領土行使權力並形塑「國家」的漸進過程。在這過程中，他們常對暴力的作用特別感興趣。他們探問，戰爭究竟意味著政治秩序的崩解，或是一個國家形成、甚至維繫的核心要素？

美國從英國獨立近一百年後，該國自身的內戰威脅到國家生存。但是聯邦軍的決定性勝利也賦權給中央政府，並鞏固一套政治、經濟與社會規範，為此後的穩定民主奠基。這帶出一個關於南蘇丹的提問：在建國僅僅兩年後，造成莫大苦難的暴力是該國崩解的部分過程，或者事後終將證明，這是南蘇丹成為一個長久延續國家的糟糕至極、卻是發展形塑的階段？

南蘇丹的後獨立政府力量薄弱，國軍仍為各族裔民兵的脆弱集合體。國家或任何單一族裔群體都欠缺社會科學家韋伯所稱「暴力的壟斷」。一位觀察者主張，由單一多數群體握有主導權或能使治理更易管控，他認為：「南蘇丹既有太多的丁卡人，也有不夠多的丁卡人。」因此有些人視該國的後獨立戰爭為粗暴卻無可避免的「挑選」過程，世界歷史若具任何參考價值，戰爭將持續直到一方取得支配地位。以此觀之，暴力不代表既有秩序的崩解；相反地，這是為了贏得仍受爭奪中實體的戰鬥。

然而，爭搶支配權的野蠻戰爭在今日愈來愈不受容忍。「無論在南蘇丹、敘利亞或任何地方，我們不會坐視或放任他們打個一百年分出勝負。」我的提問對象說道，這位同僚是資深的國家權力形構學者。即使所幸國際社會合乎情理地不加容忍，還是沒有簡單的解決方案。「我們致力的一系列行動，是基於我們能夠建構國家的假設。」這位學者斷言。「而我們做不到。圍繞著國家建構的概念樹立了一整套產業……根本是胡鬧。」

懷疑論者把矛頭指向南蘇丹建國國際支持者的愚行，及其志業的華而不實，那些專業術語、高人一等的態度和大筆被浪費的金錢。南蘇丹沒有飲用水，但是這些建國支持者要求南部人簽署由國際法決定的晦澀條約與協定。採用四百一十一頁的國家發展計畫是不惜克服重重難關的跳火圈演練，其中包括諸如「建構能力建構的能力」小節，用意在於符合國際捐贈者的規定，並讓援助資源持續流入。南部菁英表面上滿足建國支持者，同時祕密運作一套影子體系。

評論者主張，無論建國支持者的努力多麼慷慨且立意良善，卻往往背離現實。異想天開的期望與不切實際的時間規劃，忽視民族國家的成熟要歷經數代人、而非一夜就發生的事實。

喀土穆政府蓄意使得蘇丹南部長期低度開發，人民多半不識字，且包括領導者在內，幾乎全都歷經深刻且漫長的創傷。在二〇一一年揭竿建國前，南部區域政府僅存在六年，而當一切在二〇一三年分崩離析，獨立政府才草創不到三年。換句話說，南蘇丹從殘暴戰爭過渡到自由和平的自治尚未滿十年。外國使節和捐助官員有時忽略這項歷史觀點，他們帶著板夾與查核表現身執行短期任務，依照現代自由民主國家的基準點來為南蘇丹的進展打勾。

隱含的期望不僅決定了南蘇丹國家權力形構的路徑，還希望南蘇丹應該輕易避開他處國家權力形構常有的那種暴力與長期動盪，包括歐洲和美國都經歷過。從數代的人類與社會經驗記取教訓是一回事，完全跳升則是另一回事。

經濟與社會凝聚力也是建國相關討論的要點，南蘇丹在雙方面皆面臨阻礙。

理論家主張，經濟引擎是驅動國家權力形構的必要條件，南蘇丹卻欠缺這項條件——該國不生產任何物品。對於曾苦思國家存續問題的華府人士而言，答案是該新興國家的石油收入。但即使石油供應數十億美元的年收入，並不確定這些錢能否讓新國家穩固。撇開濫用與貪腐，石油產業是純粹的開採業，投入其中的工作者稀少，鮮少推動更廣泛的工業發展。朱巴沒什麼理由費心向全民徵稅，也因此難以跟他們發展任何關係。

農業是明日的經濟，獲認定為許多現代國家發展過程的重要產業。但是沒有基礎建設去連結南蘇丹的分散人口或運輸作物，農業革命將需要政治視野與龐大投資。而且只要豐厚的石油報酬持續流入，誰會去支持農業？

石油政治學也形塑了什麼樣的國家將出現。南部區域政府受命撥款給各州，可是當二〇〇五年朱巴的國庫首度開始因石油營收充實，這筆錢並未涓滴而下。政治旋即變成一場控制首都及其戰利品的零和爭奪戰。獨立之際，關於如何分配往後的營收，在南蘇丹各區域與部落間造成潛在張力。不過這件事被往後延，二〇一一年並未就新共和國如何分享財富達成協議。

國家破裂後，評論者正確指出資源與權力集中於一個動盪中央政府的問題，那是競爭派系或將持續爭搶的戰利品。他們批評二〇一五年和平協議未能徹底重組該國的治理布局。此外，儘管協議的替代方案有時在書面上感覺良好，在政治上卻非完全務實，也不必然能解決潛藏的問題。

藉由各種強化的聯邦制來分散權力肯定是明智的，不過有些外國人提議政治分治：將部族簡單劃分成三個分立的半自治區域。可是這不保證任一區域能更加安全，也不清楚各區域能否成為可望長久自立的經濟單位。上尼羅區域坐擁全國的石油，那裡的人們必定質疑有何誘因要跟分立的赤道區域分享獲利，因為後者能回報的太少了。劃分國家成各個區塊似乎更接近種族隔離政策，而非體制、經濟或人類進步的手段。此外，考量到眾多蘇丹南部人對於多元民主社會的渴求，西方人認為他們沒有能力做到豈非一種歧視？

各州也凝聚於組織原則與共同理念周圍，那是使公民團結的黏著膠水，並宣揚自視為「南蘇丹人」意味著什麼。可是當獨立實現，亦即注意力終能聚焦於國內事務時，執政的解放運動黨毫無未來願景，沒有方案去落實承諾，沒有計畫去培養國家認同。南部人對於喀土穆的集體蔑視不足以形塑一個國家。當其他國家仰賴共同的歷史基礎走出戰爭，南蘇丹各族裔群體毫無可仰仗的共同符號、理念或語言。

南蘇丹也還面臨另外的獨特阻礙。跟建立在殖民體制上並加以調整的非洲國家不同，蘇丹南部的「與世隔絕地」大多未經英國人之手。且由於半世紀來該區域幾乎長久處於戰爭與苦難狀態，界定任何「緊急狀態」正常回應的界線已模糊不清。蘇丹南部已形成一種恆常的危機，長期仰賴國際社群度日。

數十年來，食糧與基本公共服務由聯合國與西方援助組織提供。而在二〇〇五年，聯合國維和行動在政府職能方面發揮更大的作用，涵蓋預算、警員培訓到維護政府體制。聯合國干預拯救眾多生命，做了許多善事，可是也強化一種外部依賴性，扭曲權力動能，甚至在國家創建前就模糊了主權概念。「這地方太少事物是有機的。」一位觀察者表示。

沒別處比南蘇丹超級菁英的生活更能體現這些綜合特點。後殖民非洲其他地方的政治階層，在倫敦、巴黎或布魯塞爾等前殖民首都擁有人脈與往來管道。然而薩爾瓦、里艾克、普岡、丁格和其餘的解放運動黨先鋒能夠進出每一個首都，以及華府，還有奈洛比、拉戈斯（Lagos）與普里托利亞（Pretoria）等繁榮的現代非洲都心。當他們為志業遊走政治圈，他們也在國外有了家、讓孩子受教育並且做生意。他們加入一個國際階層，變得日漸脫離國民同胞的日常生活經驗；日漸跟如瓦阿特一般的地方有了天壤之別。

整體而言，前景令人擔憂：南蘇丹受到資源禍因所擾，欠缺替代的經濟引擎，也毫無國家意識（僅有對於北部政府的共同鄙視）。該國政府受到國際認可，在國內卻力量薄弱且缺乏政治正當性。當局面臨其他新國家遭遇的諸多問題，從社會分歧、日益不均到過度中央集權，卻要一次面對全部。有遠見的領導者或許能改變局面，但是加朗已死，而他的運動裂痕深植、意味著繼任者忙於爭奪霸權或分食國家大餅。南蘇丹的國際支持者撐起解放運動並帶來暫時的和平，卻誤判該運動及一旦自立後任務的艱鉅程度。回過頭來看，形勢對新共和國不利顯得令人難受地清晰。

南蘇丹沒有簡單的答案。要為這個國家的最終命運下結論很難，從許多方面來說也還太早。然而，關於美國的外交政策與國際社群對於建國挑戰的持續努力，可能有更多消息待點滴打探。

南蘇丹實現獨立之際，包括「國家」本身在內的傳統體制似乎面臨危機。二〇一一年時，紛亂的中東與北非各國正被撕裂，而俗稱的伊斯蘭國企圖以七世紀的哈里發國（caliphate）取代兩個國家。拉丁美洲販毒集團握有的權力比政府機構更強大，同時維基解密（Wikileaks）與資安攻擊對於最強盛的民族國家也構成危險新威脅。全球化體現於經濟、科技與資訊革命，改變全球的權力動能，並使民族國家的首要地位能否延續劃上問號。

這引出第二個問題：無論在南蘇丹或其他分裂社會，世人企圖締造和平時，該不該繼續以「國家」作為國際秩序傳統的基礎構成元素？或說，是否存在其他更適合該國獨特環境的模式？這個問題不會在南蘇丹的危機迅速延燒之際獲得解答，一個截然不同的模式不會在短期內實現。如南蘇丹一般、對於強權毫無戰略價值的國家，也不太可能催生如此根本性的反思。那需要更寬廣的視野，並且更深切審視二十一世紀國家建構的本質。

跟美國干預伊拉克、阿富汗和利比亞相當類似，華府對於南蘇丹的政治干預始於理想抱負、卻以無奈與撤離劃上句點。美國不斷在權力與原則間追求平衡，南蘇丹成為另一次痛苦歷練。對於美國的海外參戰、重建受創社會能力及其主掌的全球秩序，南蘇丹意味著什麼？

投入南蘇丹工作的八年間，我以分析者的視角觀察這個國家，評估政治發展，並在令人憂心的走向顯露時加以判別。我透過政策制定者與外交官的眼光去看，即時面對艱難的抉擇，挑出最不糟的選項，並盡一切可能使其發生。而撰寫本書時，我透過歷史觀察者的眼光去看，藉助距離、後見之明與深思熟慮的對話者反思事件與抉擇。經過這八年我可以指出，世上最新國家創建與崩解的「經驗教訓」福袋並不存在。

儘管如此，我希望南蘇丹故事的諸多具體危害和教訓已在前面的書頁揭露，這些議題值得國際要角回應世上其他地方的內戰與政治變遷時深思。舉例來說，南蘇丹的困境是在二〇〇五年至二〇一一年間同時追求兩種可能的未來：一方面，朱巴理應給跟蘇丹統一公平的機會；另一方面，朱巴已悄悄為獨立的重責大任做好準備，對於此種可能結果二〇〇五年和平協議著墨甚少。從某種意義上而言，這使得南蘇丹僅餘六個月能夠公開準備自立，不確定、軍事化、跟喀土穆之間未化解的張力構成此時期的特點。回頭來看，獨立公投若有更詳細的行動計畫，包括投入準備的更長時間窗口，或能促成更高的穩定。這或許也能讓朱巴與其外國捐助者間的關係，獲得亟需的重新定位。

然而除了這些具體考量外，我也希望在此提出更普遍、且不證自明的一系列原則：認知到個人是重要的，可是不應視之為名人或過分仰賴——他們可能在直升機墜毀時死掉。企圖從外部形塑或重建國家時謙遜以對，並務實看待如何能使政治與經濟長久延續。小心別走得太近，更別誤將利益當成友誼。涉及期望與成功衡量時，評估後衝突轉型的適當單位是年、甚或十年。理解從外部推動的限制，以及過高期望的危險。審慎看待非預期結果（unintended consequences）法則，並對伴隨此種干預而來的艱鉅責任有所覺悟。

基於種種原因，南部領導者及其外國夥伴投注太少關心於建立一個可長久延續的國家，在獨立日前後皆然。這項任務將存續，儘管如今這個國家比當初欣喜誕生時狀況惡劣許多。但是那不代表人民自決及國家實現獨立本身是場錯誤。南蘇丹既是勝利、也是絕望的故事；不過最重要的，南蘇丹是一個未完結的故事，而且不必以悲劇收場。

「你有一絲希望嗎？」我問康，在二〇一八年春天打衛星電話找到他時。南蘇丹依舊排在世上最脆弱國家的名單榜首。國內的衝突已有演變卻一直持續，和平過渡的前景仍不明。康自身則更加陷入他曾盼望避開的混亂政爭。

電話線路有沙沙雜音，不過在錯失他開頭的幾個字後，我聽見康的聲音再度傳來。「南蘇丹人民獨立歷經真正且有意義的獨立抗爭……我們所有人。」他說。「分崩離析的事物並非一切的終結。這些都將過去，而我們要力圖振作，好讓我們的國家前進。」

謝辭

我永遠感激協助我完成本書的許多人。名單最前面是無數的蘇丹與南蘇丹對話者，在八年多期間以各種不同方式教育我；他們的人數極多，難以在此一一列出姓名。此外，我要感謝以下眾人在一段意義、挑戰與學習相間過程給予的想法、編修與鼓勵：Aly Verjee、Karen Bulthuis、Joe Sharkey、Allison Lombardo、David Mozersky、Goi Yol、Bob Templer、Greg Puley、Kim Taylor、Katherine Ratledge、Nikki Haan、Nicola Reindorp、Victoria Brereton、David Mitchell、Maya Mailer、Dan Vexler、Michela Wrong、Alex Cuadros、Finbarr O'Reilly、Bart Gellman、Jason Stearns、Andy Burnett、Will Echols、Endre Stiansen、Susan Stigant、Douglas Johnson、Robin Miller、Nealin Parker、Alex Bick、Megan McGuire。尤其感謝我孜孜不倦、精神飽滿的研究助理Melanie Kent、Abraham Tall，沒有他們就沒有這本書。也謝謝天馬出版社（Pegasus Books）的Jessica Case及安柏利出版社（Amberley Publishing）的團隊，他們帶領這項計畫直到終點，還有傑出的Jen McDonald，有他的編輯功力、直覺與能量我才能把書完成。

也要真誠感謝以下機構支持這項計畫，包括絕佳的思考與寫作空間：凱里全球公益協會（Carey Institute for Global Good）的 Josh Friedman、Carol Ash、Tom Jennings 與凱里的整個團隊；伍德羅．威爾森國際學者中心（Woodrow Wilson International Center for Scholars）的 Rob Litwak、Kim Conner 與中心職員。我要特別感謝布思大使、以及歐巴馬政府特使辦公室和國際危機組織的許多同事。

感謝萊曼大使，一位外交巨人與諄諄不倦的公僕，他提拔身邊的人，其領導風範與謙遜將在指導過的人身上延續。感謝太早離世的許多南蘇丹年輕男女，他們的能量與看待國家的樂觀將同樣長存。其中一人是康．朗班，在書稿完成後，他於二〇一八年意外過世。謝謝我的教授 Rene McGraw，十五年來扮演我的明師、友伴與一位真誠的人。以及我的朋友 Susan Linnee，她介紹思想、書籍與生活方式給我，也讀了本書的前半，卻遺憾未能目睹成書。她將永遠受到懷念。最後、也是最重要的，我要感謝母親 Maggie 和父親 Stephen 教我認識世界，與其他許多一路支持我的家人。

注釋

前言

1. Rice, Susan E. "Remarks by Ambassador Susan E. Rice At a Ceremony Marking the Independence of the Republic of South Sudan, Juba, South Sudan." United States Mission to the United Nations, 9 Jul. 2011. 2009-2017-usun.state.gov/remarks/5102.
2. 二〇一六年六月作者於朱巴做的訪談，另見：*African Union*. "Final Report of the African Union Commission of Inquiry on South Sudan." 15 Oct. 2014. www.peaceau.org/en/article/final-report-of-the-african-union-commission-of-inquiry-on-south-sudan.
3. 古德爾區警方設施事件的描述受到廣泛報導，且於日後由非洲聯盟調查委員會（AU Commission of Inquiry）與人權觀察組織（Human Rights Watch）記錄。見：*Human Rights Watch*. "South Sudan's New War: Abuses by Government and Opposition Forces." Aug. 2014. www.hrw.org/report/2014/08/07/south-sudans-new-warabuses-government-and-opposition-forces.

Chapter 1 ｜新興城市

1. South Sudan National Bureau of Statistics. *Population Projections for South Sudan by County 2015–2020*. Mar. 2015, p. 18. www.ssnbss.org/sites/default/files/2016-08/population_projections_for_south_sudan_by_county_2015_2020.pdf.
2. United Nations Office for the Coordination of Humanitarian Affairs. *2016 Humanitarian Needs Overview: South Sudan*. Nov. 2015. reliefweb.int/sites/reliefweb.int/files/resources/2016_HNO_South%20Sudan.pdf.
3. 以現役最高階軍官（中將）而言，二〇〇九年的最高年薪為蘇丹鎊四萬一千四百元（低於美金一萬五千元）。見：

SPLA Payscales 2009, Obtained by Author.

Chapter 2 | 潮溼的地獄

1. Baker, Samuel. *The Albert N'yanza; great basin of the Nile, and explorations of the Nile sources*. London: MacMillan, 1888. Chapter 1, Entry for 25 December 1862.
2. Johnson, Douglas. *The Root Causes of Sudan's Civil Wars*. Bloomington: Indiana University Press, 2003. pp. 2–7.
3. Johnson, *Root Causes*.
4. Johnson, *Root Causes*. p. xiv.
5. Johnson, *Root Causes*. p. xiv.
6. Kuyok, Kuyok A. *South Sudan: The Notable Firsts*. AuthorHouse, 2015.
7. Deng, Francis. *War of Visions: Conflict of Identities in the Sudan*. The Brookings Institution, 1995.
8. Sudan African Closed Districts National Union. "Petition to United Nations by Sudan African Closed Districts National Union (SACDNU), South Sudan." 1963.
9. 有些人主張北部阿拉伯人的複雜自我認知，彰顯於他們對南部及其餘邊緣地區蘇丹人的歧視。舉例來說，見：Deng, Francis. *Sudan at the Brink: Self-Determination and National Unity*. Fordham University Press, 2010.
10. Johnson, *Root Causes*.
11. 關於中央—邊緣動態關係及蘇丹政治動盪的本質，更細緻的討論見：De Waal, Alex. *War in Darfur and the Search for Peace*. Global Equity Initiative Harvard University, 2007.
12. Jaden, Aggrey. "Independence for the Southern Sudan Now." Letter to Prime Minister Sayed Mohamed Ahmed Mahgoub, 5 Dec. 1965.
13. 雪佛龍石油探勘與該產業後續發展的詳細描述見：Patey, Luke. *The New Kings of Crude: China, India, and the Global Struggle for Oil in Sudan and South Sudan*. London: Hurst & Company, 2014.

14. Khalid, Mansour. *Nimeiri and the Revolution of Dis-May*. London: KPI, 1985. pp. 305–6.
15. Vertin, Zach. "Compounding Instability in Unity State." *International Crisis Group*, Africa Report no. 179, 17 Oct. 2011. www.crisisgroup.org/africa/horn-africa/south-sudan/south-sudan-compounding-instability-unity-state.
16. Garang, John. *John Garang Speaks*. Edited by Mansour Khalid. London: KPI Limited, 1987. p. 23.
17. "Sudan: The Quick and the Terrible." *Frontline World*, Jan. 2005. www.pbs.org.

Chapter 3｜戰爭、和平、美國人

1. Pershing, Ben. "Frank Wolf to retire after 17 terms in Congress; N. Va. seat will be a prime battleground in 2014." *Washington Post*, 17 Dec. 2013.
2. 二〇一六年八月十六日作者於維吉尼亞州福爾斯徹奇市訪談沃夫。
3. "Rep. Frank Wolf (R-VA) Condemns the Government of Sudan." *YouTube*, uploaded by CSPAN. House Foreign Affairs Subcommittee on Africa, Global Health, and Human Rights. U.S. House of Representatives. 4 Aug. 2011. www.youtube.com/watch?v=LOpcYhHAaBc.
4. Author Interview, retired senior U.S. diplomat, Washington, D.C., Aug. 2016.
5. Collins, Robert. *A History of Modern Sudan*. Cambridge: Cambridge University Press, 2008. p. 143; Author Interviews, Washington, D.C.
6. 二〇一六年五月作者在科羅拉多州丹佛市訪談普岡・阿穆。
7. Boswell, Alan. "The Failed State Lobby." *Foreign Policy*, 9 Jul. 2013. foreignpolicy.com/2012/07/09/the-failed-state-lobby/.
8. Graham, Franklin. "We can't say no." *Billy Graham Evangelistic Society*, 24 Aug. 2012. billygraham.org/story/we-cant-say-no/comment-page-6/.
9. 二〇一六年九月作者在華盛頓特區的訪談。

10. 該篇路透社報導首度公開描繪所謂的「委員會」運作，否則僅限於非洲政策觀察者熟知。另外的「委員會」成員包括蘇丹南部在華府最早的倡議者之一布萊恩・迪席爾瓦（Brian D'Silva），他也是加朗的同學，以及著名南蘇丹學者與外交官法蘭西斯・丁格（Francis Deng）。報導指出萊斯也「成為委員會的非正式成員」。見：Hamilton, Rebecca. "Special Report: The wonks who sold Washington on South Sudan." Reuters, 11 Jul. 2012. www.reuters.com/article/us-south-sudan-midwives-idUSBRE86A0GC20120711.
11. Griswold, Eliza. "The Man for a New Sudan." *The New York Times Magazine*, 15 Jun. 2008. www.nytimes.com/2008/06/15/magazine/15SUDAN-t.html?pagewanted=all&_r=0.
12. Griswold, "The Man for a New Sudan."
13. Hamilton, "The Wonks who Sold Washington"; Author Interviews, Juba, Jun. 2016.
14. 二〇一六年九月作者在華盛頓特區的訪談。
15. Massimo Calabresi, "Susan Rice: A Voice for Intervention." *TIME*, 24 Mar. 2011.
16. 二〇一六年八月與九月作者在華盛頓特區的訪談。
17. H. R. Con. Res. 75, 106th Cong., 1999.
18. 二〇一六年九月作者在華盛頓特區訪談前國務院非洲事務局官員。
19. Vertin, Zach. "Sudan: Regional Perspectives on the Prospect of Southern Independence." International Crisis Group, Africa Report no. 159, 6 May 2010. www.crisisgroup.org/africa/horn-africa/sudan/sudan-regional-perspectives-prospect-southern-independence; *Human Rights Watch*. "Global Trade, Local Impact: Arms Transfers to all sides in the Civil War in Sudan." Aug. 1998. www.hrw.org/sites/default/files/reports/sudan0898%20Report.pdf.
20. Cohen, Roger. "The Rice Question." *New York Times*, 4 Dec. 2012. www.nytimes.com/2012/12/05/opinion/roger-cohen-The-Rice-Question.html?_r=0.
21. 二〇一六年八月作者在華盛頓特區的訪談。
22. 二〇一六年九月作者在華盛頓特區訪談國會職員。

23. 最初的立法首於一九九九年在參議院提出，見：Sudan Peace Act. Pub. L. 107–245. 116 Stat. 1504– 1510. 21 Oct. 2002. www.congress.gov/107/plaws/publ245/PLAW-107publ245.pdf.
24. Bush, George W. *Decision Points*. New York: Crown, 2010. p. 67.
25. Office of the Press Secretary. "President Appoints Danforth as Special Envoy to the Sudan." The White House, 6 Sept. 2001. georgewbush-whitehouse.archives.gov/news/releases/2001/09/20010906-3.html.
26. "Address to the Joint Session of the 107th Congress, September 20, 2001." *Selected Speeches of President George W. Bush: 2001–2008*. Transcript. georgewbush-whitehouse.archives.gov/infocus/bushrecord/documents/Selected_Speeches_George_W_Bush.pdf.
27. 二〇一六年五月與八月作者訪談前美國外交官。
28. 二〇一六年五月作者電話訪談前國務院高官。
29. Reeves, Eric. "Regime Change in Sudan." *Washington Post*. 23 Aug. 2004.
30. 二〇一六年五月作者的訪談。

Chapter 4 ｜ 「拯救」達佛

1. 關於南北和平努力與達佛初萌危機之間關連的更完整說明，見：Srinivasan, Sharath. "Negotiating Violence: Sudan's Peacemakers and the War in Darfur." *African Affairs*, vol. 113, no. 450 (2014): pp. 24–44.
2. "Press Briefing on Humanitarian Crisis In Darfur." United Nations Press Conference, 2 Apr. 2004. https://www.un.org/press/en/2004/egelandbrf.DOC.htm
3. Powell, Colin L. "The Crisis in Darfur." Testimony before the Senate Foreign Relations Committee, 9 Sept. 2004. 2001–2009.state.gov/secretary/former/powell/remarks/36042.htm.
4. Mamdani, Mahmood. *Saviors and Survivors: Darfur, Politics, and the War on Terror. Doubleday*, 2009. p. 3.

5. 此觀點仰賴對於達佛倡議運動的縝密評估，見：Hamilton, Rebecca. *Fighting for Darfur: Public Action and the Struggle to Stop Genocide*. New York: Palgrave Macmillan, 2011. Chapter 14.
6. 二〇〇九年秋天作者在肯亞奈洛比的訪談。
7. Strom, Stephanie and Lydia Polgreen. "Darfur Advocacy Group Undergoes a Shake-Up." *New York Times*, 2 Jun. 2007. www.nytimes.com/2007/06/02/world/africa/02darfur.html.
8. Mamdani, *Saviors and Survivors*. p. 62.
9. Flint, Julie. "Darfur, Saving Itself." *Washington Post*, 3 Jun. 2007. www.washingtonpost.com/wp-dyn/content/article/2007/06/01/AR2007060101850.html.
10. Boswell, "The Failed State Lobby."
11. 二〇一六年八月作者在華盛頓特區訪談美國退休外交高官。
12. Natsios, Andrew. *Sudan, South Sudan, and Darfur: What Everyone Needs to Know*. New York: Oxford University Press, 2012. p. 155.
13. Hamilton, Rebecca. *Fighting for Darfur: Public Action and the Struggle to Stop Genocide*. Palgrave Macmillan, 2011. p. 194.
14. Cockett, Richard. *Sudan: Darfur and the failure of an African State*, New Haven: Yale University Press, 2010. p. 236.
15. 全國大會黨的前身即為全國伊斯蘭前線。
16. Griswold, "The Man for a New Sudan."
17. Lyman, Princeton. "The United States and South Sudan: A Relationship Under Pressure." *The Ambassadors REVIEW*, Fall 2013.
18. 二〇一六年八月作者在華盛頓特區訪談萊曼。

Chapter 5 ｜意外的總統

1. 國務院發言人辦公室概述國務卿的聯繫：「國務卿與南蘇丹總統基爾和前南蘇丹副總統馬查爾都通過話，分別在十二月二十八日星期六、十二月二十六日星期四、十二月二十四日星期二。他與基爾總統也在十二月二十三日、二十一日與二十日通話。」見："Daily Press Briefing," U.S. Department of State, 30 Dec. 2013. https://2009-2017.state.gov/r/pa/prs/dpb/2013/12/219160. htm. 其後有額外的通話資訊，例如："Daily Press Briefing," U.S. Department of State, 7 Jan. 2014. https://2009-2017.state.gov/r/pa/prs/dpb/2014/01/219433.htm

2. 二〇一六年九月作者在華盛頓特區的訪談。
3. Collins, Robert O. *A History of Modern Sudan*. p. 141.
4. 二〇一六年春天作者電訪普岡・阿穆。
5. 二〇一六年六月作者在朱巴的訪談。
6. 二〇一六年十二月作者在華盛頓特區訪談哈德森。
7. "Sudan clashes continue after death of rebel leader." *New York Times*, 2 Aug. 2005. www.nytimes.com/2005/08/02/world/africa/sudan-clashes-continue-after-death-of-rebel-leader.html.
8. 二〇一六年六月作者在朱巴訪談朗・阿寇（Lam Akol）。
9. "Salva Kiir and Riek Machar: South Sudan's shaky peace | Talk to Al Jazeera." YouTube, uploaded by Al Jazeera English, 9 Jul. 2016. https://www.youtube.com/watch?v=uB0kf_liEQ4&t=657s.
10. 丁卡語不適合用於國家事務。阿拉伯語經常且更廣泛使用，可是使用阿拉伯語違背朱巴要跟蘇丹及其推行阿拉伯化保持距離的本意。
11. 關於此現象的說明，見：Wrong, Michela. *It's Our Turn to Eat*. HarperCollins, 2009. pp. 172, 235.

Chapter 6 ｜有博士學位的抗爭者

1. *Amnesty International*. "Sudan: A Continuing Human Rights Crisis." 14 Apr. 1992. www.amnesty.org/en/documents/afr54/003/1992/en/.
2. 二〇一七年五月作者電訪蕾貝卡・加朗。

3. “Riek Machar in tears as he admits to 1991 Bor massacres.” *The London Evening Post*, 16 Aug. 2011. www.thelondoneveningpost.com/riek-machar-breaks-down-in-tears-as-he-admits-to-1991-bor-massacres/.
4. Ngor, Mading. “Bor MPs cautiously laud Riek Apology about 1991 Massacre, Ask him to Extend it to Grassroots.” *The New Sudan Vision*. 11 Aug. 2011.
5. 二〇一七年五月作者的訪談。
6. 此著作是本書重要的人物生平及其他資訊來源，見：Scroggins, Deborah. *Emma's War*. Pantheon Books, 2002, p. 166.
7. 關於努爾先知的歷史與宗教詳盡研究，見：Johnson, Douglas. *Nuer Prophets, A History of Prophecy from the Upper Nile in the Nineteenth and Twentieth Centuries*. Oxford: Oxford University Press, 1997.
8. “Dr. Riek Machar Teny.” YouTube, uploaded by Komach Dey. 1 Sept. 2011. https://www.youtube.com/watch?v=DEpJxWGKE9I
9. 二〇一六年五月作者的訪談。

Chapter 7 | 時候未到

1. 此處引用的是常見數據（丁卡人占百分之三十五，努爾人占百分之十五），然而蘇丹南部的可靠人種誌資料一直難以確知，部分肇因於戰事及蒐集資料的規劃與政治難題。也有疑慮來自喀土穆中央政府遭指控出於政治動機操弄普查資料。
2. Deng, Francis. *The Dinka of the Sudan*. Waveland Press, 1984. p. 2.
3. Evans-Pritchard, E.E. *The Nuer, a description of the modes of livelihood and political institutions of a Nilotic people*. Oxford: At the Clarendon Press, 1940.
4. Jok, Jok Madut. Lecture. Sudan & South Sudan Course, *Rift Valley Institute*, Entebbe, Uganda, Jun. 2016.
5. Jok, Sudan & South Sudan Course.
6. Johnson, *Root Causes*. p. xvi.
7. Tong, Nyuol, ed. *There Is a Country: New Fiction from the New Nation of South Sudan*. McSweeney's, 2013. p. 8.

8. Vertin, Zach. "Jonglei's Tribal Conflicts: Countering Insecurity in South Sudan." *International Crisis Group*, Africa Report no. 154, 23 Dec. 2009. www.crisisgroup.org/africa/horn-africa/south-sudan/jonglei-s-tribal-conflicts-countering-insecurity-south-sudan.

Chapter 8 | 動盪的團結政府

1. 二〇一六年十二月作者在華盛頓特區的訪談。
2. Lyman, Princeton. "Sudan and South Sudan: The Tragic Denouement of the Comprehensive Peace Agreement." *Africa in World Politics: Constructing Political and Economic Order*, 6th ed. Edited by John Harbeson and Donald Rothchild, Westview Press, 2016.
3. 二〇一七年六月作者電訪一位美國外交官。附註：派駐蘇丹南部的美國最高外交官，基本上是代辦（charge d'affaires）而非大使，因為南蘇丹還不是一個國家。然而實務上的差別不大。
4. 二〇一六年作者在華盛頓特區的訪談。
5. 此現象在描寫鄰國肯亞政治與貪腐的傑出著作中探討，見：Michela Wrong, *It's Our Turn to Eat.* New York: HarperCollins, 2009.
6. Garang, John. "TEXT: Garang's speech at the signing ceremony of S. Sudan peace deal." *Sudan Tribune*, 9 Jan. 2005. www.sudantribune.com/spip.php?article7476.

Chapter 9 | 非常貪婪的男孩

1. Johnson, *Nuer Prophets*. p. 91.
2. 作者在二〇一六年五月的訪談。
3. United Nations Audio Visual Library. "Sudan / Salva Kiir Voting," shortlist. 11 Apr. 2010. https://www.unmultimedia.org/avli-

brary/asset/ U100/U100411d/.

4. 二〇一六年七月作者在朱巴訪談恩尤提・阿迪哥。
5. 本段落引自作者的報告，見：Vertin, Zach. "Politics and Transition in the New South Sudan." *International Crisis Group*, Africa Report no. 172, 4 Apr. 2011. www.crisisgroup.org/africa/horn-africa/south-sudan/politics-and-transition-new-south-sudan.
6. 二〇一六年十月作者在華盛頓特區的訪談。
7. 作者朗・阿寇是蘇丹人民解放軍的高階指揮官，一九九一年曾與里艾克聯手試圖罷黜加朗，見：Akol, Lam. *SPLM / SPLA: Inside an African Revolution*. Khartoum: Khartoum University Printing Press, 2011.
8. Collins, Robert. *A History of Modern Sudan*. Cambridge University Press, 2008. p. 203.
9. Young, John. *The Fate of Sudan: the Origins and Consequences of a Flawed Peace Process*. London: Zed Books, 2012. pp. 76–78.
10. 二〇一六年六月作者在朱巴訪談朗・阿寇。
11. 二〇一六年六月作者在朱巴訪談多位蘇丹人民解放軍高層人物。
12. 二〇一六年六月作者在朱巴訪談蘇丹人民解放軍資深成員。
13. 二〇一六年六月作者在朱巴訪談朗・阿寇。
14. Akol, Lam. "Statement on the Launching of Sudan People's Liberation Movement-Democratic Change." 6 Jun. 2009. www.oesterreichisch-sudanesische-gesellschaft.org/images/Statement%20on%20 the%20launching%20of%20SPLM-DC.doc?PHPSESSID=202474abb5ae013b f4f0e9d2261d8e92.

Chapter 10｜喝牛奶

1. 出自二〇一八年八月與挪威石油專家的電子郵件聯繫。無法獲取確切收入數據的原因眾多。此估計基於與石油產業專家的訪談、財政部的預算、全面和平協議鑑定評估委員會（Assessment and Evaluation Commission）的有限報告，以及探討南蘇丹產業的其他研究，例如：Shankleman, Jill. "Oil and State Building in South Sudan." U.S. Institute of Peace, Spe-

cial Report No. 282, Jul. 2011.

2. *The World Bank*. "The World Bank in South Sudan: Economic Overview." 20 Oct. 2016. www.worldbank.org/en/country/southsudan/overview.
3. Shinn, David H. "Addis Ababa Agreement: Was it Destined to Fail and Are There Lessons for The Current Sudan Peace Process?" *Annales d'Ethiopie*, vol. 20, no. 20, 2005: p. 252. www.persee.fr/doc/ethio_0066-2127_2004_num_20_1_1077.
4. "Unpaid Debt: The Legacy of Lundin, Petronas and OMV in Block 5A, Sudan 1997–2003." *European Coalition on Oil in Sudan*. Jun. 2010. www.ecosonline.org/reports/2010/UNPAID_DEBT_fullreportweb.pdf.
5. GDP per capita: South Sudan." *The World Bank*, 2017. data.worldbank.org/indicator/NY.GDP.PCAP.CD?locations=SS.
6. 作者訪談，另見：South Sudan National Audit Chamber. "The Report of the Auditor General on the Financial Statements of the Government of South Sudan: For the Financial Year Ended 31st December 2008." Jun. 2012. www.auditchamber-ss.org/reports/nac-ag-report-financial-statements-2008.pdf
7. 作者二〇一五年三月在華盛頓特區、及二〇一六年六月在奈洛比的訪談。
8. 二〇一六年春天在華盛頓特區，作者與調查南蘇丹非法金融業務的獨立研究者談論內容。亦引述於："War Crimes Shouldn't Pay: Stopping the looting and destruction in South Sudan." *The Sentry*, Sept. 2016. cdn.thesentry.org/wp-content/uploads/2016/09/Sentry_WCSP_Finalx.pdf.
9. "Total Petroleum and Other Liquids Production 2011." www.eia.gov/beta/international/rankings/#?prodact=53-1&cy=2011&pid=53&aid=1&tl_id=1-A&tl_type=a.
10. 二〇一一年一月作者電話訪問挪威石油專家安德斯・漢內維克（Anders Hannevik）。
11. 二〇一七年春天作者在華盛頓特區與俄羅斯專家面訪及通信。
12. "War Crimes Shouldn't Pay: Stopping the looting and destruction in South Sudan." *The Sentry*, Sept. 2016.
13. Merrit, Effron. "Moral Self-Licensing: When Being Good Frees Us to Be Bad." *Social and Personality Psychology Compass*, May 2010: pp. 344–57 Accessed: www.compassionate.center

14. 二〇一六年六月作者在朱巴訪談蘇丹人民解放軍高階成員，以及非解放軍成員。
15. 二〇一二年五月三日南蘇丹共和國總統薩爾瓦・基爾寫給祕密收信者的信函。作者獲取複本。
16. 二〇一二年一月作者訪談南蘇丹人、美國政府官員與聯合國高階官員。
17. 二〇一六年七月作者在朱巴的訪談。
18. “Foreign advisor to South Sudan’s president flees Juba after disclosure of corruption letter.” Sudan Tribune. Aug. 20 2012. www.sudantribune.com

Chapter 11 | 糾葛的分離

1. 二〇一六年五月作者在科羅拉多州訪談普岡・阿穆。
2. 此文件由作者取得，見：“Guiding Principles on Post 2011 Referendum Arrangements Negotiations.” Juba, 20 Jul. 2010.
3. 二〇〇九年姆貝基主導非洲聯盟對達佛戰火的評估後，非聯擴展對於姆貝基小組的授權，命其協助南北對話以落實全面和平協議與後公投安排。
4. 二〇一六年九月作者在紐約訪談非洲聯盟外交人員。
5. 作者二〇一〇年九月在喀土穆及二〇一六年六月在朱巴的訪談。
6. “Keynote Address on the Occasion of the Congressional Black Caucus Foundation 40th Annual Conference Foreign Affairs Brain Trust Event at the Washington Convention Center by Gen Salva Kiir Mayardit, First Vice President of the Republic of Sudan and President of the Government of Southern Sudan.” *AllAfrica.com*, 17 Sept. 2010. Accessed: www.allafrica.com/stories/201009170967.html.
7. 此段擷取自作者的報告，見：Vertin, Zach. “Negotiating Sudan’s North-South Future.” *International Crisis Group*, Africa Briefing no. 76, 23 Nov. 2010.
8. 二〇一六年五月的作者訪談。

9. “Referendum raises expulsion fears.” *IRIN News*, 27 Sept. 2010. www.irinnews.org/fr/node/249330.
10. Vertin, *ICG*, “Negotiating Sudan’s North-South Future.”
11. “Salva Kiir: Southern Sudan Vote Delay Could Risk War.” International Peace Institute, 22 Sept. 2010. www.ipinst.org/2010/09/salva-kiir-southern-sudan-vote-delay-could-risk-war
12. 一開始藍圖的南北條款就已十分複雜，根據「華府各機關間激烈爭執」的消息來源表示，在凱瑞遞交藍圖給喀土穆之前，美方卻還要求增加額外條款：經濟制裁的完全終止，以及在外交上作為最重要「紅蘿蔔」的多邊債務減免，也需取決於達佛情勢獲得一系列改善。額外條款向蘇丹人展示與美關係完全正常化的長期道路，但是參與此爭議政策的許多人擔憂，這會讓已經很長的要求清單更添混淆。一位參與者表明，在國家安全會議的一場血腥論戰後，達佛條款的續留「只有一個原因，她的名字是蘇珊・萊斯。」
13. 由作者取得藍圖的文件，見：“Sudan’s Path to a Changed Relationship with the United States” (*aka “the roadmap”*). Nov. 4 2010.
14. 在南部公投後，喀土穆與華府之間確實對於承諾和背信的問題產生爭執，使得已陷入麻煩的雙邊關係更形惡化。喀土穆在另一個邊境地區發動新的衝突，並認定此舉跟藍圖無直接相關，美方則因蘇丹再度興戰，覺得在政治上無法給予喀土穆減免和利益。美國高官帶著後續提議飛往喀土穆，企圖修補破碎的藍圖並平息戰火。但是傷害已造成。憤怒的喀土穆認為又一次受到有意要其垮臺的美國政府愚弄。這次事件導致雙方仍無法跨越的大洞再度加深。

Chapter 12｜建國

1. The White House. “Statement by the President on the intent to recognize southern Sudan.” 7 Feb. 2011.
2. U.S. Department of State. “Congratulating Sudan on the Results of the Southern Sudan Referendum.” Secretary of State Hillary Rodham Clinton, 7 Feb. 2011. 2009–2017.state.gov/secretary/20092013clinton/rm/2011/02/156107.htm.
3. McDoom, Opheera. “South Sudan in landslide vote for independence.” *Reuters*, 7 Feb. 2011. af.reuters.com/article/topNews/idAFJOE7160CW20110207.

4. The White House, Office of the Press Secretary. “Statement of President Barack Obama on the Recognition of the Republic of South Sudan.” 9 Jul. 2011.
5. United Nations Office for the Coordination of Humanitarian Affairs. “Humanitarian Bulletin: South Sudan 31 December – 6 Jan. 2013.” 6 Jan. 2013. https://reliefweb.int.
6. Rice, Susan E. “Remarks by Ambassador Susan E. Rice At a Ceremony Marking the Independence of the Republic of South Sudan, Juba, South Sudan.”
7. *Sudan: The break-up*. Prod. Jamie Doran. Al-Jazeera, 12 Jul. 2011.
8. United Nations Children’s Fund. “Children in South Sudan.” 9 Jul. 2011. www.unicef.org.
9. “South Sudan as the search for its Soul: Jok Madut Jok at TEDxJuba.” YouTube, uploaded by TEDx Talks. 5 Aug. 2012. https://www.youtube.com/watch?v=KXGu1aOPaJs
10. Southern Sudan Audit Chamber. “The Report of the Auditor General on the Financial Statements of the Government of Southern Sudan: For the Financial Year Ended 31st December 2006.” 2007. Web. 15 Nov. 2016.

Chapter 13｜極端方案

1. Hannevik, Anders. “Sudan Petroleum Sector - Post Secession Options.” Lecture at Economic Dialogue, Addis Ababa, 1 Mar. 2011. Obtained by Author.
2. 二〇一六年八月作者在華盛頓特區訪談普林斯頓・萊曼。
3. 喀土穆基於單邊規定的三十五美元費用來計算積欠的收入，這個數字是喀土穆在協商一開始的立場，沒人認為合理。
4. “South Sudan orders oil production shutdown within 2 weeks deepening row with Khartoum.” *Al-Arabiya*, 20 Jan. 2012. www.alarabiya.net/articles/2012/01/20/189465.html.
5. 二〇一六年八月作者在華盛頓特區的訪談。

6. “Why Is Khartoum Calling for the Dismissal of Pagan Amum as the Head of South Sudan’s Delegation to the Addis Ababa Talks?” *South Sudan News Agency*, 4 Mar. 2012.
7. 二〇一七年十月作者利用 Skype 的網路訪談。
8. 二〇一六年十月作者在華盛頓特區的訪談。
9. Nichols, Michelle. “U.N. chief says South Sudan infringing on Sudan sovereignty.” *Reuters*, 19 Apr. 2012.
10. 二〇一五年十二月作者與中國高層官員的討論。
11. U.S. Department of State. “Press Availability With South Sudanese Foreign Minister Nhial Deng.” Secretary of State Hillary Rodham Clinton, 3 Aug. 2012. 2009–2017.state.gov/secretary/20092013clinton/rm/2012/08/196050.htm.
12. “S. Sudan, AU panel suffered ‘extreme’ pressure to reach deal, Pagan.” *Sudan Tribune*, 8 Aug. 2012. www.sudantribune.com/spip.php?article43500.
13. 二〇一六年九月作者在紐約的訪談。

Chapter 14 ｜華爾道夫飯店

1. Vertin, Zach, “Compounding Instability in Unity State.” *Crisis Group*.
2. 這支影片是在越過蘇丹邊境處拍攝，叛軍在那裡獲得喀土穆的物資支援——跟內戰期間一模一樣。
3. 二〇一一年八月作者在班提烏的訪談。
4. 二〇一一年十二月作者在華盛頓特區的訪談。
5. 二〇一六年八月作者訪談普林斯頓．萊曼。
6. *IRIN News*, 10 Feb. 2012. www.irinnews.org/news/2012/02/10/briefing-jonglei-violence.
7. 二〇一六年十一月作者的電話訪談。
8. Vertin, Zach “Jonglei’s Tribal Conflicts: Countering Insecurity in South Sudan.” *International Crisis Group*, Africa Report

no. 154, 23 Dec. 2009. www.crisisgroup.org/africa/horn-africa/south-sudan/jonglei-s-tribal-conflicts-countering-insecurity-south-sudan.
9. 二〇〇九年秋天作者在朱巴訪談穆爾勒社群領袖。
10. Copnall, James. *A Poisonous Thorn in Our Hearts: Sudan and South Sudan's Bitter and Incomplete Divorce*. London: Hurst & Company, 2014, p. 165.
11. 二〇一七年春天作者在華盛頓特區的訪談。
12. 二〇一七年春天作者電訪一位國務院官員。

Chapter 15 ｜搖晃船隻

1. "Readout of Call with South Sudan President Salva Kiir Mayardit." Press Statement, Secretary of State John Kerry, 27 Jul. 2013.
2. 二〇一六年六月作者在朱巴訪談丁格・阿洛爾。
3. 二〇一六年六月作者在朱巴的訪談。
4. Tisdall, Simon. "South Sudan: two years old but nothing to celebrate." *The Guardian*, 4 Jul. 2013.
5. 「引述句經潤飾以幫助理解。」見："Speeches for the 2nd anniversary celebration of South Sudan Independence 9th, July 2013 as it happen." *Youtube*, uploaded by Robert atomic. 11 July 2013. Recording from Radio Miraya. https://www.youtube.com/watch?v=0igt0sjGoqY.
6. Tisdall, Simon. "South Sudan: two years old but nothing to celebrate." *The Guardian*, 4 Jul. 2013.
7. 二〇一六年六月作者在朱巴訪談里艾克・馬查爾。
8. BigEye.ug. "South Sudan Former VP's Status Update." *Facebook*, 24 Jul. 2013. www.facebook.com/bigeye.ug/posts/558333084226591.
9. 二〇一七年一月作者在華盛頓特區的訪談。

10. “Machar renews calls for calm, reaffirming Kiir’s right to remove him.” *Sudan Tribune*, 29 Jul. 2013. www.sudantribune.com/spip.php?article47465.
11. 二〇一三年九月作者在朱巴與丁格．阿洛爾的討論。
12. *South Sudan’s President Kiir Dissolves SPLM Structures Apart from Chairmanship*. Prod. Sudan Tribune. AudioBoom.com. 16 Nov. 2013. audioboom.com/posts/1734011-south-sudan-s-president-kiir-dissolves-splm-structures-apart-from-chairmanship.
13. “South Sudan Politics in Juba.” *YouTube*, uploaded by Ally Ngethi. 10 Dec. 2013. www.youtube.com/watch?v=bCIrmgBO6VY.
14. “National Conference of SPLA Board – President’s Salva Kiir Speech.” *YouTube*, uploaded by South Sudan Online. 15 Dec. 2013. www.youtube.com/watch?v=5y3bp6Oehis.
15. 翻譯自丁卡語，由作者取得本文件，見：“Song of SPLA Fourth Division Mourmour-Wolf Battalion, 1984.”

Chapter 16 ｜戰爭

1. @tobylanzer. “Numbers of civilians seeking protection at # U NMISS fell before Noon but just surged again as the day starts to wind down: 16,000 & counting.” *Twitter.com*, 17 Dec. 2013, 5:27 AM. twitter.com/tobylanzer/status/412937140939399169.
2. 薩爾瓦的聲明與後續對於媒體提問的回答部分使用英語、部分使用阿拉伯語，譯文由作者取得。見：“President Salva Kiir announced foil a coup attempt led by Riek Machar.” *YouTube*, uploaded by South Sudan Online. 16 Dec. 2013. https://www.youtube.com/watch?v=boLU20O5JDI
3. 二〇一六年六月作者在朱巴的訪談，另見：*AU*, “Final Report of the African Union Commission.”
4. Protection Monitoring Assessment.” Conducted by UN agencies and partner NGOs, Juba 19 Dec. 2013. Obtained by Author.
5. *AU*, “Final Report of the African Union Commission.”
6. Arendt, Hannah. *Eichmann in Jerusalem: A Report on the Banality of Evil*. Penguin: New York, 1994.
7. *AU*, “Final Report of the African Union Commission.” p. 225.

8. Johnson, Douglas. "The fate of Ngungdeng's dang." *Rift Valley Review*, 29 Aug. 2014. riftvalley.net/news/fate-ngungdeng%E2%80%99s-dang.
9. 二〇一六年六月作者在朱巴訪談一位士兵。
10. *Human Rights Watch*. "South Sudan's New War: Abuses by Government and Opposition Forces."
11. United Nations Mission in South Sudan. "Interim Report on Human Rights: Crisis in South Sudan." 21 Feb. 2014. unmiss.unmissions.org/sites/default/files/hrd_interim_report_on_crisis_2014-02-21.pdf.

Chapter 17 | 警鐘

1. "Dec. 23: Nightly News Monday broadcast." *NBC*. 23 Dec. 2013. www.nbcnews.com/watch/nightly-news-netcast/dec-23-nightly-news-monday-broadcast-99062851900.
2. Johnson, Hilde. "Press Conference on the Situation in South Sudan." United Nations Mission in South Sudan, 26 Dec. 2013. Transcript. www.un.org/en/peacekeeping/missions/unmiss/documents/SRSG_PRESS_CONFERENCE_26%20December_2013.pdf.
3. UN Secretary General."Opening remarks at press conference in New York following visit to the Philippines." 23 Dec. 2013. https://www.un.org/sg/en/content/sg/speeches/2013-12-23/opening-remarks-press-conference-new-york-following-visit-philippines.
4. UN Secretary General. "Secretary-General's press encounter following the Security Council's adoption of resolution on crisis in South Sudan." 24 Dec. 2013. https://www.un.org/sg/en/content/sg/press-encounter/2013-12-24/secretary-generals-press-encounter-following-security-councils.
5. The Vatican. "Urbi Et Orbi Message of Pope Francis: Christmas 2013." *Vatican. va*, 25 Dec. 2013. w2.vatican.va/content/francesco/en/messages/urbi/documents/papa-francesco_20131225_urbi-et-orbi-natale.html.
6. Office of the Press Secretary, The White House. "Readout of Obama's Updates On South Sudan." Dec. 21 2013.

7. U.S. Department of State. Office of Press Relations. "U.S. Citizen Evacuation in South Sudan." 22 Dec. 2013. 2009-2017.state.gov/r/pa/prs/ps/2013/219057.htm.
8. 這段描述幾乎完全摘自：Whittle, Richard. "MacKay Trophy For AFSOC Osprey Crews: A Tale of Bullet Riddled Planes." *BreakingDefense.com*, 3 Nov. 2014. breakingdefense.com/2014/11/mackay-trophy-for-afsoc-osprey-crews-a-tale-of-bullet-riddled-planes/.
9. Whittle, "MacKay Trophy For AFSOC Osprey Crews."
10. "Drawdown of Diplomatic Personnel at the U.S. Embassy in Juba, South Sudan." Press Statement, U.S. Department of State, 3 Jan. 2014; U.S. Africa Command. "Marines Evacuate Embassy in South Sudan." 4 Jan. 2013. www.africom.mil.
11. "Daily Press Briefing," U.S. Department of State. 30 Dec. 2013
12. "Speech of President Salva Kiir in the National Legislative Conference." *YouTube*, uploaded by South Sudan Online. 23 Dec. 2013. www.youtube.com/watch?v=-FlK07rCRBU.
13. Communique of the 23rd Extra-Ordinary Session of the IGAD Assembly of Heads of State and Government on the Situation in South Sudan, State House, Nairobi, 27 Dec. 2013.
14. Aaron Maasho and Carl Odera, "Uganda says region ready to take on, defeat South Sudan rebel leader." *Reuters*, 30 Dec. 2013.
15. 二〇一六年三月作者的 Skype 訪談。
16. Dr. Jok Madut Jok "Testimony before the U.S. Senate Committee on Foreign Relations." 20 Sept. 2016.

Chapter 18｜引爆點

1. 關於南蘇丹和平進程，調停背景與習得教訓的更詳細評估，見：Vertin, Zach, "A Poisoned Well: Lessons in Mediation from South Sudan's Troubled Peace Process." International Peace Institute, New York, Apr. 2018. Some analysis and quotations from chapters 18–21 were synthesized for use in the IPI publication, as identified therein.

2. Wrong, Michela. *In the Footsteps of Mr. Kurtz*. New York: HarperCollins, 2001. p. 16.
3. "South Sudanese chief negotiator paid 'allowance' of $2,000 per day." *Radio Tamazuj*, 5 Dec. 2014.
4. "South Sudan Government and Rebels Ceasefire Agreement – Addis Ababa." YouTube, uploaded by South Sudan Online. 25 Jan. 2015. www.youtube.com/watch?v=dUNn7Y7BOK0&t=8s.
5. The White House, Office of the Press Secretary. "Statementbythe Presidenton South Sudan." 23 Jan. 2014. obamawhitehouse.archives.gov/the-press-office/2014/01/23/statement-president-south-sudan.

Chapter 19 ｜ 一切照舊

1. Booth, Donald. "South Sudan's Peace Process: Reinvigorating the Transition." *Chatham House*, 9 Feb. 2016. www.chathamhouse.org/sites/fileschathamhouse/events/2016-02-09-south-sudan-peace-process-reinvigorating-transition-transcript.pdf.
2. "South Sudan Information Minister Michael Makuei – Interview." *YouTube*, uploaded by South Sudan Online. 3 Jul. 2014. https://www.youtube.com/watch?v=ii4d0iWE2gE&t=5s.
3. "South Sudan's 7 Former Political Detainees to Join Peace Talks." *YouTube*, uploaded by CGTN Africa. 16 Feb. 2014. www.youtube.com/watch?v=kTsx3y87a1c.
4. 二〇一七年二月作者在華盛頓特區訪談歐洲外交官。
5. The United Republic of Tanzania, Directorate of Presidential Communications "Statement on SPLM Agreement in Arusha." Jan. 21 2015.
6. 二〇一七年六月作者的 Skype 訪談。
7. Barbash, Fred. "An 'abomination:' Slaughter in the mosques and churches of Bentiu, South Sudan." *The Washington Post*, 23 Apr. 2014. www.washingtonpost.com/news/morning-mix/wp/2014/04/23/an-abomination-slaughter-in-the-mosques-and-churches-of-bentiu-south-sudan.

8. United Nations Mission in the Republic of South Sudan. "Attacks on Civilians in Bentiu & Bor April 2014." 9 Jan. 2015. www.ohchr.org/Documents/Countries/SS/UNMISS_HRDJanuary2015.pdf.
9. The White House, Office of the Press Secretary. "Statement by the Press Secretary on South Sudan." 22 Apr. 2014. obamawhitehouse.archives.gov/the-press-office/2014/04/22/statement-press-secretary-south-sudan.
10. Statement of Rep. Frank R. Wolf, U.S. House of Representatives Session, 1 May 2014. C-SPAN. https://www.c-span.org/video/?319051-1/us-house-general-speeches&start=15568.
11. Evidence of cluster bomb use was reported by the United Nations: United Nations Mission in the Republic of South Sudan. "Conflict in South Sudan: A Human Rights Report." 8 May 2014. unmiss.unmissions.org/sites/default/files/unmiss_conflict_in_south_sudan_-_a_human_rights_report.pdf.
12. U.S. Department of State, Office of Press Relations. "U.S. Concern About Violations of Cessation of Hostilities in South Sudan." 8 Feb. 2014. 2009-2017.state.gov/r/pa/prs/ps/2014/02/221487.htm.
13. @defenceuganda. "What if violence rolls back into Bor, Juba after UPDF withdraw, will the US be there to help?" *Twitter.com*, 10 Feb. 2014. twitter.com/defenceuganda/ status/432863024798781440.
14. 其中一例詳見：United Nations Security Council. "Final report of the Panel of Experts on the Illegal Exploitation of Natural Resources and Other Forms of Wealth of the Democratic Republic of the Congo." S/2002/1146, 16 Oct. 2002. www.un.org/en/sc/documents/letters/2002.shtml.
15. The White House, Office of the Press Secretary. "Executive Order-Blocking Property of Certain Persons With Respect to South Sudan." 3 Apr. 2014. obamawhitehouse.archives.gov/the-press-office/2014/04/03/executive-order- blocking -property-certain-persons-respect-south-sudan.
16. The White House, Office of the Press Secretary. "Press Statement from the White House Regarding South Sudan." 3 Apr. 2014. obamawhitehouse. archives.gov/the-press-office/2014/04/03/statement-press-secretary-south-sudan.
17. "Press Availability in Addis Ababa" and "Remarks With Ethiopian Foreign Minister Tedros Adhanom, Kenyan Foreign Minister

Amina Chawahir Mohamed, And Ugandan Foreign Minister Sam Kutesa After Their Meeting." Secretary John Kerry, 1 May 2014. https://2009-2017.state.gov/secretary/remarks/2014/05/index.htm.

18. Department of State. "Secretary Kerry Chats with Pilots of C-17 Flying him to South Sudan." May 2 2014. www.flickr.com/photos/statephotos.

19. Department of State. "Secretary Kerry, South Sudanese President Prepare for Meeting in Juba." May 2 2014. 更多凱瑞之行的照片，見：www.flickr.com/photos/statephotos.

20. 關於國務卿凱瑞與薩爾瓦會晤的詳細描述，見：U.S. Department of State. "Press Availability in South Sudan." Secretary of State John Kerry, 2 May 2014. 2009-2017.state.gov/secretary/remarks/2014/05/225531.htm.

Chapter 20｜從叢林到皇宮

1. Copnall, James. "Upper Nile diary: atrocities, federalism and the Shilluk." Africanarguments.org, 6 Oct. 2014. http://africanarguments.org/2014/10/06/upper-nile-diary-atrocities-federalism-and-the-shilluk-by-james-copnall/.

2. "Year in Review: Crude Oil Prices 2014"; U.S. Energy Information Administration. "Daily Crude Spot Oil Prices, 2015." www.eia.gov

3. 二〇一八年一月作者與政府間發展管理局祕書處人員的討論與後續訪談。

Chapter 21｜內部分歧

1. 二〇一四年至二〇一五年間作者與約翰・揚（John Young）的討論，也參考揚關於蘇丹人民解放運動黨反對派的未發表研究。

2. 帕加克大會的細節來自作者與出席者的討論和訪談，包括與會者和外國觀察家。

3. 文件由作者取得，見：Intergovernmental Authority on Development Special Envoys for South Sudan. "Developments in the IGAD-led South Sudan Peace Process, challenges and recommendations for the way forward." Memo to H.E. Hailemariam Desalegn, Prime Minister of the FDRE and Chair of the IGAD Assembly of Heads of State and Government. Mar. 5 2015.
4. Intergovernmental Authority On Development Secretariat. "Message From H.E. Hailemariam Desalegn, Prime Minister of the Federal Democratic Republic of Ethiopia and Chairperson of the IGAD Assembly to the People of South Sudan." 6 Mar. 2015.
5. U.S. Department of State. "Secretary Kerry on South Sudan Negotiations." Secretary of State John Kerry, 2 Mar. 2015. 2009-2017. state.gov/secretary/remarks/2015/03/238106.htm.
6. The White House, Office of the Press Secretary. "Statement by National Security Advisor Susan E. Rice on South Sudan Independence Day." 9 Jul. 2015. obamawhitehouse.archives.gov/the-pressoffice/2015/07/09/statement-national-security-advisor-susan-e-rice-south-sudan.
7. "President Obama: Libya aftermath 'worst mistake' of presidency." BBC, 11 Apr. 2016. https://www.bbc.com/news/world-us-canada-36013703.
8. Addis Ababa, The White House. "The President holds a Multilateral Meeting on South Sudan and Counterterrorism." 27 July 2015. https://obamawhitehouse.archives.gov/photos-and-video/video/2015/07/27/president-holds-multilateral-meeting-south-sudan-and-counterterror.
9. 在峰會的休息時間，政府高官也告知記者「不必然包括當前要角」的過渡政府期望。見：Kosinski, Michelle. "Obama, African leaders meet to end South Sudan's civil war." CNN, 27 Jul. 2015. 一週後，歐巴馬提及他與政府間發展管理局領袖的峰會，以及由薩爾瓦和里艾克組成過渡政府的期許，他再度表達若有必要，他願意在兩人缺席下謀求最終的斡旋：「假使他們錯失目標，那麼我想……我們就有必要採取不同的計畫往前推進，並體認那些領導者沒有能力創造必要的和平。」見："President Obama with Secretary General Ban Ki-Moon." 4 C-SPAN, August 2015. https://www.c-span.org/video/?327463-1/president-obama-meeting-un-secretary-general-ban-ki-moon
10. 此次峰會的描述基於作者的美國與非美國對象訪談，他們對於峰會事件有一手或二手的瞭解。訪談時間包括二〇一六年六月在朱巴、二〇一六年九月在紐約、二〇一八年一月在阿迪斯阿貝巴；二〇一七年六月和二〇一八年八月的電話與 Skype 訪談。與會美國官員也在峰會前後向記者簡報。見：Peter Baker and Marc Santora, "Obama Gathers Leaders in Effort to End South Sudan War." *New York Times*, 27 July 2015.

11. Office of the Press Secretary, The White House. "Remarks by President Obama to the People of Africa." 28 Jul. 2015.
12. 副本由作者取得，見：Letter from General Peter Gadet, Deputy Chief of General Staff for Operations, SPLA In Opposition, 10 Aug. 2015.
13. UN Security Council. "US proposes UN arms embargo on South Sudan." *Al Jazeera*, 20 Aug. 2015.
14. 二〇一七年作者電訪莫莉・菲。
15. The White House. "Statement by the National Security Advisor Susan E. Rice on the South Sudan Peace Agreement." Aug. 25 2016.

Chapter 22｜失去的愛

1. 二〇一七年六月作者在華盛頓特區訪談前白宮國家安全會議官員。
2. 二〇一六年十月作者在華盛頓特區的訪談。
3. 二〇一七年十月作者在華盛頓特區的訪談。七月七日事件的描述，來自二〇一七年秋天作者與美國大使館和其他政府官員的訪談以及媒體報導，見：Lynch, Colum. "Dinner, Drinks, and a Near-Fatal Ambush for U.S. Diplomats." *Foreign Policy*, 6 Sept. 2016.
4. 作者雖於二〇一六年和二〇一七年跟朱巴與華盛頓特區的對象訪談，這次攻擊的詳細描述（及此處引述的發言）幾乎完全來自美聯社報導，見：Patinkin, Jason. "Rampaging South Sudan troops raped foreigners, killed local." *Associated Press*, 16 Aug. 2016. apnews.com/52f948f476874cbda6277492a4f8468e/rampaging-south-sudan-troops-raped-foreigners-killed-local.
5. 二〇一六年八月作者在華盛頓特區的訪談。

6. 本句引自作者在二〇一六年執筆的評論文章，見：Vertin, Zach. "George Clooney and the Rot in South Sudan." *Washington Post*, 23 Sept. 2016.

7. 二〇一六年秋天作者在華盛頓特區的訪談。

Chapter 23 ｜康的兩難

1. 二〇一六年六月作者在奈洛比的訪談。

2. Chol, Koang Rambang. "Bieh State Deputy Governor Gen. Koang Rambang: 'I Will Never Defect.'" *Nyamilepedia*, 18 Aug. 2016. nyamile.com/2016/08/18bieh-state-deputy-governor-gen-koang-rambang-i-will-never-defect/.

【VISUM】MV0016

苦土之囚

世上最年輕國家南蘇丹的希望與絕望

A Rope from the Sky: The Making and Unmaking of the World's Newest State

作　　者❖ 查克．威爾汀（Zach Vertin）
譯　　者❖ 楊芩雯
封面設計❖ 許晉維
內頁排版❖ 李偉涵
總 編 輯❖ 郭寶秀
責任編輯❖ 洪郁萱

發 行 人❖ 凃玉雲
出　　版❖ 馬可孛羅文化
104 臺北市中山區民生東路二段 141 號 5 樓
電話：(886) 2-25007696
發　　行❖ 英屬蓋曼群島商家庭傳媒股份有限公司城邦分公司
臺北市中山區民生東路二段 141 號 11 樓
客服服務專線：(886) 2-25007718；25007719
24 小時傳真專線：(886) 2-25001990；25001991
服務時間：週一至週五 9:00 ～ 12:00；13:00 ～ 17:00
劃撥帳號：19863813　戶名：書虫股份有限公司
讀者服務信箱：service@readingclub.com.tw
香港發行所❖ 城邦（香港）出版集團有限公司
香港灣仔駱克道 193 號東超商業中心 1 樓
電話：(852) 25086231　傳真：(852) 25789337
E-mail：hkcite@biznetvigator.com
馬新發行所❖ 城邦（馬新）出版集團【Cite (M) Sdn. Bhd. (458372U)】
41, Jalan Radin Anum, Bandar Baru Seri Petaling,
57000 Kuala Lumpur, Malaysia
電話：(603) 90578822　傳真：(603) 90576622
E-mail：services@cite.com.my
輸出印刷❖ 中原造像有限公司
初版一刷❖ 2023 年 12 月
紙 書 定 價❖ 780 元（如有缺頁或破損請寄回更換）
電子書定價❖ 546 元

國家圖書館出版品預行編目 (CIP) 資料

苦土之囚 : 世上最年輕國家南蘇丹的希望與絕望 / 查克 . 威爾汀 (Zach Vertin) 著 ; 楊芩雯譯 . -- 初版 . -- 臺北市 : 馬可孛羅文化出版 : 英屬蓋曼群島商家庭傳媒股份有限公司城邦分公司發行 , 2023.12　面 ;　公分 . -- (Visum ; MV0016) 譯自 : *A rope from the sky : the making and unmaking of the world's newest state*

ISBN 978-626-7356-34-0(平裝)

1.CST: 歷史 2.CST: 國家發展 3.CST: 政治制度 4.CST: s 南蘇丹共和國

761.927　　112019966

城邦讀書花園
www.cite.com.tw

ISBN：978-626-7356-34-0（平裝）
ISBN：978-626-7356-36-4（EPUB）